"十三五"江苏省高等学校重点教材　编号 2016-1-076

2015年江苏高校品牌专业（特殊教育专业）建设项目　项目编号：ppzy2015b199

特殊儿童教育诊断与评估

/第三版/

主　编　王　辉

参　编　陈　琳　李晓庆

李晓娟　范佳露

南京大学出版社

图书在版编目(CIP)数据

特殊儿童教育诊断与评估 / 王辉主编. — 3 版. —
南京：南京大学出版社，2018.9(2025.8 重印)
ISBN 978-7-305-20665-8

Ⅰ. ①特… Ⅱ. ①王… Ⅲ. ①儿童教育－特殊教育－
研究－中国 Ⅳ. ①G76

中国版本图书馆 CIP 数据核字(2018)第 172712 号

出版发行　南京大学出版社
社　　址　南京市汉口路 22 号　　　邮　编　210093
书　　名　**特殊儿童教育诊断与评估**
　　　　　TESHU ERTONG JIAOYU ZHENDUAN YU PINGGU
主　　编　王　辉
责任编辑　丁　群　吴　汀　　　　编辑热线　025-83593923
照　　排　南京南琳图文制作有限公司
印　　刷　南京鸿图印务有限公司
开　　本　787 mm×1092 mm　1/16　印张 25.5　字数 610 千
版　　次　2018 年 9 月第 3 版　2025 年 8 月第 13 次印刷
ISBN 978-7-305-20665-8
定　　价　70.00 元

网址：http://www.njupco.com
官方微博：http://weibo.com/njupco
官方微信号：njupress
销售咨询热线：(025)83594756

前　言

　　近年来,无论是从法律法规建设方面,还是从学术研究、实际的教育教学方面来看,特殊儿童的教育诊断与评估日益受到人们的重视,它在特殊教育中扮演着关键性的角色。它不仅可以为特殊儿童的鉴别、安置提供依据,而且还被广泛应用于个别化教育计划的制定、教育效果的评价以及教育质量的监控中。目前,特殊儿童的教育诊断与评估已成为我国中、高等师范院校特殊教育专业学生必修的一门专业基础课程。

　　本书是编者们多年教学经验和智慧的结晶。为了便于学生的学习和掌握,在设计全书框架时,我们结合学生的认知特点和特殊儿童教育诊断与评估这门课程的特点,按照先理论后方法这样一个线索来介绍,将全书分成四篇,第一篇介绍基础理论,第二、三、四篇则介绍不同取向的评估方法。第一篇基础理论,主要论述教育诊断与评估基本的概念、内容、步骤,以及特殊儿童的心理行为特征和诊断、鉴别标准等;第二篇介绍心理计量取向的评估方法,包括认知、智力、语言、知觉动作、情绪行为、适应行为、人格及发展性、成就和性向等方面的评估方法;第三篇介绍生态行为取向的评估方法,主要有生态评估和功能性评估;第四篇介绍质性取向评估方法,包括实作评估、动态评估、档案评估及课程本位评估四种方法。

　　我们以现代教材的编写理念为指导,在编写时力求突出以下特点:第一,以实用为主,具有可操作性;第二,用最通俗的语言阐明相关的概念、涵义、方法、步骤及案例;第三,知识教育同能力培养密切结合;第四,研究案例的选择力求做到本土化、示范化、科学化及前沿性;第五,思考与练习的设计突出了巩固性与实践性的特点。

　　本书的出版有助于特殊教育专业、特殊儿童康复专业同学们的系统学习,使他们对特殊儿童教育诊断与评估的研究和实践领域有更全面的了解。它既可以作为中、高等师范院校特殊教育专业的教材或参考书,也可以作为医学院校特殊儿童康复专业的教材或参考书,还可以作为特殊教育教师及特殊教育工作者的继续教育、培训教材。另外,它还可以对特殊儿童的父母、康复机构的工作人员、医务工作者、社会工作者等提供有益的指导。

　　本书编写任务的顺利完成,得到了多方同仁、老师和领导的大力支持。感谢南京特殊教育师范学院(原南京特殊教育职业技术学院)同仁的大力支持与鼓励。

在此,还要感谢江苏省教育厅批准将本书列为高等教育精品教材建设项目并提供经费支持,也要感谢南京特殊教育师范学院(原南京特殊教育职业技术学院)将本书列为院重点教材进行建设。如果没有他们的大力支持,本书也难以顺利编写完成。

在编写过程中,我们也参考和借鉴了大量国内外的文献资料,由于时间仓促,未能将所有作者一一列出,在此谨向所有作者一并致以诚挚的谢意。在出版过程中,南京大学出版社的吴汀编辑为本书的审校付出了辛勤劳动,在此也表示衷心的感谢!

由于编者的水平有限,本书的缺点、错误在所难免,恳请读者批评指正。

王 辉

2007 年 9 月于南京

第二版前言

《特殊儿童教育诊断与评估》是江苏省立项建设精品教材,2009 年被评为江苏省高等学校精品教材。自出版以来,深受业界师生、专业人士的青睐,受到了广泛的好评。

本书 2007 年出版至今已经八年。八年来,随着人们理念的更新、科技的进步、学科研究的深入,出现了一系列新的诊断标准、评估理念、评估方法和技术,以及评估工具,这些有效推动了特殊儿童教育诊断与评估的理论与技术的进一步发展,为提高特殊儿童教育诊断与评估的可靠性、科学性提供了保障。特殊教育的前提和起点是教育诊断与评估,要保证特殊教育的针对性、有效性,保证特殊儿童能接受合适的教育,离不开多元而综合的、科学而可靠的教育诊断与评估。因此,《特殊儿童教育诊断与评估》亟需修订,以适应特殊教育和特殊儿童诊断与评估的新需求。

在南京大学出版社的支持下,本书得以修订再版。本次修订仍沿用原书的框架,仅在某些类别的诊断标准、评估范围、评估方法、评估工具、评估案例以及语言表述等方面作了调整、替换、更改、增加和删减,全书的结构仍为四个部分。第一篇介绍基础理论,第二、三、四篇则介绍不同取向的评估方法。第一篇基础理论,主要论述教育诊断评估基本的概念、内容、步骤、特殊儿童的心理行为特征及诊断鉴别标准等;第二篇介绍心理计量取向的评估方法,包括认知、智力、语言、知觉动作、情绪行为、适应性行为、人格及发展性、成就和性向等方面的评估方法;第三篇介绍生态行为取向的评估方法,主要有生态评估和功能性评估;第四篇介绍质性取向评估方法,包括实作评估、动态评估、档案评估及课程本位评估四种方法。

本次参与修订的人员有王辉(第一、三、九、十五、十六、十七、十八、十九、二十章,以及第二章的第九节);陈琳(第五、八、十一、十二、十三章);李晓庆(第四、六、十章,以及第二章的第一节);熊琪(第二章的第二、三、五、六、七、十、十一节);李晓娟(第十四章,以及第二章的第八、十二节);范佳露(第七章,以及第二章第四节)。全书由王辉统稿、审定。

本书在修订过程中,得到了南京大学出版社吴汀编辑的大力支持,在此表示衷心感谢。在修订过程中,我们也参考和借鉴了一些与特殊儿童诊断与评估相关的教材、论著及文章,谨向有关作者一并致以谢意。

由于修订者的水平有限,恐难尽如人意。敬请同仁们批评指正。

王 辉

2015 年 7 月于翠杉园

第三版前言

《特殊儿童教育诊断与评估(第一版)》是"十一五"江苏省高等学校精品教材,第三版是"十三五"江苏省高等学校重点教材。特殊教育的前提和起点是教育诊断与评估,要保证特殊教育的针对性、有效性,保证特殊儿童接受合适的教育,离不开科学、可靠的教育诊断与评估。是故,本书自出版以来,深受业界师生、专业人士的欢迎,也获得了高度评价。

弹指一挥间,本书问世已经十一年。寒暑往复,社会发展、理念更新、科技进步等带来科学研究的繁荣。本土化的实践日渐深入,成果日益丰富;同时,国际上一系列新的诊断标准、评估理念、评估方法和技术以及评估工具陆续产生。这些为特殊儿童接受更为可靠、科学的教育诊断与评估提供了保障,也为特殊儿童接受适合的教育与干预提供了依据。因此,为了因应时代发展脉搏与特殊儿童对多元化、综合化的教育诊断、评估的新需求,保持《特殊儿童教育诊断与评估》的时代性、前沿性、科学性、适用性与可操作性,在江苏省教育厅高等学校重点教材建设项目的支持下,我们开启了《特殊儿童教育诊断与评估》第三版的修订工作。

本次修订保留了原书的框架设计,但对每个章节的内容做了较大调整、增添、删除和替换。更新了第二章各个类别特殊儿童的诊断标准,重新梳理了各个类别的评估内容与评估方法,增添、替换了最新修订和编制的评估工具;在第二、三、四篇方法论的十六个章节里,增添了大量编写者在实践中搜集的本土化案例,在各章后面的思考、练习与实践部分增添了案例分析题,在各章的第三节实施案例部分,也替换、增添了部分编写者自己实践的评估案例。另外,在各章的语言表述、概念等方面做了细心的调整、修改,以保证语言的规范性、准确性、可读性以及概念的一致性等。

全书的结构仍为四个部分,第一部分与后面三个部分相互呼应,形成总与分的逻辑关系。第一篇介绍基础理论,第二、三、四篇则介绍不同取向的评估方法。第一篇基础理论,主要阐述教育诊断与评估的基本概念、内容、步骤、各类特殊儿童的心理行为特征、诊断鉴别标准,以及特殊儿童教育诊断与评估的三种取向、评估范围、心理计量取向评估的基本认知等;第二篇介绍心理计量取向的评估方法,包括认知、智力、语言、知觉动作、情绪行为、适应性行为、人格及发展性、成就和性向等方面的评估方法;第三篇介绍生态行为取向的评估方法,主要有生态评估和功能性评估;第四篇介绍质性取向评估方法,包括实作评估、动态评估、档案评估及课程本位评估四种方法。

参与本次修订的人员有王辉(第一、三、八、十五、十六、十七、十八、十九、二十章,以及第二章的第七节);陈琳(第十一、十二、十三章,以及第二章的第二、九、十一节);李晓庆(第四、五、六、十章,以及第二章的第一、五、八节);李晓娟(第九、十四章,以及第二章的第六、十、十二节);范佳露(第七章,以及第二章的第三、四节)。全书由王辉统稿、审定。

本书在修订过程中,得到了南京大学出版社编辑的鼎力支持,我的学生们(2015级特殊教育专业卓越班学生)也为全书文字的校对付出了辛劳,在此一并表示衷心感谢。我们在修订时也参考和借鉴了一些与特殊儿童教育诊断与评估相关的教材、论著及文章,特向有关作者致以真挚的谢意。

由于修订者的水平有限,恐难尽如人意。敬请同仁们和广大读者批评指正。

王 辉

2018 年 5 月于翠杉园

目　　录

第一篇　基础理论

第十四章 性向评估 ······················· (292)

第三篇 生态行为取向评估方法

第十五章 生态评估 ······················· (307)

第十八章　动态评估 ·· （359）

　第一节　动态评估概述·· （359）

　　一、动态评估的涵义 ·· （359）

　　二、动态评估的类型 ·· （360）

　　三、动态评估的运用原则 ······································ （362）

　第二节　动态评估的实施步骤·································· （363）

　　一、动态评估的实施步骤 ······································ （363）

　　二、动态评估的实施案例 ······································ （364）

　第三节　动态评估的特征与评析 ································ （367）

　　一、动态评估的特征 ·· （367）

　　二、动态评估的评析 ·· （368）

第十九章　档案评估 ·· （371）

　第一节　档案评估概述·· （371）

　　一、档案评估的涵义 ·· （371）

　　二、学习过程档案的内容 ······································ （372）

　　三、档案评估的形式与层次 ···································· （373）

　　四、档案评估的原则 ·· （374）

　第二节　档案评估的实施步骤·································· （374）

　　一、档案评估的实施步骤 ······································ （374）

　　二、档案评估的实施案例 ······································ （376）

　第三节　档案评估的特征与评析 ································ （378）

　　一、档案评估的特征 ·· （378）

　　二、档案评估的评析 ·· （379）

第二十章　课程本位评估 ···································· （381）

　第一节　课程本位评估概述······································ （381）

　　一、课程本位评估的涵义 ······································ （381）

　　二、课程本位评估的类型 ······································ （382）

　　三、课程本位评估的方法 ······································ （383）

　　四、课程本位评估的原则 ······································ （384）

　第二节　课程本位评估的方法与实施步骤 ························ （384）

　　一、课程本位评估的实施步骤 ·································· （384）

　　二、课程本位评估的实施案例 ·································· （386）

　第三节　课程本位评估的特征与评析 ···························· （388）

　　一、课程本位评估的特征 ······································ （388）

　　二、课程本位评估的评析 ······································ （389）

第一篇

基 础 理 论

第一章 绪 论

【内容摘要】 教育诊断与评估是特殊儿童①评估流程中的重要一环，也是最为关键的一环。要掌握特殊儿童教育诊断与评估的理论、方法，必须先了解与之相关的概念、基本知识。本章首先阐述教育诊断与评估的涵义、教育评估的类型、诊断评估与筛查鉴定的比较；随后介绍教育诊断与评估的内容、方法与实施程序；接着强调教育诊断与评估中应注意的事项；最后阐明学习特殊儿童教育诊断与评估的意义。

第一节 教育诊断与评估的涵义及类型

一、教育诊断与评估的涵义

（一）诊断

"诊断"（diagnosis）一词属医学用语，根据汉语词典的解释，意为"了解病情后对病人的病症及其发展情况做出判断"。用在特殊教育上，则是指了解特殊儿童的现状后，对其问题、特殊需要及发展情况做出判断。因此，特殊儿童教育诊断是指分析、判断影响特殊儿童学习成就的任何生理问题、心理过程或行为表现及其原因，以便为制定针对性的教学计划、教学策略及辅助支持提供依据。

对特殊儿童而言，诊断的任务在于：判断是否存在障碍或特殊需要；了解障碍或特殊需要的具体情况；分析造成障碍、产生特殊需要的原因；分析判断现有发展水平及目前存在的问题；预测未来发展状况；提出干预措施。

诊断的内容主要是：史料诊断、病理诊断、实验室诊断、心理诊断及教育诊断。史料诊断的项目主要有妊娠史、生产史、生长发育史、疾病史、家族史等；病理诊断的项目主要是躯体检查、神经系统、精神状态；实验室诊断的项目主要是生化检查、染色体检查、X线、CT/MRI检查、基因检测等；心理诊断的项目主要为智力测查、社会适应能力测查等；教育诊断的项目主要是受教育史、家庭教育情况、家庭教养方式及现有能力与学业水平检查等。

在诊断中应注意以下事项：测试工具的信度与效度；受测者的合作情况、行为反应、敏捷度、表达能力、清晰度；环境的干扰；受测者的文化背景、生活习俗等。

---

① 特殊儿童：实指"特殊需要儿童"，因考虑人们的表述习惯，本书中均把"特殊需要儿童"简写为"特殊儿童"。

（二）评估

"评估"一词译自于英文 assessment，该词又译为"评量"或"评定"，是根据一项标准，对所测量到的数值予以价值判断。在教育上，评估是指使用测验和其他测量手段测量学生成就和行为，以便做出教育性决定的过程。对特殊儿童而言，教育评估是指采用各种测验和其他测量手段来搜集与特殊儿童教育有关的大量的信息、资料，并通过对这些信息与资料的分析、解释、推测和判断，推断出特殊儿童能力与成就的现状、优劣势、最近发展区、存在问题及特殊需求，从而做出教育性决定的过程。

在特殊教育中，评估包括各种各样的评鉴、估计、评价以及判断出有关特殊儿童需求的技术和程序。这种技术和程序，与一般教育环境上所使用的评估过程不同，特殊教育中的评估需要考察特殊儿童的独特的需求，因而每个儿童都有所不同。特殊教育中的评估特别强调：调整过程、方法和工具等以符合个别儿童的特殊需求而不是试着让儿童符合特别的评估程序。例如盲童使用韦氏智力测验，就可以删除图形、迷津测验题；聋童可以使用以视觉信息为主的测验工具，如希内学习能力测验、托尼非语文智力测验等。

在上述评估概念中又涉及两个概念，即测量（measurement）和测验（test）。

"测量"是决定学生能力表现或成就水平的过程，在特殊儿童教育评估过程中扮演着重要的角色。在特殊儿童教育评估中，测量有多种形式，测验只是其中的一种，除此以外还有行为观察、晤谈、填写评定量表、检核表以及临床评定等。特殊学校教师或普通学校教师通常会给学生做一些成就表现的测量，如测验；他们也会实施其他测量，如填写评价量表、检核表等。测量的目的在于产生客观性的数据，如数字、分数或其他的量化数据。

"测验"是一种特定形式的诊断程序，是较大评估过程的一部分，它是用一组问题来产生一组分数或一些其他的数字结果。特殊教育教师要依赖许多形式的测验来评估特殊儿童的现有水平和问题，包括标准化测验和教师自编的非标准化测验。

总的来说，"评估"、"测量"和"测验"这些术语在涵义上有交叉，但是彼此间仍有差异。"评估"是一种多层面的过程，这个术语最为广泛，包括测验和测量，它涉及运用测验和其他测量来进行特殊需求学生的教育性决定。

教育诊断与评估是指为特殊儿童的教育服务的诊断与评估。诊断需要在评估的基础上进行判断，同时评估又包含有诊断的含义，二者之间有重叠，难以严格区分。

二、教育评估的类型

从评估的目的和在特殊教育过程中所起的主要作用来看，教育评估可粗略地分为三大类：筛查性评估、诊断性评估、终结性评估（又称后置性评估）。

（一）筛查性评估

在教育中，筛查性评估是以筛查儿童是否有特殊教育需要为目的，一般用于确定被怀疑与大多数儿童相比存在心理发展显著偏高或迟滞的儿童。如果筛查出"高危/异常儿童"，家长和老师就要对他们进行密切的关注，并把他们转介到专家团队那里做进一步的评估——诊断性评估。

(二)诊断性评估

诊断性评估是进行教育鉴定与诊断的手段,它的目的与功能是通过收集有关信息来确定特殊儿童的培养目标和培养方案。例如,评估"高危儿童"或特殊儿童是否有特殊需要,有哪些特殊需要,其现有能力发展状况如何,优势与劣势在哪里,应安置在什么环境中接受教育等。可以说,没有对儿童的诊断性评估就没有特殊教育的开始。

在特殊教育中,诊断性评估的主要目的是了解儿童原有的身心发展水平、教育环境等,在此基础上确定儿童的特殊教育目标,制定符合儿童身心发展水平和教育需要的教育方案。

(三)终结性评估

在特殊教育中,终结性评估也称后置性评估。主要用来评价某一阶段或特殊教育全过程的教育效果,以及是否达到预定的教育目标。终结性评估可以用不同指标体系进行评价,也可以分阶段进行,每一阶段的评估又称为阶段性评估。

在实际的运用过程中,特殊教育的诊断性评估与终结性评估相互配合。在终结性评估中包含着对是否达到预期教育目的的诊断和鉴定,在诊断性评估中所收集到的一些有关信息也是构成终结性评估指标体系的重要因素。是故,诊断性评估又称为教育前评估,终结性评估又称为教育后评估。

事实上,终结性评估的角色并非一成不变,对于前一个教育训练周期来说是终结性的评估,而对于下一个教育训练周期来说则是诊断性评估,因此,两者是相对而言的。

三、教育诊断、评估与筛查、鉴定的比较

现实中,这几个词经常出现混用,他们之间存在一定的区别和联系。筛查和鉴定是为了判断某儿童是否有特殊需要、是或不是某类特殊儿童。而诊断与评估是一个更深层次的工作,它是在前者的基础上,由专业工作者综合运用生理学、心理学、教育学的知识,采用各种评估的方法,全面、细致、深入地了解儿童在教育上的特殊需要后,分析其教育基础,确定其身心发展的障碍与潜能。

各个国家在不同的时期对特殊儿童的鉴定、评估程序不尽相同,但一般都要经过发现、转介→筛查、鉴定→教育诊断、评估三个步骤(见表1-1),从中可见鉴定与教育诊断、评估的关系。

表 1-1　鉴定与教育诊断、评估的程序

	发现、转介 ——→	筛查、鉴定 ——→	教育诊断、评估
内容	发现并推荐被怀疑对象到有关部门进行专业鉴定	筛查、确定被怀疑对象是否属于特殊教育的对象,并判断其类型	分析其已有教育的基础、学习能力与障碍,以及环境等有关因素
目的	及时发现高危/问题儿童,推荐为筛查、鉴定对象,以便早期诊断与干预	鉴别那些高危/异常儿童是否属于特殊教育的对象,具体有哪些特殊教育需要	确定儿童身心发展的障碍与潜能,作为安置与制定策略的基础
负责人	家长、儿科医生、教师	特殊教育机构、指定医院的医生、经过培训的教师	各种专业人员、教师、家长组成的评估小组

　　从表中可见,筛查、鉴定是教育诊断与评估的前提和基础,而教育诊断与评估是筛查、鉴定的延伸和继续。特殊教育工作需要在筛查、鉴定的基础上开展,明确具体的教育对象,评估其发展现状与特殊需求,制定安置方案与个别化教育计划,实施教育教学并评估其成效。

第二节　教育诊断与评估的内容及方法

　　特殊教育诊断与评估是建立在多项评估基础上的综合性评估。它通过综合分析有关医学诊断、心理测量、行为观察、学业测试、家长和教师所提供的各种信息对儿童的发展水平、教育需要、教育实效做出一定的解释、评价与判断。因此,特殊教育诊断与评估的内容主要包括儿童的生理状态、心理表现、教育成就及社会适应四大部分。每个部分又包含多方面的检查内容。对于特殊教育的评估方法也有多种,主要包括观察法、访谈法、评定法等。

一、教育诊断与评估的内容

(一)生理状态——身体检查与医学诊断

　　生理状态包括儿童的健康状况,如视力、听力、动作、语言功能等,通常由儿童本人、家长及医生提供评估资料(如发育检查资料、病史等)。对生理状态的检查,可分为一般性的健康检查、史料搜集及针对性的特殊检查三个方面,各个检查具体内容如下。

　　1. 一般性的健康检查

　　(1)身高　反映了儿童骨骼发育状况,是否正常或发育落后。

　　(2)体重　能部分反映出儿童体格发育情况,若低于标准或低于同龄大多数儿童,则要分析原因。

　　(3)呼吸、脉搏和血压　各年龄段儿童的呼吸、脉搏的频率及血压的高低有所不同,可与同年龄段儿童做比较,以辨别儿童发育正常与否。

　　(4)感觉　主要包括视觉、听觉、触觉、味觉和嗅觉,而一般的健康检查主要检查视觉和听觉是否正常,多由有经验的专科医生检查。

　　(5)神经系统的检查　主要考虑一般视诊,包括生长状况、面容、意识状态、反应情况、动作与步态、肌肉张力和运动协调等;头颅检查包括头的大小、外形、头围和头的活动状况等;颅神经检查主要是对12对脑神经功能的检查,即嗅神经(Ⅰ)、视神经(Ⅱ)、动眼神经(Ⅲ)、滑车神经(Ⅳ)、三叉神经(Ⅴ)、外展神经(Ⅵ)、面神经(Ⅶ)、听神经(Ⅷ)、舌咽神经(Ⅸ)、迷走神经(Ⅹ)、副神经(Ⅺ)和舌下神经(Ⅻ)。

　　2. 史料搜集

　　(1)儿童母亲的妊娠史　主要询问是否出现过胎儿宫内感染、缺氧、营养障碍、有害物质、毒物伤害、碰伤、摔伤等情况。

　　(2)儿童的出生史　主要关注出生时的体重、身长,是否为早产,是否窒息,是否有产伤、感染、低血糖等现象。

（3）儿童父母的亲缘关系及家族史　主要了解是否有遗传、家族性疾病,是否为近亲结婚等。

（4）儿童的生长发育史　主要关注与同龄儿童相比,生长发育是否有较大的差距,对给予刺激的反应如何,活动的目的性如何,生活自理和学习能力如何,是否多动、乱发脾气、吵闹等。

（5）儿童的疾病诊疗史　主要关注儿童出生后的生病、诊疗情况,如生病时间、时长、疾病类型、检查与治疗的方案、方法及过程等。

3. 针对性的特殊检查

（1）血液检查　可以早期筛查克汀病,并有助于诊断先天性风疹、巨细胞包涵体病、弓形体病等。

（2）尿味检查　特殊的尿味有助于诊断先天性代谢异常疾病,如鼠尿味、枫糖味、酵母样味、脚汗臭味分别为苯丙酮酸尿症、枫糖尿症、蛋氨酸吸收不良症及异戊酸血症的特点。

（3）染色体检查　有助于对唐氏综合征、猫叫综合征、脆性 X 染色体综合征等染色体异常疾病做出诊断。

（4）X 线检查　有助于诊断伴有骨骼变化的智力障碍。

（5）CT/MRI 检查　可以发现某些颅内病变,如脑积水、脑畸形、先天性脑发育异常、进行性脑白质营养不良以及结节性硬化等。

（6）脑脊液检查　进行脑脊液穿刺检查目的在于检查是否有颅内出血、脑膜是否有刺激性症状以及某些神经系统症状等。

上述检查能收集到有关儿童生长发育、病因等方面的信息,有助于对特殊儿童,尤其是感官障碍、智力障碍、语言障碍和运动障碍儿童的鉴别和筛查。

（二）心理表现——心理测量

心理表现包括智力、人格发展、情绪行为困扰状况、性向等,通常可通过心理测量来获得资料。心理测量是根据一定的法则客观地测定个体的心理过程、个性特征、发展水平的手段,它是对人的心理属性进行定量描述的过程,基本上只涉及数字的收集,如给儿童的推理能力打一个分数。心理测量的内容很丰富,种类也比较多,但常用于特殊儿童评估与鉴定的心理测量主要是智力测验和社会适应行为测验。

1. 智力测验

在心理测验中影响力较大、在特殊儿童教育评估中应用得较多的智力测验主要有:比内智力测验、韦氏儿童智力测验、希-内学习能力测验、托尼非语文智力测验、古迪纳夫—哈里斯绘人测验、哥伦比亚智力成熟量表、考夫曼教育成就测验、皮博迪个人成就测验、伊利诺心理语言能力测验等。

2. 社会适应能力的评定

了解和评估儿童的社会适应能力,是特殊教育评估的重要项目之一。对儿童社会适应能力的评估主要包括四个方面,即自理能力、交往能力、社会化及职业能力。目前在特殊儿童教育评估中用得较多的、影响力较大的社会适应量表主要有:AAMR 适应性行为量表—学校版（ABS－SE2）、文兰适应行为量表、儿童社会适应行为量表、幼儿—初中生社会生活能力量表、儿童适应行为量表、生活适应能力检核表等。

（三）教育成就——学绩考察与教师问卷

教育成就通常包括学业成绩、知觉动作发展、语言表达能力、学习能力等方面情况，通常由各任课老师提供资料，由班主任或辅导老师进行资料的搜集与整理。

1. 学绩考察

学绩考察着重考察学生对知识的掌握程度和学习能力，通常采用学习成就测验的方法进行。包括：标准化测验和非标准化测验两种。在特殊教育评估中，学绩是一项重要的评估指标，尤其是学习障碍儿童、智力障碍儿童，他们的学习成绩、学习能力明显低于同龄儿童。

2. 教师问卷

教师问卷是为教师调查儿童在校学习情况而设计的，因此，该问卷应包含下述六个方面的内容[1]：

（1）执行学习常规情况，如按时到校，遵守时间观念等；

（2）是非判断能力，如是否常常跟别人打闹，是否分得清同学的错误与正确行为等；

（3）与老师同学相处情况，如是否经常接近老师或同学，是否与同学共同游戏等；

（4）在集体活动中的表现，是否积极参与集体活动，是否主动为集体活动献计献策等；

（5）情绪与日常行为，是否爱生气、情绪不稳定，是否无故哭闹、尖叫等；

（6）学习能力、兴趣与态度，能否独立完成作业，能否自觉完成作业等。

（四）社会适应——社会调查与家长问卷

社会适应包括儿童的重要生活事件、求学经过、亲子手足关系及家长的期望与教养态度、方式等。通常由教师或辅导人员根据社会适应评定量表或调查、访谈结果取得资料，可以采用社会调查和家长问卷方式进行。

1. 社会调查

通过社会调查来搜集资料，其取证主要来源于儿童居住小区的居民、管理人员和隔壁邻居等。

2. 家长问卷

通过家长问卷来搜集资料，可以选择已有的家长问卷，也可以自己设计一份家长问卷。通常家长问卷应包括下述十个方面的内容：

（1）个体发育；

（2）日常生活能力；

（3）主要娱乐形式；

（4）课余学习；

---

① 方俊明编著：《特殊教育导论》，西安：山西人民教育出版社，1998年，第77页。

（5）辅助成人劳动；

（6）与家庭成员相处；

（7）与其他儿童相处；

（8）与邻居相处；

（9）语言交往能力；

（10）一般公共生活。

二、教育诊断与评估的方法

教育诊断与评估的方法可以分为两大类，即标准化和非标准化的评估方法，也称正式评估与非正式评估法。标准化（正式评估）的评估方法是借助标准化工具进行评估，通常指标准化测验。该测验要具有一定的编制过程、施测程序及一定的解释原则，而且都具有一定的信效度，用途也有一定的限制。目前，标准化工具的研究已日趋多元化，给特殊教育评估提供了更多的选择。近年，非标准化（非正式评估）的评估方法形式众多，包括生态评估、动态评估、档案评估、功能性评估、课程本位评估及实作评估等。而这些评估中常使用的搜集资料的方法包括观察法、访谈法、问卷调查法、教师自编测验法、标准化测验法、轶事记录法、评定法、检核法、自陈法、医学检查法等。下面简要说明观察法、访谈法、量表评定法、测验法四种重要方法。

（一）观察法

观察法是指评估者通过感官和辅助仪器，有目的、有计划地对处于自然情境下的特殊儿童的心理特征或行为表现进行系统感知和描述，从而获得有关事实材料的方法。观察法是搜集特殊儿童评估资料的一种最基本、最重要的方法和途径。在特殊儿童评估中，由相关人员如父母、教师、专家就儿童的表现加以观察。观察法可以根据不同的标准划分为不同的类型，在此，把观察法划分为系统观察和非系统观察两大类。

1. 系统观察

系统观察是针对特殊儿童的某几项特别行为或障碍情况和程度进行观察，观察者必须设计时间表，并排列观察顺序，以探究行为背后所隐藏的问题。

2. 非系统观察

非系统观察是指观察者并非依照一定的观察规则进行观察，只要与观察目标有关的所有特征及行为反应都要列入观察记录中。

（二）访谈法

访谈法是指评估者通过有目的的交谈来收集有关特殊儿童心理特征和行为表现资料的一种方法。它也是搜集特殊儿童评估资料的一种最基本的方法和途径。访谈法可以划分为结构式访谈、半结构式访谈或非结构式访谈三类。

1. 结构式访谈

常常有访谈内容在手边，根据预先设计的问题一项一项进行访谈。受访者的答题通常具有一定的形式。如为了制定 IEP 计划，需要访谈家长某些项目以了解特殊儿童的疾病诊疗史,这就是结构式的访谈。

2. 半结构式访谈

通常会事先拟定一份访谈大纲,以大纲为主题进行访谈。受访者的答案通常没有一定的形式。如家庭访问,事先都会计划要了解的内容,然后进行访谈。这就是半结构访谈。

3. 非结构式访谈

通常没有事先的书面资料或预期一定要访谈的方向,因此,其访谈结果常常不可预期,时间也无法准确把握。如家长到学校接送孩子,老师乘此机会向家长们提问关于学生在家学习情况的相关问题,作为了解学生的资料。这就是非结构性访谈的一种形式。

(三)量表评定法

量表评定法是指根据评定量表来收集有关特殊儿童心理特征和行为表现资料的一种方法。它也是搜集特殊儿童评估资料的一种最重要的方法和途径。

评定量表通常编制的过程没有经过标准化,因此,无信效度和常模等。其功能在于方便记录、编写个别化教育计划等。所评估的内容可以由教师根据拟定需要评定的目标自行设计,也可以运用别人已经编制好的、较好的、经过大量实践的评定量表。评定量表的形式有多种。

1. 数字等级评定量表

数字等级评定量表是用圈画数字的形式来确定所列行为特征的等级。行为特性一般分 3~5 个等级,用数字 1,2,3,4,5 来表示,并对数字等级作简单的文字说明。例如,为评价特殊儿童在课堂讨论中所表现出的积极程度,以及其所谈内容与课堂讨论主题联系的密切程度等项目时,可以用"5—4—3—2—1"分别表示行为特征的"很高—较高——一般—较低—很低"这五个等级程度。

2. 图示等级评定量表

图示等级评定量表是在每个行为特性项目的下边或右边给出水平横线图尺的等级刻度。一般分为 3~5 个等级,同一个评定量表中各条目的等级量表是相同的。这些等级刻度可以根据被评估的行为特性,按照从低到高、从小到大,从少到多、从差到优的顺序分成若干个等级。评估人员在利用"图示等级评定量表"去评估特殊儿童的学习与发展时,应当建立在系统观察和证据的基础上。在具体操作时,评估人员可以在连续性图尺刻度的任一适当位置画个记号,例如用"×"表示,不一定取其等分点。

图示等级评定量表和数字等级评定量表之间有许多相同的地方。但数字或词语等级评定量表只限于整数等级,而图示等级评定量表可以在连续的水平图尺线上,任意取值。

3. 图示描述评定量表

图示描述评定量表是在每一题目下设有图尺量表刻度,并在若干个刻度下面,用语言描述其刻度值大小所提示的行为与心理特征,由评估者根据被评估儿童的表现给予客观评定。这种评定形式是对上述的图示等级评定量表的一种改进。

4. 检选式评定量表

检选式评定量表是事先向评估者提供由许多形容词或陈述句组成的项目一览表,评估者将各项目所提示的人格与行为，逐一与被评估儿童进行对照，而后把其中最能描述与反映被评估儿童心理特征、行为特性的项目挑选出来，最后综合起来进行分析。

5. 脸谱图形评定量表

脸谱图形评定量表是通过一系列简单、形象而有趣的脸谱或图形，直观形象地反映人的情绪特征、行为特征及外貌特征等，由评估者对被评估儿童的行为、表情、态度、情绪、容貌等事项进行对照评定。这种评定方法生动有趣、形象直观、容易操作，但所能提供的心理活动与行为方面的信息量较有限。

（四）测验法

测验法是评估者应用各种心理和教育测验来收集有关特殊儿童心理特征、行为表现和成就资料的一种方法。心理和教育测验的种类很多，根据测量对象不同主要分为以下几种：

1. 能力测验

能力测验包括一般能力测验即智力测验和特殊能力测验（能力倾向测验），如艺术能力测验、创造力测验。

2. 成就测验

成就测验也叫学绩测验，是测量经过某种教育或训练之后，对知识和技能的掌握程度。成就测验还可以分成单科成就测验和综合成就测验两类。

3. 人格测验

人格测验是测量个性心理特征中除了能力以外的所有特征即气质、兴趣、态度、性格等。人格测验方法中最常用的是问卷法和投射法。

第三节 教育诊断与评估的实施程序

特殊儿童的教育诊断与评估需要由一定比例的专业人员、管理人员组成专业评估团队来执行。综合已有研究，可以将整个评估过程分为三个阶段，即准备阶段、测评阶段与综合评定阶段。

一、准备阶段

特殊儿童教育诊断与评估的准确性、科学性、针对性如何，除了诊断与评估中的技术问题之外，正式实施评估前的准备工作是非常重要的一环，它在某种程度上决定了评估的效果和质量。因此，在特殊儿童正式评估前，首先要把好评估的准备工作这一关。在评估的准备阶段，评估者需做好两个方面的准备，一是明确评估目的和了解评估对象；二是设计评估方案。

（一）明确评估目的和了解评估对象

1. 明确评估目的

评估目的是指通过评估想要获得的结果或想要解决的问题。在特殊教育领域，特殊儿童的诊断与评估有着广泛的应用,其目的主要有筛查、鉴别、制定个别化教育计划、进行教育评价等。在进行评估之前,首先要明确此次评估的目的是什么,以便确定评估的内容,选择恰当的评估工具和方法。不同的评估目的,其评估的内容、工具和方法之间也不尽相同。如,普通小学三年级有个男生,班主任和其他任课老师都反映该生学习很用功,做作业态度很认真,但总是会出错,经常把数字看错、看颠倒,写字丢三落四,另外,写字用力很大,看上去这孩子也不笨,学习成绩却远远低于其表现水平。请专家给他做诊断与评估。很显然,这个评估的目的是要鉴别。通过智力测验、适应性行为能力评定量表、视听觉检查、感觉统合能力检查等来判断其是否有学习方面的障碍、是否有特殊需求,若有,其障碍表现在哪些方面,有哪些特殊需求。

2. 了解评估对象

明确了评估目的以后,实际上评估者已经知道评估的对象是谁了。仅仅知道这一点还不够,要想设计出一个合适的评估方案,还要进一步了解评估对象的类别、年龄、阅读水平等,以便选择更恰当的评估工具和评估方法。如给盲生做教育评估,就要考虑掌握盲文的盲生和没有掌握盲文的盲生,所用的评估方法和评估工具就不尽相同,前者可使用自陈问卷或测验做书面评估,而后者只能做口头评估。还有一点要注意的是,两者都不能用视觉材料进行评估。再如,给没有听力的聋生做教育评估,评估者只能使用视觉材料对其进行评估,而不适宜用听觉材料对其进行评估。

(二) 设计评估方案

明确评估的目的和评估的对象以后,接着就要考虑评估的具体项目、内容、工具及方法了。有些评估可能非常简单,只需要对特殊儿童的某个特定领域做评估;有些评估比较复杂,需要对特殊儿童的整体状况进行评估等。无论是简单的还是复杂的教育评估,都应事先拟定一份评估方案。

1. 确定评估的指标体系(或评估项目)

所谓评估的指标体系,是指表征评估对象心理及相关属性发展状况的各级各类因素的集群及量化方法。简单地说,就是要确定评估的具体范围、具体项目。若评估智障儿童的话就包括:智力测查、适应行为评定、儿童生长发育史、疾病诊疗史、家族史、教育史、体格检查、教育成就、家庭和学校情况等。

2. 选择收集资料的方法、途径和工具,并设计收集资料的程序

评估的指标体系确定后,就应该根据指标体系中所包含的内容选择收集资料的方法、途径及采用的评估工具,并设计出评估的程序。

收集评估资料的方法有很多,如测验法(包括心理测验和教育测验)、观察法、访谈法、问卷调查法、实验法、作品分析法、生理测量、医学检查等,要根据每项指标的具体要求选择最适合的方法。如,测查智力最适合的方法就是智力测验,了解儿童的家族史、教育史最好用访谈法,而了解儿童的体格和脑神经功能则可以采用医学检查。

选择恰当的评估工具和途径。目前,国内各个领域的评估工具有很多,如智力测验就有十多种,在这些测验工具里,本次评估究竟选用哪一种,就要根据评估目的、评估对象来选择。那么通过哪些途径来搜集资料呢? 例如,在本次评估中,要了解智障儿童的发育

史,就需要访谈家长,访谈谁呢,爸爸和妈妈? 这就需要在评估之前做出决定。

收集资料的程序设计,就是为收集资料制定一个时间表。哪些资料先收集,哪些资料后收集,要看收集资料的难易程度和方便性。通常是先易后难,而真正的决定因素还是要考虑现实的各种客观条件。为了使收集资料工作能够有序进行,评估者应该先了解各方面的情况,通过和家长、任课老师、校长、医生等协商,最后制定出一个相对合适的资料收集的时间表。

3. 选择和训练评估人员

由上述内容可知,在特殊儿童的教育诊断与评估中,所要搜集的资料多种多样,有时评估组织者一人难以承担全部的工作,需要组成一个评估小组来共同完成评估资料的搜集工作,这也是特殊儿童诊断与评估发展的一个趋势。

评估小组的成员一定要经过筛选,应该符合专业人员的标准。不过,有时很难找到合适的专业人选,作为组织者就应该选择大致相符的人选,并对他们进行专业培训,以保证收集资料的准确性、可靠性。

4. 组织诊断与评估小组

若评估的目的是为了给特殊儿童制定个别化教育计划,那么,根据相关的法律法规就要成立一个诊断与评估小组,这个小组的成员除了包括搜集资料的小组成员以外,还应包括特殊儿童的任课老师、学校的校长或相关的管理人员、特殊教育专家、心理学工作者、医生及儿童家长等,成员在5~9人之间,人员确定后还要与他们一一沟通,确定能否参加、什么时间比较合适。

5. 联系儿童家长,争取儿童家长的配合与支持

前面各项工作确定后,应尽快与特殊儿童的家长取得联系,争取家长的支持与配合。

6. 准备相关物质和安排活动场所

上述各项工作安排好后,还要尽快准备评估时需要的相关的工具、器材、强化物等,也要为这个评估准备一个安静、适宜的场所。

二、测评阶段

测评阶段是检查、测试、评估、询问的阶段,即通过和儿童本人以及家长的接触,采用各类不同的方法来获得有关儿童身心发展的数据和信息。在这个阶段中,有三个步骤:

1. 接待儿童和家长

由教育管理人员、普通教师接待前来参加评估的儿童和他们的家长,并和家长做初步交谈。确定每个儿童的评估目标。

2. 分项测评

由义务人员、心理学工作者和特殊教育人员进行分项测评。

3. 汇总资料

收集和汇总各项专业性检查测定资料,编号装袋,核查有无遗漏,送走参评的家长和儿童。

三、综合评定阶段

这是评估的最后一环，也是最重要的一环。评估小组将每位参评者的测定、评估的材料提交会议讨论，通过分析、综合与讨论，为参评的儿童写出书面的评估意见和教育建议。

（一）综合评定

1. 分析资料

（1）求同存异　把可靠的资料与需要证实补充的资料分开。有些用间接方式获得的资料，如通过访谈父母所获得的资料可能有误差，即使是通过直接观察所获得的资料也可能因各种因素的介入而引起评估对象行为的改变。因此，在对资料进行综合之前必须明确哪些资料是准确的，哪些资料需要进一步的证实。

（2）找矛盾，探原因　分析所收集的各种评估资料之间是否有矛盾，若有矛盾，则要分析其原因，还要分析哪一个更可靠，或重新验证。

（3）剔除无效资料　剔除对评估和制定教学计划无用的资料。搜集到的资料，有些虽然很真实、很准确，但是这些资料对于制定教育教学计划无用，评估者必须果断地剔除这些无用资料，以免影响判断。

2. 得出结论

评估结论来自于对搜集到的资料的分析，参评者需要透过现象看本质。运用专业知识以合理的方式分析、比较和解释各种资料，根据评估目的对评估对象的心理发展状况、存在的各种问题及需要的特殊支持等做出书面结论。

3. 提出建议

参评者应根据评估结论，向老师和家长提出书面的教育、康复等方面的建议，以为制定个别化教育计划提供指导。

（二）评估报告中应包含的要素

不管基于何种评估目的，对儿童进行评估后，都需要形成一份书面的评估报告。书面评估报告的撰写，通常需要包括下述五个基本要素。

1. 基本资料

主要描述被评估者的基本信息，包括个案的姓名、性别、出生日期、身高、体重、日常的行为表现、母亲孕期的情况、出生时的情况、生长发育的情况、家庭教育或早期教育情况、疾病诊疗史、家族史等方面。

2. 评估项目与评估内容

描述根据评估目的对个案进行评估的具体项目与评估内容，搜集资料所采用方法与工具等。

3. 评估结果与分析

评估所搜集的资料主要包括两个方面，即正式评估所得资料与非正式评估所得资料。前者主要指与评估项目、评估内容直接相关的标准化测验结果；后者主要指经由观察、访谈、问卷调查等过程所取得与评估目的有关的资料，包括通过非标准化的评定法、检核法、生态评估、功能性评估、实作评估、档案评估、动态评估、课程本位评估等所获得的资料。无论是正式评估还是非正式评估,都要对所搜集的资料和结果进行分析与解释,并进行相互验证。

4. 评估结论

基于对评估资料与评估结果的分析,将所有相关信息进行整合,分门别类、有条理地形成客观的总、分结合的评估结论,以为个别化教育(康复)计划的制定提供可靠的依据。

5. 建议

依据评估结果,提出针对性的、具体的、可操作的建议,包括教育教学、康复、辅导及相关服务等。

四、评估结果的应用

评估得出结论后,评估者需要向家长、相关老师和校长报告并解释评估结果。知道这个结论后,有些人置之一边,不再理睬;有些人则不恰当地使用这些信息,如给特殊儿童贴标签,这样的评估毫无意义,反而伤害了该儿童。因此,评估者必须尽个人所能,促使评估结论得到积极的利用,促进特殊儿童的身心得到最大限度的全面发展。

(一)评估结果应用范围[①]

1. 教育行政方面

如招生、学生的教育安置、教师的聘用等。

2. 教学方面

如教育和心理问题的诊断、教育教学计划的确定、教学效果评价等。

3. 咨询和指导方面

如给家长提供心理和教育咨询,指导教师和家长的教育、训练工作。

4. 科学研究

如通过前后两次研究结果的比较,了解某种课程设置、教材、教法等的实际效果,根据评估资料检验某种理论假设或提出新的学说等。

(二)个别教育计划

在综合评估的基础上,根据不同儿童的身心发展水平和教育需要,制定个别化的教育计划。包括四个方面:

(1)记载综合评估的结果,表明儿童目前的身心发展水平、特殊需求以及已达到的教育程度;

(2)明确开始和结束施行特殊教育的时间和各段时期内预期达到的教育目标;

(3)具体的有针对性的教育方案和措施;

(4)对是否达到预期目标的检查和评估。

---

① 韦小满、蔡雅娟编著:《特殊儿童心理评估》(第 2 版),北京:华夏出版社,2016 年,第 34 - 35 页。

第四节　教育诊断与评估应注意的事项

一、明确评估目的

为了避免盲目评估给儿童造成过重的精神压力，给评估者带来过多的工作负担，必须明确每次评估的目的。例如，有些人动辄就给学生做智力测验，使学生感觉很紧张，甚至有些学生还产生了自卑感。若评估结果对教育教学没有多大的帮助，这样的评估对评估者和被评估者都是浪费时间，毫无意义。

为了减少不当的评估可能给儿童及其家庭造成的伤害，也应该首先明确评估目的。因为随随便便的评估，往往容易得出错误的结论，而一些错误的结论对儿童及其家庭产生的消极影响巨大，应坚决杜绝这种做法。

二、广泛收集评估资料

广泛地收集资料是特殊教育评估的一个重要特点。只有从多条途径应用多种指标来广泛收集资料，才能准确地判断和解释儿童目前的心理发展状况及存在的问题。

评估者可以请心理测量专家、语言病理学家或听力学专家、眼科专家、医院的其他相关大夫及校长和老师、家长共同参与对特殊儿童的评估，收集来自各个指标、各个领域的资料。

家长非常了解孩子，而且还要参与 IEP 的制定和实施，因此，在资料收集的过程中，尤其要重视家长的参与。这既是家长的权利，也是提高评估质量的需要。

三、灵活运用评估资料的收集方法

至今，还没有一种方法能够把特殊儿童教育诊断与评估所需要的信息全部收集起来。目前常用的观察、访谈、测验等方法都各有优劣。因此，在特殊儿童的教育评估中，根据评估的目的和具体要求将各种方法灵活地加以运用，多种方法互相补充，互相印证。

四、多种评估方法相结合

近年来，由于人们认识到传统的心理计量取向评估的不足，在特殊教育界兴起了一系列新的评估取向和评估方法，如质的评估取向、生态行为评估取向，及作品评估、档案评估、生态评估、动态评估、功能性评估、课程本位评估等评估方法。这些新的评估方法都以自己的优势弥补心理计量取向评估方法的不足，以提高特殊儿童教育评估的真实性、针对性和准确性。

不过，传统的心理计量取向评估方法的作用也不可否认，因为对特殊儿童的教育评估也需要了解在现阶段儿童比较稳定的状态是什么。在实际的评估中，最好是多种评估取向、评估方法相结合。

五、评估与教育、康复训练相结合

评估只是手段而不是最终的目的，它是康复、教育的起点。因此，评估者不应该把目光停留在评估的结果上，而应该通过评估，了解教师教学的有效性和儿童学习的效能，把评估结果及时、正确地应用在对特殊儿童的教育和康复训练上。只有将评估与教育、康复训练有机结合，进行评估——教学、训练——再评估——调整——再教学、训练……如此反复循环，不断反馈纠正，才能提高教育教学质量，最终实现教育的目标。

六、遵守职业道德

评估者必须遵守职业道德，具体地说，必须做到以下几点：

（一）对自己所做的行为结果负责

评估学生是一种社会性行为，会产生特定的社会和教育行为效果。凡是评估学生后运用该资料做有关学生的决定，而这项决定又可能会影响到学生的生活的时候，评估者必须对其工作的行为后果负责。

（二）认识个人能力和学科的局限性

评估者不仅要认识到个人能力的局限性，也要认识到本学科的局限性。作为评估者必须不断进行自我评估，以了解从事该工作个人能力的限制，不做个人能力不能胜任的评估工作。同时，也要认识到本学科是一门新兴学科，在发展中还有许多不足，在方法技术上还有相当多的局限。

（三）注意评估资料的隐秘性

在评估过程中，常常会获得许多有关评估对象的个人资料。为了保护当事人的利益，评估者应对这些资料进行严格地保密。只有在对个人有立即危险时才能打破这项原则。不要把评估结果拿到非正式场合与学校老师讨论。

（四）坚持评估的专业标准

美国心理协会的联合委员会（APA）、美国教育研究协会（AERA）以及全美教育测验委员会（NMEC）曾出版一份标题为《教育心理测验标准》的专业标准。要求测验编制者应遵循教育与心理测验的标准来编制测验，评估人员则要按照测验使用手册中的有关规定来实施测验。评估中所运用的其他方法和程序也必须达到专业标准。只有这样，才能尽可能地减少误差，很好地发挥评估的作用。

（五）注意测验的安全性

评估者应该维护测验的安全性，不要对被评估者或相关人员泄露特定的测验内容或项目。

第五节 特殊儿童教育诊断与评估的意义[①]

一、落实特殊教育有关法律法规的需要

自 20 世纪 60 年代末 70 年代初以来,美国的一些家长组织利用一系列诉讼案迫使教育当局为特殊儿童提供恰当的评估和特殊教育服务。例如,1971 年宾夕法尼亚智障者协会向法院提出诉讼,指出当地的学校将特殊儿童拒之门外是违法的,经过庭外调解,宾夕法尼亚州教育局最后同意为所有被学校拒之门外的残疾儿童提供医学和心理学的评估,以便对他们做适当的教育安置,并提供免费的教育。1975 年,美国国会颁布了《所有残疾儿童教育法》,第一次在法律中明确规定,各州的教育部门要负责找到并对本州所有的残疾儿童进行鉴别和评估。

1990 年,美国国会颁布了《障碍者教育法》(101—476 公法)。在这个法令中对特殊儿童的评估又有了一些具体的规定,见表 1-2。

表 1-2 《障碍者教育法》的相关条款

无歧视的评估	必须规定某些程序,以确保测验、评估材料及用于残疾儿童评估和安置的方法在选择和实施时无文化或种族歧视
正当的程序	让人们有机会发表对儿童鉴别、评估或安置等的看法。这个正当程序包括以下环节:(1)评估之前向家长发出书面通知;(2)当打算改变或不打算改变目前的教育安置时,应有一个书面通知;(3)为儿童提供单独评估的机会;(4)召开由各方面人员参加的听证会
隐私与记录	与儿童教育和心理评估有关的记录要保密。除非直接参与儿童教育或有特别的理由,否则不得查阅儿童的有关记录。家长和监护人有权查阅有关儿童鉴别、评估和教育安置的记录

引自 J. C. Witt et al., (1995), *Assessment of children*, Iowa: Wm. C Brown Communication, Inc.

十几年来,美国人遵照法律的有关规定,广泛地开展了特殊儿童的教育评估,使特殊儿童得到较公平合理的对待,特殊教育的质量也得到了很大的保障。

我国在实践与发展中也在逐步完善、落实相关的特殊教育法规。1994 年,我国国务院颁布了《残疾人教育条例》。在第 2 条中明确规定,实施残疾人教育,应当贯彻国家的教育方针,根据残疾人的身心特性和需要,全面提高其素质,为残疾人平等地参与社会生活创造条件。第 3 条规定,应当根据残疾人的残疾类别和接受能力开展残疾人教育。第 20 条规定,残疾儿童、少年特殊教育学校(班)的课程计划、教学大纲和教材,应当适合残疾儿童、少年的特点。1998 年,我国教育部颁布了《特殊教育学校暂行规程》。在第 28 条中规定,特殊教育学校要把学生的身心康复作为教育教学的重要内容,根据学生的残疾类别和

[①] 韦小满、蔡雅娟编著:《特殊儿童心理评估》(第 2 版),北京:华夏出版社,2016 年,第 36-39 页。

程度,有针对性地进行康复训练,提高训练质量。在上述法规中虽然没有明确提到特殊儿童的教育评估问题,但是,要落实这些法规必须开展对特殊儿童的教育评估。

2017 年,我国国务院颁布了新修订的《残疾人教育条例》。在第 19 条中明确规定,适龄残疾儿童、少年接受教育的能力和适应学校学习生活的能力应当根据其残疾类别、残疾程度、补偿程度以及学校办学条件等因素判断。第 20 条规定,残疾人教育专家委员会可以接受教育行政部门的委托,对适龄残疾儿童、少年的身体状况、接受教育的能力和适应学校学习生活的能力进行评估,提出入学、转学建议;对残疾人义务教育问题提供咨询,提出建议。规定做出的评估结果属于残疾儿童、少年的隐私,仅可被用于对残疾儿童、少年实施教育、康复。教育行政部门、残疾人教育专家委员会、学校及其工作人员对在工作中了解的残疾儿童、少年评估结果及其他个人信息负有保密义务。第 21 条规定,残疾儿童、少年入学、转学安排发生争议的,县级人民政府教育行政部门应当委托残疾人教育专家委员会对残疾儿童、少年的身体状况、接受教育的能力和适应学校学习生活的能力进行评估并提出入学、转学建议,并根据残疾人教育专家委员会的评估结果和提出的入学、转学建议,综合考虑学校的办学条件和残疾儿童、少年及其父母或者其他监护人的意愿,对残疾儿童、少年的入学、转学安排做出决定。这些条款明确提出对特殊儿童进行教育、康复、入学、转学等必须依据评估结果而定。

二、充分体现因材施教的原则

自 20 世纪 80 年代以来,我国的特殊教育发展十分迅猛,不仅使大多数特殊儿童能够上学读书,而且教育的质量也在不断提高。如今,我国的特殊教育已进入了一个新的发展时期。在这种新的历史条件下,将评估运用于特殊教育实践具有重要意义,具体体现在以下几个方面:

(一) 使教育安置及课程设置更符合特殊儿童的发展需要

对特殊儿童做贴切的教育安置非常重要。一方面,可以避免因提出过高的要求而使各项教育措施收效甚微;另一方面,也可以避免因期望过低,而延误了儿童良好的发展时机。目前,特殊儿童在接受特殊教育之前都要接受各种评估,这是特殊教育学校招生工作的一个重要环节。根据评估结果对特殊儿童进行安置更有利于其接受适切的教育。

把特殊儿童安置在适当的班级里以后,接下来就要为他提供适宜的课程。什么样的课程是适宜的,这要以儿童身心发展的特点为判断的依据。特殊学校的特殊性在于其教育对象是特殊的,因此,所设置的课程、教材及教法也应该是特殊的,不能照搬普通学校的课程。是故,1991 年国家教委曾组织一批专家和老师为培智学校编写语文、数学、常识、音乐、美术等五门课程的教材,填补了我国培智教育课程的空白。不过,随着特殊教育的发展,越来越多的中、重度智障和伴随智障的其他发展性障碍学生进入培智学校,而越来越多的轻度智障学生到普通学校随班就读,这套教材已不能适应教育发展的需要。培智学校的教育对象发生了变化,其课程设置、教材和教法也要有相应的变化,以满足学生学习的需要。特殊教育学校的课程如何调整才能符合学生的需要,应该以科学的评估为基础。

（二）教育评估使教学更能体现因材施教的教育原则

近年来，普教系统的一些专家学者提倡对学生实施分类教学或分层教学，理由很简单，因为学生之间存在着较大的个体差异，大班级统一步调的教学方法很难使所有的学生都能取得应有的进步。已有的研究表明，特殊教育学校里学生之间的个体差异更大，因此，特殊教育学校的教师更应该遵循因材施教的原则。

当前我国特殊教育课程标准中明确要求对特殊儿童实施个别化教育，实际上就是要贯彻因材施教的教育思想。所谓个别化教育并不是一对一地教学，而是教师要根据学生的生理、心理特点，社会对个体发展的需要开展教学。教师如何全面、准确地把握学生的特点，当然需要对儿童进行全面、系统的教育评估。

三、有助于提高特殊教育的管理水平和质量

通过建立教育评估制度，学校可以获得大量有关特殊儿童及教学情况的资料，用这些资料可以建立教学管理的数据库。分析这些数据和资料有助于发现课程及教学中的闪光点和存在的问题，为学校的科学化管理提供依据。

经常性的评估有助于形成一种自我监督和激励的机制。教师会不断地反思，自己在教学中哪些是做得比较成功的，哪些是不成功的。看到成绩，教师会产生更大的工作热情；而看到不足，教师会想办法解决工作中存在的问题，把工作做得更好。

科学的评估是一项非常专业化的活动，需要评估者具有比较全面的素质。既要对国家的教育方针、政策等非常熟悉，同时要具有有关特殊儿童教育、心理等方面的理论知识；既要懂得教学，又要掌握一定的科研方法，这项工作对特殊教育学校的教师来说是一种挑战。只有敢于面对挑战，才能有所进步。因此，特殊教育学校的教师应该积极地开展与参加各种评估活动，通过这些活动提高自己的理论水平、科研能力和创新能力。广大教师的素质提高了，毫无疑问，教育教学的质量就会有根本性的提高。

【本章小结】

1. 本章处于全书的开端，起着重要的引导作用。在这一章中，首先阐述基本的概念，如诊断、评估、教育诊断与评估、测量、测验等，并对这些概念的内涵进行比较。在概念学习的基础上，介绍特殊教育中诊断评估的类型，并将诊断、评估与筛选、鉴定之间的异同进行了比较。

2. 本章的第二节内容是从宏观的角度介绍了特殊儿童教育诊断与评估所包括的具体内容以及常用的几种方法。第三节内容则是分阶段介绍特殊儿童教育诊断与评估的实施程序、步骤，并对每个步骤的操作要点进行了具体说明和解释。

3. 本章的第四节内容强调在特殊儿童的教育诊断与评估中应注意的问题，尤其是职业道德问题。最后一节内容则是阐明对特殊儿童进行教育诊断与评估的重要性、意义所在。

【思考·练习·实践】

1. 什么是诊断、评估？二者有什么关系？
2. 什么是教育诊断？什么是教育评估？
3. 特殊教育中评估有哪些类型？
4. 教育诊断与评估的内容包括哪些？教育诊断与评估搜集资料的方法有哪些？

5. 教育诊断与评估的实施程序可分为哪几个阶段？简述之。

6. 教育诊断与评估中应考虑哪些伦理性问题？为什么？

7. 为什么要对特殊儿童实施教育诊断与评估？

【参考文献】

[1] 张世彗,蓝玮琛. 特殊学生鉴定与评量(第 8 版)[M]. 中国台北:心理出版社,2018.

[2] 韦小满,蔡雅娟. 特殊儿童心理评估(第 2 版)[M]. 北京:华夏出版社,2016.

[3] 陈丽如. 特殊学生鉴别与评估[M]. 中国台北:心理出版社,2001.

[4] 方俊明. 特殊教育导论[M]. 西安:山西人民教育出版社,1998.

[5] 陈云英. 残疾儿童的教育诊断[M]. 北京:教育科学出版社出版,1996.

第二章　特殊儿童的特征及诊断与鉴别标准

【内容摘要】　要掌握对特殊儿童的教育诊断与评估方法,必须了解各类特殊儿童的身心特征及诊断与鉴别标准。本章将逐一介绍智力障碍、视觉障碍、听觉障碍、言语与语言障碍、肢体障碍、学习障碍、自闭症、发展迟缓、多重障碍、情绪与行为障碍、身体病弱等十一种障碍类别与天赋优异的定义,在此基础上依序阐述、探讨各类特殊儿童的心理与行为特征、诊断与鉴别标准以及各类特殊儿童的教育评估流程、评估内容和评估目的。

第一节　智力障碍儿童的特征及诊断与鉴别标准

一、智力障碍的定义

关于"智力障碍"的有关用语相当多,如早期的"低能"、"呆子"、"白痴"、"笨瓜"、"傻瓜"、"蠢材"等。在特殊教育中,一般采用"弱智"、"智能障碍"、"智力残疾"、"智力缺陷"、"智能低下"等术语,这些术语,虽然在涵义上有一定的差异,但通常被交叉使用。对智力障碍的界定,不同国家和地区、不同的学科领域各有差异,如:

(一)美国的定义[①]

美国智力落后协会自 1921 年第一次提出弱智的诊断和分类系统后,先后进行了九次修订。在 1959 年之前,以 IQ 分数为标准,即 IQ 低于 70 为弱智。1959 年(第五版)的智力障碍定义,除智商外,增加了适应行为,要求必须同时具有低 IQ 和适应行为障碍才能被诊断为智力障碍。自此,对智力障碍的判断均以智力发展的明显落后以及社会适应行为障碍作为两个重要的标准。

下面为美国智力落后协会 1983 年、1992 年和 2002 年对智力障碍所做的定义。

1. 美国智力落后协会 1983 年(第八版)的定义

智力障碍是指一般的智力功能明显低于平均水平,同时存在适应行为方面的障碍,并发生在发育时期。

2. 美国智力落后协会 1992 年(第九版)的定义

---

① 方俊明主编:《特殊教育学》,北京:人民教育出版社,2005 年,第 201 页。

智力障碍是指个体现有的功能存在真实的局限,其特点是智力功能明显低于平均水平,同时伴有下列各项适当的适应技能中的两种或两种以上的局限:交往、自我照顾、居家生活、社会技能、社区运用、自我管理、卫生安全、实用的学科技能、休闲生活和工作。智力障碍发生在 18 岁以前。

3. 美国智力落后协会 2002 年(第十版)的定义

智力障碍是一种落后,其特征是在智力功能以及适应性行为两个方面有显著限制,表现在概念、社会和实践性适应技能方面的落后。障碍发生在 18 岁以前。

(二) 世界卫生组织的定义

世界卫生组织在 1986 年颁布的《精神障碍国际分类法(第十版草案)》(ICD - 10)中把智力障碍定义为:精神发育受阻或发育不完全,以致智力水平和各种能力受损,如认知、语言、运动和社会技能方面的受损,适应性行为通常也有不同程度的受损。

(三) 日本的定义

日本文部省将智力障碍定义为:由于各种各样的原因,智力发展有一定的停滞,从而形成智慧能力的低劣,在处理自己身边事物及适应社会生活方面有显著困难的人。

(四) 我国的定义

我国于 2006 年 4 月 1 日开始了第二次全国残疾人抽样调查,此次调查修订了 1987 年首次全国残疾人抽样调查所采用的智力障碍的定义,将智力残疾界定为:智力残疾,是指智力显著低于一般人水平,并伴有适应行为的障碍。此类残疾是由于神经系统结构、功能障碍,使个体活动和参与行为受到限制,需要环境提供全面、广泛、有限和间歇的支持。智力残疾包括:在智力发育期间(18 岁之前),由于各种有害因素导致的精神发育不全或智力迟滞;或在智力发育成熟以后,由于各种有害因素导致智力损害或智力明显衰退。

二、智力障碍儿童心理和行为特征

在心理和行为特征方面,智力障碍儿童之间存在着很大的差异,虽然如此,他们之间仍有很多共性特征。这些共性特征大致可以归纳如下:

(一) 认知方面

(1) 识别身边、周围事物和现象有困难,重度者不能识别颜色与形状;

(2) 记忆缺乏明确的目的,记忆的组织能力较差,尤其是需要深入处理的记忆任务;

(3) 后设认知(认知执行任务时需要什么策略与使用自我调节能力的策略)的能力有困难;

(4) 分类能力差,例如,无法将火车与汽车视为一类;

(5) 理解、推理、判断能力低,智力发育低下、迟滞,智商指数(IQ)在 70 以下。

（二）语言方面

（1）语言表达和理解能力发育迟缓，始语迟；

（2）轻度的弱智儿在日常会话方面接近普通孩子，但对于复杂、抽象的语言表达和理解能力低下；

（3）发音、构音迟缓、异常；

（4）重度的智障儿单词数量极少，多数情况下不能表达自己的意思；

（5）到了学龄期，书写、阅读、作文能力低下，重度的弱智儿过了 10 岁，书写、阅读仍很困难。

（三）兴趣方面

（1）轻度的智障儿对各种事情的关心和兴趣接近普通孩子；

（2）重度的智障儿也喜欢与其他孩子一起玩耍，对玩具也有兴趣，但是难以与其他孩子融合在一起；

（3）缺乏智力兴趣和兴趣的持续性。

（四）情绪方面

（1）轻度的智障儿接近于普通孩子，但高层次情感的协调能力差；

（2）情绪不稳定、易冲动，常表现为心情不佳；

（3）有的智障儿缺乏交往热情，态度冷漠；但也有的表现为热情、真挚；

（4）情绪容易出现极端的表现，要么没有表情，要么表情过分显眼。

（五）社会性方面

（1）不认生，喜欢亲近别人，特别是先天性愚型儿童；

（2）交往能力差，不能适应集体行为；

（3）以自我为中心，自控能力差，判断他人的意图、立场的能力低下；

（4）与人交往时，缺乏忍耐性。

（六）身体运动能力方面

（1）中、重度智障儿运动能力低下，例如走、跑、跳、投、扔、骑车时动作笨拙；

（2）粗大身体运动、动作接近于普通孩子，但手指精细运动能力差，写字、描画等都显得很笨拙。

三、智力障碍儿童诊断与鉴别标准

目前，由于世界上各国、各学派对智力障碍这个概念尚无统一定义，因而对智力障碍儿童的诊断标准也不尽相同。

（一）DSM-V鉴别标准

智力障碍（智力发育障碍）是在发育阶段发生的障碍，包括智力和适应功能两方面的缺陷。表现在概念、社交和实用的领域中。必须符合以下 3 项诊断标准。

（1）经过临床评估和个体化、标准化的智力测验确认个体在智力功能方面存在缺陷，包括推理、问题解决、计划、抽象思维、判断、学业学习和从经验中学习。

（2）适应功能的缺陷导致个人在独立性和社会责任方面的发展水平，以及社会文化方面无法达到社会认可的标准。在没有持续的支持的情况下，适应缺陷导致一个或多个日常生活功能受损，包括交流、社会参与和独立生活，而且在多个环境中出现，如家庭、学校、工作区和社区。

（3）智力和适应缺陷在发育阶段发生。

表 2-1 智力障碍（智力发育障碍）的分级标准

分级	概念领域	社交领域	实用领域
轻度	对于学前儿童没有明显的概念化区别。对于学龄儿童和成人，有学习学业技能的困难，包括读、写、计算、时间或金钱，在一个或更多方面需要支持，以达到与年龄相应的预期。对于成人，抽象思维、执行功能（即计划、策略、建立优先顺序和认知灵活性）和短期记忆，以及学业技能的功能性使用（例如阅读、财务管理）是受损的。与同龄人相比，对问题和解决方案有点具体化	与正常发育的同龄人相比，个体在社交方面是不成熟的。例如，在精确地感受同伴的社交线索方面存在困难。与预期的年龄相比，交流、对话和语言是更具体和更不成熟的。调节情绪和行为方面，存在显著的困难；在社交方面，这些困难能够被同伴注意到。对社交中的风险理解有限，社交判断不成熟，个体容易被他人操纵或上当受骗	个体在自我照顾方面，处于同龄人水平。但是，个体在复杂的任务方面需要一些支持。在成人期，支持通常涉及购物、使用交通工具、家务劳动、照顾儿童、食物的准备，以及银行业务和财务管理。个体娱乐和休闲的技能处于正常水平，但是判断娱乐与休闲活动的健康性和组织性方面需要支持。非概念化的工作、运用法律和健康服务、养育家庭方面需要一般的支持
中度	在所有的发育阶段，个体概念化的技能显著落后于同伴。对于学前儿童，其语言和学业技能发育缓慢。对于学龄儿童，其阅读、书写、计算和理解时间与金钱方面，在整个学校教育期间都进展缓慢，与同伴相比明显受限。对于成人，其学业技能的发展通常处于小学生的水平，在工作和个人生活中一切使用学业技能的方面都需要支持。完成日常生活中概念化的任务需要每日、持续的帮助，且可能需要他人完全接管个体的这些责任	与同伴相比，个体在整个发育期，社交和交流行为表现出显著的不同。通常社交的主要工具就是口语，但与同伴相比，其口语过于简单。发展关系能力明显地与家庭和朋友相关联，个体的成人期可能有成功的朋友关系，然而，个体可能不能精确地感受或解释社交线索。社会判断和做出决定的能力是受限的，照顾者必须在生活决定方面帮助个体。与同伴发展友谊通常受到交流或社交局限的影响。为了更好地工作，需要显著的社交和交流的支持	作为成人，个体可以照顾自己的需求，涉及吃饭、穿衣、排泄和个人卫生，尽管需要很长的教育和时间，个体才能在这些方面变得独立，并且可能需要提醒。同样，在成人期，可以参与所有的家务劳动，但需要长时间的教育，如果有成人水准的表现通常需要持续的支持。可以获得那些需要有限的概念化和交流技能的独立的雇佣工作，但需要来自同事、主管和他人的相当多的支持，以管理社会期待、工作的复杂性和附带责任，如排班、使用交通工具、健康福利和金钱管理。个体可以发展出多种不同的娱乐技能。这些通常需要较长时间额外的支持和学习的机会。在极少数人中，存在不良的适应行为，并引起社会问题

续　表

分级	概念领域	社交领域	实用领域
重度	个体能获得有限的概念化技能。通常几乎不能理解书面语言或涉及数字、数量、时间和金钱的概念。照顾者在个体的一生中都要提供大量的解决问题的支持	个体的口语在词汇和语法方面是十分有限的。演讲、言语可能是单字或短语,可能通过辅助性手段来补充。言语和交流聚焦于此时此地、日常事件,语言多用于满足社交需要而非用于阐述。个体理解简单的言语和手势的交流。与家庭成员和熟悉人的关系是个体获得快乐和支持的来源	个体日常生活的所有活动都需要支持,包括吃饭、穿衣、洗澡和排泄。个体总是需要指导。个体无法做出负责任的关于自己和他人健康的决定。在成人期,参与家务、娱乐和工作需要持续不断的支持和帮助。所有领域技能的获得,都需要长期的教育和持续的支持。极少数个体存在适应不良行为,包括自残
极重度	个体的概念化技能通常涉及具体的世界而不是象征性的过程。个体能够使用一些目标导向的物体,进行自我照顾、工作和娱乐。可获得一定的视觉空间技能,如基于物质特征的匹配和分类。然而,同时出现的运动和感觉的损伤可能阻碍这些物体的功能性使用	在言语和手势的象征性交流中,个体的理解非常局限。个体可能理解一些简单的指示或手势。个体表达自己欲望或情感,主要是通过非语言、非象征性的交流。个体享受与自己非常了解的家庭成员、照顾者和非常熟悉的人的关系,以及通过手势和情感线索启动和应对社交互动。同时出现的感觉和躯体的损伤可能阻碍许多社交活动	个体日常的身体照顾、健康和安全的所有方面都依赖于他人,尽管个体也能参与一些这样的活动。没有严重躯体损伤的个体可能帮助做一些家庭中的日常工作,如把饭菜端到桌子上。使用物体的简单行为可能是从事一些在持续性高度支持下的职业活动的基础。娱乐活动可能涉及欣赏音乐、看电影、外出散步等,所有的活动都需要他人的支持。同时出现躯体和感觉损伤,常常表现出参与家务、娱乐和职业活动的障碍。极少数个体存在适应不良行为

　　引自　美国精神医学学会编著,张道龙等译,精神障碍诊断与统计手册,北京大学医学出版社,2014:16-18。

　　(二)我国台湾地区的鉴别标准

　　我国台湾地区相关政府机构于 2002 年 5 月 9 日发布的《身心障碍及资赋优异学生鉴定标准》第三条第二项第一款中,提出智力障碍的鉴定标准如下:

　　(1)心智功能明显低下或个别智力测验结果未达平均数负二个标准差。

　　(2)学生在自我照顾、动作、沟通、社会情绪或学科学习等表现上较同年龄者有显著困难情形。

　　(三)我国大陆地区的鉴别标准①

　　对智力障碍儿童的鉴别,目前我国大陆地区一般采取以下三条标准:

---

　　①　韦小满编著:《特殊儿童心理评估》,北京:华夏出版社,2006 年,第 9 页。

（1）智力功能显著低下，在个别施测的标准化智力测验中，其智商（IQ）在70分以下。

（2）有适应行为方面的缺损或障碍，即在下列十项技能中至少有两项存在缺损或障碍：沟通、生活自理、居家生活、社会技能、使用社区、自我管理、功能性学科技能、工作、休闲活动、健康与安全。

（3）在18岁之前发病。

2006年4月，我国大陆地区第二次全国残疾人抽样调查领导小组在参照世界卫生组织和美国智力障碍协会标准的基础上制定了智力残疾（障碍）的分级标准，见表2-2。

表2-2 我国智力残疾的分级标准

智力残疾级别	分级标准			
	发展商（DQ）0～6岁	智商（IQ）7岁以上	适应性行为（AB）	WHO—DAS分值
一级	≤25	<20	极重度	≥116分
二级	26～39	20～34	重度	106～115分
三级	40～54	35～49	中度	96～105分
四级	55～75	50～69	轻度	52～95分

注 WHO—DAS是世界卫生组织《残疾评定量表》（Disability Assessment Schedule，DAS）的简称，它用来评定残疾人的功能情况。

四、智力障碍儿童评估流程与评估内容

（一）评估流程

1. 转介

由家长或教师转介个案到专门的诊断机构。根据教师、家长或其他有关人员的观察和学业考核的结果，将被怀疑为有缺陷的儿童送往专门的诊断机构，请求进一步的鉴定和诊断。一般而言，中度以上智力障碍儿童在学龄前由家长或医生就可以很容易发现，而轻度智力障碍儿童则往往要到入学后，由于学业成绩显著落后，才能由教师发现。因为这类儿童仅仅从他们的外表和行为表现上很难判断。

2. 筛选

由专科医师或专门的诊断人员进行。筛选是在各领域对个案的状况做出初步判断的一种快速、经济的方法。在筛选阶段不能正式确认智力障碍，筛选的结论只能是这个个案不是智力障碍或者可能是智力障碍，在正式判断前还需做进一步的评估。

这一阶段的工作包括3个方面：

（1）检查被筛选出的学生的出生史、成长发育史、病史、各科成绩和有关文字记录；

（2）和有关教师、家长、看护者等进行谈话，了解儿童各方面的实际表现；

（3）有目的、有计划地观察儿童的日常行为表现，看看他的适应性行为水平。如果通过实地观察和一般性测试，发现被筛选出的儿童不存在智力障碍症状，那么，评估过程到此结束。如果智力障碍症状被肯定，则进入下一个步骤。

3.临床评估

专科医师将疑似个案进一步转介到智力障碍门诊（或联合门诊），由专业人员对儿童进行诊断性测验。这种评估应包括神经检查、言语语言评估、听力检查、智力测验、社会适应能力检查等，这是临床评估的一个重要方面。通过综合评定，以确定该个案是否存在智力障碍，若是，应确定智力障碍的性质、程度及造成智力障碍的原因等。

4.专业团队评估

专业团队由心理专家、语言治疗师、社工师、职能治疗师、物理治疗师、特殊教育老师等组成。对诊断出的智力障碍儿童身心各方面发展的实际状况进行各种诊断性测验，包括各种智力测验和适应性行为测验等，以便提供一个合适而有效的个别化教学方案。

5.决策

由教师、学校领导、家长、心理学工作者、社会工作者和其他有关人员参加的决策会议，确认评估的合法性、公正性，解释和分析评估的结果，评估儿童的特殊需要，做出教育安置决定，并制订出具体的教育和训练方案。

智力障碍儿童的评估工作是一项非常严肃和复杂的工作，不但要求诊断人员有熟练的专业技能，而且要求有科学的态度和高度的责任心。因为不适当或不正确的评估，不仅无益于智力障碍儿童的教育与训练，而且会贻害无穷。所以，评估工作必须严格按程序进行。

（二）评估内容与方法

为了将智力障碍儿童从正常的儿童中区分出来，并确定其智力障碍的状况、程度，分析造成障碍的可能原因，制定补偿方案，必须对智力障碍儿童做一个多方位、全面的评估。评估的内容/项目和方法/工具见表2－3。

表 2－3　智力障碍儿童评估内容/项目与方法/工具

评估内容/项目		评估方法/工具
1. 生理方面		（1）医学检查：视力、听力、神经系统的检查及内分泌机能检查等；身体外表是否异常、有无异常行为、目前的身体状况等 （2）史料搜集：儿童母亲的妊娠史、儿童的出生史、生长发育史、疾病史、家族史等 （3）治疗情况：正在进行的药物治疗、语言康复或运动康复等
2. 心理方面	智力评估	（1）丹佛智力发育量表（DDST） （2）儿童智力筛查量表 （3）绘人测验 （4）学前儿童50项智能筛查测验 （5）格塞尔发育量表（GESELL） （6）格雷费斯智力测验（GRIFFITH） （7）瑞文标准推理测验 （8）托尼非语文智力测验 （9）韦氏儿童智力量表（WISC-Ⅳ） （10）韦氏幼儿智力量表（WPPSI-Ⅳ） （11）中国比内智力测验（BS）

续　表

评估内容/项目		评估方法/工具
	社会适应能力评估	(1) AAMD 适应行为量表 (2) 文兰社会成熟量表 (3) 儿童适应行为量表 (4) 社会适应能力评定量表 (5) 婴儿—初中生社会生活能力量表 (6) 社会行为评估系统 (7) 独立行为量表
3. 教育方面	成就评估	(1) 学科能力评估:语文能力测验、数学能力测验等 (2) 教师访谈或问卷调查:在幼儿园和学校各个方面的表现、与同学交往情况、学习兴趣与习惯、教师的教学态度与方法、教材的难度等 (3) 行为观察:对儿童在幼儿园的学习行为进行有目的的观察,并记录其行为表现
4. 社会适应方面		(1) 社会调查:对居住社区/小区的保安、保洁、物管、邻居等人士进行访谈,搜集资料 (2) 家长访谈或问卷调查:了解家庭的基本情况,如家长的职业、家长的文化程度、家庭经济状况、家庭是否和睦、家长对孩子的教养态度、教养方式、对孩子的教育投入了多少时间和精力、父系和母系三代中有无神经和精神疾病以及智力低下者等;收集儿童的基本数据,了解儿童的出生和生长发育史,如疾病史、诊疗史、教育史、曾做过的测验;了解家长能配合学校的程度,例如家长能教哪些东西,一天能教多久等;给家长提出一些建议,如是否安排专业检查、专业训练或支持协助等 (3) 行为观察:在不同生活情境中对儿童进行有目的的观察,记录其行为表现

第二节　视觉障碍儿童的诊断与鉴别标准

一、视觉障碍的定义

视觉障碍,也称视力残疾、视觉损伤或视觉缺陷,是指由于各种原因导致双眼不同程度的视力损伤或视野缩小,难以从事正常人所能从事的工作、学习或其他活动。包括盲和低视力两类四级。

关于视觉障碍的定义在不同时期、不同地区也有所不同,如:

美国的《障碍者教育法案》(IDEA)把视觉障碍定义为:一种视觉上的损伤,即使经过矫正,其损伤对儿童的教育活动仍有不利的影响。这个定义的关键是儿童有某些妨碍他们学习的视觉系统的障碍。

台湾《身心障碍及资赋优异学生鉴别原则与鉴别基准》(2002)中将视觉障碍定义为:由于先天或后天原因,导致视觉器官的构造缺损,或机能发生部分或全部的障碍,经矫正后对事物的视觉辨认仍有困难者。

2006 年,第二次全国残疾人抽样调查提出的定义为:视力残疾,是指由于各种原因导致双眼视力低下并且不能矫正或视野缩小,以致影响其日常生活和社会参与。视力残疾包括盲及低视力。

从上述各定义中可以看出,各个定义都关注视觉损伤对个体视觉能力造成的影响,对个体日常生活、学习和工作造成的影响。视觉障碍这一定义在教育中更加关注儿童运用视力从事学习的程度。医学角度对视觉敏锐度的辨别并不能说明视障儿童利用残余视力接受教育的情况,了解视觉障碍者使用残余视力的程度对他们接受特殊教育非常重要。

二、视觉障碍儿童心理和行为特征

一般来说,视觉障碍儿童心理行为特征主要表现在下述几个方面(并非所有视觉障碍儿童都存在这些问题):

(一)感知觉方面

视觉的障碍或缺失使儿童认知的主要途径变为听觉和触觉,长期的运用或经过听觉和触觉的强化训练可以使视障儿童的听觉和触觉的灵敏度更加发达。他们具有高度发展的听觉定向能力,能精确辨别声源的方位,并可以根据声响的回音来躲避障碍物;能较精确地判断时间;触觉灵敏,能凭手指辨认盲文;嗅觉感受性也更高,可以根据气味来判断熟人或熟地。但并非所有视觉障碍儿童的感官补偿都能够达到非常高的水平,会受到儿童周围环境的影响,是否经过相关训练显得尤为重要。视障儿童在形状知觉、空间知觉和知觉动作统合方面存在较大的困难。

(二)认知方面
1. 注意力与记忆力

正常儿童注意力以无意注意为主,注意力的稳定性常依赖于刺激物的特点。如果活动中出现了其他无关的新异刺激,他们的注意力就会随之转移,或是分散。而视觉障碍儿童主要用听觉获得信息,没有视觉上的干扰,视觉障碍儿童的注意广度会缩小,就会格外专心注意,因此他们的注意十分稳定更难转移。受过训练的视障儿童有较高的听觉注意力、较强的听觉选择性和较好的听觉记忆能力。随着声音信息的强化,他们的听觉辨别能力和听觉选择水平会不断提高,能辨别出声音的细微差别以此来认识环境。
2. 语言与思维

语言习得主要依靠听觉而不是视觉,因此视障儿童使用和理解语言的能力不会受到影响,不过,若早期所累积的经验不足会影响到智力的表现(Kirk, Gallagher, 7 Anastasiow, 1998)。视觉障碍儿童日常语言的使用或沟通能力正常,但对于语言与词汇的概念和类化上会有限制。由于缺乏视觉表象,视觉障碍儿童的语言缺乏感性认识做基础,导致语言与实物脱节,他们对事物形成的概念多是不完整的。此外,由于视觉的障碍使他们的面部表情习得也受到影响,他们很少用表情、手势和动作帮助语言表达。

视觉障碍儿童的逻辑思维能力发展较快。由于他们失去了视觉,常独自沉思默想,勤动脑,因而使思维比较敏捷。但是,由于他们对事物的感知受到局限,通过其他感觉获得的感性材料往往只是反映事物的局部特征,而以此作为根据进行分析和推理就很容易产生错误的判断,形成抽象思维比较困难。

（三）个性方面

部分视觉障碍儿童个性内向,不易与人融洽相处,随年龄的增长而愈加明显。情感体验较细腻。易出现焦虑、抑郁、痉挛的情绪,情绪活动不稳定,易激怒。因为自身的缺陷容易产生自卑心理,对生活态度消极。他们对自己的缺陷敏感,在意别人对自己的议论、看法,有时表现孤傲。因此,在视觉障碍儿童的性格特征中,易出现自卑、冷漠、孤僻的倾向。

（四）行为方面

1. 盲相或称"盲态"

视觉障碍中的盲童认识空间能力差,常常不敢活动,以至出现一种"盲相"。表现为快速地摇头,按揉眼睛,偏着脑袋,以自己的手在眼前晃动做出光影摇曳的样子绕圈子转,表情呆滞,虚笑,行走时手脚的动作不协调,摇摆身子等。但这并不是在所有盲童身上都得到同等程度的表现。盲童的这些动作被一些学者解释力是盲童寻求自我刺激的一种方式（Eichel,1978）。

2. 视动协调及行走定向

由于视觉障碍,儿童无法或难以掌握其在环境中的相对位置,而这种对于空间概念的缺乏,又使其按预定的目标行动的能力极大地受到限制,盲童及其家长为了安全而过多地在行动上予以限制,这也将影响独立行走能力的正常发展。视觉障碍对精细动作的协调能力也有不良的影响。

三、视觉障碍儿童诊断与鉴别标准

国际上关于视觉障碍儿童的诊断与鉴别标准有所不同。

世界卫生组织于1973年制定了视力残疾的鉴别标准。如表2-4。

表2-4　世界卫生组织(WHO)盲及低视力标准

视力残疾级别		优眼最佳矫正视力
低视力	1	<0.3～0.1
	2	<0.1～0.05(2.5米指数)
盲	3	<0.05～0.02(1.0米指数);或视野半径<10度
	4	<0.02～光感;或视野半径<5度
	5	无光感

1992年WHO在泰国曼谷召开的"儿童低视力处理"国际研讨会,在此基础上制定了新的低视力标准,1996年在西班牙马德里召开的"老年人低视力保健"国际研讨会重申并向全世界推荐此低视力标准,简称"曼谷—马德里标准"。新标准提出:低视力是指一个患者即使经过治疗或标准的屈光矫正后仍有视功能损害,其视力<6/18(0.3)——光感,视

野半径<10 度,但仍能够或有可能应用其视力去安排或去做某项工作。

前者更适合应用于一般眼科的诊断鉴别;后者主要是为了低视力领域中的视觉康复而制定。

我国 2006 年第二次全国残疾人抽样调查制定了新的视觉障碍鉴别标准,见表 2-5。

表 2-5　中国视力残疾标准

类别	级别	最佳矫正视力
盲	一级	无光感-<0.02;或视野半径<5 度
	二级	≥0.02-<0.05;或视野半径<10 旗
低视力	三级	≥0.05-<0.1
	四级	≥0.1-<0.3

注　1. 盲或低视力均指双眼而言,若双眼视力不同,则以视力较好的一眼为准。如仅有单眼为盲或低视力,而另一眼的视力达到或优于 0.3,则不属于视力残疾范畴。

2. 最佳矫正视力是指以适当镜片矫正所能达到的最好视力,或以针孔镜所测得的视力。

3. 视野半径<10 度者,不论其视力如何均属于盲。

我国台湾则在《身心障碍及资赋优异学生鉴别原则与鉴别基准》(2002)中对视觉障碍做出如下鉴别标准:① 视力经最佳矫正后,依万国式视力表所测定优眼视力未达 0.3 或视野在二十度以内者。② 无法以前款视力表测定时,以其他方式测定后认定者。

上述标准反映出我国 2006 年的视力残疾标准已与国际标准逐步接轨。

四、视觉障碍儿童评估流程与评估内容

(一)评估流程

1. 转介

由家长或教师转介个案到医院门诊。根据教师、家长或其他有关人员的观察结果,将被怀疑为有视觉障碍的儿童送往专门的诊断机构(通常是专科医院门诊),请求进一步的鉴定和诊断。

2. 筛选

由专科医师或专门的诊断人员进行。筛选是在各领域对个案的状况做出初步判断的一种快速、经济的方法。在筛选阶段不能正式确认视觉障碍,筛选的结论只能是这个个案没有视觉障碍或者可能有视觉障碍,在正式判断前还需做进一步的评估。

筛选工作有三个方面:

(1)史料分析:检查被转介儿童的出生史、成长发育史、病史等。

(2)眼科评估:医学步骤显示障碍或视觉功能降低的存在,且不能通过手术或医学干预提高到正常水平。

(3)功能性视觉评估:视觉障碍妨碍了儿童从环境中进行伴随学习的能力,要明确儿童在完成学习任务时的视觉使用情况。

3. 临床评估

专科医师将疑似个案进一步转介到眼科门诊(或联合门诊),由专家对儿童进行诊断性测验,确认其视觉功能不能通过使用透镜(眼镜)或其他医学手段改善到正常水平。这种评估应包括视神经检查、脑干电位检查等。通过综合评定,以决定该个案是否有视觉障碍,以及障碍类别和等级如何。

4. 专业团队评估

专业团队由心理师、语言治疗师、社工师、职能治疗师、物理治疗师等人员组成。诊断出儿童具有视觉障碍后,特殊教育工作者或治疗师还要进一步使用一些儿童身心发展量表来评估儿童身心各方面发展的实际状况,以便提供一个合适而有效的个别化教学方案。

5. 决策

由教师、学校领导、家长、心理学、社会工作者和其他有关人员参加的决策会议,确认评估的准确性、公正性,解释和分析评估的结果,评估儿童的特殊需要,做出教育安置决定,并制定出具体的教育和训练方案。

(二)评估内容与方法

视觉障碍儿童的评估内容从总体上来看,仍然包括生理评估、心理评估、教育评估与社会适应性评估四个方面,但每个方面涵盖的具体项目和需要搜集的资料有所不同,评估侧重的角度也不一样。具体见表 2-6。

表 2-6　视觉障碍儿童评估内容/项目与评估方法/工具

评估内容/项目		评估方法/工具
1. 生理方面		(1) 医学检查:视力检查(视力表检查、手指检查、实物检查、视野检查);视神经检查、脑干电位检查等 (2) 史料搜集:访谈家长,收集儿童的生理发展方面的基本数据,了解儿童的出生和生长发育史,如疾病史、诊疗史、相关医学检查结果,了解父系和母系三代中有无遗传性眼病等 (3) 治疗情况:正在进行的药物治疗等
2. 心理方面	智力评估	进行智力评估时应选择适合视障儿童的评估工具,如果使用不是针对视力障碍儿童的标准化智力测验工具,需要调整工具以适应其特点 (1) 学前儿童 50 项智能筛查测验 (2) 中国比内智力测验(BS) (3) 韦克斯勒幼儿智力量表(WPPSI-Ⅳ) (4) 韦氏儿童智力测验(WISC-Ⅳ)
	感知——动作能力评估	(1) 感知觉能力:视觉、听觉、触觉、嗅觉、味觉、前庭觉、本体觉、时间知觉、空间知觉、运动知觉 (2) 动作能力:包括粗大动作能力和精细动作能力 (3) 定位和移动能力:视障儿童特别需要评估其在环境中的定位行动能力
	性向评估	评估视障儿童的一般或特殊的学习潜能,可由相关领域专业人士进行测试

评估内容/项目		评估方法/工具
	发展性评估	(1) 丹佛婴幼儿发展测验(DDST) (2) 学龄前儿童行为发展量表 (3) 年龄与发育进程问卷(ASQ-3TM) (4) 中国儿童发展量表(CDCC) (5) 孤独症儿童发展评估表
	社会适应能力评估	(1) 文兰社会适应行为量表 (2) 婴儿—初中生社会生活能力量表 (3) 儿童社会适应行为评定量表 (4) 儿童适应行为量表
3. 教育方面	成就评估	(1) 学科能力评估:一般标准化测验不适用于视觉障碍的儿童,必须为视觉障碍儿童修订后方能使用,否则,结果不能正确反映其成就。可使用盲童语文能力测验、盲童数学能力测验等相关测验进行评估 (2) 教师访谈或问卷调查:访谈教师或设计问卷对教师进行问卷调查,了解儿童现在及过去在学校/幼儿园的学习成绩及相关情况 (3) 行为观察:对儿童在学校/幼儿园的学习行为进行有目的的观察,记录其行为表现
4. 社会适应方面		(1) 社会调查:对居住社区/小区的保安、保洁、物管、邻居等人士进行访谈,搜集资料 (2) 家长访谈与问卷调查:了解家庭的基本情况,如家长的职业、家长的文化程度、家庭经济状况、家庭是否和睦、家长对儿童的教养态度、教养方式、对儿童的教育投入了多少时间和精力、儿童接受教育与干预的过程等;围绕社会交往、社会性沟通了解儿童能力现状以及儿童的正强化物与负强化物等;了解家长能配合学校的程度,例如家长能教哪些东西,一天能教多久等;给家长提出一些建议,如是否安排专业检查、专业训练或支持协助等。 (3) 行为观察:在不同生活情境中对儿童进行有目的的观察,记录其行为表现。

　　注　以上评估项目并非视障儿童所要进行的全部评估内容,如有需要,还可为儿童增加情绪行为评估、人格评估、课程本位评估、档案评估及功能性评估等项目。评估项目因需要而定。

第三节　听觉障碍儿童的特征及诊断与鉴别标准

一、听觉障碍的定义

　　听觉障碍,也称听力残疾、听觉损伤或听觉缺陷,是指由于各种原因导致双耳听力丧失或听力减退,以致听不到或听不清周围的声音,难以与他人进行正常的语言交往活动。听力残疾包括聋和重听两类。

　　国内外关于听觉障碍的定义不尽相同,不同的学科、领域有不同的界定,医学专业人员和教育者对其界定的侧重点各不相同。如:

　　美国的《障碍者教育法案》(IDEA)把听觉障碍定义为:损伤足够严重,对儿童的教育成就产生不良影响。医学上,根据听觉损伤程度从轻度到严重程度进行分类。

　　我国台湾地区《身心障碍及资赋优异学生鉴别原则与鉴别基准》(2002)中把听觉障碍定义为:由于先天或后天原因,导致听觉器官的构造缺损,或是机能发生部分或全部的障碍,导致对声音的听取或辨识有困难者。

　　2006 年,第二次全国残疾人抽样调查提出的定义为:听力残疾,是指人由于各种原因导致双耳不同程度的永久性听力障碍,听不到或听不清周围环境声及言语声,以致影响日常生活和社会参与。

　　我国大陆的定义更强调听觉障碍对日常生活和社会参与的实际影响。

二、听觉障碍儿童心理和行为特征

　　一般而言,听觉障碍儿童心理行为特征主要表现在下述几个方面(并非所有听觉障碍儿童都存在这些问题):

（一）感知觉方面

　　由于听力损失,听觉障碍儿童主要依靠视觉、触觉、味觉、嗅觉等途径感知外界事物,而听觉不起或仅起很小的作用[①]。听觉损伤限制了儿童感知觉活动的范围和深度。

　　由于缺乏语言活动的参与,使他们的感知觉活动与学习语言的活动不能同步进行,第一信号系统与第二信号系统出现脱节,造成他们接触的东西多,会说的很少。[②]

（二）认知方面

1. 语言与思维

　　听觉障碍儿童在语言理解和表达方面会受到严重的影响(Hallhan & Kauffman, 1998; Kirk, Gallagher & Anastasiow, 1998)。他们的口语和书面语表达经常不通顺,这是因为听觉障碍儿童语言形成的过程与健全儿童不同,由于缺少了听觉的帮助,不能适时形成口语,所以很多儿童错过了语言发展的关键期。此外,听觉障碍儿童还要学习和运用手语以及看话(亦称看口、唇读),并将之作为与正常人交流的方法。

　　听觉障碍儿童的抽象思维活动因语言形成和发展的缓慢而受到影响,具有明显的形象性,思维发展水平长期处在具体形象思维阶段,即人的思维发展整个历程中的初级阶段。

　　大多数的听觉障碍儿童有正常的智力,当运用儿童所熟悉的符号系统来进行非口语测验时,这些儿童会在正常范围内表现得很好(Schlesinger,1983)。但多数听觉障碍者在学业成就方面有严重缺陷,尤其是与语言有关的语文能力。

---

　　① 朴永馨主编:《特殊教育学》,福州:福建教育出版社,1995 年,第 153 页。
　　② 朴永馨主编:《特殊教育学》,福州:福建教育出版社,1995 年,第 154 页。

2. 观察力与想象力

听觉障碍儿童的想象力非常丰富,观察力也极为敏锐。在对语言的理解上,听觉障碍儿童往往借助于"唇读"来捕捉语言信息。视觉补偿在听觉障碍儿童的认知上起着至关重要的作用,他们常常集中注意力用眼睛来观察,所以他们常常表现出异常的安静和缄默状态。

听觉障碍儿童在社会适应方面,会有不易交友的问题和寂寞的自我感觉。他们容易聚集在一起,彼此提供归属感与自尊心,而形成聋人文化(Moog & Geers,1991)。

(三) 情绪与行为

听觉障碍儿童由于听力和语言的障碍,在表达自己的需要和情感上有一些困难。他们常常会感到不被理解,不被周围环境所接纳,在对其他人或某一件事的理解上,他们明显地不够敏感甚至有些困难。如果这些困难长时间没有被周围环境所理解,甚至受到一些指责,逐渐地就会出现情绪发展障碍的各种表现。

听觉障碍儿童常常受到偶然动机和激动情绪的影响,表现出冲动性的行为特征,有冲动性的行为表现。

(四) 社会交往困难

听力语言障碍会妨碍社会交往,听觉障碍儿童往往难于结交同龄的正常儿童,社交表现不成熟,愿意待在家里自寻乐趣。他们会选择其他听觉障碍儿童作为玩伴,这样会使他们同正常儿童进一步疏远,致使他们容易产生自卑感,缺少自信心,情绪不稳定,容易发脾气。

部分听觉障碍儿童与家庭其他成员进行感情的交流时有困难,而与同样是听觉障碍的伙伴交流比较容易。少数听觉障碍儿童由于受到不良团体的影响会有反社会行为,如偷窃行为。

三、听觉障碍儿童诊断与鉴别标准

国际上关于听觉障碍儿童的诊断与鉴别标准有所不同。

国际标准组织(ISO)和世界卫生组织(WHO)制定了听力障碍等级标准,如表2-7。

表2-7 国际标准组织和世界卫生组织(WHO)听力障碍标准

等级	听力损失
正常	0~25dB
轻度听力障碍	26~40dB
中度听力障碍	41~55dB
中重度听力障碍	56~70dB
重度听力障碍	71~90dB
极重度听力障碍	91~110dB
全聋	110dB 以上

我国 2006 年第二次全国残疾人抽样调查制定了新的听觉障碍鉴别标准,如表 2-8。

表 2-8　中国听力残疾标准

听力残疾等级	听觉系统的结构和功能方面	较好耳平均听力损失	在无助听设备帮助下	在参与社会生活方面存在
一级	极重度损伤	≥91dBHL	不能依靠听觉进行言语交流,在理解和交流等活动上极度受限	极严重障碍
二级	重度损伤	81~90dBHL	在理解和交流等活动上重度受限	严重障碍
三级	中重度损伤	61~80dBHL	在理解和交流等活动上中度受限	中度障碍
四级	中度损伤	41~60dBHL	在理解和交流等活动上轻度受限	轻度障碍

我国台湾地区《身心障碍及资赋优异学生鉴别原则与鉴别基准》(2002)中对听觉障碍儿童的诊断标准为:

标准一:接受自觉性纯音听力检查后,其优耳听力损失达 25 dB 以上者。

标准二:无法接受自觉性纯音听力检查时,由听力检查师以他觉性听力检查方式测定后认定者。

上述标准反映出我国 2006 年的听力残疾标准在分级上已与国际标准逐步接轨,但我国听力残疾的起点标准偏高。

四、听觉障碍儿童评估流程与评估内容

(一)评估流程

1. 转介

由家长或教师转介个案到医院门诊。根据教师、家长或其他有关人员的观察结果,将被怀疑为有听觉障碍的儿童送往专门的诊断机构(通常是专科医院门诊),请求进一步的鉴定和诊断。

2. 筛选

由专科医师或专门的诊断人员进行。在筛选阶段不能正式确认听觉障碍,筛选的结论只能是这个个案没有听觉障碍或者可能有听觉障碍,在正式判断前还须做进一步的评估。

筛选工作有三个方面:

(1)检查被转介儿童的出生史、成长发育史、病史等。

(2)对怀疑是或已是听障的儿童做筛查。

(3)听力检查。

3. 临床评估

专科医师将疑似个案进一步转介到耳鼻喉科门诊(或联合门诊),由专家对儿童进行

诊断性测验。这种评估应包括听神经检查、脑干听觉反应检查、耳声波检查、行为听力评估等。通过综合评定，以确定该个案是否有听觉障碍，以及障碍类别和等级。

4. 专业团队评估

专业团队由心理师、语言治疗师、社工师、职能治疗师、物理治疗师等人员组成。诊断出儿童具有听觉障碍后，特殊教育工作者或治疗师还要进一步使用一些儿童身心发展量表来评估儿童身心各方面发展的实际状况，以便提供一个合适而有效的个别化教学方案。

5. 决策

由教师、学校领导、家长、心理学专家、社会工作者和其他有关人员参加的决策会议，确认评估的准确性、公正性，解释和分析评估的结果，评估儿童的特殊需要，做出教育安置决定，并制定出具体的教育和训练方案。

（二）评估内容与方法

听觉障碍儿童的问题多集中在听力听觉、言语语言方面，也有部分听觉障碍儿童会同时伴随智力、学业成就、适应性行为等方面的问题，所以，听觉障碍儿童的评估主要包括听觉能力评估、言语与语言评估、智力评估、学业成就评估、社会适应能力评估等几个方面，见表2-9。

表2-9　听觉障碍儿童评估内容/项目与评估方法/工具

评估内容/项目		评估方法/工具
1. 生理方面		（1）听力检查：主要包括脑干诱发电位（ABR）、耳声发射（OAE）、声阻抗、内耳CT、纯音测听等检查方法 （2）史料搜集：儿童母亲的妊娠史、儿童的出生史、生长发育史、疾病史、诊疗史、父母的亲缘关系及家族史等
2. 心理方面	听觉能力评估	（1）儿童听觉功能筛查表 （2）儿童听觉察知能力评估表 （3）儿童超音段分辨能力评估表 （4）儿童语音均衡式识别能力评估表 （5）儿童音位对比式识别能力评估表 （6）儿童听觉理解能力评估表
	言语与语言评估	包括语言理解、语言表达、构音、嗓音、语言流畅性等方面的评估，评估工具主要有： （1）皮博迪图片词汇测验（PPVT） （2）伊利诺伊心理语言能力测验（ITPA） （3）语言发展测验 （4）聋儿听力语言康复评估系统 （5）语言障碍儿童诊断测验 （6）学前儿童语言障碍评估表 （7）语言障碍评估表 （8）儿童语言发育迟缓检查表 （9）小学儿童书写语言诊断测验（WLADTC）

续　表

评估内容/项目		评估方法/工具
3. 教育方面	智力评估	(1) 画人测验 (2) 瑞文标准推理测验 (3) 托尼非语文智力测验(TONI‐2) (4) 韦氏幼儿智力量表(WPPSI‐Ⅳ) (5) 中国比内智力测验(BS) (6) 韦氏儿童智力测验(WISC‐Ⅳ) (7) 希‐内学习能力测验
	社会适应能力评估	(1) 学龄前儿童行为发展量表 (2) 文兰社会适应行为量表 (3) 婴儿—初中生社会生活能力量表 (4) 儿童社会适应行为评定量表
	成就评估	(1) 学科能力评估:聋儿语文能力测验、聋儿数学能力测验、聋儿美术能力测验等 (2) 教师访谈或问卷调查:采用访谈或问卷的形式对教师进行调查,了解儿童现在及过去在学校/幼儿园的学习成绩及相关情况 (3) 行为观察:对儿童在学校/幼儿园的学习行为表现进行观察并加以记录
4. 社会适应方面		(1) 社会调查:对居住社区/小区的保安、保洁、物管、邻居等人士进行访谈,搜集资料 (2) 家长访谈与问卷调查:了解家庭的基本情况,如家长的职业、家长的文化程度、家庭经济状况、家庭是否和睦、家长对儿童的教养态度、教养方式、对儿童的教育投入了多少时间和精力、父系和母系三代中有无听力障碍等;儿童接受教育与干预的情况;围绕社会交往、社会性沟通和情绪行为了解儿童能力现状以及儿童的正强化物与负强化物等;了解家长能配合学校的程度,例如家长能教哪些东西,一天能教多长时间等;给家长提出一些建议,如是否安排专业检查、专业训练或支持协助等 (3) 行为观察:在不同生活情境中对儿童进行有目的的观察,记录其行为表现

　　注　以上并非听障儿童所要进行的全部评估项目,具体评估项目视个别情况而定;此外,若有需要,还可为儿童增加情绪行为评估、人格评估、性向评估、课程本位评估、档案评估及功能性评估等评估项目。

第四节　言语与语言障碍儿童的特征及诊断与鉴别标准

一、言语与语言障碍的定义

　　言语(Speech)和语言(Language)是相互联系而又相互区别的两个概念。语言是人类约定俗成的社会符号系统,是人们用来交流思想以实现互相了解的一种工具或手段;言语是有声语言形成的机械过程,是个体运用语言进行交际的过程。由此可见,语言和言语的主要区别在于"语言"是整个社会群体所共同使用的一种符号系统,如英语、汉语、法语或德语,更强调全民性和共同性;而"言语"则是某个语言使用者在特定环境中对某种语言系统(语音、词汇、语法及语用)的具体运用,它具有很明显的个体性和多变性。同时,语言和言语又是密切联系的。言语不可能离开语言而存在,离开语言这种工具,个体就无法表达自己的思想或意见,也就无法进行交际活动;语言也离不开言语,因为任何一种语言都必须通过人们的言语活动才能发挥其交际工具的作用。一旦某种语言不再被人们用来进行交际,终究要从社会上消失。

言语和语言若出现了问题就会造成言语和语言障碍。语言障碍是指语言的理解、表达以及交流过程中出现的障碍,包括:① 口头语言障碍,表现为语义、语法和语言交流的异常,如语言发育延迟、特殊语言发育(感受性/表达性)障碍、获得性失语症;② 书面语言障碍,表现为阅读或书写表达障碍;③ 躯体语言障碍,表现为语言辅助交流方式的障碍,情景理解或动作语言障碍;④ 内部语言障碍,表现为思维时不发声语言(概念)活动障碍,主要与智力障碍有关。言语障碍,又称言语残疾、言语缺陷等,是指口头语言中的发音、发声及言语节律性的障碍,包括发育性发音障碍及口吃等。[①]

在日常生活中,言语障碍与语言障碍常被统称为语言障碍。我国法规性文件中过去通常使用"语言残疾"一词,如在 1987 年第一次全国残疾人抽样调查中使用的就是"语言残疾";2006 年第二次全国残疾人抽样调查中改用"言语残疾"一词,并将"言语残疾"定义为,由于各种原因导致的不同程度的言语障碍(经治疗一年以上不愈或病程超过两年者),不能或难以进行正常的言语交往活动(3 岁以下不定残)。

美国言语语言听力学会(American Speech-Language-Hearing Association,ASHA)认为:语言障碍实际上指的是个体在运用语言的过程中所表现出的语言学知识系统达不到他的年龄应该达到的标准状况。语言障碍不仅包括个体在言语表达方面的缺陷,而且包括其在言语理解方面的缺陷。

我国台湾地区《身心障碍及资赋优异学生鉴别原则与鉴别基准》(2002)中将语言障碍定义为,语言理解或语言表达能力与同年龄者相比有显著偏差或迟缓现象而造成沟通困难者。

二、言语与语言障碍儿童心理和行为特征

由于造成儿童言语与语言障碍的原因复杂多样,其障碍的性质和类型也各不相同,不同障碍性质和类型的儿童具有不同的心理和行为特征,大致可归纳如下[②]:

(一)听觉理解障碍儿童的心理和行为特征
(1)在听觉理解方面,学生的学习成绩显著低于采用标准化手段所揭示出的学习

---

① 方俊明主编:《特殊教育学》,北京:人民教育出版社,2005 年,第 232－233 页。
② [美]Julie A. Winkelstern Arthur E. Jongsma,Jr.:《特殊教育指导计划》,刘昊译,北京:中国轻工业出版社,2005 年,第 199 页。

潜力。

（2）在课堂上遗漏重要的听觉信息，导致其不能遵从教师的口头指令，不能很好地完成课堂笔记，并且与老师和同伴分享故事的机会受到限制。

（3）难以专心于听觉信息。

（4）接收性语言（receptive language）缺陷，表现在难以理解简单的词、句和/或稍长、稍复杂的词、句。

（5）听觉和接收性语言发展存在缺陷，对学生的学习、社会和/或日常生活技能造成了显著的影响。

（6）根据言语和语言病理专家的诊断，学生在语言加工上存在缺陷。

（二）言语障碍儿童的心理和行为特征

（1）难以产生和使用按照其发展阶段所应该具有的语音，在此方面存在着一贯的、重大的困难。

（2）学生在语音方面的缺陷显著地影响其在家庭、学校、社区中的交流活动。

（3）不正确的发音，包括遗漏词首或词尾和/或难以为家人之外的人所理解。

（4）口腔动作（oral－motor）较弱（失用症/apraxia），对口腔运动的控制能力有限，有时学生在吞咽时有不正确的舌头动作，以上所有情况都影响到了语音的质量。

（5）反复出现语言不流畅的状况（口吃），表现为语言不流利、不能正确地控制言语中的停顿时间。

（6）在语言的流畅性上存在缺陷，此缺陷发生的频率足以影响到学生的正常交流，影响其学习和社会功能。

（7）学生的声音存在障碍（指音高、音量、嗓音质量和/或回声/resonance等），这些障碍由以下原因造成：先天性缺陷、疾病、咽喉损伤或某些神经性病变、对声音的错误使用等。

（三）口头表达障碍儿童的心理和行为特征

（1）根据标准化测试的结果，学生整体的表达性语言（expressive language）能力低于其学习潜力。

（2）口头表达能力上的缺陷显著影响了学生的学习成绩。

（3）找词（word retrieval）困难的问题反复出现。

（4）不能正确地使用语法和句子结构，包括不能遵从语法规则及不能掌握组织句子的方法（句法）。

（5）难以发起社会性的谈话主题，难以维持谈话主题，难以使用适当的非语言行为，难以正确地解释他人的非语言性暗示。

（6）由于对语言意义（语义）未能适当掌握，学生没有能力发表有意义的谈话。

（7）表现出消极的、外显的行为，这些行为和学生的沮丧感有关，而学生的沮丧感是由有限的口头表达能力、不正确的语言表达所导致的。

（四）基本阅读技能障碍儿童的心理和行为特征

（1）学生在阅读领域中的学习成绩明显低于其学习潜力。

（2）在对"语言是由一个个小的语音（音标）组成的"这一事实的理解上存在重大的困难。

（3）需要特别安排的教学才能掌握语音（音标）的概念，以促使在早期阅读和数学上取得进步。

（4）相对于所处的年级来说，能认得的词汇量有限。

（5）对于在日常生活中所需的基本文字认识得不够（如"停""紧急出口""厕所"等）。

（6）难以根据上下文推测生词的意思。

（7）阅读速度慢，并且/或者在阅读中出现遗漏、添加、重复的现象；阅读不流利。

（8）阅读上的缺陷影响到学生的学习和/或日常生活。

（五）阅读理解障碍儿童的心理和行为特征

（1）学生在阅读方面的学习成绩显著低于其学习潜力。

（2）学生的阅读理解能力低下，削弱了学生各个学科的学习能力。

（3）学生的阅读速度缓慢并且/或者磕磕绊绊，存在一般意义上的语言不流利的情况。

（4）学生难以将注意力集中在正在阅读的课文上，没有自我监控的能力。

（5）学生将课文的文字及其含义分离开来的基本学习能力有限。

（六）书面表达问题儿童的心理和行为特征

（1）学生在书面语言方面的学习成绩显著低下。

（2）对单词的再现能力存在缺陷，影响了学生的自然书写能力或听写能力。

（3）视觉—动作整合技能存在缺陷，影响了学生的书写能力。

（4）在书面交流领域，学生在表达、句法和一般语言应用上存在缺陷。学生的书面语言与口头语言存在着显著的差别。

（5）拼写能力差。

（6）对于书面语言的各种机械性规则（如大写的规则、标点的使用规则），学生不能给予充分的注意，或不能理解。

（7）相对于口语来说，学生的书面语言使用的词汇不够丰富。

（8）不能将自己的想法和念头以符合逻辑的、有顺序的方式组织成书面语言。

（9）学生在书面语言上的困难影响了学生在其他领域的学习，并且/或者影响到了学生的日常生活。

三、言语与语言障碍儿童诊断与鉴别标准

（一）言语与语言障碍类型

国际上关于言语与语言障碍的分类及标准多种多样，有的分为语言发展迟缓、失语症

两类,有的分为发音障碍、声音障碍和语言流畅性障碍三类①,有的只指语言发展迟缓一种类型。

我国第二次全国残疾人抽样调查中将言语残疾分为七种类型,即:

(1) 失语:是指由于大脑言语区域以及相关部位损伤所导致的获得性言语功能丧失或受损。

(2) 运动性构音障碍:是指由于神经肌肉病变导致构音器官的运动障碍,主要表现为不会说话、说话费力、发声和发音不清等。

(3) 器官结构异常所致的构音障碍:是指构音器官形态结构异常所致的构音障碍。其代表为腭裂以及舌或颌面部术后。主要表现为不能说话、鼻音过重、发音不清等。

常见的构音障碍主要有下列几种表现:

① 舌根音化:即以舌根音如/g/、/k/、/h/代替大多数语音,例如把"耳朵"说成"耳郭","草莓"说成"考莓","头发太长"说成"头发盖扛"。这些儿童常常用舌根摩擦音代替舌前位音。

② 舌前音化:即以舌前音/d/、/t/代替某些语音,例如"乌龟"说成"乌堆","公园"说成"东园","裤子"说成"兔子"。

③ 送气音化:汉语中有许多音如/p/、/t/、/k/、/c/、/s/等是送气音。当儿童用不送气音替代送气音,即错误。如"婆婆"说成"跛跛","泡泡"说成"抱抱"。说明儿童存在气流与语音协调的问题。

④ 省略音化:即省略语音的某些部分。例如:"飞机"省略辅音/j/后变成"飞一";或把复韵母/ao/、/ie/、/iu/、/ang/等省略或简单化,如把"蚊子"说成"无子","汪汪"说成"娃娃"。

(4) 发声障碍(嗓音障碍):是指由于呼吸道及咽喉存在器质性病变导致的失声、发声困难、声音嘶哑、声音粗糙、气息声等。

(5) 儿童言语发育迟滞:指儿童在生长发育过程中其言语发育落后于实际年龄的状态。主要表现不会说话、说话晚、发音不清等。

(6) 听力障碍所致的语言障碍:是指由于听觉障碍所致的言语障碍。主要表现为不会说话或者发音不清。

(7) 口吃:是指言语的流畅性障碍。常表现为在说话的过程中拖长字音、重复、语塞并伴有面部及其他行为变化等。

台湾地区一般将言语与语言障碍分为构音异常、声音异常、语畅异常和语言发展迟缓四类。

(二) 言语与语言障碍鉴定标准

因为不同国家、不同地区、不同学者对言语与语言障碍儿童的分类存在着很大的差异,因此,各国各地区的鉴定标准也有差异。

2006 年,我国第二次全国残疾人抽样调查制定了中国言语残疾标准,如表 2-10。

---

① 　顾定倩编著:《特殊教育导论》,大连:辽宁师范大学出版社,2001 年,第 163 页。

表 2-10　中国言语残疾标准

言语残疾等级	标　准
一级	无任何言语功能或语音清晰度≤10%,言语表达能力等级测试未达到一级测试水平,不能进行任何言语交流
二级	具有一定的发声及言语能力。语音清晰度在11%～25%之间,言语表达能力未达到二级测试水平
三级	可以进行部分言语交流。语音清晰度在26%～45%之间,言语表达能力等级测试未达到三级测试水平
四级	能进行简单会话,但用较长句或长篇表达困难。语音清晰度在46%～65%之间,言语表达能力等级未达到四级测试水平

我国台湾地区《身心障碍及资赋优异学生鉴别原则与鉴别基准》(2002)中对语言障碍儿童的鉴定标准是:

(1) 构音障碍:说话的语音有省略、替代、添加、歪曲、声调错误或含糊不清等现象,并因此导致沟通困难。

(2) 声音异常:说话的音质、音调、音量或共鸣与个人的性别或年龄不相称,并因此导致沟通困难。

(3) 语畅异常:说话的节律有明显且不自主的重复、延长、中断,首语难发或急促不清等现象。

(4) 语言发展迟缓:语言的语形、语义、语汇、语法、语用的发展,以及在语言理解或语言表达方面,较同年龄者有明显偏差或迟缓现象。

四、言语与语言障碍儿童评估流程与评估内容

(一) 评估流程

1. 转介

根据家长、教师或其他有关人员的观察,将疑似言语、语言障碍的儿童送往专门的诊断机构,请求进一步的鉴定和诊断。

2. 筛选

筛选由专科医师或言语治疗师进行。筛选是用各种方法对个案的言语与语言状况做出初步判断的一种快速、经济的方法。对可能具有不同言语、语言障碍的儿童做进一步的诊断检查。筛选时并不涉及言语、语言障碍的详细情况和病因。

检查内容一般可包括:

(1) 说出图片所示物体、玩具或者身体不同部分的名称,也可以让儿童数数、说出月份或季节的名称;

(2) 看图叙述、回答问题;

(3) 重复言语治疗师的词语,听写或抄写等。当然,如果有专门的筛查工具,操作会更方便。

3. 临床评估

言语治疗师对筛选出的疑似对象进行进一步的诊断性测验。这种评估通常包括以下

几方面的内容：神经检查、听力检查、言语及语言评估、智力测验等。通过上面的综合评定，确定该儿童是不是言语与语言障碍；如果是，确定障碍的性质和程度如何，造成言语与语言障碍的原因是什么。

评估言语、语言障碍儿童往往需要言语治疗师对儿童的言语与语言进行全面的检查评估，以便确定：① 儿童的言语与语言发展状况如何；② 儿童是否存在言语与语言障碍，是什么性质的障碍，能否矫治；③ 造成其言语与语言障碍的原因是什么，如何克服。

4. 专业团队评估

专业团队由医生、心理学工作者、言语治疗师、特殊教育教师等有关人员组成。诊断出言语与语言障碍儿童后，特殊教育工作者或言语治疗师要根据查到的症状或问题，按实际需要寻求耳鼻喉科医生、矫形外科医生或心理学者的支援，对儿童的病史、发育史、测查结果、语言样本和行为观察记录进行综合评定，最后提出处理儿童语言问题的最佳方案。

5. 决策

由家长、学校领导、教师、言语治疗师、心理专家和其他相关人员参加的决策会议，确认评估的科学性和公正性，解释并分析说明评估的结果，指出儿童的特殊需要，做出教育安置决定，并根据评估所提供的资料制定出具体的教育教学及训练方案。

这里只是介绍了言语、语言障碍评估过程的轮廓，因为各种不同的言语、语言障碍有各自不同的具体检查评估方法，在此不做详细介绍。

（二）评估内容与方法

由于言语、语言障碍有许多不同的类型，造成不同类型言语与语言障碍的原因各不相同，因此，各种不同类型的障碍在评估项目上也各有侧重。一般来说，言语与语言障碍的评估内容/项目与评估方法/工具主要有以下几方面，见表 2 - 11。

表 2 - 11　言语与语言障碍儿童评估内容/项目与评估方法/工具

评估内容/项目		评估方法/工具
1. 生理方面		(1) 医学检查：包括听力检查（脑干诱发电位、耳声发射、声阻抗、内耳 CT、纯音测听等检查方法）、口腔检查（对下颌、唇、舌、硬腭、软腭、牙齿等口腔构音器官结构/基本运动功能的检查）、脑部检查（包括核磁共振、同位素扫描、脑 CT、脑电图、头颅磁共振等检查项目） (2) 史料搜集：儿童母亲的妊娠史、儿童的出生史、生长发育史、疾病史、诊疗史、父母的亲缘关系及家族史等
2. 心理方面	言语与语言评估	包括语言理解、语言表达、构音、噪音、语言流畅性等方面的评估，评估工具主要有： (1) 皮博迪图片词汇测验(PPVT) (2) 伊利诺伊心理语言能力测验(ITPA) (3) 语言发展测验 (4) 智能不足儿童语言能力评估表 (5) 语言障碍儿童诊断测验 (6) 学前儿童语言障碍评估表 (7) 语言障碍评估表

评估内容/项目		评估方法/工具
		（8）儿童语言发育迟缓检查表 （9）小学儿童书写语言诊断测验（WLADTC）
	智力评估	（1）画人测验 （2）儿童智力筛查测验 （3）学前儿童 50 项智能筛查测验 （4）瑞文标准推理测验 （5）托尼非语文智力测验（TONI-2） （6）韦氏幼儿智力量表（WPPSI-Ⅳ） （7）中国比内智力测验（BS） （8）韦氏儿童智力测验（WISC-Ⅳ） （9）希-内学习能力测验
	社会适应能力评估	（1）学龄前儿童行为发展量表 （2）文兰社会适应行为量表 （3）婴儿—初中生社会生活能力量表 （4）儿童社会适应行为评定量表
3. 教育方面	成就评估	（1）学科能力评估：皮博迪个人成就测验、韦克斯勒个人成就测验、语文能力测验、数学能力测验等 （2）教师访谈或问卷调查：采用访谈或问卷的形式对教师进行调查，了解儿童在学校的学习成绩及相关情况 （3）行为观察：对儿童在学校/幼儿园的学习行为表现进行观察并加以记录
4. 社会适应方面		（1）社会调查：对居住社区/小区的保安、保洁、物管、邻居等人士进行访谈，搜集资料 （2）家长访谈与问卷调查：了解家庭的基本情况，如家长的职业、家长的文化程度、家庭经济状况、家庭是否和睦、家长对儿童的教养态度、教养方式、对儿童的教育投入了多少时间和精力、父母是否有言语与语言障碍等；儿童接受教育与干预的情况；围绕社会交往、社会性沟通了解儿童能力现状以及儿童的正强化物与负强化物等；了解家长能配合学校的程度，例如家长能教哪些东西，一天能教多长时间等；给家长提出一些建议，如是否安排专业检查、专业训练或支持协助等 （3）行为观察：在不同生活情境中对儿童进行有目的的观察，记录其行为表现

　　注　以上并非言语与语言障碍儿童所要进行的全部评估项目，具体评估项目及内容因人而异、灵活运用。若有需要，还可为儿童增加情绪行为评估、人格评估、性向评估、课程本位评估、档案评估及功能性评估等评估项目。

第五节 肢体障碍儿童的特征及诊断与鉴别标准

一、肢体障碍与脑性瘫痪的定义

肢体障碍，也称肢体残疾。肢体障碍与神经、骨骼或肌肉的缺陷具有密切的关系。因此，肢体障碍一般可根据病源性质分成两类：与神经系统缺损有关者，包括：脑性瘫痪（cerebral palsy）、癫痫（epilepsy）、脊髓神经损伤（spinal cord injuries）、脊柱裂（spina bifida）、小儿麻痹等；与骨骼肌肉的异常有关者，包括：肌萎症（muscular dystrophy）、关节炎（arthritis）、肢体截断（amputations）等。关于肢体障碍的定义，不同国家、不同地区也有所区别。如：

美国 P. L. 94—142 公法中指出：肢体障碍会对儿童的教育造成不利的影响，这种障碍可能由于先天性畸形、疾病或其他因素引起。

台湾地区《身心障碍及资赋优异学生鉴别原则与鉴别基准》（2002）中定义为：肢体障碍，指上肢、下肢或躯干之机能有部分或全部障碍，致影响学习者；肢体障碍主要包括以下类型：脑性瘫痪、小儿麻痹、先天性畸形、新陈代谢失调（如肌肉营养退化，重症肌无力）、脊髓损伤、外伤症状（包括骨折、火伤、截肢等）、传染性症状（如脊椎结核、骨关节结核、骨髓炎等）。

2006 年，我国第二次全国残疾人抽样调查制定的六类《残疾标准》中将肢体障碍定义为：肢体残疾，是指人的四肢有残缺，或者四肢和躯干麻痹、畸形，使人体运动系统出现不同程度的功能丧失或功能障碍。肢体残疾包括：

（1）上肢或下肢因伤、病或发育异常所致的缺失、畸形或功能障碍；

（2）脊柱因伤、病或发育异常所致的畸形或功能障碍；

（3）中枢、周围神经因伤、病或发育异常造成躯干或四肢的功能障碍。

从人体运动系统有几处残疾，致残部位高低和功能障碍程度综合考虑，并以功能障碍为主来划分肢体残疾的等级。

在肢体障碍中，脑性瘫痪儿童的问题在其复杂性和严重性方面值得我们注意，这种障碍情况与其他肢体障碍的情况有些不同。

脑性瘫痪简称脑瘫或 CP，是指从出生前至新生儿期间由于各种原因导致的非进行性脑损伤引起的以中枢性运动障碍与姿势异常为主的综合征，常伴有智力低下、癫痫、语言障碍、听力低下、视觉异常、行为异常等多种症状。[1]

也就是说，脑瘫所体现的肢体障碍并不是由于肢体本身的损伤，而是由于大脑受损造成的。这是脑性瘫痪与其他类别的肢体障碍存在的极大的区别。

二、肢体障碍儿童心理和行为特征

肢体障碍儿童通常具有以下心理和行为特征：

---

[1] 王辉：《学龄脑瘫儿童障碍特征的分析》，载《中国特殊教育》，2004，52(10)，第 6-11 页。

（一）智力发展情况

多数脑性瘫痪儿童在智力和认知能力方面有一定的障碍，单纯肢体障碍的儿童智力则多为正常。

（二）沟通能力

大部分脑性瘫痪儿童存在语言障碍，其余肢体障碍儿童没有语言沟通方面的问题。

（三）社会适应能力

肢体障碍儿童在主要社会适应方面存在以下问题：

（1）敏感自卑的心理和对他人的依赖感并存。肢体障碍儿童多数在生活自理方面存在很大的困难，生活的方方面面都需要他人的帮助。他们很容易因此产生一种自卑心理和依赖感，对自己的障碍也比较敏感，容易怀疑别人嘲笑其肢体障碍。

（2）行动方面的不便导致的多重孤立状态。肢体障碍儿童因为行动不自由，加上无障碍交通环境做得不够完善，到许多地方都不方便，造成行动空间的孤立。行动空间的孤立造成他们与外界交往的减少，也因此形成心理空间的孤立，即自我封闭，不愿与他人交往，认为别人会歧视自己。由于他们的障碍也导致同龄人对他们的孤立，和其他小朋友一起玩时，动作较慢或不方便，可能遭到他人的排斥。

（3）因肢体障碍导致的挫折感。多数有肢体障碍的儿童从幼年起就在生活的各个方面屡遭挫折，再加上他人的冷眼、取笑或对他们来讲不必要的同情都会增加他们的挫折感。他们一般采用退缩、反抗、防卫和伪装自己缺陷这几种方法来维护自尊。

（4）对前途的忧虑。一方面是对身体健康的忧虑，另一方面是由此产生的对未来前途的忧虑，尤其是随着年龄的增长不断认识到自身肢体的障碍会对自己投入社会工作造成巨大影响。

三、肢体障碍儿童诊断与鉴别标准

按照我国第二次残疾人抽样调查标准中规定的肢体障碍诊断标准如下：

（一）肢体残疾一级：不能独立实现日常生活活动

（1）四肢瘫：四肢运动功能重度丧失；

（2）截瘫：双下肢运动功能完全丧失；

（3）偏瘫：一侧肢体运动功能完全丧失；

（4）单全上肢和双小腿缺失；

（5）单全下肢和双前臂缺失；

（6）双上臂和单大腿（或单小腿）缺失；

（7）双全上肢或双全下肢缺失；

（8）四肢在不同部位缺失；

（9）双上肢功能极重度障碍或三肢功能重度障碍。

（二）肢体残疾二级：基本上不能独立实现日常生活活动

（1）偏瘫或截瘫，残肢保留少许功能（不能独立行走）；

（2）双上臂或双前臂缺失；

（3）双大腿缺失；

（4）单全上肢和单大腿缺失；

（5）单全下肢和单上臂缺失；

（6）三肢在不同部位缺失（除外一级中的情况）；

（7）二肢功能重度障碍或三肢功能中度障碍。

（三）肢体残疾三级：能部分独立实现日常生活活动

（1）双小腿缺失；

（2）单前臂及其以上缺失；

（3）单大腿及其以上缺失；

（4）双手拇指或双手拇指以外其他手指全缺失；

（5）二肢在不同部位缺失（除外二级中的情况）；

（6）一肢功能重度障碍或二肢功能中度障碍。

（四）肢体残疾四级：基本上能独立实现日常生活活动

（1）单小腿缺失；

（2）双下肢不等长，差距在 5 厘米以上（含 5 厘米）；

（3）脊柱强（僵）直；

（4）脊柱畸形，驼背畸形大于 70°或侧凸大于 45°；

（5）单手拇指以外其他四指全缺失；

（6）单侧拇指全缺失；

（7）单足跗跖关节以上缺失；

（8）双足趾完全缺失或失去功能；

（9）侏儒症（身高不超过 130 厘米的成年人）；

（10）一肢功能中度障碍，两肢功能轻度障碍；

（11）类似上述的其他肢体功能障碍。

四、肢体障碍儿童评估流程与评估内容

（一）评估流程

1. 转介

一般由家长转介个案到医院门诊。根据家长或其他有关人员的观察结果，将疑似有缺陷的儿童送往专门的诊断机构（通常是专科医院门诊），请求进一步的鉴定和诊断。

2. 筛选

由专科医师或专门的诊断人员进行。在筛选阶段不能正式确认是脑瘫还是其他因素导致的肢体障碍，筛选的结论只能确认该个案是否存在肢体障碍，在正式判断前还需做进

一步的检查。

筛选工作有以下几个方面：

（1）检查被转介儿童的出生史、成长发育史、病史和有关文字记录。

（2）和有关教师、家长、保姆等进行谈话，了解儿童各方面的实际表现。

（3）一般性的检查，包括身高、体重、心肺功能、营养状况以及眼科和耳鼻喉科的常规检查。

（4）骨外科检查，重点针对肢体残疾儿童的骨骼与肌肉的结构和外形进行检查。

3. 临床评估

专科医师将疑似个案进一步转介到专科门诊（或联合门诊），由专业人员对儿童进行诊断性测验。这种评估应包括神经病学检查，通过检查了解神经系统的功能与结构，包括CT 检查、脑电图检查等。康复医学科检查，此项检查涉及与肢体残疾儿童接受康复训练与教育有关的各项因素，包括肌力、关节活动度、感觉功能、日常生活活动能力等。通过综合评定，以决定该个案是否有肢体障碍以及肢体障碍的等级和类别。

4. 专业团队评估

专业团队由心理师、语言治疗师、社工、职能治疗师、物理治疗师等人员组成。诊断出肢体障碍儿童后，特殊教育工作者或治疗师还要进一步使用一些儿童身心发展量表来进行心理—教育方面的检查，重点检查影响肢体障碍儿童行为表现与学习的各种要素，包括动作发展、知觉功能、智力、情绪及社会适应能力等。评估儿童身心各方面发展的实际状况，以便提供一个合适而有效的个别化教学方案。

5. 决策

由教师、学校领导、家长、心理学工作者、社会工作者和其他有关人员参加的决策会议，确保评估的准确性、公正性，解释和分析评估的结果，评估儿童的特殊需要，做出教育安置决定，并制定出具体的教育和训练方案。

（二）评估内容与方法

评估内容/项目和评估方法/工具见表 2-12。

表 2-12　肢体障碍儿童评估内容/项目与方法/工具

评估内容/项目		评估方法/工具
1. 生理方面		（1）医学检查：身高、体重、心肺功能、营养状况以及眼科和耳鼻喉科的常规检查及针对肢体残疾儿童的骨骼与肌肉的结构和外形进行检查 （2）史料搜集：儿童母亲的妊娠史、儿童的出生史、生长发育史、疾病史等 （3）治疗情况：正在进行的肢体康复或运动治疗等
2. 心理方面	智力评估	（1）画人测验 （2）儿童智力筛查测验 （3）韦氏幼儿智力量表（WPPSI-Ⅳ） （4）学前儿童 50 项智能筛查测验 （5）中国比内智力测验（BS） （6）韦氏儿童智力量表（WISC-Ⅳ） （7）托尼—非语文智力测验 （8）瑞文标准推理测验

续　表

评估内容/项目		评估方法/工具
	社会适应能力评估	(1) 儿童适应行为量表 (2) 社会适应能力评定量表 (3) 婴儿—初中生社会生活能力量表
	发展性评估	(1) 语言能力：儿童语言发展程度，是否有语言障碍。口语能力包括接受、表达、模仿、会话等四个部分。方法：① 标准化语言测验；② 自编语言测验；③ 进行系统观察，观察人员可以在不同情境下观察儿童获得有关各种不同情境的所有沟通行为的资料；④ 与儿童面谈，搜集语言样本 (2) 动作能力：① 儿童的基本行动能力，包括会走或不会走、是否乘坐轮椅、有无使用辅具、有无助行器。② 儿童的基本操作能力，包括会不会自己吃饭、会不会自行穿衣物、自己大小便、洗澡等日常生活能力
3. 教育方面	成就评估	(1) 学科能力评估：语文能力测验、数学能力测验等 (2) 教师访谈或问卷调查：在幼儿园/学校各个方面的表现、与同学交往情况、学习兴趣与习惯、教师的教学态度与方法、教材的难度等 (3) 行为观察：对儿童在幼儿园/学校的学习行为进行有目的的观察，并记录其行为表现
4. 社会适应方面		(1) 社会调查：对居住社区/小区的保安、保洁、物管、邻居等人士进行访谈，搜集资料 (2) 家长访谈或问卷调查：了解家庭的基本情况，如家长的职业、家长的文化程度、家庭经济状况、家庭是否和睦、家长对孩子的教养态度、教养方式、对孩子的教育投入了多少时间和精力、父系和母系三代中有无神经和精神疾病以及智力低下者等；收集儿童的基本数据，了解儿童的出生和生长发育史，如疾病史、诊疗史、教育史、曾做过的测验等；了解家长能配合学校的程度，例如家长能教哪些东西，一天能教多久等；给家长提出一些建议，如是否安排专业检查、专业训练或支持协助等 (3) 行为观察：在不同生活情境中对儿童进行有目的的观察，记录其行为表现

　　上述评估中，有许多诊断过程需要请有关方面的专家具体进行，作为儿童的训练与教育者，需了解各项检查结果与报告的含义，并能将其应用到实际的工作中去。同时，这些评估项目并非肢体障碍儿童所要进行的全部评估内容，如有需要，还可为肢残儿童增加情绪行为评估、人格评估、性向评估、课程本位评估、档案评估及功能性评估等项目。评估项目因需要而定。

第六节　学习障碍儿童的特征及诊断与鉴别标准

一、学习障碍的定义

学习障碍（Learning disabilities）这一术语由美国教育心理学家柯克（Sam Kirk）于

1963 年提出,西欧国家习惯于将这一术语简称为 LD。自柯克提出学习障碍的术语以来,至今已经有四十多年的历史,到目前为止,有资料可查的与其有关的术语及其定义已达90 种以上。柯克认为学习障碍是指儿童在语言、说话、阅读和社会交往技能方面有发育障碍。这些障碍不包括视觉障碍、听觉障碍和智力障碍。自柯克之后,学术界的研究相当活跃,不同的研究领域,不同的研究宗旨,对其所下的定义也有所不同,其中具有代表性的定义如下[①]:

(一) 美国联邦教育署的定义

学习障碍是个体在涉及理解或运用语言(口头或书面语言)方面的一种或多种基本心理过程出现的失常。这种失常可能表现在听、想、说、读、写、拼音或数学计算方面的能力不足。但不包括由视觉、听觉或运动系统缺陷、智力障碍、情绪失常或由环境、文化或经济状况引起的学习问题。

(二) 世界卫生组织(WHO)的定义

学习障碍是指从发育的早期阶段起,儿童获得学习技能的正常方式受损。这种损害不是单纯缺乏学习机会的结果,不是智力发展迟缓的结果,也不是后天的脑外伤或疾病的结果。这种障碍来源于认识处理过程的异常,由一组障碍所构成,表现在阅读、拼写、计算和运动功能方面有特殊和明显的损害。

(三) 我国台湾学者的定义

学习障碍是指在听、说、读、写、算等能力与运用上有显著的困难者。学习障碍可能伴随其他障碍,如感觉障碍、智能不足、情绪困扰;或由环境因素所引起,如文化刺激不足,教学不当所产生的障碍,但不是由前述状况所直接引起的结果。学习障碍通常包括发育性的学习障碍与学业性的学习障碍,前者如注意力缺陷、知觉缺陷、视一动协调能力缺陷和记忆力缺陷等,后者如阅读能力障碍、书写能力障碍和数学障碍。

(四) 我国大陆学者的定义

我国大陆学者结合我国国情,对 LD 做出如下定义:

(1) 学习障碍儿童的总体智商(IQ)基本在正常范围内,也有的偏低或偏高;

(2) 在听、说、读、写、计算、思考等学习能力的某一方面或某几方面表现为显著困难;

(3) 大多数学习障碍儿童伴有社会交往和自我行为调节方面的障碍;

(4) 其原因是个体内在的大脑中枢神经系统功能不全所致;

(5) 需要排除由于弱智、视觉障碍、听觉障碍、情绪障碍等或由于受经济、文化水平的影响,未能接受正规教育的原因所产生的学习方面的障碍。

二、学习障碍儿童心理和行为特征

学习障碍儿童类别较多,差异也很大。即便如此,我们还是可以根据各类学习障碍儿

---

① 　参见:周平,李君荣编著:《学习障碍儿的教育指导》,北京:人民军医出版社,2003 年,第 8 - 11 页。

童的常见表现,归纳出他们的典型特征。

（一）认知、智力方面

（1）智力正常,学习障碍儿童一般具有平均水平或超出平均水平的智力;

（2）大多数学习障碍儿童存在认知障碍,例如在位置、顺序、方向、图形等的认知方面有障碍,常常主次逆转,比如,把"动"写成"力云"、把"34"写成"43"或者把"dog"读成"god";写字常缺一笔或多一划,部首张冠李戴;

（3）在听、读、写、说、思考、计算等能力方面表现为某一方面的能力或某些方面的能力极其低下;

（4）能够完成简单的读、写、算,但理解和应用能力低下,作业时间拖得太长;

（5）对某些特定的刺激、事件和行为很固执,认知、思考和行为的转换有困难;

（6）不能持续集中注意力,容易受外部无关刺激的影响,表现为多动、易走神,自我调节能力有问题;

（7）无法使用策略,例如分类掌握词语。

（二）语言方面

学习障碍儿童在语言的表达和接受方面均有缺陷,具体表现在:

（1）说话喋喋不休,内容重复,无组织能力,对因果、次序表达欠佳;

（2）语言发声、语速和轻重度与同龄儿童有异,例如不能正确地发出某个字或词的音;

（3）不爱说话,有的在集体场合下不能理解别人的讲话,答非所问;

（4）对口头交代的事情常弄不清楚;

（5）不能专心听讲,听觉注意力短暂;

（6）记不住一连串的声音或语言;

（7）对文章内容的理解能力和写作能力低下。

（三）兴趣方面

（1）偏向对某一事物、行为的关心;

（2）注意力不集中,做事磨蹭,有头无尾,缺乏时间观念和任务感;

（3）多动,特别是在婴幼儿时期和小学低年级阶段表现明显;

（4）缺乏学习兴趣,缺乏好奇心,对人对事缺乏兴趣;或学习兴趣肤浅、范围狭窄、兴趣不能稳定持久,易于"见异思迁",带有情绪性影响,有固执倾向。

（四）情绪方面

（1）做事畏缩不前,社会交往能力低下;

（2）不遵守游戏或教室活动规则,破坏性强;

（3）精力不足,易疲倦,时常发呆;

（4）坐不住,活动量过大,四处跑动或打扰别人;

（5）注意力容易分散；

（6）行为不成熟、幼稚，常为一点小事而出人意外地发脾气，采取粗暴行动；

（7）不爱让人触碰身体，或是过度需要别人的抚抱；

（8）时常制造怪声；

（9）自我评价差，容易受挫折，易流泪；

（10）缺乏活力，容易产生恐慌和不安，显得受压抑和失败。

（五）人际关系方面

（1）不能融于集体，被同学排斥，没有朋友或朋友很少；

（2）从不主动与朋友讲话或邀请朋友玩，与朋友关系不能持续，常常发生纠纷；

（3）容易被人欺侮，因此常常逃学或寻求反面心理补偿；

（4）不认生，常常会不加思考地按别人说的去做。

（六）感觉动作方面

（1）走、跑姿势不佳，动作协调性差，不自然，常常表现为同手同脚；

（2）运动技巧差，不灵活，经常跌倒，撞伤自己；

（3）动作不是太快就是太慢；

（4）经常打翻东西，弄脏或损坏作业本；

（5）粗大运动、动作接近普通儿童；

（6）身体或肩部肌肉僵硬，不能放松。

（7）对方位常常弄不清楚。

（8）惯用左手和右脚或右手和左脚的配合。

感觉动作对语言书写、数学计算及社交能力都有很大的影响。

（七）动机方面

（1）容易受到外在因素的控制；

（2）易有负面的归因；

（3）有发展学习无助的危险性，倾向于放弃或丧失动机。

三、学习障碍儿童诊断与鉴别标准

（一）台湾地区的鉴定标准

（1）智力正常或在正常程度以上者。

（2）个人内在能力有显著差异者。

（3）注意、记忆、听觉理解、口语表达、基本阅读技巧、阅读理解、书写、数学运算、推理或知觉动作协调等任一能力表现有显著困难，且经评估后确定一般教育所提供的学习辅导无显著成效者。

（二）我国大陆的诊断标准

大陆关于学习障碍的诊断标准，基本上公认为有以下三条：

（1）学习障碍学生的智力是正常的或在一般水平以上。

（2）学习障碍学生个体内在能力存在显著差异，某一或某些心理活动能力有缺陷，即造成相关的学习障碍。

（3）学生的学习障碍在普通教育的一般辅导下不能解决，必须接受特殊的教育辅导。通过特殊的教育辅导，他们的学习障碍有被克服的可能性。

四、学习障碍儿童评估流程与评估内容

（一）评估流程

1. 转介

一般由教师根据学习障碍儿童常见的特征，特别是行为特征对某一群体进行观察，对表现出多项特征的儿童定为怀疑对象，将其转介给有关人员，接受进一步评估。

2. 筛选

由班主任老师或其他专门的诊断人员利用一些筛选量表进行测试。对学习障碍儿童进行筛选的工具很多，国际上常用的有：美国神经心理学博士 H. R. M 设计的 PRS 概要和日本临床心理学教授上野一彦制作的判别学习障碍儿的行为检查项目[1]。这两个量表属筛选测试的工具，根据测试的结果仅仅能判断是否为可疑，还不能最终诊断。

3. 临床评估

班主任老师或其他相关人员将疑似个案转介到有关机构，由专业人员对儿童进行诊断性测验。这种评估应该包括个体基本资料研究、听力检查、视力检查、神经系统检查、智力测验、学业成就测验等，以排除具有某些学习障碍特征的非学习障碍现象。然后通过综合评定，以确定该个案是否是学习障碍，如果是，应确定学习障碍的类型、程度如何等。

4. 专业团队评估

这种评估通常是由各方面专家（班主任、老师、心理学工作者、语言病理学家、医生、特殊教育专家等）组成的一个工作小组展开。为了对个案做进一步的深入了解，还要对障碍儿童做一些专门性的测验，如知觉与视觉动作方面的测验、注意与记忆方面的测验、语言功能测验、学习习惯测验等，从而确定学习障碍儿童的障碍程度及其原因，以便提供一个合适而有效的个别化教学方案。

5. 决策

由教师、学校领导、家长、心理学家、社会工作者和其他有关人员参加的决策会议，确认评估的准确性、公正性，解释和分析评估的结果，评估儿童的特殊需要，做出教育安置决定，并制定出具体的教育和训练方案。

（二）评估内容与方法

学习障碍儿童的评估内容从总体上来看，仍然包括生理评估、心理评估、教育评估与

---

① 周平，李君荣编著：《学习障碍儿的教育指导》，北京：人民军医出版社，2003 年，第 44 - 46 页。

社会适应性评估四个方面,但每个方面涵盖的具体项目和需要搜集的资料有所不同,评估侧重的角度也不一样。具体见表2-13。

表 2-13 学习障碍儿童评估内容/项目与评估方法/工具

评估内容/项目		评估方法/工具
1. 生理方面		(1) 医学检查:一般的身体检查及听觉、视觉和神经系统检查等 (2) 史料收集:访谈家长,收集儿童的生理发展方面的基本数据,了解儿童的出生和生长发育史,如疾病史、诊疗史、相关医学检查结果,了解父系和母系三代中有无学习障碍(阅读障碍)等
2. 心理方面	智力评估	(1) 画人测验 (2) 儿童智力筛查测验 (3) 瑞文标准推理测验 (4) 托尼—非语文智力测验(CMMS) (5) 中国比内智力测验(BS) (6) 韦氏儿童智力测验(WISC-Ⅳ) (7) 临床记忆量表 (8) 考夫曼儿童智力测验(K-ABC)
	感知—动作能力评估	(1) 感知觉能力:视觉、听觉、触觉、味觉、嗅觉、本体觉、前庭觉、时间知觉、空间知觉和运动知觉等 (2) 动作能力:包括粗大动作能力和精细动作能力等
	情绪与行为评估	(1) 学生行为评估表 (2) 问题行为筛选量表 (3) 情绪障碍量表 (4) Achenbach 儿童行为量表(CBCL) (5) 儿童社交焦虑量表 (6) 行为与情绪评量表 (7) 行为的功能性评估
	社会适应能力评估	由熟悉儿童的家长或教师根据儿童情况进行评定: (1) 学龄前儿童行为发展量表 (2) 文兰社会适应行为量表 (3) 婴儿—初中生社会生活能力量表 (4) 儿童社会适应行为评定量表
3. 教育方面	成就评估	(1) 学科能力评估:小学儿童语文能力测验、小学儿童数学能力测验等 (2) 教师访谈或问卷调查:访谈教师或设计问卷对教师进行问卷调查,了解儿童现在及过去在学校/幼儿园的学习成绩及相关情况 (3) 行为观察:在学校/幼儿园的不同情境中,对儿童进行有目的的观察,记录其行为表现等
	课程本位评估	确认在本学期所开设的课程中,儿童在一门或几门课程的学习上有困难
	档案评估	确认儿童的作业不一致,并/或某些学科成绩差

续　表

评估内容/项目	评估方法/工具
4. 社会适应方面	（1）社会调查：对居住社区/小区的保安、保洁、物管、邻居等人士进行访谈、搜集资料等 （2）家长访谈与问卷调查：了解家庭的基本情况，如家长的职业、家长的文化程度、家庭经济状况、家庭是否和睦、家长对儿童的教养态度、教养方式、对儿童的教育投入了多少时间和精力、儿童接受教育与干预的过程等；围绕社会交往、社会性沟通和游戏行为三大主题，了解儿童能力现状以及儿童的正强化物与负强化物等；了解家长能配合学校的程度，例如家长能教哪些东西，一天能教多长时间等；给家长提出一些建议，如是否安排专业检查、专业训练或支持协助等 （3）行为观察：在不同生活情境中对儿童进行有目的的观察，记录其行为表现等

注　以上评估项目要根据儿童的实际情况，因需要而定、灵活运用，真正评估出学习障碍儿童的具体问题，为其教育、矫正和训练提供依据。

第七节　自闭症儿童的特征及诊断与鉴别标准

一、自闭症的定义

自闭症（autism）是自闭症谱系障碍（Autism Spectrum Disorder）的简称，又叫作孤独症或全面性发育障碍，是一种因神经心理功能异常而导致社会沟通、社会交往和行为三方面同时出现严重问题的综合征。

关于自闭症的定义有多种，如：

美国的《障碍者教育法案》（IDEA）把自闭症定义为：一种显著影响语文和非语文沟通及社会性互动的发展性障碍，通常在三岁前明显，这种障碍使得儿童的教育表现受到不利的影响。其他相关特征包括重复性的活动、刻板运动、抗拒环境或日常规律的改变以及感觉经验的不寻常反应。

《国际疾病分类手册（第十版）》（ICD - 10，1992）将其定义为：在三岁以前表现出异常、有缺陷的发展；特点为在社交互动，沟通，局限、重复行为三方面的功能异常。男童的发生率比女童高出三至四倍。

我国台湾地区《身心障碍及资赋优异学生鉴别原则与鉴别基准》（1998）中定义为：因神经心理功能异常而显现出沟通、社会互动、行为及兴趣表现上有严重问题，造成在学习及生活适应上有显著困难者。

从上述各定义中可以看出，各个定义对自闭症界定的共同点在于：认为自闭症是一种发育障碍，具体表现在三个方面，即社会交往、沟通与刻板性重复行为。

二、自闭症儿童心理和行为特征

一般地说，自闭症儿童心理行为特征主要表现在下述几个方面（并非所有自闭症儿童都存在这些问题)。

(一) 语言发展迟缓和异常

自闭症儿童的语言能力各不相同,约有 50% 的自闭症儿童没有沟通性的语言,有语言的也常表现出鹦鹉学舌式仿说,答非所问,声调缺乏变化的特征。他们中大多数有语言缺损情况,主要表现在以下几个方面。

1. 语言发展迟缓

学者研究认为,50% 的自闭症儿童最终会使用有用的语言。[1] 而具有一定语言能力的自闭症儿童以极有限的方法进行言语活动,不能与他人交流,主要有以下沟通困难:

(1) 缺乏口语能力或语言缺乏功能性;

(2) 误用人称代词;

(3) 从一个话题向另一个话题转变时,很难改变自己的注意焦点;

(4) 同两个以上的人交流时,很难保持同一个交流的话题;

(5) 因反复行为而影响交流;

(6) 与交谈者很难保持视线接触。

2. 重复性语言

重复性语言是指持续反复地说着所听到的他人的部分语言。这种类型的交流几乎发生在所有咿呀学语的婴儿身上。正常儿童 3 岁左右时,这种现象即消失,而自闭症儿童可能会将这种现象持续终生。

重复性语言既有即时性的,也有延迟性的。即时性的重复语言是重复刚听到的;延迟性的重复性语言包含了自闭症儿童重复以前某个时间周期所听到的言语,即无意义地重复所听到的。

3. 语言的声调、重音、速度、节律及音调等方面的异常

自闭症儿童说话时的语调、速度等,往往存在问题,最为常见的是说话时表现出的语调平板单一,有的则用高尖的声音说话,有的在说话的句子与句子之间没有间隙而显得语速很快,有的在说话时不能控制音量等,问题各异。

(二) 社会交往障碍

自闭症儿童在社会交往方面主要存在下列问题:

(1) 不能进行社会交往　因自闭症儿童缺乏社会兴趣,对熟悉不熟悉的人往往不加区别地表现出冷漠。从幼儿时期起,自闭症儿童便可能表现出不理人、不看人、对人缺少反应、不怕陌生人、不容易和亲人建立亲情关系等情况。

(2) 不能建立伙伴关系　自闭症儿童不能像正常发展的儿童那样去玩,也很少有自己的朋友。他们缺少一般儿童的模仿学习,无法和小朋友一起玩耍。

(3) 依恋关系缺乏　自闭症儿童缺乏对父母或其他亲人的依恋感。

(4) 感情和社会互动方面困难　自闭症儿童对感情互动表现出极大的困难,他们不

---

① 方俊明、汪海萍等译:《今日学校中的特殊教育》,上海:华东师范大学出版社,2004 年,第 479 页。

容易去理解他人的面部表情,不会"察言观色";也不能恰当地表达自己的感情。因而,无法表达情意或与其他人建立关系——与他人的关系扭曲。

这些特征反映了自闭症儿童对他人心理解读的能力有严重的缺陷,他们不明白自己的信念、要求和愿望与别人的是不同的。这种障碍就是所谓的心理理论缺损。有学者研究认为这种缺损不是一般的心理迟滞,而是涉及对心理状态进行归因时特定的缺陷。[①]在理解包含某种心理状态的社会情景时,需要考虑某人知道什么和有什么预期,这一点对自闭症儿童来说比较困难。造成心理推测能力缺陷、中枢性统合不足及执行功能缺陷的原因可能与额叶顶叶的机能障碍、内侧颞叶的机能障碍以及小脑的机能障碍有关。[②][③]

(三)兴趣和行为异常

大多数自闭症儿童兴趣和行为异常,主要表现在以下几方面:

(1)兴趣异常狭窄　自闭症儿童往往不愿与其他儿童玩,对玩具也不像正常儿童那样表现出强烈的兴趣。他们的兴趣不仅狭窄,而且异常。

(2)反复性行为　这是一种不适当行为,它包括了强迫性观念、痉挛和持续症。强迫性观念是持续并会导致焦虑不安的某种想法、冲动或反复性想象。痉挛则是在一种没有预告的情况下反复发生的不随意运动。持续症是在一个不适当的范围里反复进行的言语或行为,如大发脾气的时间过长或情绪单调。

(3)自伤行为　有些自闭症儿童有自伤行为,如重复地自虐身体,咬、抓或戳自己、撞头等。这些行为通常持续到成人期,并且需要来自家庭和看护者的持续照料。

(4)攻击性行为　这种行为的指向是攻击他人,在任何场合都可能造成麻烦。

(5)自我刺激行为　是一种重复性的、刻板性的行为,这些行为似乎无目的,只提供感官刺激,如旋转物体、拍打脸颊、摆手、凝视等。

(6)同一性行为　表现过多的习惯行为,极度讨厌改变。具有特殊固定的衣、食、住、行习惯,玩法单调缺乏变化,如果稍有变化,就不能接受而抗拒、哭闹。

(7)日常生活能力　缺乏照顾个人基本需求的能力,如穿衣、吃饭、如厕等行为能力缺乏。

(四)感知觉和运动障碍

自闭症儿童伴有明显的感知觉障碍,有些对感觉刺激如光、噪音、触觉或痛觉等反应过度迟钝,有些则反应过度敏感,或无法过滤整合有效信息,并做出适当的反应。

自闭症儿童也存在运动性障碍。这些运动性障碍包括体态的异常,脸部、头、身体、四肢的运动异常,眼睛的运动异常,重复性的手势和动作以及笨拙的走路姿态等。

---

①　莫书亮、苏彦捷:《孤独症的心理理论研究及其临床应用》,载《中国特殊教育》,2003,41(5),第76-80页。心理理论(Theory of mind:TOM)又译为心理推测能力。是指个体凭借一定的知识系统对自己和他人的心理状态进行推测,并据此对他人的行为做出因果性的预测和解释的能力。

②　王立新、彭聃龄等:《自闭症认知缺陷的神经机制研究进展》,载《中国特殊教育》,2003,39(3),第76-79页。

③　李宁生:《自闭症神经生机制研究的新进展》,载《心理科学》,2001,24(2),第249-250页。

（五）认知缺陷

自闭症发生在从超常到弱智的各种智力水平的儿童身上。而且大多数自闭症儿童都伴随着弱智。大约20％的自闭症儿童有正常智力，30％的自闭症儿童有轻度至中度智力障碍，42％的自闭症儿童有中度和极重度智力障碍。[①]

目前学者们对自闭症儿童认知障碍的研究主要集中于三个方面，即言语认知障碍、情感认知障碍及执行功能障碍。在认知障碍的相关研究中发现下列问题：[②]

1. 语言能力的研究

（1）在会话中，自闭症儿童所使用的词汇很有限，不能有效使用学过的词汇；使用代名词时经常出现错位现象，如把"你"说成"我"等。

（2）会话时抓不住交谈的重点，常拘泥于某一细微处；会话中，会对某一话题作无数次的重复；常一个人独占话题，随意地打断或改变对方的话题。

2. 注意能力的研究

（1）在注意特征中，敏感与迟钝并存。

（2）过渡选择和无视刺激两种倾向兼而有之。

3. 记忆能力的研究

自闭症儿童的优势记忆与劣势记忆并存。他们的机械记忆和视觉记忆都具有很强的优势，如记忆列车时刻表、家中物体的位置等，但理解记忆和意义记忆的效果很差。另外，他们的短期记忆较强，而对以前记忆的材料进行重组性编码时，就显得困难重重。

4. 情感认知障碍的相关研究

（1）自闭症儿童缺乏对他人情绪注意的能力。

（2）自闭症儿童虽然能模仿别人的表情，但很难遵照他人的指示，做出相应的表情。

（3）自闭症儿童大都能理解"喜"、"悲"等基本面部表情，但很难理解"惊讶"这类面部表情。他们普遍缺乏对他人情感的认知。他们的情感认知障碍是双向的，既不太关心他人的表情，也不太受他人表情的影响。

5. 执行功能障碍的相关研究

研究发现：自闭症儿童缺乏灵活解决问题的策略，缺乏变通能力，不会用改变策略的方法来解决问题。这是自闭症儿童伴有执行功能障碍的突出表现。

三、自闭症儿童诊断与鉴别标准

目前，国际上对自闭症儿童的鉴别主要依据世界卫生组织编写的《国际疾病分类手册（第十版）》（ICD－10，1992）以及美国精神病学协会编写的《精神疾病诊断与统计手册（第五版）》（DSM－Ⅴ，2013）中提出的有关自闭症儿童的诊断标准进行诊断，我国在国内外研究的基础上结合国情，在《中国精神障碍分类与诊断标准（第三版）》（CCMD－3，2001）中提出了自己的标准。

---

① 方俊明、汪海萍等译：《今日学校中的特殊教育》，上海：华东师范大学出版社，2004年，第490页。

② 周念丽著：《自闭症幼儿的社会认知——理论、实验及干预的研究》，上海：上海教育出版社，2006年，第19－26页。

（一）ICD－10 的诊断标准

A. 交互性社会交往方面本质上的障碍，下列五项中至少要有三项：

（1）无法恰当地利用眼神、脸部表情、身体姿势和手势等肢体语言来调节社会交往。

（2）未能发展出（符合其智力年龄，且有充分发展机会下的）同伴关系及和同伴彼此分享喜好的事物、活动及情绪的能力。

（3）在紧张或痛苦时，极少寻求或让别人来安慰和爱抚自己，别人感到紧张或痛苦时也几乎不去安慰和爱抚别人。

（4）缺乏主动地与别人分享快乐的能力（例如，别人高兴时自己也感到高兴，自己快乐时也把别人带入快乐中）。

（5）缺乏社会情绪的交互性，对别人的沟通性行为反应有障碍或做出不恰当的反应。

B. 沟通方面本质上的障碍，下列五项中至少要有两项：

（1）口语发展迟滞或完全没有发展，而且没有用手势、哑语等替代性的沟通方式来辅助沟通的意图。

（2）不太会引发或维持一来一往的对话，对别人的话语不会予以交互性的反应。

（3）以刻板、重复或特异的方式使用字词或短语。

（4）言语的音高、重音、音速、节律和声调等有异常。

（5）缺乏各种自发的装扮性游戏或年幼时的社会性模仿游戏。

C. 局限、重复以及刻板的行为模式、兴趣和活动，下列六项中至少要有两项：

（1）执着于刻板、狭窄的兴趣。

（2）对某些不寻常的物品特别着迷。

（3）强迫性地执着于某些不具功能性的常规或仪式。

（4）经常出现刻板或重复的动作，包括手部或手指的拍打、扭转或复杂的全身动作等。

（5）对游戏材料的某些部分或无功能的成分的执着（如气味、表面的触感、发出的噪音或震动等）。

（6）对于环境中细小的、无关紧要的变化感到痛苦。

D. 必须在 3 岁前出现以上三个方面的发展迟缓或障碍。

（二）DSM－Ⅴ 的诊断标准

A. 在各种场景下持续存在社会沟通和社会交往的缺陷，当前或过去有以下列出的某个或多个行为：

（1）社会情感互动缺陷：症状包括异常的社交方式、不能正常应答对话、缺乏和他人分享兴趣、情绪和情感，甚至不能发起或响应社会互动。

（2）非言语社会交往缺陷：症状包括不能自然整合言语和非言语交际，异常的眼神和肢体语言、不能理解和正确使用手势语，也包括缺乏面部表情和非言语沟通能力。

（3）人际关系发展和维护缺陷：症状包括难以根据社交场景调整行为、参与假想游戏、交友困难、对同伴缺乏兴趣。

B. 存在刻板重复行为、兴趣或活动，如下文所列：

（1）刻板或重复某个动作、使用某个物品、重复某句言语（例如简单的运动刻板、排列玩具、重复言语等）。

（2）坚持程式化的活动，固守惯例或仪式化的非言语和言语行为（如对细微变化极度痛苦、难以接受改变、僵化的思维和举止、固定日程和食物）。

（3）过分依恋某个物品，或受制于某种兴趣爱好。

（4）对感官刺激有过高或过低的反应（例如，对疼痛和温度的不敏感、对特定的声音或材质有不良反应、过度嗅闻和触摸物体、对灯光或动作着迷）。

C. 在儿童早期发展中就有此类症状（有些行为需要在一定的社会需要下才有所表现，有些行为也可能被后来所习得的其他策略所掩盖）。

D. 这些症状在临床上会导致社交、职业和其他重要功能的障碍。

E. 这些失调都不能用智力发展障碍或发育迟缓来解释。智力障碍和自闭症谱系障碍经常共发，需要对两种障碍的共发症进行诊断，其社会沟通能力低于发展预期。

＊注：DSM-Ⅳ中提到的自闭症、阿斯伯格综合征以及有待分类的广泛性发展障碍将归为自闭症谱系障碍的诊断。在社交沟通方面有明显的缺陷，但症状达不到自闭症谱系障碍标准的个体需要进行社交沟通障碍的评估。

表 2-14　自闭症谱系障碍严重程度等级表

严重程度	社会交流	局限的、重复的行为
三级： 需要非常大量的帮助	言语和非言语社交交流能力有严重缺陷，造成严重的功能障碍；主动发起社会交往非常有限，对他人的社交接近极少回应。比如，只会说很少几个别人听得懂的词，很少主动发起社交行为，并且即使在有社交行为的时候，也只是用不寻常的方式来满足其需求，只对非正常之间的社交接触有所回应	行为刻板、适应变化极度困难，或者其他的局限重复行为明显地干扰各方面的正常功能。改变注意点或行动非常难受和困难
二级： 需要大量的帮助	言语和非言语社交交流能力有明显缺陷；即使在被帮助的情况下也表现出有社交障碍；主动发起社会交往有限；对他人的社交接近回应不够或异常。比如，只会说简单句子，其社会交往只局限于狭窄的特殊兴趣，有着明显怪异的非言语交流	行为刻板、适应变化困难，或者其他的局限重复行为出现的频率高到能让旁观者注意到，干扰了多个情形下的功能。改变注意点或行动难受和困难
一级： 需要帮助	如果没有帮助，其社会交流的缺陷带来可被察觉到的障碍。主动发起社交交往有困难，对他人的主动接近曾有不寻常或不成功的回应。可能表现出对社会交往兴趣低。比如，可以说完整的句子，可以交流，但无法进行你来我往的对话，试图交朋友的方式怪异，往往不成功	行为刻板，干扰了一个或几个情形下的功能。难以从一个活动转换到另一个。组织和计划方面的障碍影响其独立性

（三）CCMD-3 的诊断标准

A. 在下列（1）、（2）、（3）项中，至少有 7 条，且（1）至少有 2 条，（2）、（3）项至少各有 1 条：

（1）人际交往存在质的损害，至少2条：

① 对集体游戏缺乏兴趣，孤独，不能对集体的欢乐产生共鸣。

② 缺乏与他人进行交往的技巧，不能以适合其智龄的方式与同龄人建立伙伴关系，如仅以拉人、推人、搂抱作为与同伴的交往方式。

③ 自娱自乐，与周围环境缺少交往，缺乏相应的观察和应有的情感反应（包括对父母的存在与否亦无相应反应）。

④ 不会恰当地运用眼对眼的注视以及用面部表情、手势、姿势与他人交流。

⑤ 不会做扮演性游戏和模仿社会的游戏（如不会玩过家家等）。

⑥ 当身体不适或不愉快时，不会寻求同情和安慰，对别人的身体不适或不愉快也不会表示关心和安慰。

（2）言语交流存在质的损害，主要为语言运用功能的损害：

① 口语发育延迟或不会使用语言表达，也不会用手势、模仿等与他人沟通。

② 语言理解能力明显受损，常听不懂指令，不会表达自己的需要和痛苦，很少提问，对别人的话也缺乏反应。

③ 学习语言有困难，但常有无意义的模仿言语或反响式言语，应用代词混乱。

④ 经常重复使用与环境无关的言辞或不时发出怪声。

⑤ 有言语能力的患儿，不能主动与人交谈、维持交谈，应对简单。

⑥ 言语的声调、重音、速度、节奏等方面异常，如说话缺乏抑扬顿挫，言语刻板。

（3）兴趣狭窄和活动刻板、坚持环境和生活方式不变，至少具有下列中的1项：

① 兴趣局限，常专注于某种或多种模式，如旋转的电扇、固定的乐曲、广告词、天气预报等。

② 活动过度、来回踱步、奔跑、转圈等。

③ 拒绝改变刻板重复的动作或姿势，否则会出现明显的烦躁和不安。

④ 过分依恋某些气味、物品或玩具的一部分，如特殊的气味、一张纸片、光滑的衣料、汽车玩具的轮子等，并从中得到满足。

⑤ 强迫性地固执于特殊而无用的常规性或仪式性动作或活动。

B. 通常起病于3岁以内。

C. 排除 Asperger 综合征、Heller 综合征（童年瓦解性精神障碍）、Rett 综合征、特定感受性语言障碍、儿童分裂症。

CCMD－3还指出，若患儿症状不典型（只能部分满足上述自闭症症状标准），或发病年龄不典型（如在3岁后才出现症状），则可考虑诊断为不典型孤独症。

四、自闭症儿童评估流程与评估内容

（一）评估流程

1. 转介

由家长或教师转介个案到医院门诊。根据教师、家长或其他有关人员的观察和学业考核的结果，将怀疑有问题的儿童送往专门的诊断机构（通常是专科医院门诊），请求进一步的鉴定和诊断。

2. 筛选

由专科医师或专门的诊断人员进行。筛选是在各领域对个案的状况做出初步判断的一种快速、经济的方法。在筛选阶段不能正式确认自闭症，筛选的结论只能是这个个案不是自闭症或者可能是自闭症，在正式判断前还需做进一步的评估。

筛选工作有三个方面：

（1）检查被转介儿童的出生史、成长发育史、病史、教育资料和有关文字记录。

（2）和有关教师、家长、保姆等进行谈话，了解儿童各方面的实际表现。

（3）有目的、有计划地观察儿童的日常行为表现，察看他的适应性行为水平。

3. 临床评估

专科医师将疑似个案进一步转介到自闭症门诊（或联合门诊），由专业人员对儿童进行诊断性测验。这种评估应包括神经检查、言语语言评估、听力检查、智力测验等，以排除具有某些自闭症特征的非自闭症现象，这是临床评估的一个重要方面。通过综合评定，以确定该个案是不是自闭症，若是，应确定自闭症的性质和程度如何。

4. 专业团队评估

专业团队由心理专家、语言治疗师、职能治疗师、物理治疗师、特教工作者等人员组成。诊断出自闭症儿童后，特殊教育工作者或治疗师还要进一步使用一些儿童身心发展量表来评估自闭症儿童身心各方面发展的实际状况，以便提供一个合适而有效的个别化教学方案。

5. 决策

由教师、学校领导、家长、心理学工作者、社会工作者和其他有关人员参加的决策会议，确认评估的准确性、公正性，解释和分析评估的结果，评估儿童的特殊需要，做出教育安置决定，并制定出具体的教育和训练方案。

（二）评估内容与方法

目前，在国内主要通过 ICD-10 和 DSM-V 中的诊断标准以及克氏行为量表、儿童自闭症筛查量表、自闭症儿童行为量表、儿童自闭症评定表与法国 IBSE 量表等来筛选、诊断和鉴别自闭症儿童。自闭症儿童一旦被鉴别出来后，特殊教育工作者必须进一步评估自闭症儿童身心各方面发展的实际状况，以便提供合适而有效的个别化教学。换句话说，在教育干预前，一定还要经过多元、综合、详细评估，才能拟定出全面、恰当的干预计划。

由于自闭症儿童教育诊断与评估的范围很广，适用的评估方法、工具也很多，为了使评估更加全面、规范、科学，可以将评估内容集中为生理、心理、教育与社会适应四个方面，详见表 2-15。除了表 2-15 中的评估内容/项目与评估方法/工具以外，根据评估目的还可以调整、增加其他评估项目，选用、增添其他评估方法和评估工具，如"自闭症儿童学校适应检核表"、"教室行为观察表"等。

表 2－15　自闭症儿童评估内容/项目与评估方法/工具

评估内容/项目		评估方法/工具
1. 生理方面		(1) 医学检查：一般性的健康检查、脑波检查、神经协调检查、眼球震颤检查等 (2) 史料搜集：儿童母亲的妊娠史、儿童的出生史、生长发育史、疾病史、诊疗史、父母的亲缘关系及家族史等 (3) 治疗情况：正在进行的药物治疗或运动治疗等
2. 心理方面	自闭症状评估	(1) 克氏行为量表(CBS) (2) 儿童自闭症评定表(CARS) (3) 孤独症儿童行为量表(ABC) (4) 自闭症儿童行为评估表(CLAC)
	智力评估	(1) 画人测验 (2) 儿童智力筛查测验 (3) 韦氏幼儿智力量表(WPPSI-IV) (4) 学前儿童50项智能筛查测验 (5) 中国比内智力测验(BS) (6) 韦氏儿童智力量表(WISC-IV)
	发展性评估	(1) 丹佛婴幼儿发展测验(DDST) (2) 学龄前儿童行为发展量表 (3) 中国儿童发展量表(CDCC) (4) 孤独症儿童发展评估表 (5) PEP-3
	社会适应能力评估	(1) 文兰社会适应行为量表 (2) 婴儿—初中生社会生活能力量表 (3) 儿童社会适应行为评定量表 (4) 儿童适应行为量表
3. 教育方面	成就评估	(1) 学科能力评估：语文能力测验、数学能力测验、英语能力测验等 (2) 教师访谈或问卷调查：访谈教师或设计问卷对教师进行问卷调查，了解儿童现在及过去在学校/幼儿园的学习成绩及相关情况 (3) 行为观察：对儿童在学校/幼儿园的学习行为进行有目的的观察，记录其行为表现
4. 社会适应方面		(1) 社会调查：对居住社区/小区的保安、保洁、物管、邻居等人士进行访谈，搜集资料 (2) 家长访谈与问卷调查：了解家庭的基本情况，如家长的职业、家长的文化程度、家庭经济状况、家庭是否和睦、家长对孩儿童的教养态度、教养方式、对儿童的教育投入了多少时间和精力、儿童接受教育与干预的过程等；围绕社会交往、社会性沟通和游戏行为三大主题，了解儿童能力现状以及儿童的正强化物与负强化物等；了解家长能配合学校的程度，例如家长能教哪些东西，一天能教多长时间等；给家长提出一些建议，如是否安排专业检查、专业训练或支持协助等 (3) 行为观察：在不同生活情境中对儿童进行有目的的观察，记录其行为表现

第八节　发展迟缓儿童的特征及诊断与鉴别标准

一、发展迟缓的定义

发展迟缓（developmental delay），也称发展迟滞。《当代西方心理学新词典》[①]中将发展迟滞定义为：儿童身体发育严重落后，以低于同一年龄组下端三个百分点分界。可能由于严重的营养不良，或是情绪上的原因。如发展不良综合征主要是由于情绪原因所致。

我国台湾地区《身心障碍及资赋优异学生鉴别原则与鉴别基准》（2002）中将发展迟缓定义为：未满六岁的婴幼儿因生理、心理或社会环境因素，在知觉、认知、动作、语言及沟通、社会情绪、心理或自理能力等方面的发展较同龄显著迟缓，但其障碍类别无法确定者。

发展迟缓儿童所具有的障碍可能不止一种，可能存在一种或两种以上的问题。有些儿童可能在多方面迟缓，即在多方面的发展进度或质量上较同龄儿童落后，如既具有认知发展迟缓，又具有动作发展迟缓或语言发展迟缓。

因此，我们可以认为发展迟缓主要是指儿童在身体器官功能、认知、感知觉、动作、语言及沟通、社会心理、情绪及自理能力等发展项目上有一种、数种或全面的发展速度落后、发展顺序异常或发展水平上的异常等。

二、发展迟缓儿童心理和行为特征

发展迟缓儿童可能具有以下的心理和行为特征，但这些特征并非每一位发展迟缓儿童都具有，而是具有其中一项或多项特征。

（一）认知发展迟缓

儿童的认知功能显著落后于其实足年龄应有的表现，或各认知功能间的水平差距显著大于其实足年龄应有的表现，都是认知发展迟缓的现象。

（二）语言发展迟缓

儿童语言发展迟缓具有以下几种情况。

1. 说话发展迟缓

儿童的构音器官在构造、功能或协调上有障碍，使其说话存在发音错误，导致语意传达的功能产生障碍。这种情况下，儿童在语意、语用及语法方面并无障碍，并且排除因儿童听力损失造成的障碍。

2. 语音表达迟缓

因病理原因，使儿童虽然能够正常理解带有语意的语音刺激，也能够做出相应的行为反应，但却无法做出正常并适当的语音反应。

---

① 车文博主编：《当代西方心理学新词典》，长春：吉林人民出版社，2001年，第79页。

3. 语音接受迟缓

由于各种病理原因，儿童对于口语语言的了解有障碍，其程度严重影响到利用语音沟通或学习。儿童对于带有语意的语音刺激理解异常，无法做出适当的行为反应。各式脑中枢神经发展障碍引起的不能认知语音、语意辨识障碍等。常合并有次发性语音表达异常。

4. 混合言语迟缓

儿童同时具有语音理解和语音表达的障碍。

5. 其他

儿童的主要障碍在于声音异常、音调异常、语序异常。没有语意、语用及语法方面的障碍。

（三）动作发展迟缓

儿童在粗大动作、精细动作及动作协调方面具有其中一个或多个方面的发展迟缓，显著落后于同龄儿童应有的动作发展水平。

（四）社会情绪发展迟缓

儿童长期、持续地出现下列情况，其严重程度明显影响儿童的学习及表现。

（1）没有认知、感官或其他生理方面障碍的影响而无法学习；

（2）无法建立及维持适当的人际关系；

（3）在正常的环境下，表现出不适当的情感及行为；

（4）长期忧郁及不快乐；

（5）面对学校或个人问题，很容易畏惧，在身心方面均有体现。

（五）非特定性发展迟缓

（1）视觉方面存在视力差及视功能障碍，或者视觉认知技巧不良。

（2）听觉方面具有中枢听觉处理障碍，即个体听觉正常，但无法对语音进行注意、分辨、识别、记忆及理解。

（3）儿童感觉统合异常（sensory integration disorder），即多处感觉神经系统在统合过程中出现问题，当问题发生后就会产生感觉统合异常的临床表现和特征。

（4）注意力异常。儿童无法集中注意力在应该注意的对象上，或是注意到目标但是维持不了多久；有时付出较多的注意力在不应注意的对象上。

三、发展迟缓儿童诊断与鉴别标准

发展迟缓儿童的诊断与鉴别一方面要依据儿童发展及养育环境等方面的资料进行综合评估，同时要采用发展测验和智力测验客观地评估儿童各方面的发展，还要通过观察，获得儿童注意力、记忆力、人际互动、挫折忍受等方面的情况，了解儿童进行有效学习的情境和方式。最后综合各方面的资料来判断儿童发展的进度与发展水平是否显著低于同龄儿童，以低于同一年龄组下端三个百分点分界。

四、发展迟缓儿童评估流程与评估内容

(一) 评估流程

1. 转介

发展迟缓儿童通常由家长发现,进而转介个案到医院门诊。根据家长或其他有关人员的观察结果,将被怀疑为发展迟缓儿童按其不同情况送往专门的诊断机构(通常是儿科及小儿神经科),请求儿科医生进一步的鉴定和诊断。

2. 筛选

由专科医师或专门的诊断人员进行。在筛选阶段只能考虑该个案是不是发展迟缓,不能正式确认是何种因素导致的发展迟缓,在正式判断前还需做进一步的检查。

筛选工作有三个方面:

(1) 检查被转介儿童的出生史、成长发育史、病史和有关文字记录。

(2) 和有关人员如家长、保姆等进行谈话,了解儿童各方面的实际表现。

(3) 有目的、有计划地观察儿童的日常行为表现,察看他的适应性行为水平。

3. 临床评估

由专业人员对疑似个案进行诊断性测验。这种评估应包括遗传代谢疾病检查、生理疾病检查、神经系统疾病检查、感官检查、发展测验、智力测验、言语语言评估、听力检查等。临床评估主要由儿童心理学家、临床心理医生、眼科医生、耳鼻喉科医生和语言治疗师等进行。

4. 专业团队评估

专业团队由心理学家、语言治疗师、社工、职能治疗师、物理治疗师等人员组成。诊断出发展迟缓儿童后,特殊教育工作者或治疗师还要进一步使用一些儿童身心发展量表(主要是发展测验)来评估儿童身心各方面发展的实际状况,以便提供一个合适而有效的个别化教学方案。

5. 决策

由教师、学校领导、家长、心理学家、社会工作者和其他有关人员参加的决策会议,确认评估的准确性、公正性,解释和分析评估的结果,评估儿童的特殊需要,做出教育安置决定,并制定出具体的教育和训练方案。

(二) 评估内容与方法

目前,在国内主要用智力测验和发展测验来筛选、诊断和鉴别发展迟缓儿童。通常发展测验的内容、测量指标包括了婴幼儿的感知觉能力、认知能力、语言理解、表达能力、各项基础概念的发展、精细动作、粗大动作、问题解决能力、情绪情感状况等。发展测验所评估的是儿童目前各方面能力发展情况,而不是其发展的最后结果;发展测验所得的分数只是一个参考值,不是一辈子都不会改变的标签。发展迟缓儿童一旦被鉴别出来后,特殊教育工作者必须进一步评估该儿童身心各方面发展的实际状况,以便提供一个合适而有效的个别化教学方案。

发展迟缓儿童教育评估的主要内容/项目与方法/工具如下,见表2-16。除了这些

内容/项目之外,还有家庭评估、环境(生态)评估以及营养评估等也可以列入考虑范围。

表 2 - 16　发展迟缓儿童评估内容/项目与方法/工具

评估内容/项目		评估方法/工具
1. 生理方面		(1) 医学检查:感官检查;遗传代谢疾病检查;生理疾病检查;神经系统疾病检查等 (2) 史料搜集:儿童母亲的妊娠史、儿童的出生史、生长发育史、疾病史等 (3) 治疗情况:正在进行的语言康复或运动康复等
2. 心理方面	智力评估	(1) 画人测验 (2) 学前儿童 50 项智能筛查测验 (3) 瑞文彩色图文推理测验 (4) 托尼—非语文智力测验 (5) 韦氏幼儿智力量表(WPPSI-Ⅳ) (6) 中国比内智力测验(BS)
	社会适应能力评估	(1) 儿童适应行为量表 (2) 社会适应能力评定量表 (3) 婴儿—初中生社会生活能力量表 (4) 文兰适应行为量表
	语言能力评估	儿童语言发展程度,是否有语言障碍。口语能力包括接受、表达、模仿、会话等四个部分。方法:① 标准化语言测验;② 自编语言测验;③ 进行系统观察,观察人员可以在不同情境下观察儿童获得有关各种不同情境的所有沟通行为的资料;④ 与儿童面谈,搜集语言样本
	感知—动作能力评估	(1) 视觉动作统整发展测验 (2) 幼儿/儿童感觉发展检查表 (3) 简明知觉动作测验(QNST) (4) 汉字视知觉测验 (5) 儿童感觉统合能力发展评定量表
	发展性评估	(1) 丹佛婴幼儿发展测验(DDST) (2) 学龄前儿童行为发展量表 (3) 孤独症儿童发展评估表 (4) PEP 发展测验(Ⅲ) (5) 中国儿童发展量表(CDCC) (6) 年龄与发育进程问卷(ASQ)
3. 教育方面	成就评估	(1) 教师访谈或问卷调查:了解儿童现在及过去幼儿园/学校各个方面的表现、与同学交往情况、学习兴趣与习惯、教师的教学态度与方法、教材的难度等 (2) 行为观察:对儿童在幼儿园的学习行为进行有目的的观察,并记录其行为表现

续　表

评估内容/项目	评估方法/工具
4. 社会适应方面	(1) 社会调查：对居住社区/小区的保安、保洁、物管、邻居等人士进行访谈,搜集资料 (2) 家长访谈或问卷调查：了解家庭的基本情况,如家长的职业、家长的文化程度、家庭经济状况、家庭是否和睦、家长对儿童的教养态度、教养方式、对儿童的教育投入了多少时间和精力、父系和母系三代中有无遗传性疾病等;收集儿童的基本数据,了解儿童的出生和生长发育史,如疾病史、诊疗史、教育史、曾做过的测验等;了解家长的配合程度,例如家长能对儿童进行哪方面训练,教哪些东西,一天能教多久等;给家长提出一些建议,如是否安排专业检查、专业训练或支持协助等 (3) 行为观察：在不同生活情境中对儿童进行有目的的观察,记录其行为表现

　　家长或幼儿教师可根据一些简单的儿童发展检核表,如《幼儿发展检核表》,对照儿童的情况进行简单的评估。

幼儿发展检核评估表

四个月	抱起来头部无法支撑;即使跟他玩,也很少发出声音;面对面不会注视人脸或微笑;双手无法在胸前靠近或碰触;手掌紧握,无法自然张开;俯卧时头无法抬起90°。
六个月	俯卧时手臂无法支撑使头抬起,不能伸手抓到眼前的玩具,不会转头找声源,不会将拿到的玩具换手,扶站时脚步无法载重。
九个月	不会独自坐稳,不会翻身,不会扶东西站至少五秒钟,不会玩躲猫猫的游戏。
满一岁	不会扶物站起、扶家具侧走,不会由躺的姿势坐起,不会用食指指东西,不会用拇指及食指拿小物品,不会发出 ba、da 等音,不会做出拍手、再见等手势。
满一岁半	不会独立行走,不会蹲下或弯腰再恢复站立姿势(需一些支撑),不会拿笔涂鸦或是模仿画直线,听不懂日常生活中的一些指令;不能有意义地叫爸爸、妈妈,不会说出 3 个以上有意义的字,不会主动接近照顾者或对外界好奇探索。
满两岁	不会上、下楼梯,不会跑或上、下椅子,不会模仿做家务,不会堆 3 块积木,不会说 10 个以上的单字(如狗狗、车车),对人没有视线接触,尿湿裤子不会表达。
满两岁半	不会双脚一起跳,不会打开不太紧的小瓶盖,不会逐页翻硬卡纸书,不会正确指出几个身体部位(头、手、脚、眼、耳、鼻、口),掌握词汇少于 20 个,不会问"这是什么"等最简单的问句,完全不会理会其他小朋友。
满三岁	不会单脚跳,不会一脚一阶上下楼,不会堆 6 块积木、画直线,不会骑三轮车,不会用剪刀,不会说最短的句子。

第九节　多重障碍儿童的特征及诊断与鉴别标准

一、多重障碍的定义

多重障碍（multiple disabilities），也称多重残疾、多重缺陷、综合残疾，是指生理、心理或感官上两种或两种以上障碍合并出现的状况（如盲聋、智力障碍兼肢体障碍等）。

美国在94—142公法中将多重障碍定义为：多种障碍的伴随出现（诸如：智能不足与盲等），这种障碍状况的合并所造成的严重教育问题，并非为某单一障碍所设的特殊教育方案所能解决，但是该障碍并不包括盲聋在内。盲聋在特殊儿童分类中单独的一个类型。此定义强调多重障碍造成学生教育方面的严重问题。

1987年中国残疾人抽样调查时使用了"综合残疾"一词，在朴永馨教授主编的《特殊教育辞典》中将其定义为：人的生理和心理发生两种或两种以上的失调状况。2006年，第二次全国残疾人抽样调查修订此概念为"多重残疾"，并将其标准界定为：存在两种或两种以上残疾为多重残疾。多重残疾应指出其残疾的类别。多重残疾分级按所属残疾中最重类别残疾分级标准进行分级。

台湾《身心障碍及资赋优异学生鉴别原则与鉴别基准》（2002）中将多重障碍定义为：具两种以上不具连带关系且非源于同一原因造成之障碍而影响学习者。

相比较而言，此定义更强调个体所具有的不同障碍之间的关系。因此，我们可以认为，多重障碍是指人的生理、心理或感官上两种或两种以上障碍合并出现的状况，并且这两种或两种以上的障碍不具有连带关系且非源于同一原因造成，这种状况给教育带来极大的挑战。

二、多重障碍儿童心理和行为特征

多重障碍儿童是一个异质性很大的团体，即同样属于多重障碍的儿童其障碍情况往往是截然不同的。因此，多重障碍儿童的心理与行为特征也非常复杂。

我们首先要了解本章前八节各类不同障碍儿童所具有的心理和行为特征，才能了解多重障碍儿童的特征。同时，了解了不同类别特殊儿童的心理和行为特征也并不意味着把所有不同障碍的特征组合起来就能够了解多重障碍儿童的特征。多重障碍者因其显著障碍的组合种类繁多，其障碍并非两种或两种以上障碍的联合，而是构成另一种独特的障碍，即多重障碍儿童的障碍，不是两种或多种障碍相加的总和而是相乘的结果。因此，多重障碍儿童之间的异质性往往远远大于其共性。例如：一名儿童既具有智力障碍，同时具有听觉障碍，其身心特征就不仅仅是一名智力障碍儿童和听觉障碍儿童所具有的特征的总和，其特征会因智力障碍和听觉障碍这两种障碍对儿童的影响而使儿童身上呈现出一种独特的障碍特征。此外，多重障碍儿童所具有的障碍在程度上往往比较严重，因此许多学者会把多重障碍和重度障碍这两个词混用。但实际上多重障碍儿童虽然往往属于重度障碍，但重度障碍不一定都是多重障碍。

下面从不同角度简要介绍多重障碍儿童的各方面特征：

（一）生理方面

（1）生理上出现发展迟缓或持续恶化的现象；

（2）由于身体运动能力和理解记忆能力不佳，使多重障碍儿童行动上不易完全自主。

（二）认知及智力方面

（1）除少数智能并未受损伤的儿童外，多数多重障碍儿童基本认知能力和学习能力有限；

（2）语言沟通能力不佳，或者无法用语言沟通，可能因此出现不适当行为，如哭泣、发脾气等。

（三）行为方面

（1）社会性行为频率不适当，或者过多，或者过少；

（2）缺乏生活自理能力和技能；

（3）通常多重障碍儿童会伴随其他障碍，伴随障碍类型越多，其障碍程度可能越严重。有些多重障碍儿童有自我刺激及自伤行为，如摇晃身体、用身体撞墙壁等。

三、多重障碍儿童诊断与鉴别标准

多重障碍儿童的诊断与鉴别要依照多元化评估的原则进行，即根据儿童个别情况，采取标准化评估、直接观察、晤谈、医学检查等方式全面搜集个案资料后，进行综合研究。此外，进行评估还要依靠专业团队进行，集合医疗、教育、社会福利等专业的专业人士共同提供儿童学习、生活等方面的协助，这些专业人士包括：医生、物理治疗师、语言治疗师、社会工作者、临床心理学家、特殊教育教师等。诊断儿童为多重障碍主要依据各方面专家综合诊断后，依据儿童是否具有两种或两种以上不同类别的障碍，且障碍不具有连带关系且非源于同一原因造成而决定。

四、多重障碍儿童评估流程与评估内容

（一）评估流程

1. 转介

由家长或教师转介儿童到医院门诊。根据教师、家长或其他有关人员的观察和学业考核的结果，将被怀疑为有缺陷的儿童送往专门的诊断机构（通常是专科医院门诊），请求进一步的鉴定和诊断。

2. 筛选

由专科医师或专门的诊断人员进行。在筛选阶段只能确认该个案是不是多重障碍，不能正式确认是何种因素导致的多重障碍，在正式判断前还需做进一步的检查。筛选工作有三个方面：

（1）检查被转介儿童的出生史、成长发育史、病史、各科成绩和有关文字记录。

（2）和有关教师、家长、保姆等进行谈话，了解儿童各方面的实际表现。

（3）有目的、有计划地观察儿童的日常行为表现，察看他的适应性行为水平。

3. 临床评估

专科医师将疑似个案进一步转介到联合门诊，由专业人员对儿童进行诊断性测验。这种评估应包括神经检查、言语语言评估、听力检查、视力检查、智力测验、知觉—动作评估、社会适应能力评估等。通过综合评定，以决定该个案是否属于多重障碍，若是，多重障碍的类别和程度如何。

4. 专业团队评估

专业团队由心理学家、语言治疗师、社工、职能治疗师、物理治疗师等人员组成。特殊教育工作者或治疗师还要进一步使用一些儿童身心发展量表来评估该儿童身心各方面发展的实际状况，以便提供一个合适而有效的个别化教学方案。

5. 决策

由教师、学校领导、家长、心理学、社会工作者和其他有关人员参加的决策会议，确认评估的准确性、公正性，解释和分析评估的结果，评估儿童的特殊需要，做出教育安置决定，并制定出具体的教育和训练方案。

（二）评估内容与方法

多重障碍儿童教育评估的范围广，适用的工具较多，评估的主要内容/项目概括为下述多个领域，见表2-17。除了这些领域之外，还有家庭评估、环境（生态）评估以及营养评估等也可以列入考虑范围。需要注意的是，下列评估内容并非每一位多重障碍儿童都要进行，而是视需要而定，选择进行。

表2-17　多重障碍儿童评估内容/项目与评估方法/工具

评估内容/项目		评估方法/工具
1. 生理方面		（1）医学检查：视力、听力测试；肢体状况、神经与精神检查；血液检查、代谢测试、脊髓测试等 （2）史料搜集：访谈家长，收集儿童的生理发展方面的基本数据，了解儿童的出生和生长发育史，如疾病史、诊疗史、相关医学检查结果，了解父系和母系三代中有无遗传性疾病等 （3）治疗情况：正在进行的药物治疗或运动治疗等
2. 心理方面	智力评估	根据多重障碍儿童的具体情况选择适当的评估方法与工具。主要评估工具有： （1）画人测验 （2）瑞文标准推理测验 （3）托尼非语文智力测验 （4）学前儿童50项智能筛查测验 （5）儿童智力筛查测验 （6）中国比内智力测验（BS） （7）韦氏幼儿智力量表（WPPSI-Ⅳ） （8）韦氏儿童智力量表（WISC-Ⅳ）

续　表

评估内容/项目		评估方法/工具
	语言能力	如果儿童有语言障碍需要做如下评估： (1) 语言前发展（口腔功能、进食能力等） (2) 语言发展（呼吸形态、声音、发音等） (3) 非口语沟通（接受、表达、沟通效度等） (4) 口语能力包括接受、表达、模仿、会话等四个部分
	感知—动作能力评估	(1) 感知觉能力：视觉、听觉、触觉、嗅觉、味觉、前庭觉、本体觉、时间知觉、空间知觉、运动知觉 (2) 动作能力：包括粗大动作能力和精细动作能力 (3) 定位和移动能力评估：基本行动能力包括是否能行走、是否乘坐轮椅、有无使用辅具等；基本操作能力包括会不会自己吃饭、会不会自行穿衣物、自己大小便、洗澡等日常自理能力
	发展性评估	(1) 丹佛婴幼儿发展测验（DDST） (2) 学龄前儿童行为发展量表 (3) 年龄与发育进程问卷（ASQ-3TM） (4) 中国儿童发展量表 (5) 孤独症儿童发展评估表
	社会适应能力评估	(1) 文兰社会适应行为量表 (2) 婴儿—初中生社会生活能力量表 (3) 儿童社会适应行为评定量表 (4) 儿童适应行为量表
3. 教育方面	成就评估	(1) 学科能力评估：多重障碍儿童在一些概念形成和学科领域很难获得与同伴相似的成就。学业评估内容和评估方法需根据儿童情况进行调整 (2) 教师访谈或问卷调查。访谈教师或设计问卷对教师进行问卷调查，了解儿童现在及过去在学校/幼儿园的学习成绩及相关情况 (3) 行为观察：在学校/幼儿园的不同情境中，对儿童进行有目的的观察，记录其行为表现
4. 社会适应方面		(1) 社会调查：对居住社区/小区的保安、保洁、物管、邻居等人士进行访谈，搜集资料 (2) 家长访谈与问卷调查：了解家庭的基本情况，如家长的职业、家长的文化程度、家庭经济状况、家庭是否和睦、家长对孩子的教养态度、教养方式、对孩子的教育投入了多少时间和精力、儿童接受教育与干预的过程等；围绕社会交往、社会性沟通和游戏行为三大主题了解儿童能力现状以及儿童的正强化物与负强化物等；了解家长能配合学校的程度，例如家长能教哪些东西，一天能教多久等；给家长提出一些建议，如是否安排专业检查、专业训练或支持协助等 (3) 行为观察：在不同生活情境中对儿童进行有目的的观察，记录其行为表现

　　注　以上评估项目并非多重障碍儿童所要进行的全部评估内容，如有需要，还可为儿童增加情绪行为评估、人格评估、课程本位评估、档案评估及功能性评估等项目。评估项目因需要而定。

第十节　情绪与行为障碍儿童的特征及诊断与鉴别标准

一、情绪与行为障碍的定义

"情绪与行为障碍"（美国），又称"严重情绪障碍"（中国台湾）、"严重情绪困扰"、"性格及行为异常"、"情绪及行为异常"、"情绪障碍"、"情绪及行为困难"（英国）等。情绪与行为障碍泛指儿童或青少年持续性的表现外向性的攻击、反抗、冲动、过动等行为，内向性的退缩、畏惧、焦虑、忧郁等行为，或其他精神疾病等问题，以致造成个人在生活、学业、人际关系和工作等方面的显著困难，而需提供特殊教育与相关服务者。情绪与行为障碍术语不一，对其定义也复杂多样。如：

（一）美国的定义①

1. 美国《障碍者教育法案》的有关定义

A. 情绪障碍学生可能具备以下一种或多种特征，并持续较长的时间，程度较为严重，已经对学生的学业和生活产生了不利的影响。

（1）表现出学习障碍，但不能以智力、感官或其他健康因素来解释；

（2）无法与老师及同伴建立和维持良好的人际关系；

（3）在正常情况下，有不恰当的感受和行为表现；

（4）心境表现出弥散性的沮丧和抑郁；

（5）在个人和学校生活中遇到困难时，有出现生理症状或恐惧的倾向。

B. 情绪障碍的定义还包括精神分裂症。

此定义并不适合社会适应不良的儿童，除非可以肯定他们有严重的情绪困扰。同时，该定义因排除反社会儿童和青少年，而遭受许多争议。

2. 美国学术界的定义

美国全国心理健康和特殊教育联合会（National Mental Health and Special Education Coalition）组成的跨专业小组委员会，研究拟定的情绪或行为障碍的定义：

A. 情绪与行为障碍表现出以下一些症状：

（1）在学校日常生活中的情绪或行为反应与同龄人的平均水平，以及同一文化背景、同一种族的平均水平相比差异很大。而且，这种反应对学习成绩、社会适应、职业技能和个人技能的发展都有极为不利的影响。

（2）对周围环境中有压力的事件，表现出非暂时性的过激反应。

（3）在两种不同的环境中表现出一致的障碍，至少其中之一是在学校。

（4）对普通教育的直接干预的反应效果很差，或者说普通教育的干预对这种学生来

---

① 引自：Rud Turnbull & Ann Turnbull 等著，方俊明等译：《今日学校中的特殊教育》，上海：华东师范大学出版社，2004 年，第 202－203 页。

说是非常不充分的。

B. 情绪或行为障碍可能与其他几方面的障碍并存。

C. 情绪与行为障碍可能伴随精神分裂症、情绪失调、焦虑性症,或其他行为或适应方面相类似的失调。

(二)台湾地区的定义

依据 1998 年台湾地区新制定的《身心障碍及资赋优异学生鉴定原则、鉴定基准》的定义,内容如下:严重情绪障碍系指非因压力情境造成个人长期在学校中的情绪或行为反应,明显的异于其年龄或文化,且严重影响其学业、社会生活、职业技能、人际关系者。情绪障碍包括:精神性疾患、情感性疾患、畏惧性疾患、焦虑性疾患、注意力缺陷过动症,或其他持续性的情绪或行为问题者。

(三)我国的定义

由朴永馨主编的《特殊教育辞典》中对情绪障碍儿童(emotionally disturbed)的界定是:"一组在行为表现上与一般同龄儿童应有的行为有明显偏离的儿童,特殊教育文献中常称情绪与行为障碍儿童。具体指有下述一种或多种影响教育的、明显而持续行为特点的儿童:① 有学习障碍,但不能用智力、感觉和身体的原因加以解释;② 不能与同龄人和教师建立或保持良好的关系;③ 对正常环境缺乏恰当的情绪和行为反应;④ 心境全面持续抑郁;⑤ 在学校和个人方面碰到困难时容易出现生理或恐惧反应。"[①]

二、情绪与行为障碍儿童心理和行为特征

情绪与行为障碍儿童类型多样,特征也不尽相同。尽管如此,他们仍然具有一些共性特点。

(一)智力和成就方面

(1)情绪与行为障碍儿童的智力中等(90 左右),只有少数智商在中等以上;

(2)缺乏理性和灵活的思维、恰当的判断和选择;

(3)自我认识能力差,看不到自己的优点与不足,不能正确评估自己;

(4)有能力,但学业成绩差。

(二)人际关系方面

(1)多数情绪与行为障碍儿童互动能力欠佳、经常发脾气、攻击他人,所以无法与周围的人建立较妥善的互动关系;

(2)独来独往,不加入同伴的游戏;

(3)大多数的情绪与行为障碍儿童通常不受同伴的欢迎;

(4)在家喋喋不休地说个不停,到外面却闭嘴不说话;

---

① 朴永馨:《特殊教育辞典》,北京:华夏出版社,2014 年,第 356 页。

（5）只对特定的人开口说话。

（三）言语表达方面

大多数的情绪与行为障碍儿童表达能力欠缺，经常说些与情境无关的事情，常会用显著尖锐或特别低沉的音调讲话。

（四）日常生活方面

部分情绪与行为障碍儿童自理能力不足，无法料理自己的生活，甚至食衣住行等基本需求，也不晓得清楚的表达。

（五）生理机能方面

（1）知觉反应薄弱，对外界光线、声音的刺激反应较迟钝，或出现过当的反应；

（2）饮食或睡眠不是太多就是太少，没有良好的卫生习惯，对身体的不适反应比较迟钝。

（六）社会适应方面

（1）控制能力较弱，常发脾气，对外在事物表现出漠不关心，经常喜怒无常，且不合情境及时宜，以自伤、攻击、破坏做最直接的表现；

（2）常会重复做一些不自觉而可能有象征意义的举动，如：摇头、抓发、摆身、扭衣角等，这些自我刺激的举动，渐渐会成为习惯性的动作很难加以控制；

（3）大多数的情绪与行为障碍儿童可能发现攻击和退缩行为；

（4）情绪或行为障碍儿童常出现异常行为，诸如打架、戏弄、碰撞、大叫、不顺从、哭泣、破坏及野蛮作风等；

（5）表现出退缩行为的儿童基本上是行为幼稚或不愿意与他人互动；表现出社会性孤立，很少与同伴玩耍，缺乏玩乐的能力，有些会有幻想和白日梦；

（6）有些表现出退缩行为的儿童会有幻想和白日梦；有些会产生害怕；有些会退化到先前的发展阶段，同时要求不断的协助和注意；有些则会产生莫名的沮丧，而造成自杀。

（七）兴趣与注意力方面

大多数的情绪与行为障碍儿童无法静坐，被所有事物分心，白日梦过度，不做劳务，记忆力差，注意力短暂，好像没听见，昏昏欲睡，缺乏兴趣。

并非所有的情绪或行为障碍儿童都具有上述全部特征，往往有一种或兼有两种以上上述的特征。

三、情绪与行为障碍儿童诊断与鉴别标准

由于情绪或行为障碍有许多不同的临床表现，因此，医学上常把它分为焦虑症、恐怖症、抑郁症、多动症等。那么，对于它的诊断和鉴别标准，一般来说也是随症状的不同而各有差异，以下简略介绍两种不同症状的鉴别标准。

（一）广泛性焦虑障碍

1. 美国的诊断标准

美国精神病学协会编写的《精神疾病诊断与统计手册——第四版》（DSM-Ⅳ,1994）中提出的有关广泛性焦虑障碍儿童的诊断标准是：

（1）至少在 6 个月以上的多数日子里,对于不少事件和活动（例如工作或学习）,呈现过分的焦虑和担心（忧虑的期望）。

（2）患儿发现难以控制住自己不去担心。

（3）这种焦虑和担心都伴有下列 6 种症状之一项以上（在 6 个月中,多数日子里至少有几种症状）：① 坐立不安或感到紧张；② 容易疲倦；③ 思想难以集中或头脑一下子变得空白；④ 激惹；⑤ 肌肉紧张；⑥ 睡眠障碍（难以入睡或常醒转,或辗转不安地令人不满意的睡眠）。

（4）这种焦虑和担心不仅限于某种轴Ⅰ精神障碍上。例如,这种焦虑或担心不在于患有惊恐发作（如惊恐性障碍）,不在于在公众场合感到难堪（如社交恐怖症）,不在于被污染（如强迫症）,不在于离家或离开亲人（如分离性焦虑障碍）,不在于体重增加（如神经性厌食）,不在于多种躯体诉述（如躯体化障碍）,不在于患严重疾病（如疑病症）,而且这种焦虑和担心并不是发生在创伤的应激障碍之时。

（5）此障碍并非由于某种物质（如某种滥用药物、治疗药品）,或由于一般躯体情况（如甲状腺功能亢进所致的直接生理性效应）,也排除心境障碍、精神病性障碍,或广泛性发育障碍的可能。

2. 我国的诊断标准

《中国精神疾病分类方案与诊断标准（第三版）》（CCMD-3）中提出的儿童广泛性焦虑症的诊断标准是：

A. 症状标准：

（1）以烦躁不安,整日紧张,无法放松为特征,并至少有下列 2 项：① 易激惹,常发脾气,好哭闹；② 注意力难于集中,自觉脑子里一片空白；③ 担心学业失败或交友受到拒绝；④ 感到易疲倦、精疲力竭；⑤ 肌肉紧张感；⑥ 食欲不振,恶心或其他躯体不适。⑦ 睡眠紊乱（失眠、易醒、嗜睡却又睡不深等）。

（2）焦虑与担心出现在 2 种以上的场合、活动或环境中。

（3）明知焦虑不好,但无法自控。

B. 严重标准社会功能明显受损。

C. 病程标准起病于 18 岁以前,符合症状标准和严重标准至少已 6 个月。

D. 排除标准不是由于药物、躯体疾病（如甲状腺功能亢进）,及其他精神疾病或发育障碍所致。

（二）注意缺陷过动症（ADHD）

关于注意缺陷过动症儿童的诊断与鉴别标准,《国际疾病分类手册——第十版》（ICD-10,1992）与美国精神病学协会编写的《精神疾病诊断与统计手册——第四版》（DSM-Ⅳ,1994）及《中国精神疾病分类方案与诊断标准（第三版）》（CCMD-3）是基本一致的。

1. A 或 B

A. 注意缺陷：有下列 6 项以上，至少持续 6 个月，达到难以适应的程度，并与发育水平不相一致。

（1）在学习、工作或其他活动中，往往不能仔细注意到细节，或者常发生粗心所致的错误。

（2）在学习、工作或游戏活动时，注意往往难以持久。

（3）与之对话时，往往心不在焉，似听非听。

（4）往往不能听从教导以完成功课作业、日常家务或工作（并非因为对立行为或不理解教导）。

（5）往往难以完成作业或活动。

（6）往往逃避、不喜欢或不愿参加那些需要精力持久的作业或工作，如做功课或家务。

（7）往往遗失作业或活动所必需的东西，如玩具、课本、家庭作业、铅笔或其他学习工具。

（8）往往易因外界刺激而分心。

（9）往往遗忘日常活动。

B. 多动—冲动：有下列 6 项以上，至少持续 6 个月，达到难以适应的程度，并与发育水平不相一致。

（1）手或足往往有很多小动作，或在座位上扭动。

（2）往往在教室里，或在其他要求坐好的场合，擅自离开座位。

（3）往往在不合适场合过多地奔来奔去或爬上爬下（青少年或成年人，可能只是坐立不安的主观感受）。

（4）往往不能安静地参加游戏或课余活动。

（5）往往一刻不停地活动，似乎有个机器在驱动他。

（6）往往讲话过多。

（7）往往在他人（老师）问题尚未问完时便急于回答。

（8）往往难以静等轮换。

（9）往往在他人讲话或游戏时予以打断或插嘴。

2. 多动—冲动或注意问题都出现于 7 岁以前。

3. 某些表现存在于两个以上场合，如在学校、在工作室（或诊室）、在家。

4. 在社交、学业或职业等功能上，有临床缺损的明显证据。

5. 排除广泛发育障碍、精神分裂症或其他精神障碍的可能，不能用其他精神障碍进行解释，如心境障碍、焦虑障碍、分离性障碍或人格障碍等。

在特殊教育领域，情绪与行为障碍儿童的鉴定标准往往又是笼统的，如台湾《身心障碍及资赋优异学生鉴别标准》中严重情绪障碍的鉴定标准是：

（1）行为或情绪显著异于同年龄或社会文化的常态者，需参考精神科医师的诊断认定之。

（2）除在学校外，至少在其他一个情境中显现适应困难。

（3）在学业、社会、人际、生活等适应有显著困难，并经评估后确定一般教育所提供的辅导无显著成效者。

综上所述，根据 ICD - 10 和 DSM - Ⅳ 的诊断标准，构成情绪与行为障碍有三个决定性的条件：

（1）情绪与行为的困扰已干扰到这个儿童的日常生活、社会人际关系，以及学校的学习活动（年龄较大的青少年则干扰到职业上的表现）；

（2）问题的出现已经有一段历史，通常是指超过六个月；

（3）问题已演变为固定的模式而且经常发生，也就是说，这个儿童在某种情境中这种固定的行为模式会经常出现。

四、情绪与行为障碍儿童评估流程与评估内容

情绪与行为障碍的评估最基本的步骤是父母和老师在自然的环境中敏锐地观察儿童情绪与行为的特殊情况和需要，一旦察觉有异，能尽快地寻求专家的协助，做进一步的诊断与评估，包括各种标准化和半标准化的心理测验、环境的评估、医学上的生理检查、情绪与行为的直接观察与记录、行为的功能性分析以及原因的假设等。

（一）评估流程

1. 转介

由家长或教师转介个案到医院门诊。当家长或老师观察到儿童表现出多种问题行为，如：在恰当的社会适应问题上存在困难（也许没有能力建立和维持良好的人际关系；也许有攻击性行为；也许有弥散性的不愉快和沮丧的情绪体验）；在教室里或独自活动的时候，表现出外张行为或退缩行为；在不止一种场合表现出问题行为。在由辅导教师进行了多项干预且无效的情况下，应将被怀疑有情绪或行为障碍的儿童送往专门的诊断机构（通常是专科医院门诊），请求进一步的鉴定和诊断。

2. 筛选

对转介来的学生进行筛选。筛选的工作主要有两个重点，一是利用检核表或简单的评估工具客观地了解问题的类型与严重的程度；二是利用访问或数据审查等方式，进行可能干扰因素的排除，例如问题是否长期持续、是否跨情境、是否有适应困难、是否有其他因素导致，或是过去处理的方式等。对疑似情绪障碍儿童进行临床评估。

3. 临床评估

专科医师将疑似个案进一步转介到情绪与行为障碍门诊（或联合门诊），由专业人员对儿童进行诊断性检查。这种评估应包括视觉和听觉的检查、智力测验、成就测验、情绪或行为量表评估等，以排除由其他障碍引起的情绪或行为问题，这是临床评估的一个重要方面。通过综合评定，以确定该个案是不是情绪或行为障碍儿童，若是，应确定情绪或行为障碍的类型和程度如何。

4. 专业团队评估

专业团队由心理学家、心理治疗师、行为改变专家、特殊教育教师、社工师等人员组成。对经过临床评估确认是情绪或行为障碍的儿童，特殊教育工作者或治疗师还要进一步使用一些个体智力测验、成就测验、行为等及评定量表、社会适应技能、自尊、个性和自

>>>>>>

我调节能力评估量表等对儿童身心各方面发展的实际状况进行评估,以便提供一个合适而有效的个别化教学方案。

5. 决策

专业团队通过决策会议,确认评估的全面性、公正性,根据评估的结果,评估儿童的特殊需要,给予情绪障碍学生适当的安置,以及所需的教育服务和相关的专业服务,并制定出具体的教育和训练方案。

(二)评估内容与方法

情绪与行为障碍儿童的评估内容/项目从总体上来看,仍然包括生理评估、心理评估、教育评估与社会适应性评估四个方面,但每个方面涵盖的具体项目和需要搜集的资料有所不同,评估侧重的角度也不一样。具体见表2-18。

表2-18 情绪与行为障碍儿童评估内容/项目与评估方法/工具

评估内容/项目		评估方法/工具
1. 生理方面		(1) 医学检查:一般性的健康检查、视觉检查、听觉检查、神经系统检查、脑电图检查、血液化验检查、体内微量元素含量检查等 (2) 史料收集:访谈家长收集儿童的生理发展方面的基本数据,了解儿童的出生和生长发育史,如疾病史、诊疗史、相关医学检查结果,了解父系和母系三代中有无神经和精神疾病等 (3) 治疗情况:正在进行的药物治疗等
2. 心理方面	智力评估	(1) 画人测验 (2) 儿童智力筛查测验 (3) 学前儿童50项智能筛查测验 (4) 托尼—非语文智力测验(CMMS) (5) 韦氏幼儿智力量表(WPPSI-Ⅳ) (6) 中国比内智力测验(BS) (7) 韦氏儿童智力测验(WISC-Ⅳ) (8) 考夫曼儿童智力测验(K-ABC)
	情绪行为评估	(1) 学生行为评估表 (2) 问题行为筛选量表 (3) 情绪障碍量表 (4) Achenbach儿童行为量表(CBCL) (5) 儿童社交焦虑量表 (6) 行为与情绪评量表 (7) 行为的功能性评估
	个性、自尊和自我调节能力评估	(1) 艾森克人格问卷(EPQ)(儿童) (2) 儿童十四种人格因素测验(CPQ) (3) 儿童自我态度问卷 (4) 明尼苏达多相人格测验(MMPI) (5) 卡特尔16种人格因素问卷(16PF)

续　表

评估内容/项目		评估方法/工具
	社会适应能力评估	由熟悉儿童的家长或教师根据儿童情况进行评定： (1) 学龄前儿童行为发展量表 (2) 文兰社会适应行为量表 (3) 婴儿—初中生社会生活能力量表 (4) 儿童社会适应行为评定量表
3. 教育方面	成就评估	(1) 学科能力评估：小学儿童语文能力测验、小学儿童数学能力测验等 (2) 教师访谈或问卷调查：访谈教师或设计问卷对教师进行问卷调查，了解儿童现在及过去在学校/幼儿园的学习成绩及相关情况等 (3) 行为观察：在学校/幼儿园的不同情境中，对儿童进行有目的的观察，记录其行为表现等
4. 社会适应方面		(1) 社会调查：对居住社区/小区的保安、保洁、物管、邻居等人士进行访谈，搜集资料等 (2) 家长访谈与问卷调查：了解家庭的基本情况，如家长的职业、家长的文化程度、家庭经济状况、家庭是否和睦、家长对儿童的教养态度、教养方式、对儿童的教育投入了多少时间和精力，儿童接受教育与干预的过程等；围绕社会交往、社会性沟通和游戏行为三大主题，了解儿童能力现状以及儿童的正强化物与负强化物等；了解家长能配合学校的程度，例如家长能教哪些东西，一天能教多长时间等；给家长提出一些建议，如是否安排专业检查、专业训练或支持协助等 (3) 行为观察：在不同生活情境中对儿童进行有目的的观察，记录其行为表现等

　　注　以上评估项目并非情绪与行为障碍儿童所要进行的全部评估内容，如有需要，还可为儿童增加家庭教养环境、教养方式和兴趣倾向等项目。评估项目因需要而定。

第十一节　身体病弱儿童的特征及诊断与鉴别标准

一、身体病弱的定义

　　身体病弱儿童是指身体长期患有慢性疾病（心脏病、肺病、血液病等）或体能虚弱，以致接受教育方面具有一定程度困难的儿童。

　　此外，台湾《身心障碍及资赋优异学生鉴别原则与鉴别基准》(2002)中对身体病弱定义为：罹患慢性疾病，体能虚弱，需要长期疗养，以致影响学习者。

　　这两个定义基本上是一致的。

　　身体病弱儿童患有的慢性疾病通常有以下几种：心脏病、肺病、哮喘、肾脏疾病、肝脏疾病、血液病、内分泌疾病（如糖尿病、甲状腺异常）、癫痫、脑性瘫痪、恶性肿瘤等。

　　身体病弱儿童虽然理论上属于特殊儿童的范畴，也应属于特殊教育的对象，但不属于残疾人的范畴，因而在我国还未能真正纳入特殊教育的范畴。

二、身体病弱儿童心理和行为特征

（一）身体方面

（1）身体病弱儿童因为患有慢性疾病，身体较为虚弱无力，容易晕倒；进行轻微的运动就心跳加速、呼吸困难，甚至面色发紫；

（2）有部分身体病弱儿童身体异常肥胖、瘦弱或发育不良，或因身体病弱产生肢体活动的障碍；

（3）身体病弱儿童的慢性疾病可能反复发作，需定期到医院检查或长期住院治疗；

（4）某些疾病会造成儿童外表伤残，使儿童的生活适应困难。

（二）心理方面

（1）身体病弱儿童的饮食和作息方面受到多方面限制，使生活起居和活动无法自由，而造成烦躁不安的心情；

（2）因为身体病弱经常或连续缺课，不能与同学融洽相处以及更多的交流，影响儿童的社会化发展；

（3）因为长期往返医院治疗，需忍受离家的寂寞，无法享受家庭的温馨；

（4）由于父母歉疚和补偿的心理，使身体病弱儿童过分依赖父母或其不良行为被放纵，儿童缺乏独立的意愿；

（5）部分身体病弱儿童对自身缺乏信心和安全感，在团体中会表现孤立退缩的现象；

（6）身体病弱儿童会因自己的疾病产生自责，认为自己连累父母和家人，有心理上的负担。

三、身体病弱儿童诊断与鉴别标准

身体病弱儿童的鉴定由专科医生诊断后依其专业判断认定其是否患有上述的慢性疾病。根据台湾《语言障碍、身体病弱、性格异常、行为异常、学习障碍暨多重障碍学生鉴定标准及就学辅导原则要点》中的规定，将身体病弱依其程度分为两类：

（1）经医师诊断患有心脏血管、气管肺脏、血液、免疫、内分泌、肝脏、胃肠、肾脏、脑脊髓及其他慢性疾病或伤害，需要长期疗养者。

（2）其他经医师或有关专家诊断体能虚弱或需长期疗养者。

四、身体病弱儿童评估流程与评估内容

（一）评估流程

1. 转介

由家长或教师转介个案到医院门诊。根据教师、家长或其他有关人员的观察的结果，将被怀疑为有身体病弱的儿童送往专门的诊断机构（通常是专科医院门诊），请求进一步的鉴定和诊断。

2. 筛选

由专科医生或专门的诊断人员进行。有以下症状的儿童作为重点筛查对象：肤色苍

白,嘴唇与指甲常呈青紫色;身体羸弱;动作笨拙,经常跌倒,身体活动协调性不好;四肢无法伸直;关节、肌肉或身体某部位隐隐作痛;常发烧不退,常出血与发炎。

筛选工作有两个方面:

(1) 检查被转介儿童的出生史、成长发育史、病史、各科成绩和有关文字记录。

(2) 和有关教师、家长、保姆等进行谈话,了解儿童各方面的实际表现。

学龄前儿童筛选,主要依靠家长或幼儿园老师观察并发现儿童是否有以下症状:① 动作表现过于笨拙;② 身体很虚弱;③ 不会吸吮、吞咽;④ 经常发烧;⑤ 关节经常作痛;⑥ 肢体协调不佳;⑦ 常有痉挛现象。如果儿童有以上列举的某一症状就需要引起注意,及时前往医院进行专业的诊断。

3. 临床评估

由医生担任主要鉴定角色。按需要进行各项检查,包括康复科、整形外科、神经科、精神科、一般内科、眼科、耳鼻喉科等。通过综合评定,以决定该个案是否属于身体病弱儿童,以及所患慢性疾病的性质和程度如何。

4. 专业团队评估

专业团队由心理师、语言治疗师、社工、职能治疗师、物理治疗师等人员组成。确定该儿童属于身体病弱儿童后,特殊教育工作者或治疗师还要进一步使用一些儿童身心发展量表来评估该儿童身心各方面发展的实际状况,以便提供一个合适而有效的个别化教学方案。

5. 决策

由教师、学校领导、家长、心理学、社会工作者和其他有关人员参加的决策会议,确认评估的准确性、公正性,解释和分析评估的结果,评估儿童的特殊需要,做出教育安置决定,并制定出具体的教育和训练方案。

(二)评估内容与方法

身体病弱儿童的评估要依据儿童自身的情况,由专业医生依据儿童患有的某一慢性疾病的临床症状给予儿童进行相应的评估。此外,根据为儿童制订个别化教育计划的需要,还要评估儿童的智力、语言、社会适应等方面的能力。见表2-19。

表 2-19　身体病弱儿童评估内容/项目与评估方法/工具

评估内容/项目	评估方法/工具
1. 生理方面	(1) 医学检查:由专业医生依据儿童患有的某一慢性疾病的临床症状给予儿童进行相应的评估 (2) 史料搜集:访谈家长,收集儿童的生理发展方面的基本数据,了解儿童的出生和生长发育史,如疾病史、诊疗史、相关医学检查结果,了解父系和母系三代中有无遗传性疾病等 (3) 治疗情况:正在进行的药物治疗或运动治疗等

续　表

评估内容/项目		评估方法/工具
2. 心理方面	智力评估	怀疑身体病弱儿童存在智力障碍或有智力评估的需求时,根据具体情况选择适当的评估工具: (1)画人测验 (2)儿童智力筛查测验 (3)韦氏幼儿智力量表(WPPSI-Ⅳ) (4)学前儿童 50 项智能筛查测验 (5)中国比内智力测验(BS) (6)韦氏儿童智力量表(WISC-Ⅳ)
	语言能力	(1)标准化语言测验 (2)自编语言测验 (3)系统观察:观察人员可以在不同情境下观察儿童获得有关各种不同情境的所有沟通行为的资料 (4)晤谈:与儿童面谈,搜集语言样本
	感知—动作能力评估	(1)感知觉能力:视觉、听觉、触觉、嗅觉、味觉、前庭觉、本体觉、时间知觉、空间知觉、运动知觉 (2)动作能力:包括粗大动作能力和精细动作能力 (3)行动及操作能力:身体病弱儿童特别需要评估其在环境中的行动能力和日常基本操作能力。基本行动能力包括是否能行走、是否乘坐轮椅、有无使用辅具等;基本操作能力包括会不会自己吃饭、会不会自行穿衣物、自己大小便、洗澡等日常自理能力
	发展性评估	0~6 岁的身体病弱儿童或怀疑其发展迟缓的身体病弱儿童需要进行发展性评估: (1)丹佛婴幼儿发展测验(DDST) (2)学龄前儿童行为发展量表 (3)年龄与发育进程问卷(ASQ-3TM) (4)中国儿童发展量表(CDCC) (5)孤独症儿童发展评估表
	社会适应能力评估	(1)学龄前儿童行为发展量表 (2)文兰社会适应行为量表 (3)婴儿—初中生社会生活能力量表 (4)儿童社会适应行为评定量表
3. 教育方面	成就评估	(1)学科能力评估:身体病弱儿童可能在某些学科领域不能获得与同伴相似的成就 (2)教师访谈或问卷调查:访谈教师或设计问卷对教师进行问卷调查,了解儿童现在及过去在学校/幼儿园的学习成绩及相关情况 (3)行为观察:对儿童在学校/幼儿园的学习行为进行有目的的观察、记录其行为表现

评估内容/项目	评估方法/工具
4. 社会适应方面	(1) 社会调查：对居住社区/小区的保安、保洁、物管、邻居等人士进行访谈,搜集资料 (2) 家长访谈与问卷调查：了解家庭的基本情况,如家长的职业、家长的文化程度、家庭经济状况、家庭是否和睦、家长对儿童的教养态度、教养方式、对儿童的教育投入了多少时间和精力、儿童接受教育与干预的过程等;围绕社会交往、社会性沟通了解儿童能力现状以及儿童的正强化物与负强化物等;了解家长能配合学校的程度,例如家长能教哪些东西,一天能教多久等;给家长提出一些建议,如是否安排专业检查、专业训练或支持协助等 (3) 行为观察：在不同生活情境中对儿童进行有目的的观察,记录其行为表现

上述评估中,有许多诊断过程需要请有关方面的专家具体进行,作为儿童的训练与教育者,需了解各项检查结果与报告的含义,并能将其应用到实际的工作中去。同时,这些评估项目并非身体病弱儿童所要进行的全部评估内容,如有需要,还可为儿童增加情绪行为评估、人格评估、性向评估、课程本位评估、档案评估及功能性评估等项目。评估项目因需要而定。

第十二节　资赋优异儿童的特征及诊断与鉴别标准

一、资赋优异的定义

资赋优异是指那些在某些领域明显表现出高成就的儿童或青少年学生(儿童或青年),这些领域包括智力、创造力、艺术或领导能力或某一特定的学术领域。他们需要在普通的学校服务和活动之外,再提供能充分发展其能力的其他服务和活动(公法 103—382,第 XIV 条,1988,P388)。国内外对资赋优异有许多不同的称呼,如天才、英才、天赋高超、高才、超常等。

当今,我们一般认为：资赋优异是指智力水平明显超过同龄者的平均发展水平,智商在 130 以上,或者具有某方面的特殊才能。资赋优异儿童的能力水平在一般儿童之上,他们不仅是国家民族的瑰宝,而且也是人类社会进步的源泉。所以,如何发掘及辅导资赋优异儿童,并予以适当的教育,以激发其创造才能,以达人尽其才,才尽其用的教育理想,已成为目前世界各国共同努力的目标。

二、资赋优异儿童的类型

在 20 世纪 50 年代之后,许多心理学和特殊教育的专家对资赋优异儿童进行了广泛的、长期的追踪研究。通过研究,学者们基本上都放弃了单一的智力型和学术型等狭义资赋优异儿童的概念,一致认为可以根据儿童的潜能、成就与行为特征将资赋优异儿童划分为一般智能优异、学术性向、艺术才能、创造能力、领导能力及其他特殊才能等六种不同的类型①。

（一）一般智能优异

一般智能优异，是指在记忆、理解、分析、综合、推理、评价等方面较同龄具有卓越潜能或杰出表现者。这类儿童的主要特点是智商高，无论是采用比纳量表、韦克斯勒量表、瑞文推理量表，还是其他有较高效度和信度的智力测验量表，都能得到超出常人的高智商。

（二）学术性向优异

学术性向优异，是指在语文、数学、社会科学或自然科学等学术领域，较同年龄具有卓越潜能或杰出表现者。这类儿童的显著特点是一门或几门功课特别优秀，超过了同年龄或同年级儿童的学业水平。他们有的特别擅长数学运算，有的擅长阅读或语言。这类资赋优异儿童往往在考试中名列前茅，在数学竞赛、物理竞赛、辩论赛这类学科性的竞赛中夺得过奖牌。一些研究认为，这类资赋优异儿童虽不一定像智力型儿童那样有很高的智商，但他们的智力水平也普遍偏高。学术性向优异的资赋优异儿童有较好的符号思维能力、理解能力和逻辑推理能力，所以，凭借这种信息加工能力，多数能在学术研究上做出突出的贡献。

由于智力和成绩都可以通过测试认定，所以一般智能优异和学术性向优异的儿童最容易得到社会的认可，在很长一段时期内，他们构成资赋优异儿童的主体，只是最近二十多年，才把下列四种类型的资赋优异儿童也列入超常儿童的范畴。

（三）艺术才能优异

艺术才能优异，是指在视觉或表演艺术方面具有卓越潜能或杰出表现者。这类资赋优异儿童擅长美术、音乐、戏剧，有很高的艺术天赋和素养。为了及早地评估和鉴别这类资赋优异儿童，20世纪70年代前后，设计出了一批艺术能力测试量表，如西肖尔音乐资赋测试量表、阿里弗内斯音乐资赋测试量表等。测量结果表明，这类资赋优异儿童有超出常人的视觉观察能力、声音辨别能力、空间想象能力和表演能力。

（四）创造能力优异

创造性才能优异，是指运用心智能力产生创新及建设性的作品、发明，或问题解决者。这类儿童的特点是创造性强，能不拘一格地进行发明创造。这类儿童的思维具有流畅、灵活、新颖等特征，善于从不同的角度来考虑问题和解决问题。创造能力优异的儿童对新情景的审视、预测能力较强，能开拓新的思维空间。托兰斯（E. P. Torrance）等人研究发现，创造能力优异的儿童不一定有很高的智商和最高的学业成绩（也有高于平均值的较高的智商和良好的成绩），但他们的思维方式带有明显的批判性，不受传统思想的束缚。（Torrance，1962）因此，有许多学者认为，高智商、高成绩和具有不同寻常的创造性被认为是资赋优异儿童的显著特征。

---

① 参见：方俊明主编：《特殊教育学》，北京：人民教育出版社，2005年，第398-400页。

（五）领导才能优异

领导才能优异，是指具有优异的计划、组织、沟通、协调、预测、决策、评鉴等能力，而在处理团体事务上有杰出表现者。这类儿童具有很强的组织能力、分析判断能力、讲演能力、决策能力、感召力和自我控制能力等领导者的素质和潜能。

（六）其他特殊才能优异

其他特殊才能优异，是指在肢体动作、机械操作技能、计算机程序设计、棋艺、牌艺等方面具有卓越潜能或杰出表现者。这类儿童反应灵活，有很高的运动记忆、分析判断能力，且创造性也很强。

三、资赋优异儿童生理和心理行为特征

（一）生理方面

资赋优异儿童常不为一般人所正确了解，大多数人认为他们体弱多病、其貌不扬、拙于技巧、行动迟缓。其实，他们的生理及健康情形普遍较一般儿童良好。根据推孟的研究，资赋优异儿童具有下述生理特征：

（1）在身高、体重、一般身体发展与肌肉力量方面，均优于普通儿童；

（2）进入青春期的时间比普通儿童早，其生理发展较普通儿童成熟；

（3）在走路、说话与长牙方面，均早于普通儿童；

（4）患听觉缺陷、口吃、头痛及其他生理疾病的机率低于普通儿童；

（5）追踪研究发现其成年后生理特质的优越性仍继续存在。

（二）生活适应方面

一般人认为资赋优异儿童的生活适应问题较多，其实不然，据推孟的研究，资赋优异儿童在生活适应方面主要表现出以下特征：

（1）在七种性格测验中分数都高于普通儿童，他们在自信、有恒、诚实、幽默等方面尤有良好表现；

（2）父母及教师对资赋优异儿童人格特质的评价结果都优于普通儿童，即其在父母或教师心目中评价较高；

（3）长大以后，他们患生活失调、疾病、犯罪、自杀、离婚、酗酒的比率，都较一般常人低，这表明其生活适应较普通人强。

（三）兴趣方面

（1）学业兴趣方面：资赋优异儿童对抽象的学科，如文学、戏剧等较感兴趣；而对实用科目，如书法、手工艺训练等较不感兴趣，这表示资赋优异学生对抽象或语文学科的兴趣高于实用学科；

（2）阅读兴趣方面：兴趣广泛；

（3）游戏兴趣方面：喜欢需要思考或略为文静的活动，对于激烈竞争的游戏选择得较少；在活动量上，较普通学生少，这表示他们较倾向于智力活动；单独游戏的时间较普通学

生多,喜欢选择年纪较自己大的玩伴;

(4)职业兴趣方面:男生在计算、艺术、文学方面的兴趣较普通男生高,女生在机械、计算、艺术、文学方面也较普通女生高。

(四)学业成就方面

(1)约有3％的人读过幼儿园,且在学期间表现优异;

(2)有1/5的人在一年级就开始跳级,有1/10的人直接进入二年级就读,85％以上的人,会有半年以上的跳级经验,且其学业成绩仍优异;

(3)在校成绩都优越于普通学生;

(4)在中学、大学甚至毕业后,仍表现极为优异,凌驾于普通人之上。

(五)情绪方面

(1)适应性与情绪稳定性高于普通儿童;

(2)与一般常模相比较,有健全的生活适应。

四、资赋优异儿童诊断与鉴别标准

(一)国外的鉴别标准

对资赋优异者进行比较系统的科学研究,最早是在19世纪,从英国心理学家弗朗西斯·高尔顿(F·Golton)开始的,他称资赋优异者为天才。高尔顿采用历史分析法,以成就来说明天才,所以他用实际表现来作为鉴别天才的标准。20世纪初,美国心理学家推孟以高智商(IQ≥140)作为鉴别资赋优异儿童的标准,所以他以智力测验作为鉴别资赋优异儿童的手段。

随着人们对资赋优异儿童研究的不断深入,许多研究者认为,传统的智力测验虽可用作对资赋优异儿童的最初筛选,但任何一种标准化的测验,都不可能对所有资赋优异儿童进行公正的测量。目前还没有对各类资赋优异儿童都适用的鉴别工具。因此,国外越来越多的研究者主张采用多种鉴别方法,概括起来如下:

(1)标准化智力测验(集体的或个体的);

(2)各种创造力、学习能力或成就测验;

(3)教师按照资赋优异儿童行为核对表提供检核材料进行核对;

(4)由专家对儿童的作品(如科学设计、散文、诗歌等)做出评定;

(5)临床法,如对被鉴别儿童进行谈话等。

以上这些方法各有千秋,最好是结合起来使用,以便互为补充。

为了了解不同历史时期国外有代表性的心理学家鉴别资赋优异儿童的指标和使用方法,特列表2-20。

表 2 - 20   国外心理学家鉴别资赋优异儿童的指标和方法①

年代	人名	鉴别指标(或方面)	鉴别方法
19 世纪及以前	高尔顿(F·Golton)	实际表现或成就	历史法,家谱分析
20 世纪初期	推孟(L. M. Terman)	高智商(IQ 130～140 或以上)	智力测验
20 世纪 50 年代	吉尔福特(J. P. Grilford)	思维的流畅性、独创性和变通性	发散思维测验 托伦斯创造性思维测验
20 世纪 70 年代	史坦利(J. C. Stanley)	数学能力、文学能力等	学术能力倾向测验(SAT)
	马兰(S. Marland)等	多指标:(1) 智商;(2) 特殊能力倾向;(3) 创造性思维;(4) 艺术才能;(5) 领导才能	多种方法:(1) 智力测验;(2) 成绩测验;(3) 创造性思维测验;(4) 作品分析;(5) 家长或教师问卷;(6) 观察和谈话
	任朱利(J. S. Renzulli)	多指标:(1) 中等以上智力(智商);(2) 创造力;(3) 任务承诺(动机、兴趣、责任心等)	多种方法:(1) 各种测验;(2) 个性问卷;(3) 三轮专门模式教育实验
20 世纪 80 年代	斯腾伯格(R. J. Sternberg)	元认识	多种方法
	泰伦鲍姆(A. J. Tennenbaum)	洞察力:(1) 智商;(2) 特殊能力倾向;(3) 非智力个性特征;(4) 环境因素等	多种方法

(二)我国的鉴别标准

国内对于资赋优异儿童的鉴别标准,除了智商之外,还要参照以下几个方面②:

(1) 有较旺盛的求知欲和广泛认识兴趣。求知欲和认识兴趣,是促进学习的推动力。

(2) 有较敏锐的观察力和集中的注意力。注意力和观察力是学习的门户。

(3) 有较强的记忆力。记忆力是学习的基础。

(4) 有一定的探索精神和顽强意志。强烈的探究精神是深入学习的保证。

(5) 具有独特的思维能力和丰富的想象力。

(6) 锋芒早露。

---

① 参见:刘玉华,朱源编著:《超常儿童心理发展与教育》,合肥:安徽教育出版社,2001 年,第 50 - 53 页。

② 引自:黄仁发,汤建南编著:《儿童心理诊所》,广州:花城出版社,2001 年,第 98 - 99 页。

五、资赋优异儿童评估流程与评估内容

（一）评估流程

1. 转介

根据报刊或电视台同志的推荐或报道；科协、教育部门或妇联等单位的同志介绍；家长主动联系；经统考选拔（包括初、高中及高考）；各种竞赛中的优胜者（数学、物理、外语、绘画、音乐、创造活动以及棋赛等），将认为可能是资赋优异的儿童送往专门的诊断机构，请求进一步鉴定和诊断。

2. 筛选

由教师和专门的诊断人员进行。筛选是根据个案的父母及家庭成员的职业情况与文化程度；个案在校智力表现与学习成绩、特长；个案与同级学生相比所居的名次；个性品质和身体状况；推荐人的意见等，对个案的状况做出初步的判断，合格者通知参加下一流程的评估。目前，在国内对资赋优异儿童的评估一般分为初试和复试两个环节，分别相当于临床评估和专门性评估。

3. 初试

一般是进行学业考试，主要考数学、物理、化学、语文、外语等基础知识和基本技能。考试的内容一般不会超过国家统编教材的内容，但有一些技巧题。学生考试成绩一般要达到或超过高两个年级的普通儿童的一般学习能力和平均学习成绩，才能通过初试。有的学校还考查学生的记忆力、思维能力和创造力。一般都采用团体智力测验进行筛选。因为团体测验可对多数人同时进行测验，省时、省力。测试题大都由各有关单位自己出，有的则采用端文标准推理进行筛选。

经过筛选和初试的淘汰，能进入复试的学生已经不多了。

4. 复试

主要是进行心理测验、文化课的再度笔试和面试。内容主要包括以下几个方面：

（1）智力或认知能力测试

一般选用经过标准化的、信度和效度较高的智力测试量表，由专业人员按照指导书中的规定，严格进行计时评分。目前，我国在鉴别资赋优异儿童中常用的量表有：《中国比内测验》第三次修订本、《韦氏儿童智力测验》中国修订本、中国超常儿童研究协作组编制的《鉴别超常儿童认知能力测验》。作为资赋优异儿童，经智力测验，其 IQ 指标要求达到 130 左右；经《鉴别超常儿童认知能力测验》，其成绩要比同年龄组儿童平均成绩高出两个标准差，或者达到高两个年龄段的平均成绩，或在 95 百分位以上。

（2）个性品质测查

向考生原所在学校老师和家长进行问卷调查，了解考生的个性品质及其表现；也可以直接向考生（如中国科大少年班的办法）进行问卷调查，了解其个性特征。有的单位采用中国超常儿童研究协作组编制的《中国少年非智力个性心理特征问卷》进行测查，了解考生的非智力个性品质。

（3）学业复试

对参加复试的考生进行再度文化考查。复试的内容较初试要难及更有技巧性，主要

是进一步考查学生在学习过程中掌握知识技能的速度、深度、广度和学习的方式。有的学校通过上新课后当场考试的方法,了解学生接受能力和理解能力以及创造能力。

（4）面试

俗话说"百闻不如一见"。面试是教师和考生直接交谈或置考生于某种特定的情景中进行观察,从而对考生的某些能力（特别是潜能）、气质、性格等方面予以一定程度的评价的一种考试方法。由于面试在考查学生方面具有直观性、有效性等特点,在选拔资赋优异儿童中有着重要和独特的作用。

为了能更准确地选拔出资赋优异儿童,必须将笔试、面试等考试、考核手段有机地结合起来,才能给考生以比较全面、真实的评价。这也是在鉴别资赋优异儿童过程中之所以强调面试的根本原因。

5. 决策

由学校领导、家长、专业人员、心理学家、辅导资赋优异儿童的教师和其他有关人员参加的决策会议,确认评估的准确性、公正性,解释和分析评估的结果,评估儿童的特殊需要,做出教育安置决定,并制定出具体的教育方案。

（二）评估内容与方法

资赋优异儿童的评估内容/项目从总体上来看,主要是心理评估、教育评估与社会适应性评估三个方面,但每个方面涵盖的具体项目和需要搜集的资料有所不同,评估侧重的角度也不一样。具体见表2-21。

表2-21　资赋优异儿童评估内容/项目与评估方法/工具

评估内容/项目		评估方法/工具
1. 心理方面	智力评估	（1）瑞文高级推理测验 （2）托尼—非语文智力测验（CMMS） （3）临床记忆量表 （4）中国比内智力测验（BS） （5）韦氏幼儿智力量表（WPPSI-Ⅳ） （6）韦氏儿童智力测验（WISC-Ⅳ）
	创造力的评估	（1）威廉斯创造力测验 （2）托伦斯创造性思维测验
	非智力个性品质的评估	中国少年非智力个性心理特征问卷（CANPI）
2. 教育方面	成就评估	（1）成就测验:斯坦福成就测验、都市成就测验等 （2）教师访谈或问卷调查:访谈教师或设计问卷对教师进行问卷调查,了解儿童现在及过去在学校/幼儿园的学习成绩及相关情况 （3）行为观察:在学校/幼儿园的不同情境中,对儿童进行有目的的观察,记录其行为表现等
	学绩评估	通过如都市成就测验等量表,来测量资赋优异儿童对知识技能掌握的程度

续　表

评估内容/项目	评估方法/工具
3. 社会适应方面	(1) 社会调查:对居住社区/小区的保安、保洁、物管、邻居等人士进行访谈,搜集资料等 (2) 专家鉴定:① 面试——从学科方面由浅入深地进行提问,了解学生学科知识水平和思维能力,面试不仅见其面、闻其声,而且性格、气质、言谈、举止、体质等方面一览无余。② 作品鉴定——通过分析代表作或自认为是最理想的作品,基本上可以判别测试对象某些才能的高低,以决定取舍。在作品分析中还可以依靠若干专家,发挥群体伯乐的功能。③ 经验鉴定——根据自己长期工作中所总结出来的经验和才识对学生进行鉴定 (3) 家长访谈与问卷调查:了解家庭的基本情况,如家长的职业、家长的文化程度、家庭经济状况、家庭是否和睦、家长对儿童的教养态度、教养方式、对儿童教育投入的时间和精力情况等 (4) 行为观察:在不同生活情境中对儿童进行有目的的观察,记录其行为表现等

【本章小结】

　　1. 要做到正确评估各类特殊儿童的教育需要,就必须了解国内外对各类障碍的科学界定。本章的十二节内容分别从国内外比较的角度概括地介绍了关于智力障碍、视力障碍、听力障碍、言语与语言障碍、肢体障碍、学习障碍、自闭症、发展迟缓、多重障碍、情绪与行为障碍及身体病弱十一个障碍类别和资赋优异的定义,以及国外、我国台湾与大陆关于各个定义的演变与异同,重点在于介绍国内为各个障碍所下的最新的定义。

　　2. 本章共十二节内容,每节都对某一类特殊儿童的身心特征进行了梳理、概括,分别从感知、认知、智力状况、兴趣、情绪与行为、社会交往、学习能力、语言发展、动作发展等方面进行了总结、介绍,这些共性的身心特征是诊断评估各类特殊儿童各种特殊教育需要的基础,也是制定个别化教育训练方案的一个依据。

　　3. 作为一名特殊教育教师,必须了解各类特殊儿童的国内外的诊断和鉴别标准,以满足教育评估及实际教育教学、家长咨询的需要。本章各节内容分别介绍了国内外权威机构的关于各类特殊儿童的诊断与鉴别标准,这些标准大部分是医学诊断的标准,因此,诊断这一项工作理应由医院的专科医生(团队)来完成,但作为特殊教育教师必须了解他们是如何诊断的,依据什么来诊断,诊断方法是否合理、科学,诊断结论是什么、是否可靠,等等。

　　4. 本章中最重要和关键的内容是各个类别特殊儿童的教育评估的流程步骤、评估的内容/项目及评估的方法/工具等。各类特殊儿童的评估需要经过转介、筛选、临床评估、专业团队评估与决策五个步骤。这五个步骤在实际操作中,往往会出现评估过程的交叉及评估者角色的互换。鉴别诊断的工作理应是医生的职责,而关于心理、教育干预的评估则是特殊教育教师、心理学工作者以及职业治疗师的职责。筛选、临床评估是检查、诊断的阶段,专业团队评估才是教育评估的核心阶段。各类特殊儿童在具体的评估内容和项目方面不尽相同,存在着类别之间的差异性、特殊性。

【思考·练习·实践】

　　1. 什么是智力障碍? 试阐述其涵义。

　　2. 智力障碍儿童有哪些心理行为特征? 试举例说明。

3. 我国智力障碍的诊断标准是什么？试简述之。

4. 智力障碍儿童的评估流程是怎样的？有哪些评估项目与评估内容？

5. 什么是视觉障碍？试阐述其涵义。

6. 视觉障碍儿童有哪些心理行为特征？试举例说明。

7. 视觉障碍的诊断标准是什么？试简述之。

8. 视觉障碍儿童的评估流程是怎样的？有哪些评估项目与评估内容？

9. 什么是听觉障碍？试阐述其涵义。

10. 听觉障碍儿童有哪些心理行为特征？试举例说明。

11. 听觉障碍的诊断标准是什么？试简述之。

12. 听觉障碍儿童的评估流程是怎样的？有哪些评估项目与评估内容？

13. 什么是言语与语言障碍？试阐述其涵义。

14. 言语与语言障碍儿童的心理行为有何特征？试举例说明。

15. 言语与语言障碍的诊断标准是什么？试简述之。

16. 试述言语与语言障碍儿童的评估流程、评估项目与评估内容。

17. 什么是肢体障碍？试阐述其涵义。

18. 肢体障碍儿童有哪些心理行为特征？试举例说明。

19. 我国肢体障碍的诊断标准是什么？试简述之。

20. 肢体障碍儿童的评估流程是怎样的？有哪些评估项目与评估内容？

21. 什么是学习障碍？试阐述其涵义。

22. 学习障碍儿童有哪些心理行为特征？试举例说明。

23. 学习障碍儿童的评估流程是怎样的？有哪些评估项目与评估内容？

24. 学习障碍的诊断标准是什么？试简述之。

25. 什么是自闭症？试阐述其涵义。

26. 自闭症儿童有哪些心理行为特征？试举例说明。

27. 自闭症儿童的诊断标准是什么？概括地反映在哪几个方面？

28. 自闭症儿童的评估流程是怎样的？有哪些评估项目与评估内容？

29. 你认为在对疑似自闭症儿童进行鉴别与评估时应注意哪些问题？为什么？

30. 什么是发展迟缓？试阐述其涵义。

31. 发展迟缓儿童有哪些心理行为特征？试举例说明。

32. 发展迟缓儿童的评估流程是怎样的？有哪些评估项目与评估内容？

33. 什么是多重障碍？试阐述其涵义。

34. 多重障碍儿童有哪些心理行为特征？试举例说明。

35. 多重障碍儿童的评估流程是怎样的？有哪些评估项目与评估内容？

36. 什么是情绪与行为障碍？试阐述其涵义。

37. 情绪与行为障碍儿童有哪些心理行为特征？试举例说明。

38. 情绪与行为障碍儿童的评估流程是怎样的？有哪些评估项目与评估内容？

39. 什么是身体病弱？试阐述其涵义。

40. 身体病弱儿童有哪些心理行为特征？试举例说明。

41. 身体病弱儿童的评估流程是怎样的？有哪些评估项目与评估内容？

42. 什么是资赋优异？资赋优异可划分为哪几类？试阐述其涵义。

43. 资赋优异儿童有哪些心理行为特征？试举例说明。

44. 资赋优异儿童的评估流程是怎样的？有哪些评估项目与评估内容？

【参考文献】

[1] 张世彗,等.特殊学生鉴定与评量(第8版)[M].中国台北:心理出版社,2018.

[2] 韦小满.特殊儿童心理评估(第2版)[M].北京:华夏出版社,2016.

[3] 张道龙,等.精神障碍诊断与统计手册[M].北京:北京大学出版社,2014.

[4] 陈丽如.特殊学生鉴别与评估[M].中国台北:心理出版社,2001.

[5] 陈云英.残疾儿童的教育诊断[M].北京:教育科学出版社出版,1996.

[6] 汪向东,等.心理卫生评定量表手册[M].北京:中国心理卫生杂志社,1999.

[7] 方俊明,汪海萍,等.今日学校中的特殊教育[M].上海:华东师范大学出版社,2004.

[8] 方俊明.特殊教育学[M].北京:人民教育出版社,2005.

[9] 顾定倩.特殊教育导论[M].大连:辽宁师范大学出版社,2001.

[10] 身心障碍及资赋优异学生鉴别原则与鉴别基准[M].中国台北:心理出版社,2002.

[11] 车文博.当代西方心理学新词典[M].长春:吉林人民出版社,2001.

[12] 朴永馨.特殊教育词典[M].北京:华夏出版社,2006.

[13] 朴永馨.特殊教育学[M].福州:福建教育出版社,1995.

[14] 刘昊.特殊教育指导计划[M].北京:中国轻工业出版社,2005.

[15] 黄仁发,汤建南.儿童心理诊所[M].广州:花城出版社,2001.

[16] 施显烁.情绪与行为问题[M].中国台北:五南图书出版公司,2002.

[17] 周平,李君荣.学习障碍儿的教育指导[M].北京:人民军医出版社,2003.

[18] 黄伟合.儿童自闭症及其他发展性障碍的行为干预[M].上海:华东师范大学出版社,2003.

[19] 曹纯琼.自闭症与儿童教育治疗[M].中国台北:心理出版社,2002.

[20] 刘美蓉.自闭症的真相[M].中国台北:心理出版社,2000.

[21] 孙敦科.孤独症儿童[M].大连:辽宁师范大学出版社,1998.

[22] 周念丽.自闭症幼儿的社会认知——理论、实验及干预的研究[M].上海:上海教育出版社,2006.

[23] 刘玉华,朱源.超常儿童心理发展与教育[M].合肥:安徽教育出版社,2001.

[24] 孙吾斌,刘巧云,黄昭鸣.听觉功能评估标准及方法.上海:华东师范大学出版社,2007.

[25] 美国精神医学学会编著,张道龙等译.精神障碍诊断与统计手册[M].北京大学医学出版社,2014:16-18.

[26] 王辉.学龄脑瘫儿童障碍特征的分析.中国特殊教育[J],2004,52(10).

[27] 张福娟,贺莉.自闭症儿童的诊断与评估.现代康复[J],2001,5(6).

[28] 李国瑞,叶圣陶.自闭症诊断与治疗研究动向综述.心理科学[J],2004,27(6).

[29] 莫书亮,苏彦捷.孤独症的心理理论研究及其临床应用.中国特殊教育[J],2003,41(5).

[30] 王立新,彭聃龄,等.自闭症认知缺陷的神经机制研究进展.中国特殊教育[J],2003,39(3).

[31] 李宁生.自闭症神经生机制研究的新进展.心理科学[J],2001,24(2).

第三章　特殊儿童的评估取向与范围

【内容摘要】　要对特殊儿童进行教育诊断与评估,必须选用某种适合特殊儿童需要的评估取向进行评估,这是评估的前提。本章将对特殊儿童的三种评估取向逐一介绍。首先介绍最早使用的传统的心理计量评估取向的涵义、目标及应注意的问题;随后介绍生态与行为评估取向及质性发展评估取向,并对三者进行比较;最后阐明特殊儿童评估应包括的十个重要方面。

自人类诞生以来,人们便认识到人类在认知能力、人格特性和行为上存在差别,并且发现能够通过某些方式对这些差别进行评估。[①] 事实上,早在教育产生之初,人们就开始运用非正式观察来评估儿童的特征和学习了。然而,许多正式或精确评估程序的发展却是 20 世纪的产物。

根据现状分析,如果依据评估取向来划分,目前特殊儿童的心理、教育评估程序大致可以划分为三种主要取向,即心理计量取向、行为与生态取向及质的发展的取向[②]。这些评估取向依据心理、教育评估的历史阶段而循序出现。首先是 20 世纪初推孟(Terman)基于比西量表的心理计量取向;其次是 20 世纪 50、60 年代,基于斯金纳(Skinner,1953)操作性条件反射理论的行为取向;而质的发展评估取向,直到 20 世纪 60 年代末和 70 年代初才形成,虽然在 20 世纪 30 年代皮亚杰(Piaget)就开始认知发展阶段理论的研究,但一直没有成为一种真正的评估取向。下面将对三种取向进行逐一介绍。

第一节　心理计量评估取向

一、心理计量评估取向的涵义

自 20 世纪初至今,心理计量评估一直是评估儿童能力表现和行为的主要方法。心理计量评估的特色就是使儿童特性量化,并将其所得到的量化数值与常模或标准相互比较。由于心理计量测量得到的量化数值可能会有较多的变异性,其范围从离差智商、年级等值到年龄等量和百分位数,都需要与明确的标准进行互相比较才能做有意义的解释。一般来说,比较标准主要是常模组的成就表现分数。因此,从一位儿童身上得到的量化成就表

---

① 　Lewis R. Aiken 著:《心理测量与评估》,张厚粲、黎坚译,北京:北京师范大学出版社,2006 年,第 2 页。
② 　张世彗等著:《特殊学生鉴定与评估》,中国台北:心理出版社,2003 年,第 123 页。

现分数,只有对照常模这个量化分数才具有意义。如果不能和常模组相比较,儿童的成就表现就无法做有意义的解释。因而,统计次数分配的各项指标(Z 分数、T 分数和标准分数等)和年龄等量的概念是解释任何心理计量评估的核心。

心理计量取向的评估取决于年龄或母群标准来进行有意义的解释。它与行为取向及质的发展的取向有所不同,后两者不需要依赖常模组的成就表现标准来做解释。事实上,每种测量都无法适用于所有类别的特殊儿童,因此,需要编制不同种类的测验来适应各类特殊儿童。

二、心理计量评估取向的目标

心理计量评估取向发展至今,仍受到人们的重视,这是由它明确的目标决定的。心理计量取向的评估主要有三方面的重要目标。

(一)引出量化的功能指标,而不是质的功能指标

在心理计量评估上,得出数字是其一项重要的功能,而有关推论和做决定则取决于具体的数值。例如,所有其他事物都相等,只是 IQ 的分数有差异,如 45 和 65。这两者之间的差异将对两位儿童的教育安置起着关键性作用,前者将进入特殊教育学校学习,而后者则可能进入普通学校随班就读。

(二)引出数字进行个别内和个别间的比较

在心理计量评估中,得出的数字,如年龄等量、标准分数、百分位数等,不仅可以进行个别间的比较,以了解个体与个体间的差异;而且也可以进行个别内的自我比较,以了解个别内能力的优劣情况。

(三)引出结果与特定同龄组儿童的能力和特性做比较

在心理计量测量的评估中,得到的评估结果还可以用来与特定同龄组儿童的能力和特性做比较。利用这种评估结果可以绘出儿童能力和特性的剖面图,以此描绘出儿童相对于自己和他人的优劣势,这是心理计量取向评估的一个很重要的目标。

三、心理计量评估取向需注意的问题

在特殊儿童评估中,运用心理计量评估取向时必须注意几个问题,即有关标准化的概念、名称类似测验工具的比较性以及年龄等量的概念。

(一)有关标准化的概念

心理计量测量的核心特征就是实施和计分的标准化程序。而标准化则意味着根据测验手册所指定的条件和方法来实施测验的各个项目。严格地说,标准化隐含着如果违反这项标准化程序将导致结果失败,并否定常模组的比较。因此,这样的要求也会限制一般评估,尤其是应用于身心障碍的儿童。

（二）名称类似测验工具的比较性

测验工具名称有时被描述为它们所代表的范围,但有时却未必。换句话说,同样标名为智力测验的工具可能在内容上有很大的差异,如韦氏儿童智力测验、比内智力测验等。同时,类似名称的测验工具在所要评估的特定范围上也可能有很大不同,如丹佛智力测验、学前儿童50项智能测验等。由于测验工具在本质和理解范围上可能有所不同,因此,所得到的测验数值之间缺乏可比较性。

（三）年龄等量概念的应用

特殊儿童在运用心理计量评估中,常见的结果就是在心理学上(如认知、沟通)和其他发展范围(如体重、头围)内得出一种以上特性的年龄等量。它是指定常模组结构(头骨年龄,牙齿年龄)和功能(心理年龄,语言年龄)发展的一项平均年龄。例如,一位37个月有智能障碍的儿童可能被描述为有26个月的头骨年龄。另一位6岁自闭症儿童的语言能力有可能被描述为有12个月的水平。用年龄等量来描述儿童发展的实际情况,似乎很清晰,然而,仍然存在一些问题。

1. 年龄等量描述可能会造成整体运作功能的类化

例如,一位语言能力仅有13个月运作水平的8岁儿童,其实是与13个月大的幼儿的语言能力是等量的。事实上,即使他们在语言发展上是相类似的,8岁儿童在身心和经验上与13个月大的幼儿仍是有所不同的。因此,要避免使用年龄等量造成整体运作功能的类化。

2. 年龄等量概念的整体性描述不够准确

例如,一位4岁自闭症儿童的认知功能在某一特定的年龄水平(如12个月),可能显示儿童在认知范围上发展落后,但是却无法显示认知功能执行过程的变异性。而这类变异性反应可能无法完成某些12个月幼儿能完成的认知任务,而有些19个月幼儿能完成的认知任务他也能选择性地完成。因此,运用年龄等量概念进行整体性描述时要慎重考虑其准确性。

3. 将年龄等量的概念作为成就表现测量的基础不够科学

在心理计量测验中,根据儿童在智力和社会成熟测验上的表现得出其心理或社会年龄。如果儿童的测验成就高于他的实际年龄,那么年龄等量的价值就会高于儿童的实际年龄,反之亦然。有些运用者会多次重复地评估儿童的成就表现,并以计算心理年龄的差异来评估其介入措施的成效。事实上,这样的年龄等量存在众多的问题。首先是练习效应,同一测验练习越多得分越高;其次是不同测验所得到的同一测验年龄不具有相同性,因为各个测验之间存在差异性,不可能完全一致。

总之,使用任一心理计量测量工具,都要牢记上述有关特定测验工具的实用性问题。心理计量测量的选择、实施和解释,需要详细考虑特定测验工具真正要评估的对象或问题。

第二节 生态与行为评估取向

一、生态与行为评估取向的涵义

近半个世纪以来,应用行为评估取向来处理儿童在不同情境上的各种行为问题已经受到广泛关注。在行为理论模式中,功能性分析是其最重要的方法之一。在功能性分析中,评估和介入程序是无法分割的。目前,行为改变技术已被广泛地用于幼儿到成人以及亲子关系到刻板性行为等问题。大量的实践说明,行为改变技术可以成功地处理各类身心障碍儿童的独特而复杂的行为问题。

多年来,生态与行为评估取向的研究证实:环境对儿童的行为和发展有着显著的影响。生态与行为评估取向之间的主要差异在于:界定和评估影响的方法不同。在传统的生态取向评估中,儿童行为被视为整体情境相互依赖的一部分,这种方法主张在自然环境中评估儿童的行为(Berkson,1978)。依据勒温(Lewin,1951)的观点将"行为"(Behavior)界定为:个人(Person)在环境(Environment)中的活动,也就是 B=f(PE)。而在行为评估取向的功能性分析中则将"行为"界定为:特定的环境刺激(S)引出或增强行为(B)。用公式表示为:B-f(S),行为被看作是一种增强的刺激反应。

综上所述,生态与行为取向之间既有区别,也有共同的评估特点。

(一)生态与行为评估取向的共性特点[①]

(1)两种取向都依靠对儿童的系统观察作为评估的方法,只是观察方法不同。

(2)两种取向都强调评估策略与年龄无关。换句话说,两种取向都可用来评估任何儿童,而无须考虑他们的年龄或成熟度,观察内容可能是特定年龄阶段的,但观察过程不受年龄影响。

(3)两种取向的评估方法都是标准参照,而不是常模参照。这是对照特定儿童的环境角色,而不是依据常模所界定的母体群。

(二)生态与行为评估取向之间的区别

(1)评估的焦点不同。生态取向评估的焦点在于界定行为的情境脉络;而行为取向评估的焦点在于界定刺激—行为的关系。

(2)评估方法不同。生态取向评估的是自然的、非参与性观察;而行为取向评估则是在不同实验控制条件下观察行为。

(3)推论水平不同。生态取向评估是记录完成后推论有关行为的相互依赖;而行为取向评估则是观察刺激—行为的关系之前,将行为操作化。

(4)分析单位不同。生态取向评估的分析单位是行为形式和顺序;而行为取向评估

---

① 张世彗等著:《特殊学生鉴定与评估》,中国台北:心理出版社,2003 年,第 128 页。

则是行为频率和持久性。

二、生态与行为评估取向的目标

生态与行为评估取向所获得的资料不同于其他取向的评估。该取向在于提供方法去评估环境的功能性和脉络性。因此,生态与行为评估取向的目标主要在于:界定行为的环境脉络关系。

生态与行为评估取向认为,行为无法凭空评估,而且评估结果也未必可以在各种情境中产生类化。但是,成功的评估结果却可以用来指定介入的措施。事实上,了解行为的环境脉络关系不仅可以产生有关儿童行为情境或脉络关系的资料,也可以用来推论有关行为和刺激间的因果关系。

三、生态与行为评估取向需注意的问题

在特殊儿童评估中,运用生态与行为评估取向时必须注意下述问题。

(一)生态取向

应用生态取向评估时,应注意两个问题,即强调自然的概念和评估的方法。

1. 强调自然的概念

例如,斯科特(Scott,1980)认为评估应包括四项自然层面的元素,即自然的行为、情境、处理以及环境条件中的行为与理论及实践范围间的搭配。若要把这项自然概念落实到评估的实践中,需要考虑行为的情境,并根据先前决定的标准来观察、记录。在这方面,作为观察者应该尽可能无偏见和无推论地记录事件。完成所有记录之后,分析记录以决定可能会发生的形式和顺序。这种取向使用的年代表是一种环境脉络内系统的、时间参照的行为记录。如果检查年代表可以产生分析单位(如活动单位),那么就可以了解行为和环境的相互依赖关系了。

2. 关于评估的方法

由于这种取向强调自然性,所以应该尽可能采用非参与性的观察,而且观察范围需要全面的,而不是选择性的。相当复杂的结果资料可以作为档案的内容。因此,在生态取向评估中,我们可以设计能够反映自然性的评估,同时降低运用推论来获得资料的可能性。一旦资料被划分为单位并且被归类后,就可以提供有关儿童行为结构、教师成效及儿童活动形式的资料。由于生态评估取向能够提供一种测试环境对行为产生直接影响的系统方法,所以,生态取向评估尤其适用于身心障碍儿童。

(二)行为取向

采用行为取向评估时,至少有以下两个问题需要加以考虑。

1. 定义操作性行为和选择观察行为

和生态取向评估相比,行为的功能性分析需要在评估之前将观察目标用操作化定义来加以界定。这就意味着要精细地界定所关注的行为,包括在何种环境下记录行为。例如,我们可以将一位自闭症儿童"吸吮手指行为"的操作性定义描述为"上课时随意把手指

放在嘴里吸吮"。然后观察记录吸吮手指行为的持久性或发生次数。在这个案例中,评估目标在于考察与学校行为表现有关的儿童特点,这种特点可以用数值来表示儿童在特定行为上的持久性和时间百分比。而这一数值一旦和预期行为标准或同伴行为相比较,就可以显示出它的真正意义了。

操作性定义的运用在行为观察上被认为是减少评估上模棱两可、增进观察者间信度的重要方法。毫无疑问,这种界定行为的方式将会降低类化,限制所要记录的行为,使观察记录的目标更加明确。

2. 观察方法的选择

正如前述,操作性定义会限制所要记录的行为,观察方法也决定了评估的内容。这种取向评估有许多特定的方法,可以依据次数、持续时间、时距或时间取样记录来进行归类,见表 3-1。例如,要观察哭闹的行为,持续时间的测量可以显示哭闹的长度,而频率测量则会显示哭闹的次数,一再重复观察可以显示哭闹持续时间由 130 秒改变为 55 秒,而次数测量可能显示哭闹次数仍然是一样的。从这个案例来说,持续时间测量应是选择的恰当的观察方法,因为它产生的资料反映了改变,而次数测量方法则没有。对于其他行为来说,可能恰恰相反,这进一步说明将观察方法与所关注的行为配对的重要性。

表 3-1 观察方法目录

方　法	特　色	应　用
次数记录	在观察期间记录所界定行为的次数	口语、汉字、身体动作等
持续时间记录	在观察期间记录所界定行为的持续时间	发脾气、学习或离开活动的行为
时距记录	将观察时间划分成几个相等的时距,然后在每个被观察的时距内记录行为是否发生	亲子间的互动、同伴互动
时间取样记录	将观察时间划分成几个相等(也可不像等)的时距,然后仅在各个小时距的某一固定时机观察记录目标行为是否发生	不服从行为、问题解决

第三节　质性发展评估取向

一、质性发展评估取向的涵义

在儿童心理学中,运用质性发展评估取向来研究行为已有很长的历史。例如,皮亚杰(Piaget)、弗洛伊德(Freud)和艾里克森(Erikson)等人就运用这样的观点,对儿童发展研究和临床介入做出了重要贡献。近年来,发展和使用质性取向来评估儿童行为和发展引起了学界广泛的兴趣。

许多理论研究者已开始运用质性发展评估取向来研究各种发展范围上的儿童。例如,弗洛伊德的心理分析论认为儿童的情意发展可以开始于儿童期的"心理性器期"阶段——口腔期、肛门期、性器期、潜伏期、两性期,而成熟运作达到顶点。弗洛伊德在发展概念上精炼其方法,以此来定位成长,但是更着重发展自我的角色。艾里克森则提出心理社会发展论,并确认了一生中八项质的改变阶段(如表 3－2)。

表 3－2　艾里克森的人格发展八阶段

阶段	大约年龄	危机或冲突	理想的发展境界
1	出生至两岁	对人信赖——不信赖人	对人信赖
2	两至三岁	活泼自动——羞愧怀疑	自制与自信
3	三至六岁	自动自发——退缩内疚	进取又独立
4	六岁至青春期	勤奋努力——自贬自卑	能干、有成就
5	青年期	自我统整——角色错乱	人格统整、生活定向
6	成年期	友爱亲密——孤独疏离	成功的感情生活
7	中年期	精力充沛——颓废迟滞	良好的人际关系、事业有成、家庭美满
8	老年期	完美无憾——悲观绝望	老有所终、安享天年

在认知发展领域上,有许多理论研究者主张质的方法,包括韦默(Wemer)、布鲁纳(Bruner)、科尔伯格(Kohlberg)以及皮亚杰。每位研究者都有其独特的重点,这些理论都假定儿童认知成长是一种质的改变,而不是量的变化。表 3－3 是质性发展与心理计量和行为取向的比较。

表 3－3　心理计量的、行为的和质的发展策略的评估涵义比较

	心理计量的	行为的	质性发展的
评估焦点	智力是固定的特性	行为是功能性的特性	认知是发展的、结构的特性
主要的评估法则	标准化测验的语文反应和成就表现	编码可观察的行为	引导出成就表现和解释的临床方法
功能运作指标	量化的或标准化的数值	量化的、操作性的界定数值	质化的、次序的
个别间对个别内的差异	常模的,着重个体间的差异	个人特有的,着重于个人特有的行为	个人特有的,着重于成就表现和独特发展阶段的解释
被评估特性的本质	反映相对的平均特性	反映绝对情境特定的行为	反映绝对的阶段特定的功能运作
介入涵义	依照常模参照组来决定	根据个体决定	依照发展阶段的顺序来决定

二、质性发展评估取向的目标

质性发展评估取向的兴趣在于分析发展的阶段和本质,而不在于比较儿童与常模组的成就表现。此外,质性发展和行为的评估都是非常模化的。同时,质性发展评估取向是依据认知结构和发展阶段来产生资料。

　　由于质性发展评估取向的本质非常模化,因此,其目标在于:分析认知结构、确定功能运作的阶段及考查发展能力。①

　　(一)分析认知结构

　　皮亚杰理论的基本假定认为,发展是儿童实体上一种结果改变的反映。分析儿童的认知结构是评估的主要目标。在质性发展评估方面,他们分析儿童是否通过心理运算的方法来解决问题的认知结构或过程。换句话说,他们的兴趣不在于评估儿童数学成就水平,而在于儿童用来解决问题的心理运算过程。因此,根据皮亚杰理论,评估可能包括分析感觉动作、前运算的、具体运算的或形式运算阶段内的象征性功能运作,不可逆的或命题式思考。这类评估着重于特定内容、范围、思考的结构与本质。

　　皮亚杰运用面谈方式评定儿童认知发展。① 设计问题情境:包括在自然轻松的气氛下,征得儿童同意跟他面对面讨论某一问题;确定儿童完全了解所提问题的性质与涵义;让儿童有充分自由说出他对问题的看法、想法及可能的结果。② 遵守原则:绝对要避免给予任何提示,无论儿童所说(或所做)的答案是对是错,研究者均需给予同样的注意。③ 设定评定认知发展的标准:包括对问题的判断是正确的,能够说出理由,儿童能按自己的想法用具体行动做出结果来(张春兴,1997)。

　　(二)确定功能运作的阶段

　　质性发展评估取向的第二个目标是确定发展的阶段。在正常发展上多数阶段都可以给予年龄的界限,而阶段的划分则基于那个阶段的能力反应事实。在评估身心障碍儿童或青少年方面,这项目标很有吸引力。在类似的运作水平上,这些身心障碍儿童或青少年的年龄通常会超越其同伴的年龄。依据运作阶段来确认儿童,可以用来计划发展顺序的处理。这种方法对于一群具有同质标准的身心障碍儿童(如重度智力障碍)来说很有价值,对于异质性的质的运作水平也有帮助。

　　(三)考查发展能力

　　考查发展能力是一项质性发展的评估目标,特别适用于特殊儿童。

　　(1)心理计量取向评估考虑的是,确定身心障碍儿童的能力不如参照组。而在质性发展评估中,不管儿童的障碍程度如何,重点在于描述或验证儿童表现特性的发展能力。也就是说,考查成就表现上的相对缺陷是否与儿童的障碍有关。

　　罗杰(Roger)等人已经考察了重度障碍儿童的发展能力,同时说明概念上的区别。从心理计量的观点来看,每位儿童可以依照低 IQ 水平来加以界定重度智能障碍;而从质性发展观点来讲,每位儿童则是依照感觉动作期内与特定次要阶段有关的质的能力来加以界定。实际上,这种区别意味着同一心理计量指标 IQ=10 在本质上是相对的,并不意味着不同年龄儿童中相同的运作。

　　(2)在寻求区别能力和成就表现中,以考查发展能力作为评估目标最重要。这很适

---

　　① 　张世彗等著:《特殊学生鉴定与评估》,中国台北:心理出版社,2003 年,第 130 页。

合特殊儿童的一项目标——成就表现与能力不相称。例如,自闭症儿童所出现的鹦鹉式语言与智障儿童的社交行为可以反映高度成就表现而非能力的结果。相反的,肢体障碍儿童要比真正能力显现出更低的成就表现。

质性发展评估中固有的认知结构和过程分析,强调发展能力的验证。事实上是为了确定受试者是否有能力解决这类问题,其中有能力解决这类问题是一回事,而了解如何解决则是另一回事。

三、质性发展评估取向需注意的问题

运用质性发展的取向来评估特殊儿童应考虑各项问题,对应于理论和实践,这些问题可归纳为概念和临床两类。

(一)概念问题

由于皮亚杰并未探讨特殊问题或发展病态。这使得他人将其理论延伸至特殊儿童身上。尤其,英海尔德(Inhelder)曾运用认知发展理论来了解各类身心障碍儿童的涵义。他曾写过智能障碍(MR)儿童推理判断的论文,并提出有关这类儿童的四项概念和研究发现(见表3-4)。

表3-4　Inhelder对智能障碍儿童推理判断所提出的四项概念

概念类别	内　涵
虚妄的平衡	MR若无法达到成熟阶段的操作,在成熟期仅达到具体操作阶段者被界定为"轻度智能障碍"(EMR);凡是在成熟期只达到前操作期者被界定为"中度/重度智能障碍"(T/SMR);凡是发展未超过感觉动作期者被界定为"极重度智能障碍"(PMR)。就本质而言,这些心理障碍水平的定义是操作性的,是由个体的认知能力所得出的。因而水平可免于运用心理计量的标准,并提供不同界定心智障碍现象的方法
了解阶段内类似认知能力获得上的时间落后情形	在正常发展上,质量、重量、容量的保留概念是循序获得的,而不是同时获得(张春兴,1997)。如果将这种概念视为类化指标,那么评估特殊儿童的价值就会突显出来。Roger(1977)曾发现"极重度智能障碍"(PMR)儿童具有感觉动作期内明显的能力落后。Webb(1974)则发现"资优儿童"的保留能力就没有时间落后的现象,进而归结为这类儿童在各类范围上具有快速类化的保留能力
有关同化和顺应互动过程上的适应不平衡	如果"同化"过度地优于"顺应",儿童认知的实体结构会往自我中心、自闭的方向继续进行,Inhelder(1966)就发现前精神病的儿童有此类不平衡的形式。如果"顺应"过度优于"同化",那么结果可能是造成机械式模仿而非理解式的。我们通常可以在智能障碍儿童的身上发现情境特定的、浅薄的、背诵的行为,这类儿童在面对过度的学习要求时,可能是种顺应表现,而非类化。在上述任一包括适应不平衡的情况,我们就可以采取改变儿童环境形式的介入措施
变动	Inhelder(1966)将"变动概念"界定在神经症儿童的推论上,由一个阶段至另一个阶段的变动。变动就像儿童焦虑或优柔寡断的症状一样,但是他们并不能代表实体的扭曲。变动概念表达了认知和情意发展之间的互动,同时代表了皮亚杰理论在接近特殊儿童中的有趣应用

（二）临床问题

皮亚杰及其同伴主要是运用临床来面谈个别儿童，然后在过程中修正评估以捕捉儿童。英海尔德认为临床面谈对于特殊儿童的评估是一种很有价值的评估方法，它创造了一种主试者提供让儿童寻求解决问题的最小结构情境。在尝试解决问题中，儿童通过操作材料或口语化来显现认知过程。尤其，"受测者不仅参与儿童互动，而且持续地测试假设"。此类评估方式，对于成就表现而言可能是怪异的，而对于无法与其他儿童相互比较的身心障碍儿童来说，采用在进行中形成假设和验证假设的方法却是一种适当的策略。

第四节　评估范围

对特殊儿童的评估应是多元的、综合性的评估。评估人员可以选择一种或一种以上评估取向的评估方法对特殊儿童实施评估，其评估重点范围可以归纳为下列十二个方面。

一、生理发展状况

生理发展状况的评估范围包括感官障碍（视力和听力）、身体结构的问题（例如脊柱裂、脑性麻痹）以及慢性健康问题等。

二、感知发展能力

感觉是人们认识世界的开端，是维护正常心理活动的重要保障；知觉是在感觉的基础上产生的，没有感觉就没有知觉，也就没有对客观事物的认识。因此，感知能力在人类的生活、学习中起着非常重要的作用。感知觉能力的评估主要包括视觉、听觉、触觉、嗅觉、味觉、本体觉、前庭觉、时间知觉、空间知觉及运动知觉等。

三、认知发展能力

根据《张氏心理学大辞典》（1989）的看法，"认知"的定义有广狭义之分。广义上说，除了身体动作、社会、情绪等行为发展外，知觉、想象、辨认、理解、记忆、判断及思考等复杂的行为发展，都称为认知发展；狭义上讲，认知发展是指智力发展而言。

四、语言发展能力

语言是人类情感表达、沟通思想及学习的主要媒介之一。通过语言，个人的学习活动或者与他人的互动，才得以全面地展开。一般来讲，语言大致可分为口头语言和书写语言，由语音、语形、语法、语意及语用等五种要素所组成。目前评估语言也大都是针对这些要素来进行。

五、动作发展能力

这个部分主要包括粗大动作技巧和精细动作技巧的发展。前者是指运用大肌肉系统的动作，大多数的运动技巧都属于粗大动作，这些动作包含跑步动作、跳跃动作、投掷动作及平衡感等；而后者则指肌肉控制及协调的发展，是儿童视觉和手部动作之间的协调能力或者是手指及手腕的操作能力，如串珠子、剪纸、运用铅笔仿画方形、系鞋带、扣纽扣等。

六、社会交往能力

学者对于此项能力的定义并不一致。社会交往能力大致可看作是人际互动中表现出的可以让人接受或有价值的行为。包括在不同复杂程度的事件中与东西或人互动的能力、满足身体需要的能力、与同伴或大人的沟通互动等。

七、适应性行为能力

一般而言，"适应性行为"（adaptive behavior）的评估范围通常包括"个人自理能力"、"社区自主性"和"个人的社会责任"等方面（详见适应性行为评估）。

八、情绪与行为

情绪与行为的关系是密不可分的。负面情绪的评估范围大致包括"愤怒、忧郁、无助感、难过哀伤、焦虑、害怕、羞愧感、罪恶感"等八种。至于行为异常大略可分为非社会性行为（自卑、冷漠、恐惧、不安、无情等）与反社会性行为（社会不良适应行为、侵略性行为、粗暴、偷窃，少年犯罪等）。

九、人格发展状况

对大多数的心理学家而言，人格是由个人的心理能力、兴趣、态度、性情、思考、情感、动机与价值等组合而成的独特统合体。从此定义来看，人格发展状况的评估范围包含认知与情意两方面。不过，传统上人格测验只测量情绪、动机、态度、兴趣/人际关系和自我观念等，而不包括能力的测量（详见人格评估）。

十、学习能力

学习能力的评估范围大致包括学习的基本能力、各科学习的成效、学习困难所在、学习错误类型以及影响学习的因素等。

十一、性向状况

"性向"就是指个人与生俱有的潜能。这种潜能可分为两种，一是普通心理能力，即"智力"，另一为特殊能力，是指个人心理运作中表现在各种领域的特殊才能或倾向，如舞蹈性向、戏剧性向等。因此，性向状况的评估范围主要用以测量多元性向或特殊能力（详见性向评估）。

十二、成就水平

每个人从孩提时代到成人，接受各种各样的教育训练，获得各种知识和技能，这些知识和技能就是获得的成就。成就评估主要评估儿童通过学习后获得的成果，包括学识、技术、能力等。

【本章小结】

1. 本章内容仍属特殊儿童教育诊断与评估的基础知识。本章的第一、第二和第三节分别从涵义、目标和需注意的问题三个方面介绍了特殊儿童评估的三种取向,即心理计量评估取向、生态与行为评估取向及质性发展评估取向,并对三种取向进行了比较。

2. 本章的第四节内容则介绍了特殊儿童评估的主要范围,重点在于十二个方面:即感知发展能力、动作发展能力、认知发展能力、语言发展能力、社会交往能力、学习能力、生理发展状况、情绪和行为能力、人格发展状况、适应性行为能力、性向状况及成就水平,并对这十二个方面的内涵进行了界定与解释。

【思考·练习·实践】

1. 特殊儿童的评估有几种取向?

2. 什么是心理计量评估取向?试简述之。

3. 什么是生态与行为评估取向?试简述之。

4. 什么是质性发展评估取向?试简述之。

5. 心理计量评估、生态与行为评估及质性发展评估三种取向之间有何区别?试比较。

6. 特殊儿童评估的范围包括哪些方面?试简述之。

【参考文献】

[1] 张世彗,等. 特殊学生鉴定与评估[M]. 中国台北:心理出版社,2003.

[2] Lewis R. Aiken. 心理测量与评估[M]. 张厚粲,黎坚,译. 北京:北京师范大学出版社,2006.

[3] 陈丽如. 特殊学生鉴别与评估[M]. 中国台北:心理出版社,2001.

[4] 张厚粲. 实用心理评估[M]. 北京:中国轻工业出版社,2005.

[5] 张春兴. 教育心理学(三化取向的理论与实践)[M]. 中国台北:东华书局,2000.

第四章 心理计量评估的基本知识

【内容摘要】 在心理计量评估中经常要用一些测验来收集数据。由于测验质量的高低直接影响所收集来的数据的可靠性和有效性,因此,评估人员必须了解有关心理计量的知识,以确保所编制或选用的测验达到一定的质量要求。本章主要介绍信度与效度的涵义、检验方法,常模的涵义、类型及其他有关测验的知识。

第一节 信度与效度

信度和效度是衡量测验性能的两个重要的指标,它们从不同的侧面反映了测验的质量。下面分别介绍这两个指标的涵义和检验方法。

一、信度

(一)涵义

信度,又叫作可靠性,通常是指同一群受测者在同一个测验上多次测量结果的一致性。一个测验如果在相同的条件下反复测量的结果均保持一致,那么它就是一个可靠的测验。如果每次测量的结果都不一致,这样的测验就不可信了。

从理论上讲,一组实得分数可以分解为两部分,一部分是不受随机因素影响的真分数,另一部分是受随机因素影响的随机误差。在心理测量学中,信度又被定义为真分数的方差与实得分数方差的比率。

然而,由于在实际计算时很难对实得分数进行分解,因此,大部分信度并非用真分数方差与实得分数方差的比率求得,而是用一组受测者在同一个测验上两次施测所取得的两组分数,或与该组受测者在一个等值的测验上所得的另一组分数之间的相关系数来表示。这个相关系数称为信度系数。

信度系数值落在什么范围内,这个测验才可以称为优良的测验呢? 最理想的情况当然是信度系数等于 1.00,即测量中没有任何随机误差,实得分数就等于真分数。然而,这种情况出现的可能性极小。一般来说,智力测验、学业成就测验的信度系数达到 0.90 以上,能力倾向测验、人格测验的信度系数达到 0.80 以上,都可以称为可信、可靠的测验。

(二)检验方法

检验信度的方法有多种,常用的有稳定性系数、等值性系数、稳定与等值性系数、分半信度系数、内部一致性系数和评分者信度系数等,下面就一一做介绍。

1. 稳定性系数

又叫作再测信度,指的是测量结果跨时间的稳定性。其求法是:用同一个测验,对同一群受测者在一段时间的前后各施测一次,求这两组分数的相关系数,即得到稳定性系数。

两次测验的间隔一般为半个月、1个月、3个月、6个月或1年。计算稳定性系数时通常采用积差相关公式(参见《现代心理与教育统计学》)。

稳定性系数的优点是能够反映测量结果随时间变化而变化的情况。不过,在下面三种情况下,用这种方法估计测验信度可能是不准确的:① 两次测验的时间间隔太短,受测者在第二次测验时还能记住第一次测验的内容;② 两次测验的时间间隔太长,在第二次测验时受测者的身心都有了不同程度的发展和变化;③ 两次测验的环境、受测者的身体状况、受测者的心境等存在较大的差异。另外,在第二次施测时测验的性质若发生了改变,也会低估首次测量的信度。

2. 等值性系数

检验测验的等值性系数通常先要编制等值的复本。所谓等值的复本,指的是除了文字表述不一样外,题目所测查的内容、题型、数量、难度、区分度、指导语、时限、测验的平均分、标准差等都相同的测验。编制了若干复本之后,就可以检验测验的等值性系数。

等值性系数,又叫作无间隔的复本信度,指的是测量结果跨测验的一致性。其求法是:给一组受测者连续施测两个复本,计算所得的两组分数的相关系数,即为等值性系数。等值性系数的计算公式与稳定性系数相同。

等值性系数反映了两个复本的等值程度。如果等值性系数高,说明两个测验是等值的,可以互相替换;反之,说明两个测验不等值,测验之间不能互相替换。另外,如果等值性系数低,还表明这两个测验的题目取样都缺乏代表性,或者其中的一个测验的代表性比较差,测验的题目构成情况需要重新审查。

等值性系数是用无时间间隔的方法获得的,这种方法避免了再测法中由于两次施测的时间不同可能带来的误差。例如,两次测验的情景不同,情景中的不一致因素会造成受测者前后分数的变化。施测时间不同,受测者心智发展的速度和水平也会不同,也能引起分数的波动。另外,由于受测者做过一次测验,熟悉了测验的内容和方法,第二次测验时,往往会把已获得的经验和结果迁移过来,从而提高测验分数。而用无间隔的复本法来估计信度时,两个测验几乎是同时进行的,因此受这些因素的影响较少。

不过,这种信度的估计方法也有一定的局限性。首先,测验复本很难编制,要使两个或多个测验在所测查的内容、难度、测验的平均分、标准差等方面都相同是很难的。所以,在一般情况下都不编制测验的复本,对这些测验也就无法计算等值性系数。其次,从一个测验到另一个平行的测验,虽然题目的表述改变了,但如果受测者掌握了解题的方法,照样可以把这些方法迁移到对同类问题的解决上,所以,用复本法估算信度虽然减少了练习效应,但不能完全消除练习效应。

3. 稳定与等值性系数

又叫作有间隔的复本信度,指的是测量结果跨时间和测验的稳定性和一致性。其求法是:给一组受测者在一段时间的前后各实施一个复本,计算所得的两组分数的相关系数,即得稳定与等值性系数。稳定与等值性系数的计算方法与稳定性系数相同。

稳定与等值性系数的求法是复本法与再测法的结合,因此,影响这两种方法的因素对稳定与等值性系数都有影响。可以说,稳定与等值性系数是一种比上述两种方法都严格的检验法,它既反映了测量结果跨时间稳定性的一面,又反映了跨测验一致性的一面。如果用这种方法获得的信度系数很高,就有比较大的把握说该测验是可靠的。

4. 分半信度系数

分半信度系数指的是两半测验的测量结果之间的一致性。其求法是:在施测后,将测验题目分成相似的两半,分别计算每半测验的总分,计算这两组分数的相关系数,即得分半信度系数。

如果把两半测验看成两个平行的测验,那么,分半信度系数与等值性系数是很相似的。不过,等值性系数是用两个完整的测验求得的,而分半信度是用一个测验分成两半后求得的,所以,两种方法之间又有区别。

如何将一个测验分为两半,方法有很多种。不管采用哪一种方法,其原则是所分成的两半测验要尽可能地相似。怎样把一个测验分成相似的两半呢?当题量很大,所有的题目一律按由易到难的顺序排列,题型都属于客观题时,通常将奇数题号的题和偶数题号的题分别归类来分成两半,即把题号为1、3、5、7、9等单数题号的题目归为一类,把题号为2、4、6、8等双数题号的题归为另一类。实践证明,用这种方法通常能够获得大致相等的两半测验。如果题量比较小,题目又多为主观题,用这种方法来分半,所获得的两半测验差异就比较大,此时不宜采用这种方法来分半并计算分半信度系数。

将测验分成两半以后,就可以用积差相关公式来计算这两半测验的相关。不过,用积差相关公式计算得的相关系数不能作为分半信度系数,因为一些研究表明,测验长度会影响测量的信度。在其他条件保持不变的情况下,测验的题量越大,其信度越高。因此,用分半法计算得到的信度系数实际上只是半个测验的信度,它低估了整个测验的信度。为了求得整个测验的信度,还要用斯皮尔曼和布朗公式进行校正。

分半信度系数与等值性系数的求法非常相似,两半测验交替进行,没有时间间隔,因而减少了由于有时间间隔可能带来的误差。这种方法还有一个很大的优点,就是只需编制一个测验,仅实施一次测验,因此可以节省时间、人力和物力。所以这种检验测量信度的方法被广泛地应用。

不过,这种方法也存在一定的局限性。它最大的缺点就是至今没有找到一种合适的方法,能将各种测验进行恰当地分半。

5. 同质性信度

分半信度的精确性程序依赖于其假设满足的程度,同时,分半方法不同,同一测验的信度系数也会不同。为了弥补分半法的不足,有人认为应从测验的同质性这一角度来估计信度。测验的同质性是指组成测验的所有题目得分之间存在高相关。如果测验的同质性高,则说明该测验的信度高。当测题为0.1计分时,即答对记1分,答错记0分时,可用库里信度K-20计算。许多测验采用多级记分制,则可以使用克伦巴赫公式计算测验的信度。

6. 评分者信度系数

评分者信度系数指的是测量结果跨评分者的一致性。其求法是：由两位或多位评分者按评分规则独立地对受测者进行评分，然后根据两组或多组分数来计算相关系数，即得评分者信度系数。

当估计两位评分者评分的一致性时，通常采用斯皮尔曼等级相关公式；当分析三个或三个以上评分者间评分的一致性时，要计算肯德尔和谐系数。

二、效度

（一）涵义

效度，又叫作准确性，是指一个测验能够测量到所要测量的心理特质的程度。一个测验如果能达到其测量目的，那么它就是准确、有效的；否则，无论反复测量的结果多么稳定一致，它都不能称为有效的测验。

从理论上讲，一组实得分数的真分数还可以进一步分解为两部分，一部分是与测量目的有关的有效分数，另一部分是与测量目的无关的受恒定因素影响的系统误差。在心理测量学中，效度又被定义为有效分数的方差与实得分数方差的比率。

效度全面地反映了对系统误差和随机误差的控制效果，因此，与信度相比，它是一个更重要的指标。因为效度涉及的面非常广，所以对测验效度的检验一般需要收集多方面的资料，从多个不同的角度来进行。

（二）检验方法

1. 内容效度

内容效度是指测验中的题目对所要测量的整个内容领域具有的代表性。例如，评估人员打算编制一份小学四年级的语文测验。通过分析四年级语文的教学大纲和教科书得知，在章节内容方面，它应该包括基础知识（常用字、汉语拼音、使用字典、正确运用词等）、阅读理解（理解字面意思、概括主要内容、概括中心思想等）和作文等内容；在行为目标方面，它应该包括记忆、理解、应用、分析、综合和评价等内容。如果时间允许，该测验应该包括与这些内容有关的所有题目。然而，实际上这是行不通的，编制者必须从所有可能编制的题目中抽取一个样本，构成一个测验。这个测验所包含的题目的代表性就反映了该测验的内容效度。

如何检验测验的内容效度呢？目前最常用的方法是专家判断法，即由有关领域的专家通过分析和讨论，判断该测验的题目与所要测量的内容在多大程度上是吻合的。

在检验内容效度时，通常采取的步骤是：

第一步，对所要测量的内容范围进行明确的界定，这是确保测验具有较高内容效度所必须具备的条件之一。

第二步，编制一份双向细目表，把代表性取样的要求（如包括哪些细目，每一个细目编制多少题目，分值是多少等）用双向细目表的形式体现出来。

第三步，分析测验中的每一道题，看它测量了双向细目表中的哪一个方面的内容。将测验题目在每一个细目中的比例与标准取样的比例相对照，如果二者的吻合程度高，就表明测验的内容效度高，反之，则表明测验的内容效度低。

第四步,写出鉴定报告,说明测验所包含的各类题目的数量及分数比例,以及它对所要测量的内容领域的覆盖率如何。

检验内容效度的方法主要为逻辑分析法。虽然有人曾做过其他的尝试,但是到目前为止,还没有一种成熟的统计方法可以用于估计测验的内容效度。

内容效度是大多数测验必须具备的基本条件之一。它特别适合用来评价成就测验的质量,因为这类测验所测量的内容范围一般比较明确且易于界定。不过,内容效度存在一定的局限性。首先,内容效度缺乏可靠的统计指标,因而妨碍了各测验间的相互比较。其次,内容效度主要由专家作出判断,往往带有很大的主观性。不同的专家对同一内容领域的重点、取样要求有不同的认识,对内容效度的判断可能会不一致。另外,双向细目表一般比较难编制,这也给内容效度的检验带来一定的困难。

2. 效标关联效度

效标关联效度,又叫作实证效度,是指一个测验对处于特定情境中的个体的行为进行诊断或预测时的有效程度。效标关联效度越高,测验对某些行为的诊断或预测就越准确。在这里,要诊断或要预测的行为称为效标,测验与效标之间的关联程度即为效标关联效度,有时简称为效标效度。

根据效标资料收集的时间不同,效标关联效度分为两种:一种叫作同时效度,另一种叫作预测效度。同时效度是指在实施测验的同时收集效标资料所求得的效标关联效度。它主要用于检验测验对受测者的某些行为作诊断时的有效程度。例如,有人新编制了一个儿童问题行为评定量表,在实施该测验的同时收集了近一周内教师的观察记录作为效标,通过确定二者之间的关联程度即可判断该测验用于诊断问题行为的有效性。

预测效度是指在实施测验一段时间之后收集效标资料所求得的效标关联效度。它主要用于检验测验对个体的某些行为作预测时的准确程度。在这里,用来预测个体未来某些行为的测验叫作预测源。例如,有人编制了一套学术能力倾向测验,在实施该测验五年后收集受测者的学业成绩作为效标,确定该测验与效标之间的关联程度即可判断该测验用于预测学业成就的有效性。

在考察测验的效度时,预测效度被关注的程度远远超过同时效度,所以效标关联效度一般指的是预测效度。

检验效标关联效度时首先要确定效标。由于效标是衡量测验有效性的标准,因此选择好效标是非常重要的。

效标有两种形式:一种是观念效标,另一种是效标测量。所谓观念效标,是指以一种抽象概念存在于头脑中的效标。例如,用学术能力倾向测验预测一个人的学业成就,那么在课程学习上取得好成绩就是一种观念效标。而体现观念效标的一些具体指标就是效标测量。例如,受测者在学校里的学习成绩排名、考入各类中学或大学、参加学科竞赛、发表学术论文等都可以作为个人学业成就的效标测量。

效标测量可以是多种多样的,常见的效标测量有以下几类:① 其他标准化测验的分数,如韦克斯勒儿童智力量表、斯坦福—比内智力量表的分数;② 学习成绩,如语文、数学、常识、音乐学科的期末或平时的考试成绩;③ 教师评定,如班主任对本班学生的智力、学习成绩、行为问题、品德、个性等的评定;④ 专门的训练成绩,如感觉统合能力、记忆力、注意力、计算能力、推理能力、口语表达能力、书面表达能力、创造力、社会技能等训练后的成绩;⑤ 实际的生活状况或工作表现,如自理水平、社区生活的参与程度、所从事的职业、用人单位的评价等。

目前,检验效标关联效度的方法主要有下面几种:

(1) 计算效度系数

计算效度系数是效标关联效度的各种检验方法中最常用的一种。具体的求法是:首先实施作为预测源的测验,与此同时或经过一段时间之后收集效标资料,然后计算预测源分数与效标测量的相关系数,即可得到效度系数。若两列变量均为连续变量,通常用积差相关公式计算效度系数;若两列变量中有一列不是正态连续变量,或两列变量都不是正态连续变量,就要根据变量的特点选用其他相关公式。

效度系数表明了预测源与效标的相关程度。如果效度系数高,则表明预测源与效标之间的相关很高,也就是说,在预测源上得分高的人,在效标测量上分数也高,在预测源上得分低的人,在效标上分数也低。测验编制及使用者可以根据效度系数来评价和选择测验。

效度系数达到多高可以认为它是一个有效的测验呢? 目前还没有一个统一的标准。一般来说,所求得的相关系数至少要达到统计上的显著性水平。如果相关系数达到了统计上的显著性水平,就表明该测验用来作预测是准确的,如果相关系数未达到显著性水平,那么这个测验就不能用来作预测。

(2) 区分法

除了计算效度系数外,还可以用其他一些方法来检验效标关联效度,分组法就是其中的一种。

具体的做法是:先根据效标分数把受测者分成两组或多组,然后对这两组或多组受测者在预测源上的平均数进行差异的显著性检验。如果差异显著,则表明预测源对效标分数能作区分,有预测效度;反之,则表明从预测源分数上不能判断受测者将会出现什么情况,即不具有预测效度。

如果受测者只被分成两组,那么检验两组受测者在预测源上平均数差异的显著性要用 t 检验。如果受测者被分成三组或三组以上,要检验各组平均数之间差异的显著性,则要进行方差分析(即 F 检验)。

(3) 确定取舍的正确性

当用测验来选拔某类儿童时,还可以通过计算总命中率、正命中率和基础率来检验测验的效标关联效度。

假定参加某次选拔测验(预测源)的总人数为 n;预测源分数预示将来能成功,经过一段时间的培训之后,考试(效标测量)证明合格的那部分受测者用 A 表示;预测源分数预示将来能成功,经过一段时间的培训之后,考试证明不合格的那部分受测者用 B 表示;预测源分数预示将来不可能成功,经过一段时间的培训之后,考试证明合格的那部分受测者用 C 表示;预测源分数预示将来不可能成功,经过一段时间的培训之后,考试证明不合格的那部分受测者用 D 表示(见表 4 - 1)。

表 4 - 1　预测源的预测和效标测量结果的不同组合

		效标测量	
		合格	不合格
预测源	成功（录取）	A(命中)	B
预测源	不成功（淘汰）	C	D(命中)

总命中率是指用测验正确录取的人数与正确淘汰的人数之和与总人数之比，即(A+D)/n；正命中率是指用测验录取的受测者当中培训合格者所占的比例，即 A/(A+B)；基础率是指不用测验来选拔，其培训的合格率，即 A/(A+C)。将总命中率、正命中率分别与基础率比较，如果总命中率、正命中率均明显高于基础率，就可以认为该测验用于选拔是有效的。

3. 构想效度

所谓构想，是指心理学理论中提出的人假定具有的某种心理属性或特质，如智力、适应行为、兴趣、爱好、外向性格等都是构想。构想是一些抽象的概念和术语，但是，它们可以通过人的外显行为进行描述和测量。例如，一些人有爱好体育的特质，这种特质可以从他们经常到现场看体育比赛、参加体育运动、收看电视节目中的体育频道、买体育杂志、读报纸中的体育栏目、经常谈论近期的体育比赛等方面进行推断和测量。

什么是构想效度呢？所谓构想效度，指的是一个测验测量到它要测量的心理属性或特质的程度。例如，有人编制了一个亲社会行为量表，要检验它的构想效度，他首先要系统地分析亲社会行为的组成结构，确定共包括几个维度，每一维度会表现出哪些行为，然后从这些行为中抽取一个样本组成量表。如果对亲社会行为的结构分析合理，所测量的行为与各维度有内在的关联性，行为的取样有代表性，那么，这个量表就测量了它要测量的特质，即构想效度高，反之，这个量表的构想效度就很低。

检验构想效度的方法主要有以下几种：

（1）逻辑验证法

对构想效度的检验有时需要根据已有的理论做一些逻辑分析，然后看测验数据是否符合某种逻辑推论。如果符合，就可以认为这个测验具有很高的构想效度，否则，就认为该测验的构想效度不高。例如，几乎所有的智力理论都认为儿童的智力会随着年龄的增长而增长，据此推论，年龄大的受测者在测验上的平均得分应该比年龄小的受测者高。如果在某个智力测验上受测者的分数没有随年龄的增长而系统地提高，那么这个智力测验就缺乏构想效度。又如，大多理论认为，儿童的学业成就与他们的智力水平存在紧密的相关。如果某个智力量表的 IQ 分数与学习成绩呈显著的相关，就表明这个智力量表具有很高的构想效度；反之，则不具有构想效度。

（2）考察测验的内部一致性

内部一致性反映了测验内部各题目得分的倾向性。一般来说，如果测验的题目都测量了同一特质，各题目的分数会比较一致，即内部一致性比较高；如果测量了多个特质，各题目的分数会参差不齐，内部一致性会比较低。反过来，如果测验的内部一致性很高，就说明测验测量了单一的特质；如果内部一致性很低，则说明测验测量了多个特质。

测验编制者和使用者可以根据内部一致性系数来评价某个测验构想效度的高低。一般先假定测验或分测验要测量某个单一的特质,然后看内部一致性系数高不高。如果内部一致性系数很高,就表明测验或分测验具有构想效度;如果不高,则表明测验可能除了测量所要测量的特质外,还测量了其他的特质,该测验的分数不能真正反映所测特质的量值。

（3）计算相关系数

即通过相关分析来检验测验的构想效度。具体的做法有两种:① 给一组受测者实施两个测验,一个是新编制的测验,另一个是已经过证明,确知有很高效度的测验,计算两组分数的相关系数即可得相容效度。相关系数若很高,就说明这两个测验测量了相同的特质。例如,经过多次修订,韦克斯勒儿童智力量表已证明具有很高的效度,一般新编制的智力测验都要与之求相关,这样才可以了解新测验与韦克斯勒儿童智力量表是否测量了相同的特质。② 将两个或多个企图测量同一特质的测验(无论形式是否相同)求相关,所得的相关系数称为会聚效度;将两个或多个企图测量不同特质的测验求相关,所得的相关系数称为区分效度。如果一个测验的会聚效度高(相关系数高),区分效度也高(相关系数低),就可以认为该测验具有很高的构想效度。

（4）因素分析法

因素分析法是一种多元统计法,其目的在于把决定多个不同分测验分数高低的共同因素找出来,以检验测验所测量的特质与企图测量的特质是否相符。其步骤是:

第一步:给一群受测者实施某个测验。

第二步:根据分测验分数计算彼此间的相关系数,列出相关矩阵。

第三步:通过一系列复杂的数学运算,从相关矩阵中抽出一定数目的共同因素,列出因素矩阵。

第四步:对共同因素进行辨认和命名。

第五步:将测验的因素构成与测验欲测量的构想相对照,从而判断该测验是否具有构想效度。

除了上述四种方法外,研究者们还提出了许多其他的检验方法。然而,到目前为止几乎所有的构想效度的检验都存在某些局限性。首先,大多数构想概念缺乏一致的定义,因此,不同的人对同一个测验的构想效度会做出不同的评价;其次,究竟应该选择什么方法来检验构想效度,目前没有统一的标准,这也给测验质量的评价带来一定的随意性。尽管如此,在标准化测验的编制过程中构想效度的检验仍然是一个必不可少的环节。

第二节 常 模

为了使分数的意义更明确,也为了使分数的解释更科学,在编制标准化测验时还要建立常模。在这一节里就来讨论常模的涵义及类型、常模的标准化、常模参照测验与标准参照测验等问题。

一、常模的涵义及类型

(一) 涵义

常模，也叫作常模量表，指的是根据全体受测者或者某个具有代表性的受测者样本（即常模团体）的测验分数建立起来的，有一定参照点和单位的数量连续体。有了常模，将每个受测者的原始分数与常模作对照，转换为量表分数，就可以判断他所达到的水平。例如，根据某年级全体学生的语文分数计算得平均数为 82 分，该年级某个学生的语文分数是 75 分，将 75 与 82 作对照，就可以知道这个学生的语文成绩未达到年级的平均水平。

建立常模的意义就在于为分数的解释提供一套统一的标准，这样，不同的人对同一个分数就能做出相同的解释和推论。

(二) 类型

常模量表的制作方法有多种，可以分为百分等级、发展量表、商数和标准分数四类，下面分别予以介绍。

1. 百分等级

将某一常模团体的水平由低到高分成 100 个等级（每个等级包含 1% 的受测者），每位受测者所处在的等级数就是他的水平达到的百分等级。换句话说，百分等级是指常模团体中低于某个分数的人数百分比。例如，在一次测验中，某位受测者得了 78 分，经过换算，该分数所对应的百分等级是 64，就表示在常模团体中，低于 78 分的人数占 64%，等于或高于 78 分的人数占 36%。百分等级表明了个体在常模团体中的相对位置，百分等级越高，个体所处的地位就越高。

百分等级的求法主要有以下几种：

(1) 原始数据计算法

当数据没有进行分组整理时，求某个原始分数的百分等级，可以先把全部受测者的原始分数按由大到小的顺序排列，然后用下面的公式计算：

$$P_R = 100 - \frac{100R - 50}{N}$$

式中 P_R 为百分等级，R 为某个受测者在受测者群体中的排列名次，N 为受测者总人数。

(2) 频数分布表计算法

如果数据已经分组，并以频数分布表的形式呈现出来了，可以用下面的公式求百分等级：

$$P_R = \frac{100}{N}\left[F_b + \frac{f(X - L_b)}{i}\right]$$

式中 X 为要转换为百分等级的那个原始分数，L_b 为该分数所在组的下限，f 为该分数所在组的频数，i 为组距，F_b 为低于该分数所在组的各组频数之和，N 为受测者总人数。

此外，通过查正态分布表和制作累积百分比分布图（参见《现代心理与教育统计学》）也可以将原始分数转换成百分等级。

百分等级量表是目前最常用的解释分数的方法之一。它的优点主要是容易被人所理解，适用于各种受测者和各类测验。但它也存在一些缺点，主要是在分数分布中央的一个较小的区域里通常包含了许多受测者，而在分数分布两端的一个较大的区域里只包含少量的受测者。因此，相对于两端来说，靠近分数分布中间的部分，同样的百分等级差异往往对应于很小的原始分数的差异。在解释分数时，人们往往夸大了处于中间位置的那部分人的原始分数的差异，而忽视了位于两端的那部分人的差异。另外，量表上的分数只表明受测者所处的相对地位，因此，百分等级分数不能进行加减乘除运算。

2．发展量表

人的许多心理特质如言语理解、问题解决、社会适应能力等总会随年龄的增长而有规律地发展变化的。如果把每个年龄的平均值计算出来，并连接在一起，形成一个数量连续体，就可以制成一个量表，这种量表就叫作发展量表。

（1）年龄量表

年龄量表是发展量表的一种形式，由法国心理学家比内和西蒙最先发明和使用。比内和西蒙在编制比内—西蒙智力量表时决定把受测儿童的智力与各年龄儿童的一般水平做比较，以确定该儿童的智力发展水平。他们首先编制出能区分各年龄智力发展水平的题目，即随着年龄的增长，儿童的得分会系统提高的智力题。例如，大部分 6 岁及 6 岁以上儿童能通过，而大部分 5 岁儿童不能通过的题目就代表了 6 岁儿童的智力水平，以此类推。在每个年龄水平都编制了适当的题目，就可以得到一个测量儿童智力发展水平的年龄量表。把某个儿童在测验上的分数与这个量表相对照，就可以推算出他已达到的智力年龄，即人们常说的智龄。

年龄量表虽然容易理解和解释，但必须注意，对于生理年龄不同的受测者，由于生理的成熟度以及经验不同，相同的智龄并不意味着心智能力完全相同。

（2）年级量表

年级量表是发展量表的另一种形式。在学校里经常要实施各种学业成就测验，如语文测验、数学测验、常识测验等。大多数标准化学业成就测验不用年龄量表，而用年级量表来转换和解释测验分数，因为在一个年级里通常包含了不同年龄的学生，这种量表更适于反映受测者的学业成就水平。

年级量表的制作方法是这样的：先将受测者按年级分组，然后计算各年级组在某个测验上的平均分，将各年级组的平均分连接起来，就制成了一个年级量表。以后，将受测者在该测验上的得分与年级量表作对照，就可以判断他的学业成就水平相当于几年级。与某个学业成就水平相对应的年级叫作年级当量。例如，一个受测者在语文测验上的得分与小学三年级学生的平均分数相同，他在语文测验上的年级当量就是小学三年级。

年级量表的优点在于容易制作和应用，但它也存在一些不足。首先，年级当量有时容易被误解。例如，某位三年级的受测者在某项测验上的年级当量为 4.5，这表明他对这个测验所测量的知识的掌握程度已达到了四年级中期学生的平均水平，而不是他已经学了四年级一半的内容并达到了相应的水平。其次，年级量表仅适用于在课程设置上有较大连续性的学科，如语文和数学。如果测验所测量的学科只开设一学期或一学年，制作年级量表就没有什么意义了。

3. 商数

（1）比率智商

早期的智力测验基本上都用智龄来解释测验结果，这种方法比用原始分数来解释测验结果有了一定的进步。然而，在测验的使用过程中人们发现，用智龄说明受测者的智力发展状况存在某些局限性。例如，假定两个受测者的智龄都是 8 岁，而实际年龄一个是 7 岁，另一个是 12 岁，这个智龄对两人的意义是不相同的。前者的智龄高于他的实际年龄，表明他聪明；后者正好相反。光从智龄看不出二者的差异来。

为了用单一指标表示智力发展的水平和速度，便于不同年龄的受测者之间进行比较，1916 年，推孟在修订比内—西蒙智力量表时提出了比率智商（IQ）的概念及公式，即

$$比率智商（IQ）= \frac{智龄}{实足年龄} \times 100$$

上式中，智龄的求法在前面已经讨论过了，下面就来介绍实足年龄的计算方法。

实足年龄等于测验日期减去受测者的出生日期。在计算中如果需要借位，每月都按 30 天计，每年按 12 个月计。有些测验在计算实足年龄时只需精确到月，那么，满 15 天的一律按一个月计，不满 15 天的一律忽略不计。例如，2007 年 4 月 10 日对某位出生于 1997 年 10 月 22 日的儿童实施了某项智力测验，他的实足年龄就是 9 岁 5 个月零 18 天或 9 岁 6 个月。

如果一个儿童的智龄等于他的实足年龄，他的 IQ 就是 100。也就是说，100 代表了正常和平均的智力，高于 100 表明智力发展迅速，而低于 100 表明智力发展比较迟缓。

为了更精确地评价智力的高低，推孟把智力由低到高分成了九级（见表 4 - 2），这也是今天人们常用于评价儿童智力水平的标准之一。

表 4 - 2　推孟的智力等级标准

IQ 分数	等级
140 以上	天才
120～140	上智
110～120	聪颖
90～110	中材
80～90	迟钝
70～80	近愚
50～70	低能
25～50	无能
25 以下	白痴

引自　戴忠恒：《心理与教育测量》，上海：华东师范大学出版社，1987 年，第 63 页。

（2）教育商数

教育商数在概念和计算方法上与比率智商有许多类似之处。教育商数的计算公式为

$$教育商数（EQ）= \frac{教育年龄}{实足年龄} \times 100$$

在这里，所谓教育年龄不是指受测者实际受教育的年限，而是指受测者已取得的学业

成就相当于某个年龄的平均水平。例如,受测者在学业成就测验上所得的分数与 10 岁的平均分数相等,他的教育年龄就是 10 岁。如果他的实足年龄小于 10 岁,那么教育商数就大于 100,表示他的学业成就水平高于他的同龄人;反之,则表示他的学业成就水平较同龄人低。

4. 标准分数

标准分数量表是第四类分数转换和解释系统,其方法主要有以下几种:

(1) Z 分数

以常模团体的平均分为参照点、标准差为单位制成的量表叫作 Z 分数量表。将原始分数用处于平均分之上或之下几个标准差来表示,这种转换分数叫作 Z 分数。其转换公式为

$$Z = \frac{X - \overline{X}}{\sigma_X}$$

上式中 X 为原始分数,$\overline{X}$ 为常模团体的平均分,σ_X 为常模团体的标准差,Z 为与 X 相对应的标准分数。

通过上式将原始分数直接转换成 Z 分数,所得的 Z 分数的分布与原始分数的分布形态相同,各分数之间的相对地位也没有改变,因此,这是一种线性转换。

当原始分数不是正态分布时,由上式直接转换来的 Z 分数也不是正态分布。如果两个分数分布差异很大,那么相同的 Z 分数会对应于不同的百分等级,这样的分数还是不能进行比较。为了使来源于不同分布形态的分数能够比较,可对原始分数作非线性转换,使偏态分布变成正态分布(见图 4-1)。其做法是:先将原始分数转换为百分等级,然后把偏态分布的百分等级当成正态分布的百分等级查正态分布表,找到与该百分等级相对应的 Z 分数。这样转换得来的 Z 分数就叫作正态化或常态化的标准分数。

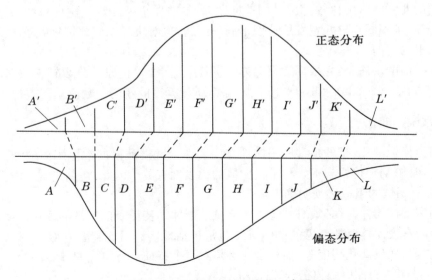

图 4-1　偏态分布的正态化示意图

由于 Z 分数的取值范围很小,而且常常会出现小数和负数,使用起来不太方便,在实际应用时,还要对它作进一步的转换,以便拉大分数距离,消除小数和负数。像 T 分数、标准九分数、离差 IQ 等,都是在 Z 分数的基础上进一步转化而来的。

（2）T 分数

若将 Z 分数代入公式 $T=50+10Z$,那么计算得到的新的分数就叫作 T 分数。

T 分数主要用于说明受测者水平的高低,通常只保留一位小数,均值为 50,几乎所有的 T 分数都分布在 20 至 80 之间。

由于 T 分数是由 Z 分数转换而来的,所以,T 分数也分为两类:一类是用线性转换的 Z 分数计算的,称为线性转换的 T 分数,另一类是用正态化的 Z 分数计算得来的,称为正态化的 T 分数。

（3）标准九分数

若将 Z 分数代入公式 $S=5+2Z$,那么计算得的新的分数就叫作标准九分数。

标准九分数只用一位数字表示受测者水平的高低,最低分为 1,最高分为 9,平均分为 5。它也分为线性转换的标准九分数和正态化的标准九分数两类。

（4）离差智商

在智力测验中,用比率智商表示智力水平虽然使不同年龄的儿童之间可以相互比较,但是,这种方法也存在某些问题。首先,智力的生长与生理年龄的增长不是同步调的,智力一般按先快后慢的速度发展着,而生理年龄的增长却是匀速的,用二者的比率来表示各年龄儿童的智力发展状况不是一个合适的指标。其次,当人发育到一定年龄之后智力就不再生长了,而生理年龄还在不断地增长,如何确定个体成熟以后的智商也是一个很难解决的问题。针对这些问题,美国心理学家韦克斯勒提出,用离差智商来解释智力测验的分数。其理论依据是每个年龄段的儿童的智力分布都是正态的,因此,个体智力的高低可以通过与同龄儿童的常模比较,根据与平均数的离差的大小来确定。这样对测验结果进行解释,就避开了不同年龄儿童发展速度不同的问题,也解决了如何评估年龄较大的受测者的智力水平的问题。

离差智商的求法是:先根据常模团体的平均数、标准差将原始分数转换成 Z 分数,然后把 Z 分数代入公式 $IQ_D=100+15Z$ 中,那么所计算得的新的分数就是离差智商。

二、常模标准化

所谓常模标准化,指的是常模团体具有代表性。常模是根据常模团体的测验分数建立起来的,常模制定得好与不好与常模团体的代表性有关。因此,在制定常模时要注意:

1. 常模团体的组成必须明确界定

在确定常模团体时,必须对测验所要测量的群体的特征予以清楚的说明。例如,在确定全国性的常模团体时要考虑的群体特征通常包括地区、学校类型、年级、年龄、性别、民族、父母职业、父母文化程度等,抽样之前必须对每个特征进行明确的界定。

2. 常模团体的抽取必须符合统计学原理

为了使常模团体具有代表性,一般要根据统计学原理来抽样,具体做法可以是简单随机抽样、等距抽样、分层随机抽样或整群抽样。

>>>>>>

3. 常模团体的大小要适当

一般来说，抽样误差与样本大小成反比，即在其他条件相同的情况下，样本越大，抽样误差越小。为了控制抽样误差，使常模团体具有代表性和稳定性，所抽取的样本应该尽可能地大一些。然而，由于人力、物力及时间的限制，样本又不可能太大，因此，要根据已有的研究和经验在二者之间找到一个平衡点。

4. 及时更新常模

随着时间的推移，受测者群体的构成可能发生了很大的变化，以前具有代表性的常模团体现在可能已不具有代表性。因此，每隔一段时间要重新确定常模团体，制定新的常模。而测验使用者在选择测验时也应选用那些新近修订过的测验，以便对受测者的水平做出准确的估计。

5. 为特殊群体制定特殊常模

大多数标准化测验都制定了应用范围很广的一般常模。这种常模的优点是能将特殊儿童与普通人群作比较，从而了解特殊儿童在普通人群中的相对位置，为特殊儿童的鉴别和安置提供依据。然而，在特殊儿童的心理评估中，仅仅将特殊儿童与普通儿童作比较是不够的，有时还需要了解特殊儿童在同类儿童（如盲、聋、弱智等）中的相对位置，以便更准确地判断他发展的可能性以及教育教学的效果，这就需要制定一些特殊的常模。将一般常模与特殊常模结合起来，评估人员就可以获得更多有用的信息，所做的教育教学决策能产生更大的实效。

三、常模参照测验与标准参照测验

如果某个测验已经制定了常模，那么评估人员就可以根据常模来解释测验结果，这种测验一般叫作常模参照测验。如果某个测验没有制定常模，但确定了一些判断掌握/未掌握、合格/不合格的标准，评估人员也可以根据这些标准来解释测验结果，这种测验一般叫作标准参照测验。

常模参照测验与标准参照测验都有其独特的优点，又都存在各自的缺点。在做筛查、鉴别、教育安置和教育评价时，常模参照测验优于标准参照测验，因为它提供了一个将被评估者与他人进行比较的机会。但是，在制定教学计划时，标准参照测验优于常模参照测验，因为标准参照测验的内容与具体的教学目标有直接的联系。这两类测验的优缺点比较详见表 4-3。

表 4-3　常模参照测验与标准参照测验的比较

	常模参照测验	标准参照测验
优点	1. 能鉴别特殊儿童 2. 能按一定的比例筛选某类儿童 3. 显示受测者在常模团体中的相对地位	1. 能对儿童进行详细的评估 2. 能诊断儿童的学习困难 3. 能显示儿童对某个教学单元的掌握情况 4. 能证明儿童所达到的掌握水平 5. 儿童处在哪个等级不受固定比例的限制

续　表

	常模参照测验	标准参照测验
缺点	1. 只表明儿童在群体中的相对水平 2. 由于分数不说明掌握知识的情况,所以难以对分数做出明确的解释 3. 会削弱持续落后者的学习动机 4. 比较难编制 5. 施测所花的时间一般比较长	1. 能表明儿童已学会什么,但不知道他在同龄儿童中的相对地位 2. 有时难以用简短的方式来解释测验结果 3. 测评的内容范围一般比较狭窄

第三节　其他有关测验的知识

在心理计量评估中,除了了解测验的性能指标、常模的制作方法外,还应该懂得如何根据实际情况选择测验、控制施测过程中的误差和解释测验分数。

一、测验的选择

到目前为止,已有大量的测验出版发行,这些测验良莠不齐,如何从中选择"好"的测验来做评估呢? 这里我们提三条建议:

第一,要选择符合测量目的的测验。每一个测验都有特殊的用途和适用范围,因此,在选择测验时,首先要考虑所选测验的适用范围是什么,能够达到什么测量目的。例如,有的测验是用来测量智力的,有的测验是用来对受测者的学业成就进行全面描述的;有的测验可以测量语文能力,有的测验可以测量音乐能力;有的测验可用来评定适应行为,有的测验可用来诊断行为问题。测验的用途和适用范围不同,对于特定的测量目的来说,它所能产生的功效是不同的。因此,在选择测验之前一定要仔细地阅读每份测验的使用手册,以便了解有关方面的详细情况。

第二,要选择适合于特殊儿童的测验。对于不同类型的特殊儿童,在测验内容或测验方式上应该采取不同的策略。一般来说,对于智能水平比较低的中、重度智力障碍或年幼的特殊儿童,要尽量使用评定量表,即通过家长、老师或其他人的观察来了解受测者的发展状况及存在的问题。对于有听力和语言障碍的儿童和多动症、自闭症、智力障碍儿童等,要少用文字测验,多用一些像图片、积木、拼板之类的非言语测验。对于肢体障碍儿童,尽量用应答方式简单的测验。对于视觉障碍儿童,最好用盲文呈现的或者可以念出声来的材料。另外,如果有专门为特殊儿童编制的测验,要尽量选用。如果没有这样的测验,就要通过改变测验的呈现方式和程序,或通过改变受测者的应答方式,使测验适合于特殊儿童。

第三,必须选择性能良好的测验。一个性能良好的测验应该具备以下四个特点:① 题目有适当的难度和区分度;② 测验结果具有很高的信度和效度;③ 测验手册中提供了标准答案、记分规则和适宜的常模;④ 施测、记分及分数的解释方法简便易行。在条件相同的情况下,如果有多种测验供选择,那么就要尽可能地选择具有上述特点的测验。

二、施测过程中误差的控制

编制或选择测验仅仅是评估中的一个环节,接下来还要对受测者实施测验。在施测过程中也要注意控制各种影响测验结果的因素,否则不能获得可靠、有效的信息。

如何控制施测过程中的误差呢?

首先,要做好测验前的各项准备工作。测验人员应仔细地阅读测验手册,熟悉测验的结构、测验材料(如表格、图片、零部件、记录纸、秒表等)、测验程序、指导语及操作方法,把所有的测验材料按施测顺序整理好,这样在施测过程中才能减少失误。

其次,在施测过程中要严格按指导语的要求去操作,做到:① 不随便改动测验程序;② 不随便改动指导语;③ 不给予提示,让受测者独立完成各项测验任务;④ 态度要亲切、自然,不嘲笑受测者;⑤ 严格遵守时间规定;⑥ 准确、及时地记录受测者的各种反应。

最后,要控制来自受测者的误差。在施测过程中注意观察受测者的情绪状态是否稳定、愉快,是否听从主试的指导语,认真完成每一项测验任务,是否有生病、疲劳、厌烦或分心的迹象等。经常鼓励受测者,调节他的身心状态,使他能发挥应有的水平。

三、测验分数的解释

施测完毕,评估人员一般要选择一个适当的时机向家长、老师或受测者本人报告和解释测验分数。为了使评估能够取得良好的效果,在解释测验分数时一方面要注意分寸,对反映缺陷、弱点(如自闭症、智力障碍、学习障碍等)的测验结果的解释要考虑受测者及家人的承受力,避免造成伤害;另一方面,要注意用家长、老师和受测者容易理解的话语来描述和解释测验分数,例如,根据某项智力测验的分数说明受测者的智力发展属于优异、普通还是比较迟缓,在受测者的智力结构中哪些方面属于强项,哪些方面属于弱项等。

此外,评估人员还应该给家长、老师和受测者提供一些教育和治疗方面的建议。可以建议家长带孩子去有关的医院做治疗,去专门的机构做康复训练,参加某些特殊课程的学习,等等。建议老师针对受测者的不足采取一些补救措施,根据受测者的特点调整教学内容、难度和速度等。同时要鼓励受测者发挥自己的优势,克服缺点,争取获得更大的进步。

【本章小结】

1. 本章首先介绍了在心理计量评估中经常使用的标准化测验的两个性能指标——信度和效度的知识。信度是指同一群受测者在同一个测验上多次测量结果的一致性,通常用稳定性系数、等值性系数、稳定与等值性系数、分半信度系数、内部一致性系数和评分者信度系数来估计。效度是指一个测验能够测量到所要测量的心理特质的程度,一般从内容效度、效标关联效度和构想效度三个方面来检验。

2. 然后,本章系统地说明常模的涵义,如何使常模标准化,如何将原始分数转换成百分等级、智龄、年级当量、比率智商、离差智商、教育商数、Z分数、T分数、标准九分数等,分析比较了常模参照测验和标准参照测验的优缺点。

3. 最后,就测验的选择、施测过程中误差的控制和分数的解释问题提出了有关的注意事项。

【思考·练习·实践】

1. 什么是信度?什么是效度?

2. 检验信度的方法有哪几种？

3. 检验效度的方法有哪几种？

4. 什么是常模？

5. 如何使常模标准化？

6. 常模量表主要有哪些类型？

7. 常模参照测验和标准参照测验各有什么优点和缺点？

8. 如何选择测验？

9. 如何在施测过程中控制误差？

10. 在解释测验分数时该注意哪些问题？

【参考文献】

[1] 戴海崎,张锋,陈雪枫[M].心理与教育测量.广州:暨南大学出版社,1999.

[2] 金瑜.心理测量[M].上海:华东师范大学出版社,2001.

[3] 郑日昌.心理测量[M].长沙:湖南教育出版社,1988.

[4] 张厚粲,徐建平.现代心理与教育统计学[M].北京:北京师范大学出版社,2004.

[5] 韦小满,蔡雅娟.特殊儿童心理评估(第二版)[M].华夏出版社,2016:86-87.

[6] A. Anastasi. *Psychological Testing*. New York：Macmillan Publishing Company,1998.

>>>>>>> **第二篇**

心理计量取向评估方法

第五章 认知能力评估

【内容摘要】 认知能力是智力的重要组成部分,是学习能力的核心。本章首先阐述认知的涵义、认知发展观、认知能力的内涵以及认知能力的评估方法,随后介绍几种较常用的认知能力评估工具,最后介绍认知能力评估的实施案例。

浩宇,男生,9 岁,就读于某普通小学三年级,数学、语文考试的成绩都在 60 分以下。他的阅读和书写速度非常慢,但是识字量超出班级的其他学生,每天晚上课后作业要做到 22:30 或 23:30。数学作业、语文作业、英语作业出现的错误都比较多,这些错误大部分是由于看错了题目要求,或者没有看到要求中的某句话,或者没看到某个已知条件等原因导致的。那么,如何才能让他避免出现这些错误,提升成绩呢? 经过老师的转介,家长就浩宇的问题向特殊教育专家咨询,经过专业评估发现浩宇认知能力发展不足。

第一节 认知能力评估概述

一、认知的涵义

认知(cognition)是一个非常重要的心理学概念,学者们根据自己对认知的理解对其做出了不同的解释。

《当代西方心理学新词典》中对认知一词进行概括性的定义,认为认知有三种涵义:

(1) 认知与认识是同义词,是全部认识过程的总称。包括知觉、注意、记忆、想象、思维等一系列心理活动。

(2) 现代认知心理学的术语,指人脑计算机式的信息加工过程,即个体接受、储存、提取和运用信息(或知识的整个知的心理历程及其内在机制)。包括注意、知觉、记忆、想象、问题解决、思维、言语以及儿童认知发展和人工智能等。

(3) 苏联心理学术语,认知指记忆过程中的一个环节,亦称再认,即过去感知过的事物重新出现时仍能认识。①

美国心理学家伍德(Wood,1999)认为:认知是指涵盖储存、检索和使用知识的心理过程,包括知觉、记忆、想象、概念形成、推理、做决定、问题解决和语言等。帕劳特尼克(Plotnik,1999)也将认知界定为:获取、检索、转换、储存和运用资料信息的智能过程,如

---

① 车文博主编:《当代西方心理学新词典》,长春:吉林人民出版社,2001 年 10 月,第 298 页。

知觉、记忆、思考和语言等。

我国台湾地区心理学家张春兴(《张氏心理学辞典》,1989)则指出:认知是个体经由意识活动对事物认识与理解的心理过程;是个体知识获得的过程,即个体在生活环境中究竟如何获知,之后在必要时又如何用知。认知一词的涵义广泛,凡是知觉、记忆、想象、辨认、思考、推理、判断、创造等复杂的心理活动均属于它。

由此,我们发现《当代西方心理学新词典》中所指出的认知的三种涵义能够概括学者们对认知的基本看法。而本书中的"认知能力评估"则把认知界定为第一种涵义,即儿童认知过程的总称,包括知觉、注意、记忆、想象、思维、问题解决、语言等一系列心理活动。

认知领域包含大量与智力相关的能力和技能,它们与注意力、辨别力、模仿、空间关系、时间关系、因果关系、推理、分类、排序、序列和问题解决有关。[1]

在实际评估过程中很难把认知发展领域和其他范畴分离开来。尽管可以从概念上区分认知发展与动作或语言功能等其他范畴,但认知的外在表现却必须采取动作和语言输出的形式。认知是通过动作和语言活动及行为来表现的,后者为理解认知提供了证据。[2]

二、认知发展与认知发展观

(一)认知发展的涵义

评估儿童的认知能力,不仅需要了解认知的涵义,还需要了解认知发展(cognitive development)的涵义。因为考察儿童的认知能力也是考察其认知能力发展与其相同文化背景、相同环境中的同龄人相比是否正常。

认知发展是人的高级心理过程的发展,是发展心理学研究的中心内容。包括感知、注意、思维、想象等认知过程及其品质的发展,从主观到客观的认知发展,认知结构的发展及解决问题过程和性质等方面的发展。从信息加工的观点来看,认知发展就是人的信息加工系统不断改进的过程,着重研究知觉、注意、记忆等具体的认知发展过程。[3]

认知发展具有四个特点:

(1)遗传和环境相互作用的结果;

(2)具有关键期;

(3)成熟和学习的结果;

(4)自然认知和社会认知同步发展。

由此,我们可以得知,对儿童认知能力的评估,不仅要了解其认知发展是否处于正常的发展顺序,而且要了解其认知能力的品质是否达到应有的水平。

(二)认知发展观

学者们对认知能力的发展有不同的看法,这些看法大致形成以下几种理论:① 生物学取向的认知发展观;② 社会文化取向的认知发展观;③ 认知结构取向的认知发展观;

---

① 方俊明主编:《特殊需要婴幼儿评估的实践指导》,上海:华东师范大学出版社,2005 年,第 374 页。
② 方俊明主编:《特殊需要婴幼儿评估的实践指导》,上海:华东师范大学出版社,2005 年,第 375 页。
③ 车文博主编:《当代西方心理学新词典》,长春:吉林人民出版社,2001 年 10 月,第 298 页。

④ 信息处理取向的认知发展观。

　　1. 生物学取向的认知发展观

　　生物学取向的代表是瑞士儿童心理学家皮亚杰的认知发展理论,也被称为认知结构论发展观,该理论被认为是 20 世纪发展心理学上最权威的理论。皮亚杰认为儿童的认知能力随着年龄增长而发展,不仅仅是获取知识量的增加,思维水平和能力上也产生了质的变化。其带有生物学取向的认知发展观主要有下述论点:

　　(1) 认知结构与图式

　　皮亚杰认为,发展就是个体在与环境的不断的相互作用中的一种建构过程,其内部的心理结构是不断变化的。为了说明这种内部的心理结构是如何变化的,皮亚杰首先引入了图式(schema)的概念。所谓图式,皮亚杰将其定义为:一个有组织的、可重复的行为或思维模式。简单地说,图式就是动作的结构或组织。皮亚杰将认知能力发展或智力发展均解释为个体的图式随年龄增长而产生变化。

　　(2) 同化与顺应

　　皮亚杰认为图式的变化是通过同化(assimilation)和顺应(accommodation)两个过程完成的。同化就是把外界元素整合到一个正在形成或已经形成的结构中。当有机体面对一个新的刺激情境时,如果主体能够利用已有的图式或认知结构把刺激整合到自己的认知结构中,这就是同化。顺应就是同化性的结构受到所同化的元素的影响而发生的改变,即当有机体不能利用原有图式接受和解释新的刺激情境时,有机体就会对自身图式做出相应的改变,以适应新的情境。

　　(3) 平衡与失衡

　　皮亚杰认为心理发展就是个体通过同化和顺应日益复杂的环境而达到平衡的过程,个体也正是在平衡与失衡的交替中不断建构和完善认知结构,实现认知的发展。

　　(4) 阶段观的认知发展论

　　皮亚杰认为,在个体从出生到成熟的发展过程中,智力发展可以分为本质不同的四个主要阶段:感觉运动阶段、前运算阶段、具体运算阶段和形式运算阶段。并不是所有的儿童都在同一年龄完成相同的阶段。但是,儿童发展的各个阶段顺序是一致的,前一阶段的发展总是成为后一阶段的前提。阶段的发展不是间断性的跳跃,而是逐渐、持续的变化。随着儿童从低级向高级阶段的发展,他们由一个不能思维,仅依靠感觉和运动认识周围世界的有机体逐步发展成一个具有灵活思维和抽象推理能力的独立个体。

　　2. 社会文化取向的认知发展观

　　社会文化取向的代表是苏联心理学家维果茨基提出的儿童认知发展观。维果茨基认为儿童认知发展既不是其内在成熟的结果,也不完全取决于儿童的自主探索。要发展认知能力,儿童必须掌握文化提供给他们的智力工具——语言、文字、数学符号及科学概念等。这种观点使其不同于皮亚杰的认知理论。当人类运用符号时,他们投入了中介行为,不只是对环境刺激进行反应,而且他们的行为也受到自己的符号的影响或者“中介”。由于社会文化因素具有很大的历史性和相对性,维果茨基的学说被称为文化—历史学派。

　　维果茨基的理论观点主要包括以下几点:

（1）强调最近发展区

维果茨基认为传统的成就测验只告诉我们儿童目前的发展水平，却没有告诉我们他们的潜在发展水平。要确定儿童学习的潜能，我们需要了解儿童在得到适当的帮助后能够达到的水平。例如：两个 8 岁男孩在传统的智力测验上得分相当，表明他们目前处于同一水平。但是当给他们呈现一些难题以致他们不能独立解决时，分别给他们一些小小的帮助，他们的差异就表现出来了。其中一个男孩得分达到了 9 岁的水平，而另一个达到了 12 岁的水平。显然，他们学习新事物的潜能是不同的。维果茨基把儿童独立所能达到的解决问题的水平与经他人指导帮助后所能达到的潜在发展水平之间的距离称为"最近发展区"。为儿童提供的帮助起到了"支架"作用，但要注意这种帮助必须适当适量，否则过多的帮助会形成儿童的依赖心理。

最近发展区的概念对于教育具有重要的启示，由于教学应着眼于儿童的潜能发展，教师不能只给儿童提供一些他们能独立解决的作业，而应布置一些有一定难度、需要在得到他人的适当帮助下才能解决的任务。

（2）社会文化影响认知发展

维果茨基认为人类自出生开始，一直生长于社会中，因此社会文化世界会影响正在成长中的儿童。在认知发展上，由外化而渐进内化，由初生时的自然人，渐渐转变成社会人，即儿童的认知发展是在社会学习的过程中进行的。

（3）语言发展与认知发展有关联

维果茨基突出强调了语言与认知发展的关系。他认为语言具有调节思维与行动的功能。与皮亚杰一样，维果茨基也注意到了幼儿期出现的自我中心语言，但他们的解释却截然不同。皮亚杰认为自我中心语言是幼儿在思考时的一种缺陷，表明他们还不能根据听众来调节自己的语言。到了具体运算阶段，自我中心语言就会自动消失。维果茨基比较强调自我中心的积极作用，认为它能帮助儿童解决问题。维果茨基观察到儿童在遇到困难任务时，自我中心语言成倍地增加，说明儿童运用自我中心语言帮助其思维。因此，他认为自我中心语言具有促进儿童心理发展的功能；而且他也不同意皮亚杰认为自我中心语言最终会消失的观点，他认为并没有消失，而是内化成内部语言，一种无声的对话。

3. 认知结构取向的认知发展观

认知结构取向的代表是美国心理学家和教育学家布鲁纳的认知发展理论。这是一种把人的认知视为动作性、映像性、符号性三个再现表象阶段的发展观。布鲁纳受到皮亚杰的影响，他认为儿童的认知结构是连续性的阶段性发展，具有从具体到抽象的趋势。但是，他反对皮亚杰以儿童的生理年龄划分儿童的认知发展阶段，并构想出"再现表象"这一心理学术语作为衡量认知发展的指标。再现表象就是人们再现自己关于世界的知识经验的方式。他认为儿童认知发展分为三个时期：

（1）动作性再现表象期（又称表演式再现表象期）

这一时期，三岁以下的幼儿主要借助动作去再现过去知识和经验的方式。

（2）映像性再现表象期

在这一时期，儿童开始具有一种表象系统，依靠视觉或其他感觉组织和各种概括化映像的作用。儿童透过对物体知觉留在记忆中的印象或靠照片图形等，即可获得知识。

（3）符号性再现表象期

这一时期儿童的认知带有符号的性质，即具有符号系统的一些特征。语言和符号为儿童提供了一种可以不用形象作为唯一判断根据的手段。儿童运用语言文字或其他符号来认识和获取知识。

布鲁纳强调，以上三种再现表象期是互相联系的。人的智力发展会沿着这三种表象系统的顺序前进，但儿童的认知发展并不受年龄的绝对限制，教育会影响儿童的认知发展，使其从动作性再现表象期到映像性再现表象期，再到符号性再现表象期。

4. 信息处理取向的认知发展观（认知心理学的认知发展观）

信息处理理论是现代认知心理学中重要的理论。信息处理取向的认知发展观，即认知心理学的认知发展观，是依据信息加工观点阐释认知过程（知觉、注意、记忆、语言、概念形成、符号化以及问题解决等）及认知方式的发展观。此理论取向解释了人类在环境中，吸收和运用知识是经由感觉、注意、辨识、转换、记忆等内在心理活动的一个过程。

信息处理理论的认知发展观也存在各种不同的观点，但各观点间存在共同之处。首先，它们都将个体的认知活动看成是信息加工的过程，对儿童认知发展的研究不是专注于不同的发展阶段，而是专注于儿童是如何表征、加工及转换信息的；其次，强调对儿童认知发展内在机制的精细分析，以鉴别出那些对认知发展具有突出作用的变化机制，并了解这些特殊的变化机制是如何一起工作从而产生个体能力增长的；第三，强调儿童的认知发展很大程度上是通过主体不断的自我调解过程而实现的；第四，都认为了解儿童认知过程及其发展的关键是精细的任务分析，强调只有通过对特定任务的每一个细节的分析，才能更好地了解儿童的认知活动。

三、认知能力的内涵

根据对认知涵义的理解，我们发现，学者们对认知涵义的界定中总会包括以下的内容：知觉、记忆、注意、想象、思维、推理、判断、创造、问题解决、语言、元认知等。这些认知过程中复杂的心理活动的具体内容也就是认知能力的内涵，下面逐一介绍。

（一）知觉

人们通过感官得到了外部世界的信息。这些信息经过头脑的加工（综合与解释），产生了反映事物整体的心理现象，就是知觉。

知觉与感觉一样，是事物直接作用于感觉器官产生的，同属于对现实的感性反映形式。知觉以感觉为基础，但它不是个别感觉成分的简单总和。知觉包含了按一定方式来整合个别感觉成分的作用，形成一定的结构，并根据个体的经验来解释由感觉提供的信息。[1]

在"知觉动作评估"一章中我们将详细介绍此方面的内容，这里所介绍的评估工具并不包括在内。

---

[1]　彭聃龄主编：《普通心理学》，北京：北京师范大学出版社，1996年，第239页。

（二）记忆

记忆是通过识记、保持、再现（再认、回忆）等方式，在人们的头脑中积累和保存个体经验的心理过程。运用信息加工的术语讲，就是人脑对外界输入的信息进行编码、存贮和提取的过程。

记忆是人们对过去经历过的事物的反映，是一种积极能动的活动。人们会有选择地对事物进行记忆，并且依赖于人们已有的知识结构。记忆是保存个体经验的形式之一，与学习密不可分。[1]

"记忆"一词通常会形成很多复合词，用以说明各种记忆，如长期记忆、视觉记忆、听觉记忆、工作记忆等。

（三）注意

心理活动或意识对一定对象的指向与集中，就叫注意。[2] 也就是说，人们对情境中的众多刺激，有选择地去反应并获得知觉经验的心理活动。当我们注意时，对选择的注意刺激可以获得清楚的知觉；而对注意以外的刺激则会模糊不清。

（四）概念获得

概念获得，也称"概念掌握"，是智慧学习的一种类型。其实质是个体通过积极的思维活动把握同类事物或现象的共同关键特征（或本质特征）。它是用已经掌握的概念去学习各种新概念或修改原有概念，改造旧概念，使之适应新需要的过程。其基本形式包括概念同化和概念形成。[3]

（五）想象

想象是对头脑中已有的表象进行加工改造，创造出新形象的过程。[4] 这是一种高级的复杂的认识活动。形象和新颖是想象的特点。想象主要处理的是直观的图像、图形信息，而不是词或者符号。其功能为：① 预期作用；② 补充作用；③ 代替作用。

（六）思维

思维是人脑借助于言语、表象和动作实现的，对客观事物的概括和间接的反映。它揭露事物的本质特征和内部联系，是认识的高级形式，它主要表现在人们解决问题的活动中。思维具有以下特点：① 概括性；② 间接性；③ 思维是对经验的改组；④ 思维与语言有密切联系。[5]

---

① 彭聃龄主编：《普通心理学》，北京：北京师范大学出版社，1996年，第292页。
② 彭聃龄主编：《普通心理学》，北京：北京师范大学出版社，1996年，第139页。
③ 车文博主编：《当代西方心理学新词典》，长春：吉林人民出版社，2001年10月，第96页。
④ 彭聃龄主编：《普通心理学》，北京：北京师范大学出版社，1996年，第337页。
⑤ 彭聃龄主编：《普通心理学》，北京：北京师范大学出版社，1996年，第352页。

（七）推理

推理，或称逻辑推理，是由具体事物归纳出一般规律，或者根据已有的知识推出新的结论的思维活动。本质上也属于问题解决的范围。推理是由两个以上的判断组成的，并以几个相关联的句子表现出来。[①]

（八）判断

判断是对客观事物及其特征进行肯定或否定的一种思维形式。它是在概念的基础上进行的，表现了概念之间的联系和关系。[②]

（九）创造

创造或者创造活动是提供新颖的、首创的、具有社会意义的产物的活动。它是一种探索活动，没有现成的解决问题的方案和步骤。创造性地解决问题常常是突发式的。机遇对于创造性地解决问题也有一定的作用。[③]

（十）问题解决

问题解决有两方面涵义：

第一，泛指由问题引发并指出其解决的思维活动。早期心理学对问题解决的研究多以动物为对象，有字谜游戏问题、谜箱问题、接棒问题、容器倒水问题等，对问题解决过程的机制有桑代克的试误说与格式塔学派的顿悟说之争。加涅则主张解决问题的过程主要是发现过程，其中既包括试误也包括顿悟。

第二，现代认知心理学的一个重要研究课题，指一系列指向目标的认知操作过程。亦即通过一系列有目的、有指向的认知操作序列以达到目标的过程。它有两种类型：一类是常规性的问题解决，即使用已有的方法和程序去解决问题；另一类是创造性解决问题，即运用新的方法和程序去解决问题。问题解决包括四个阶段：① 收集信息。明确目标、结果和障碍，将有用的信息从无关的信息中分离出来。② 提出潜在的解决问题的方法。有试误法、手段—目的分析、逆推法、大脑风暴法等。③ 决策实施阶段。对各种解决问题的方法权衡比较，综合运用认知策略与无认知策略形成一个具体的行动方案并付诸行动。④ 评价阶段。行动计划实施后，根据它是否达到了预期目标进行评定，若未达到，还要考虑其他的行动计划。[④]

（十一）语言

广义的语言（language）是指人类的思想与感情的符号化，用以与他人传达情意或沟通行为的工具，举凡言语、文字、手语、音乐、图画、雕刻等都是，狭义的语言则是指口述的

① 彭聃龄主编：《普通心理学》，北京：北京师范大学出版社，1996 年，第 371 页。
② 彭聃龄主编：《普通心理学》，北京：北京师范大学出版社，1996 年，第 371 页。
③ 彭聃龄主编：《普通心理学》，北京：北京师范大学出版社，1996 年，第 348 页。
④ 车文博主编：《当代西方心理学新词典》，长春：吉林人民出版社，2001 年，第 380 页。

语言(说话)。有关这个部分详见"语言评估"一章,这里所介绍的评估工具并不包括在内。

(十二)元认知

元认知,又称反省认知、监控认知、超认知、反审认知等,是指人对自己的认知过程的认知。具体地说,是关于个人自己认知过程的知识和调节这些过程的能力:对思维和学习活动的知识和控制。学习者可以通过元认知来了解、检验、评估和调整自己的认知活动。从本质上讲,元认知是不同于认知的另一种现象,它反映了主体对自己"认知"的认知。同时两者又是相互联系、不可分割的,认知是元认知的基础,没有认知,元认知便没有对象;元认知通过对认知的调控,促进认知的发展。元认知和认知共同作用,促进和保证认知主体完成认知任务,实现认知目标。一般认为,元认知可以由元认知知识、元认知体验和元认知监控三部分组成。

所谓元认知知识,是指个体所存储的既和认知主体有关又和各种任务、目标、活动及经验有关的知识片断。Flavell 认为元认知知识主要有三类:① 个体元认知知识,即个体关于自己及他人作为认知加工者在认知方面的某些特征的知识。② 任务元认知知识,即关于认知任务已提供的信息的性质、任务的要求及目的的知识。③ 策略元认知知识,即关于策略(认知策略和元认知策略)及其有效运用的知识。所谓元认知体验,即伴随并从属于智力活动的有意识的认知体验或情感体验。元认知控制是对认知行为的管理和控制,是主体在进行认知活动的全过程中,将自己正在进行的认知活动为意识对象,不断地对其进行积极、自觉的监视、控制和调节。这种过程在工作记忆中进行操作。元认知控制包括检查是否理解、预测结果、评价某个尝试的有效性、计划下一步动作、测查策略,确定当时的时机和努力、修改或变换策略以克服所遇到的困难,等等。①

四、认知能力评估方法

(一)标准化的发展测验

对于儿童认知能力的评估,传统上采用的方法主要是标准化的发展测验。使用此方法时,测验者要了解测验具有的特点和局限性,了解测验的缺陷以及信效度,以所需信息种类为基础选择适合该儿童使用的测验。

传统方法中的测验分为常模参照的和标准参照的两种,在第四章第二节中有详细的介绍,本章中不做详细阐述。

(二)质性发展取向的评估方法

质性发展取向评估的评估方法,主要有实作评估、动态评估或使用课程性评估方法,即以课程内容为参照。如:卡洛莱纳特殊需要婴儿和学步儿课程(第二版)(Carolina Curriculum for Infants and Toddler with Special Needs,Second Edition;Johnson-Martin,Jens,Attermeier 和 Hacker,1991)涵盖了儿童在 24 个月内的所有发展领域,对有关认知技能进行了较全面的评估。课程性评估旨在确定儿童的功能水平,以根据儿童

---

① David DiSalvo:《元认知:改变大脑的顽固思维》,陈舒译,机械工业出版社,2014 年。

能力变化而改变教育训练内容。[①]

　　我们也可以使用顺序量表,即以项目间的层级关系为基础来选择认知项目,某一认知领域的项目是依据难度水平进行选择和排列的,是否进入到下一个项目或能力水平,则取决于儿童是否掌握了前一个项目。顺序量表与传统评估不同,就某一婴儿的具体认知能力提供更具描述性的信息,采集婴儿某一特定认知领域内的资料信息,有利于研究者确认婴儿所达到的最高认知标准。如:婴儿心理发展量表(Infant Psychological Development Scales;Uzgiris 和 Hunt,1975),该量表代表着某种将发展理论框架用于认知评估的途径。作为顺序量表就意味着他们认为早期认知能力包含着从低功能向高功能水平的变化。顺序量表对发展状况的了解是通过注意儿童在量表上通过的最高级项目而获得的,并且,它在多数情况下并不涉及年龄范围或等值。[②]

　　我们还可以通过观察、访谈等方法对儿童进行评估。如:儿童认知发展的主要特征是对物体的探索和操作,这可以通过观察婴儿的吸吮、扔东西和对物体的视觉追踪等行动而获得信息。[③]

　　此外,游戏作为一种替代方法也可以成为认知能力的评估方法。游戏与认知可以互相作用,游戏可以导致更复杂的认知行为,认知反过来反映游戏的内容。游戏在儿童认知、交流、社会—情绪和运动领域的发展中具有重要作用,也反映了儿童在这些领域的发展情况。儿童的游戏机会和游戏经验影响其认知技能、情绪发展、社会技能、语言使用以及身体和运动发展(Linder,1993)。因此,对儿童游戏技能的观察可以使评估者了解儿童的认知表现。

第二节　认知能力评估工具

一、瑞文标准推理测验(SPM)

　　(1) **测验目的**　测量个体解决问题、观察、知觉和思维,发现和利用自己所需信息的能力。

　　(2) **编订者**　英国心理学家瑞文,1985 年中国修订。

　　(3) **适用范围**　5 岁半~70 岁的普通人群。

　　(4) **测验形式**　可团体施测,也可个别施测。

　　(5) **测验构成**　A、B、C、D、E 五组测试题,每组 12 题,共 60 题。五组的题目难度逐步增加,每组内部题目也是由易到难排列。同组题目所用解题思路基本一致,而各组之间则有差异。A 组题主要测知觉辨别力/图形比较/图形想象等;B 组题主要测类同,比较/图形组合等;C 组题主要测比较/推理/图形组合;D 组题主要测系列关系/图形套合;E 组题主要测套合/互换等抽象推理能力。

---

① 　方俊明主编:《特殊需要婴幼儿评估的实践指导》,上海:华东师范大学出版社,2005 年,第 396 页。
② 　方俊明主编:《特殊需要婴幼儿评估的实践指导》,上海:华东师范大学出版社,2005 年,第 128 页。
③ 　方俊明主编:《特殊需要婴幼儿评估的实践指导》,上海:华东师范大学出版社,2005 年,第 128 页。

（6）**施测时间**　40 分钟左右。

（7）**评价**　适用于智力障碍儿童的筛查，但不适用于对特殊儿童进行精确的诊断和分类。使用简便，施测和记分程序简便，结果容易解释。适用的年龄范围广，测验对象不受文化、种族、语言，以及听力、语言、肢体障碍的限制。信效度较高，分半信度 0.95，再测信度 0.79～0.82。

二、瑞文彩色非图文推理测验（CPM）

（1）**测验目的**　测量个体解决问题、观察、知觉和思维，发现和利用自己所需信息的能力。

（2）**编订者**　英国心理学家瑞文。

（3）**适用范围**　5～11 岁的儿童及智力有缺陷的成人。

（4）**测验构成**　彩色图形组成，分为三组，每组 12 题，共 36 题。

（5）**评价**　这套测验的难度水平降低了，对于智力水平比较低的受测者有很好的鉴别力。信效度较高。

三、基本认知能力测验

（1）**测验目的**　测查知觉速度、思维速度、心理旋转速率反映的空间表象效率、工作记忆能力、语文记忆能力、数字记忆能力、图形记忆能力等。

（2）**编订者**　中科院心理研究所李德明、刘昌、李贵芸，2000 年。

（3）**适用范围**　小学四年级程度以上的儿童、青少年和中老年人，年龄范围为 10～90 岁的普通人群。

（4）**测验构成**　量表包括数字鉴别、心算、汉字旋转、数字工作记忆、双字词再认、三位数再认、无意义图形再认等 7 项分测验。

（5）**测验信效度**　该测验的区分度、再测信度、内部一致性及效度均良好。

（6）**评价**　所测查内容并非认知能力的全部。工作记忆和认知速度用于基本认知能力的评价方面具有创新特点。该套测验的难度适当，其信度、效度、区分度及内部一致性均良好，符合心理测量学的要求；测验软件具有客观、准确、有效、便捷等优点。该套测验在国内同类测验中居领先水平。

四、儿童认知能力测验

（1）**测验目的**　评估受试者认知能力的发展水平，以供教学及研究参考。本测验修订自 R. L. Thorndike 和 E. Hagen 所编制的认知能力测验（Cognitive Ability Test）。

（2）**修订者**　陈英豪、汪荣才等，1988 年。

（3）**适用范围**　小学二、三年级学生。

（4）**测验形式**　本测验为非文字团体测验，指导语均用口述。

（5）**测验构成**　包括六个分测验：① 关系概念测验，14 题；② 口述字汇测验，14 题；③ 图形分类测验，14 题；④ 语文分类测验，14 题；⑤ 数量概念测验，14 题；⑥ 方格推理测验，14 题。共 84 题。

（6）**测验信效度**　进行了再测信度及内部一致性信度、同时效度及构想效度的计算，结果均较高，比较理想。

五、青少年认知发展测验

（1）**测验目的**　测量受试者认知发展的水平，以供教学及研究参考。

（2）**修订者**　1981 年陈英豪、吴裕益修订。本测验修订自美国天主教大学思考及语言心理发展研究中心于 1970 年所编制的皮亚杰认知发展量表（An Inventory of Piaget's Developmental Tasks）。

（3）**适用范围**　小学三年级至高中三年级学生。

（4）**测验形式**　团体施测。

（5）**测验构成**　全量表有十八个分测验，名称为：① 数量，② 水平，③ 顺序，④ 重量，⑤ 矩阵，⑥ 符号，⑦ 透视，⑧ 运动，⑨ 体积，⑩ 系列，⑪ 转轴，⑫ 角度，⑬ 阴影，⑭ 分类，⑮ 距离，⑯ 类含，⑰ 推论，⑱ 机率。每个分测验有 1 个例题和 3 个问题，共 54 题。

（6）**测验信效度**　本测验的再测信度、同时效度、预测效度、建构效度均比较理想。

六、智能结构基本学习能力测验

（1）**测验目的**　旨在测量受试者的认知能力，为教育诊断及辅导提供参考。

（2）**修订者**　陈龙安、毛连塭。本测验于 1992 年修订自 Meeker & Meeker 的智能结构学习能力测验（The Structure of Intellect Learning Abilities 简称 SOI-LA）的基本式（Primary Form）。

（3）**适用范围**　幼儿园至小学三年级学生。

（4）**测验方式**　幼儿园儿童最好个别施测，其余可团体施测。

（5）**施测时间**　10 个分测验共需 53 分钟，加上指导与说明，可在一个半小时完成本测验。

测验时间各分测验不尽相同，其所需时间如下：

① 认图单测验 4 分钟；② 认图类测验 3 分钟；③ 认语单测验 7 分钟；④ 记符单测验 5 分钟；⑤ 聚图单测验 2 分钟；⑥ 记图单测验 3 分钟；⑦ 认语关测验 10 分钟；⑧ 认语系测验 10 分钟；⑨ 评图单测验 6 分钟；⑩ 认符系测验 3 分钟。

（6）**测验构成**　由 10 个分测验构成，分别为：① 认图单（CFU）测验，15 题；② 认图类（CFC）测验，11 题；③ 认语单（CMU）测验，20 题；④ 认符单（MSU-A）测验，18 题；⑤ 聚图单（NFU）测验，1 题；⑥ 记图单（MFU）测验，19 题；⑦ 认语关（CMR）测验，19 题；⑧ 认语系（CMS）测验，18 题；⑨ 评图单（EFU）测验，18 题；⑩ 认符系（CSS）测验，9 题。

（7）**测验信效度**　信效度较高。再测信度 0.50～0.89，内部一致性 α 系数为 0.78～0.85。具有良好的同时效度和构想效度，分测验成绩与测验总分间的相关为 0.49～0.82，各分测验间的内部相关为 0.11～0.72。

七、临床记忆量表

（1）**目的**　应用于临床记忆障碍的诊断、学习、记忆能力的评估，以及儿童、少年、成年及老年记忆的研究等方面。

（2）**编订者**　中国科学院心理研究所许淑莲、吴振云等设计编制。1984 年编制完成，1986 年、1989 年建立常模。

（3）**适用范围**　年龄 7～89 岁儿童、青少年及成人。

（4）**量表构成**　备有甲、乙两套材料，可供前后比较用。内容包括指向记忆、联想学习、图像自由回忆、无意义图形再认、人像特点联系回忆五个部分。

（5）**量表信效度**　各项目分半信度相关分析为：甲套 0.60、0.7、0.75；乙套 0.78、0.68、0.67。甲乙复本相关系数为 0.85。效度方面：记忆与学习成绩的相关显著；记忆与大脑功能一侧化的关系为：联想学习与左脑功能有较多关系，无意义图形再认与右脑功能有较密切关系，结果与设计构思相符；记忆与年龄的关系为：20 岁组以后，得分随年龄增长而下降。各分测验的相关：相关不高，结果很显著。应用范围广。

八、镶嵌图形测验

（1）**测验目的**　旨在了解儿童、青少年、成人的认知方式，测查其属于场独立性或场依存性认知方式，为教育教学提供参考。

（2）**编订者**　北京师范大学心理系。

（3）**适用范围**　小学生至成人均可。

（4）**测验构成**　从复杂图形中发现简单图形，并用笔描出来。共三部分：第一部分 9题，第二、三部分各 10 题。

（5）**施测时间**　成人 12 分钟、高中一年组 18 分钟、初中二年组 21 分钟、小学五年级组 24 分钟。

（6）**测验信效度**　复本信度为 0.90；与棒框测验的相关系数 0.49，达极显著水平。

（7）**评价**　使用简便，但常模样本不够理想，没有全国常模。研究者需自己建立局部性的地方常模。

第三节　实施案例

一、个案基本情况

林×，男，13 岁，在培智学校学习，医院诊断其患有唐氏综合征。林×的父亲和母亲在他 6 岁的时候离婚，现在他和父亲一起生活。其父亲再次结婚，婚后又生了一个男孩，新妈妈对林×很关心。林×的主要照顾者是奶奶，奶奶以前是幼儿园老师，现在已经退休，全身心地照顾他的生活和学习。林×与爷爷、奶奶间关系非常好。林×能够理解和执行简单的指令，生活自理能力较强，喜欢表现和被人夸奖，热爱劳动，贪吃，兴趣比较广泛，最喜欢跳蹦蹦床。他的语文的学习成绩较好，数学很差，算术和简单的计算都不会。

二、工具与方法

工具:使用中国科学院心理研究所编制的《临床记忆》量表。

方法:严格按照量表指导说明的操作方法和流程对单一的受试者进行测验。

三、评估结果

测验结果表明:林×对生活中常见物品的记忆能力较好,反应较快,如对水果和动物的记忆很好;但是对图形的反应较慢,对图形的记忆较差;对人的记忆较好。见表5-1。

表5-1 林×临床记忆检查记录表(甲套)

1. 指向记忆

	指向	橘子	香蕉	石榴	桃子	西瓜	葡萄	柿子	苹果	李子	草莓	香瓜	鸭梨				反应时
水果		✓	✓		✓		✓		✓				✓				
	非指向	粽子	粉条	年糕	冰糖	鸭蛋	茶叶	豆腐	白酒	牛奶	饼干	花椒	木耳				
		✓		✓	✓		✓	✓		✓	✓						

总分:14

	指向	乌鸦	公鸡	蜜蜂	兔子	狐狸	麻雀	青蛙	苍蝇	老虎	猴子	蜻蜓	蚂蚁				反应时
动物		✓	✓		✓			✓									
	非指向	耳朵	指甲	皮肤	眼睛	肩膀	牙齿	大脑	翅膀	心脏	头发	尾巴	鼻子				
		✓	✓	✓	✓	✓	✓	✓	✓		✓	✓	✓				

总分:22

2. 联想学习

第一次		第二次		第三次	
西瓜	衣服	光明	服从	牲口	牛马
太阳	月亮	牲口	牛马	西瓜	衣服
困难	容易	热心	玻璃	太阳	月亮
团结	长短	老师	铁路	勇敢	电灯
勇敢	电灯	站着	躺下	困难	容易
北方	东方	颜色	粉红	站着	躺下
老师	铁路	团结	长短	老师	铁路
站着	躺下	北方	东方	光明	服从

第一次		第二次		第三次	
热心	玻璃	西瓜	衣服	北方	东方
光明	服从	困难	容易	颜色	粉红
颜色	粉红	太阳	月亮	热心	玻璃
牲口	牛马	勇敢	电灯	团结	长短

回忆	容易	困难	回忆	容易	困难	回忆	容易	困难
太阳	月亮		热心			困难	容易	
勇敢		好	困难	___		热心		___
热心			西瓜		苹果	颜色	粉色	
北方	___		太阳	月亮		光明		光明
西瓜		苹果	勇敢			北方		
困难	容易		牲口			站着	躺着	
老师		学生	光明		光明	西瓜		苹果
颜色	红色		颜色	红色		牲口		
团结			北方			勇敢		
牲口	___		老师		学生	团结		
站着	躺着		站着	躺着		太阳	月亮	
光明		光明	团结			老师		学生
容易	8							
困难	0							
总分	8							

3. 图像自由记忆

（1）

手表	眼镜	梳子	太阳	方桌	锁	拖拉机	鼓	老人	枪	肥皂盒	刀子	茶壶	旗子	缝纫机			反应时
✓	✓	✓	✓	✓	✓		✓		✓		✓						

(2)

算盘	火车	桥	葵花	柜子	眼睛	暖瓶	床	扫帚	白菜	书	平房	饭锅	扇子	锯子			反应时
✓	✓		✓	✓		✓	✓		✓		✓	✓					

总分:19

4. 无意义图形再认

目标刺激	1	2	3	4	5	6	7	8	9	10	11	12	13	14	15	16	17	18	19	20	合
	✓	✓	✓									✓									4
混入刺激	21	22	23	24	25	26	27	28	29	30	31	32	33	34	35	36	37	38	39	40	
	✓																				1

计分:击中次数＝5 　　虚报次数＝4

再认分＝(击中—虚报)×2＝2

5. 人像特点联系回忆

项 目	1		2		3		4		5		6		总计
姓	林	✓	杨	✓	周	✓	高		李	✓	张	✓	5
职业	农民	✓	司机	✓	广播员		电工		学生	✓	大夫		3
爱好	听戏		唱歌	✓	念书		吸烟	✓	看报	✓	喝茶	✓	4

合计:12

四、结论与建议

(一)结论

林×对生活中常见物品的记忆较强、反应较快,对图形的反应较慢、记忆差,对人物的记忆较好。

(二)建议

(1)林×对生活中常见物品的名称比较熟悉,知道很多常见水果、动物以及生活物品的名称,可以通过语言训练进一步扩大他的词汇量。

(2)林×对描述具体事物的词汇掌握较好,抽象的词汇理解和记忆都比较困难,这与他自身的认知发展的水平有很大关系,家长和老师可以在教学中,适当地使用抽象词汇,如表达情绪、情感的抽象词汇。

(3)林×对图形反应不敏感,可以在认知的训练以及日常生活中,增加个案对图形的认识和操作机会。

【本章小结】

1. 本章首先阐述了认知、认知发展的涵义及生物学取向、社会发展取向、认知结构取向及信息处理取向等四种不同的认知发展观,随后论述了认知能力内涵中所包括的知觉、记忆、概念获得、注意、想象、思维、推理、判断、创造、问题解决、语言及元认知等内容。

2. 然后,探讨了认知能力评估的两种方法,即标准化的发展测验和质性发展取向的评估方法。

3. 最后,介绍了认知能力评估的多种经典测验工具,并将认知能力评估的方法、测验工具的选用等贯穿到实际案例中进行讲解和示范。

【思考·练习·实践】

1. 什么是认知?

2. 当前有哪几种取向的认知发展观?

3. 认知能力主要由哪些能力构成?

4. 请你根据以下案例,分析评估该儿童的认知能力应从哪几个方面入手。

案例介绍:融融,男,12岁,就读于普通小学5年级。其老师反映,融融学习成绩不好,语文和数学成绩几乎都处于班级最后几名。上课注意力不集中,常常走神。老师要求背诵的内容也很难完成。融融的家长反映,融融在家里还比较听话,能够自己做作业,但是常常出现作业不会做的情况。融融比较喜欢玩,对学习不是很感兴趣。

【参考文献】

[1] R. L. Taylor. *Assessment of Exceptional Students: educational and psychological procedures* (7ᵗʰ ed). Boston: Pearson Education, 2006.

[2] G. H. Roid & R. A. Barram. *Essentials of Stanford-Binet Intelligence Scales (SB5) assessment.* New Jersey: John Wiley & Sons, Inc. 2004.

[3] A. S. Kaufman & N. L. Kaufman. *Essentials of KABC-Ⅱ assessment.* New Jersey: John Wiley & Sons, Inc. 2005.

[4] 韦小满. 特殊儿童心理评估[M]. 北京:华夏出版社,2006.

[5] 张世彗,等. 特殊学生鉴别与评估[M]. 中国台北:心理出版社,2003.

[6] 陈丽如. 特殊学生鉴别与评估[M]. 中国台北:心理出版社,2001.

[7] 方俊明. 特殊需要婴幼儿评估的实践指导[M]. 上海:华东师范大学出版社,2005.

[8] 彭聃龄. 普通心理学[M]. 北京:北京师范大学出版社,1996.

第六章　智力评估

【内容摘要】 智力评估在特殊儿童的教育诊断评估中尤其重要。本章首先介绍了智力的内涵及其主要学说、影响智力评估的因素、智力评估的方法、智力评估在特殊教育上的应用以及智力评估引发的问题;在此基础上,分别介绍了信效度较高、使用比较广泛的国内外的各种智力评估工具,并以实际案例来说明智力评估的方法、过程。

小美和小丽就读于某普通小学一年级,无论数学考试,还是语文考试,她们的成绩均远远低于班级的平均分。在课堂上,小美积极举手发言,但是大部分的答案都是错误的;小丽从来不举手,只有老师叫到名字时,她才会说出自己的答案,往往错误率比较高,但是小丽非常听话,反应却不够迅速。到底是什么原因导致小美和小丽学习成绩差? 小美和小丽是否存在智力方面的问题呢? 经过专家评估,小美智力处于正常儿童的水平,小丽智力轻度障碍。

第一节　智力评估概述

在儿童生长发育时期,智力的发展是至关重要的,如果儿童的智力发展出现障碍,不仅会影响他在校的学习成绩,而且还会妨碍他成年以后的生活和就业。因此,儿童智力评估以及相应的教育策略历来是教育和心理学工作者关注的热点问题。

一、智力的内涵及其主要学说

智力评估是以一定的理论为依据的。人们在运用各种方法评估智力之前,一般都试图解释什么是智力,智力包括哪些构成要素。

（一）关于智力的定义

什么是智力? 这个问题在教育和心理学界至今尚未形成统一的认识。一百多年来,研究者们从不同的角度来探讨这个问题,提出了各种不同的观点。概括地说,这个领域的主要观点及代表性人物有:

1. 智力是抽象思维的能力

例如,比内（A. Binet）曾经说过:"智力就是推理、判断、记忆和抽象能力。"推孟

(L. M. Terman)也曾说过:"一个人的聪明程度是与抽象思维能力成正比。"

2. 智力是适应环境的能力

斯腾(W. Stern)认为,普通智力就是有机体对于新环境充分适应的能力。桑代克(E. L. Thorndike)也认为,智力是一种适当的反应能力。持这一观点的学者还有平特纳(R. Pintner)、威尔斯(F. L. Wells)、皮亚杰(J. Piaget)等。

3. 智力是学习的能力

根据在日常生活中观察到的现象,一些学者提出,智力就是学习的能力。例如,汉蒙(V. A. Henmon)曾经说过:"智力就是获得知识的能力。"伯金汉(B. R. Buckingham)、科尔文(S. S. Colvin)等人也持这种观点。

4. 智力是各种能力的综合

韦克斯勒(D. Wechsler)在分析前人观点的基础上指出,智力是一个人有目的地行动、合理地思维、并有效地处理周围事物的整体能力。目前,有越来越多的学者赞同这种观点。

综观一个多世纪以来教育和心理学家提出的各种有关智力本质的观点,我们认为,智力是以思维能力为核心的多种能力的综合,它的最主要的功能就是学习与适应。

（二）智力结构的主要学说

关于智力的结构,研究者们也曾提出过多种学说。如果按出现的先后来介绍,主要的学说有以下几种:

1. 二因素说

1904 年,英国心理学家斯皮尔曼(C. E. Spearman)首先用统计学方法分析了心理测量的数据,发现各种能力测验之间或多或少都存在正相关,于是,他将这一现象归结为在人的能力结构中存在一种一般因素(亦称 g 因素)。后来他又提出还存在一种或几种特殊因素(亦称 s 因素),由此构成了他的智力二因素说。

2. 多因素说

1921 年美国心理学家桑代克提出,智力有三种,即社会智力(如处理人际关系)、具体智力(如处理日常事务)和抽象智力(如处理语言和数学符号等)。1938 年,瑟斯顿(L. L. Thurstone)用因素分析法对测量数据进行系统分析后提出,在人类的智力结构中包含言语理解、言语流畅性、推理、空间表象、数字、记忆、知觉速度七种最基本的心理能力。1967 年,吉尔福特(J. P. Guilford)提出了一种立方体状的智力结构模型,在该模型中共包含一百多种因素。1983 年,加德纳提出多元智力理论,认为在人类的智力结构中至少包括 8 种智力。

3. 层次结构说

1941 年,卡特尔(R. B. Cattell)首先提出了一个层次结构的理论构想。后来,卡特尔和霍恩(J. L. Horn)用因素分析的方法提取出了五个因素,即流体智力、晶体智力、视觉能力、记忆提取和执行速度,并认为这五个因素依其重要性处于不同的层次。1961 年,英国心理学家弗农(P. E. Vernon)提出了另一种层次结构模型。他认为,智力的最高层次为 g 因素;第二层包括两大因素群,即言语和教育方面的因素与实践和机械方面的因素;第三层由一些主要的心理能力构成,如数学能力、言语能力、空间知觉能力、心理动作能力等;第四层则包括各种各样的特殊能力。

4. 动态结构说

1985年,美国心理学家斯腾伯格提出了人类智力的三元理论,动态地描述了智力的结构和内部机制。1994年,戴斯、纳格利尔里和柯尔比(Das,Naglieri & Kirby)在广泛收集和研究与认知过程有关的实验和神经心理学证据的基础上提出了PASS模型理论。该理论也试图从信息加工的角度阐述智力的内部活动过程。

随着研究的不断深入,动态结构说及其在评估实践中的应用问题越来越受到人们的关注。

二、影响智力评估的因素

智力评估容易受到许多因素的影响,如果不对这些因素加以控制,可能会妨碍它在特殊教育中作用的发挥,因此,评估人员要了解并认真对待这个问题。

首先,智力评估受智力理论的制约,有什么样的智力理论,就有什么样的评估实践。例如,在智力理论发展初期,人们把智力看成是由多种元素组合成的"化合物",测验编制者总是试图测量这个"化合物"。这是一种以结果为导向的静态评估,不利于把评估与教育实践紧密地结合在一起。如今,越来越多的人接受动态结构理论,因此把评估的重点转向智力活动过程。这不仅可以提高特殊儿童鉴别的准确性,而且也有助于改善教育教学。

其次,智力评估受所使用的测验工具的影响,一般来说,用诊断性测验较之用筛查性测验获得的信息更多,结果也更可靠。例如,韦克斯勒儿童智力量表属于诊断性测验,它能提供总IQ、言语IQ、操作IQ及各分测验分数等多种分数,而像绘人智能测验之类的筛查性测验,只能提供一个总IQ。另外,诊断性测验的信度和效度通常都比筛查性测验高,所以在正式的评估中必须使用诊断性测验。

再次,智力评估受评估人员所具有的专业素质的影响。筛查性测验的施测方法一般比较简单,不需要评估人员受过什么专门的培训。然而,如果评估中使用的是诊断性测验,那么就要求评估人员具备较扎实的心理学和测量学知识,有熟练的测验操作技能。如果评估人员不具备这些知识和技能,或者在施测过程中不严格按照事先规定的程序去操作,就有可能使智力评估结果出现不同程度的偏差。

最后,智力评估受受测者个人特征的影响。对于不同的特殊儿童群体,智力评估的难度、方式、方法等是不同的。从以往的经验来看,对年幼儿童、自闭症儿童、重度智障儿童实施智力测验,难度都是比较大的,需要评估人员有丰富的经验和技巧。对聋童、盲童、肢体障碍儿童的智力评估,则需要使用专门为他们编制的测验。

三、智力评估的方法

自从1905年比内发表世界上第一个智力量表以来,智力评估基本上采用的是测验法,即以一组题目作为标准刺激,根据受测者对这组标准刺激的反应对他的智力发展状况进行数量化的描述。

（一）文字智力测验和非文字智力测验

智力测验有多种类型,若按编制测验时所使用的材料不同来分类,可以分为文字智力测验和非文字智力测验两类。

文字智力测验主要是用文字材料编制的测验,测验内容通常是词汇解释、言语理解、一般常识、类比推理等。这类测验的优点是容易编写和施测,可以测量个体的言语智力。但它受个体文化背景和受教育程度的影响比较大,可能会导致歧视性评估。

非文字智力测验主要是用图片、实物等材料编制的测验,测验内容通常是图片排列、积木、拼图、矩阵推理、绘画等。这类测验的优点是受个体的文化背景和受教育程度的影响较小,可以测量一个人的非言语智力。但它不能全面地反映个体的智力,因此,应该和文字智力测验结合起来使用。

（二）个别智力测验和团体智力测验

若按受测者人数多少来分类,可以分为个别智力测验和团体智力测验两种。

个别智力测验是指每次施测只有一个受测者的测验。这类测验的优点是在施测过程中评估人员有较多观察受测者表现的机会,例如,可以观察受测者的精神状态、情绪、是否配合等,还可以了解他是否听懂了指导语。但这类测验的操作程序通常比较烦琐,评估人员必须受过专门的培训,才能较好地把握测验规则。另外,这类测验比较费时,因此不适于用来做大规模的测查。

团体智力测验是指每次施测有多个受测者的测验。这类测验的优点是对评估人员的测验技术要求不高,而且比较省时省力。但这类测验无法在施测过程中收集到大量有价值的信息,测量的精确性也不如个别智力测验高。

四、智力评估在特殊教育上的应用

智力评估在特殊教育领域有着非常广泛的应用,概括起来,可以归纳为以下几种:

（一）特殊儿童的筛查

智力评估经常应用于对特殊儿童的筛查。在开学之前或开学初,一些小学、幼儿园总会给前来报名的儿童或新生进行智力检查,以便把智力发展异常的儿童筛选出来,或者作为每位学生的背景资料,当他学习有问题时作为判断和说明问题根源的依据。

（二）特殊儿童的鉴别

在某些特殊儿童的鉴别中也要进行智力评估。例如,在天才儿童的鉴别中,智商分数高低就是一条很重要的标准。如果用韦克斯勒儿童智力量表来评估智力,IQ 分数必须在 130 以上才能称得上是智能优异。在鉴别智力障碍时,韦克斯勒儿童智力量表的 IQ 分数必须在 70 以下才属于智力功能有显著缺陷,这也是鉴别智障儿童的一条重要标准。此外,在鉴别学习障碍儿童时也需要实施智力评估。

（三）特殊儿童的教育安置

特殊教育有多种安置形式，如特殊学校、普通学校的特殊班、普通学校的普通班等。将特殊儿童安置在哪一种教育环境中最有利于他的发展，这在某种程度上取决于他的智力水平。一般来说，儿童的智力水平越接近于正常，越应该把他安置在普通班级里学习。如果智力缺损程度非常严重，那么可以考虑让他到特殊班或特殊学校就读。无论采取何种安置形式，在作决定之前都应该参考智力评估的结果。

（四）教学计划的制定

为了使特殊儿童能够获得最大限度地发展，在教育教学之前制定一份个别化教育计划（IEP）是非常有必要的。然而，在制定 IEP 的过程中如何确定长期目标和短期目标、选择适当的教学方式和方法、提供配套的特殊教育服务，所有这些问题只有通过评估，才能很好地解决。除了要对特殊儿童的学业成就、认知技能、适应行为实施评估外，智力评估通常也是一项十分重要的内容。

五、智力评估所引发的问题

虽然智力评估在特殊教育领域已获得了广泛的应用，但是由此也引发了一些问题。这些问题如果处理不当，可能会影响它的进一步应用及发展。

首先，关于评估人员的资格问题。个别实施的智力测验像韦克斯勒儿童智力量表等，对评估人员的素质要求很高，然而，由于缺乏学习实践的机会，一些评估人员在未掌握测验技术的情况下就开始使用这类测验，使得测验的结果很不可信。这不仅对受测者是一种不负责任的做法，而且也会导致整个评估行业信誉度的下降。因此，应该逐步建立和完善评估人员培训和持证上岗制度，坚决杜绝这种现象的发生。

其次，关于标签效应问题。当某个儿童经过智力评估被诊断为"智力障碍"时，这个名称或分类标志可能像标签一样一直跟随着他，对他的身心发展产生极其不利的影响。即使儿童被贴上"天才"的标签，这个标签所产生的作用也不一定是积极的。因此，评估人员在实施智力评估时应该慎用这些标签。

最后，关于测验滥用问题。由于目前在测验的发行和使用上缺乏一套严格的管理制度，无论实施还是接受测验都十分方便，结果经常会出现同一个人接受各种不同的智力测验，同一个人反复接受同一个智力测验等现象。频繁使用智力测验会产生练习效应，也会使受测者对测验的兴趣降低，最终都会导致测验结果不准确。所以，应该加强管理，防止滥用测验。

第二节　智力评估的工具

一、韦克斯勒儿童智力量表(第四版)

（1）**测验目的**　测量儿童、青少年的智力。

（2）**修订时间**　2003 年。

韦克斯勒儿童智力量表（Wechsler Intelligence Scale for Children，WISC）最早发表于 1949 年。WISC 是在韦克斯勒成人智力量表（Wechsler Adult Intelligence Scale，WAIS）的基础上编制而成的，其结构和项目形式与成人智力量表十分相似。不过 WISC 的难度降低了，并且内容取材于儿童的生活，因此适合于 5 岁至 15 岁 11 个月的儿童。

1974 年，韦克斯勒发表了儿童智力量表的修订版（WISC-R）。该量表仍沿用原来的框架结构，但适用年龄范围改变成 6 岁 0 个月至 16 岁 11 个月。

1991 年，韦克斯勒儿童智力量表（第三版）（WISC-Ⅲ）正式出版发行。这套量表把最新的智力理论和研究成果作为量表修订的依据，在结构上进行了一次较大的调整，它除了将测验项目分成言语和操作两大部分外，还通过重新组织，把测验项目分成言语理解、知觉推理、工作记忆和加工速度四个部分。此外，WISC-Ⅲ 还增加了符号搜索分测验。为了便于比较，我们把上述三套量表的框架结构呈现在表 6-1 里。

表 6-1　WISC、WISC-R 和 WISC-Ⅲ 的框架结构

量表	领域	分测验
WISC/WISC-R	言语	常识，理解，算术，类同，词汇，数字广度
	操作	填图，图片排列，拼图，积木，译码，迷津
WISC-Ⅲ	言语理解	常识，理解，类同，词汇
	知觉组织	填图，图片排列，拼图，积木，迷津
	抗分心	算术，数字广度
	加工速度	译码，符号搜索

2003 年，韦克斯勒儿童智力量表（第四版）（WISC-Ⅳ）正式出版了。

（3）**适用范围**　6 岁 0 个月至 16 岁 11 个月儿童、青少年。

（4）**测验时间**　完成 10 个必做的分测验，大约 65～80 分钟，若再加上补充的分测验，大约还需要 10～15 分钟。

（5）**测验形式**　WISC-Ⅳ 属于个别施测的标准化智力测验。

（6）**测验内容**　WISC-Ⅳ 已不再把测验项目分成言语和操作两部分，而是直接分成言语理解、知觉推理、工作记忆和加工速度四大领域。整套测验共包括 15 个分测验，其中 10 个是必做的分测验，5 个是补充的分测验。这四个领域的分测验所包括的活动内容简要介绍如下：

A. 言语理解

① 类同　要求受测者抽象概括出两个常见事物的共同点，例如，"橘子和香蕉有哪些相似的地方？"

② 词汇　要求受测者给每一张图片命名，并口头解释每一个单词的词义。

③ 理解　要求受测者回答一系列有关社会常识的问题以推测他的社会成熟度和道德判断水平，例如，"当你看见邻居家的厨房冒出浓烟的时候，你应该怎么办？"

④ 常识（补充）　要求受测者回答一系列普通常识问题，例如，"为什么熊在冬季会

冬眠?"

⑤ 单词推理(补充) 主试提供一系列的线索,受测者猜测主试正在描述的是什么东西,例如,"你常常用它当早餐,它是用鸡肉做的,……"

B. 知觉推理

① 矩阵推理 给受测者呈现一个矩阵图,图中有一小部分缺失,让他从五个选项中选出一个来填补这个缺失部分,使之成为一个完整的图形。

② 积木 要求受测者用六面有全红、全白或半红半白不同颜色的积木块,拼出和主试呈现的图案一样的图案来。

③ 图形概念 给受测者呈现几组印有不同物品的图画,让他从每组图画中选出符合某个概念(如动物)的物品(如小鸟、牛等)。

④ 填图(补充) 给受测者呈现一系列有某个重要部分缺失的图片,要求他指出哪个部分缺失了。

C. 工作记忆

① 数字广度 先让受测者把刚听过的一串串数字按相同的顺序复述出来,再把刚听过一串串数字按相反的顺序说出来。

② 字母—数字排序 给受测者念一串串由不同数字和字母混合编排成的序列,让他先把刚听过的数字依由小到大的顺序重说一遍,再把刚听过的字母依 26 个英文字母顺序重说一遍。

③ 算术(补充) 给受测者念一道一道的算术题,让他在规定的时间内说出答案(不许用纸和笔来算)。

D. 加工速度

① 符号搜索 要求受测者用视觉扫描一组组符号,以确定是否出现了目标符号。

② 译码 要求受测者在规定的时间内把一系列与数字配对的几何符号都写出来。

③ 删除图形(补充) 先给受测者呈现若干目标图形,然后让他从一组组图形中找到这些图形并划掉。

该测验的原始分数要先转换成平均分为 10、标准差为 3 的量表分数,然后再转换成 4 个因素指数和全量表 IQ(平均分＝100,标准差＝15)。此外,测验的原始分数还可以转换成百分等级。

WISC-Ⅳ已在全美范围内标准化,常模团体由 2200 名受测者组成,其性别、种族、地区、父母文化程度等的构成比例符合美国 2000 年人口普查时所获得的统计数据。

(7) **测验的信效度** WISC-Ⅳ的信度和效度已经过检验,结果表明,整套量表及各大领域的分半信度和再测信度都非常高,构想效度和效标关联效度也很好。不过,部分分测验的再测信度不是很高,未达到独立使用的标准。

(8) **评价** 韦克斯勒儿童智力量表第四版是韦氏儿童智力量表的最新修订本,不仅所依据的理论新,而且其编制技术愈加成熟。该测验具有很高的信度和效度,并且已重新制定了常模。这个修订本对测验项目进行了更细致合理的分类,为其临床使用提供了方便。该测验能提供很多有价值的信息,因此受到教育和心理学工作者的普遍欢迎。

1979 年,我国的林传鼎、张厚粲教授将 WISC-R 译成中文,并组织全国 22 家协作单位对该量表进行了修订,制定了中国城市常模。2008 年,张厚粲教授主持修订中国的 WISC-Ⅳ,目前已在全国推广使用。多年来,该测验在我国的特殊儿童诊断及教育研究中发挥了积极的作用。

二、韦氏幼儿智力量表(第四版)

(1) **测验目的**　测量幼儿的智力。第一,可用于评估资赋优异幼儿、认知发育迟缓和智力障碍幼儿的一般智力功能;第二,为早期干预提供有价值的信息;第三,应用于特殊幼儿的临床与教育研究领域。

(2) **修订时间**　美国 2012 年 10 月,中国大陆 2014 年 8 月。

(3) **适用范围**　2 岁 6 个月至 6 岁 11 个月的幼儿。

(4) **测验形式**　个别施测的标准化智力测验。

(5) **测验内容**　测验分成两个年龄段,即 2 岁 6 个月至 3 岁 11 个月、4 岁 0 个月至 6 岁 11 个月。2 岁 6 个月至 3 岁 11 个月年龄段的测验领域包括言语理解、视觉空间、工作记忆,4 岁 0 个月至 6 岁 11 个月年龄段的测验领域包括言语理解、视觉空间、流体推理、工作记忆、加工速度,见表 6-2。

表 6-2　韦氏幼儿智力量表的框架结构

年龄段	领域	分测验
2 岁 6 个月至 3 岁 11 个月	言语理解	指认图片,常识,图片命名
	视觉空间	积木,拼图
	工作记忆	图片记忆,动物家园
4 岁 0 个月至 6 岁 11 个月	言语理解	常识,类同
	视觉空间	积木,拼图
	流体推理	矩阵推理,图画概念
	工作记忆	图片记忆,动物家园
	加工速度	找虫,划消,动物译码

① 指认图片:要求幼儿根据问题指出图片,例如,"告诉我哪个是脚?"

② 积木:要求幼儿在规定的时间内,观察"示范模型或示范模型加图片或图片"后,用单色或双色积木将其重新拼出来。

③ 图片记忆:幼儿需要在规定的时间内,观看一个或几个图片,再从答题页上选出该图片。

④ 常识:给幼儿看一些图片,让幼儿根据问题选择正确的图片,例如,"告诉我这里面哪个可以吃?"

⑤ 拼图:幼儿要在规定的时间内,将散乱的拼块拼成一个特定的物体。

⑥ 动物家园:在规定的时间内,观察动物家园布局图上的一张或多张动物的摆放位置,然后重新将每一张动物卡片摆放到先前摆放的位置。

⑦ 图片命名:幼儿要说出主试所呈现的图片的名称,例如,幼儿看到汽车的图片,要

说出"汽车"。

⑧ 矩阵推理:幼儿先查看一个不完整的矩阵图,然后从答案中选出能够填补矩阵图中缺少部分的图形。

⑨ 找虫:幼儿在规定的时间内,标记出从每一个寻找图中找到的目标虫。

⑩ 类同:图画题,幼儿从答案中选择出与主试所描述的其他两个物体属于同一类的答案。口头问答题,主试读出两个表示常见物体或概念的词,幼儿说出它们的相似之处。

⑪ 图画概念:主试呈现两排或三排图,幼儿从每排选出一张,组成一组具有共同特征的图画。

⑫ 划消:幼儿在规定的时间内,分别观察随机排列和有序排列的两大张图片,然后从许多图画中逐一划掉规定的目标图画。

⑬ 动物译码:幼儿在规定的时间内,使用涂鸦笔与动物图片相对应的图形上划上记号。

三、斯坦福—比内智力量表(第五版)

(1) **测验目的** 测量儿童、成人的智力。

(2) **修订时间** 2003 年。

自 1905 年比内—西蒙智力量表(Binet-Simon Intelligence Scale, B-S)发表以后,该量表很快就引起世界各国心理和教育工作者的关注,被翻译成许多国家的文字并修订成多种版本。在这些修订本中,美国斯坦福大学心理学教授推孟所做的修订被公认为是最出色的。他的修订本最早发表于 1916 年,称为斯坦福—比内智力量表(Stanford-Binet Intelligence Scale, SB)。后来,在 1937、1960、1973、1986 和 2003 年,又进行过五次修订,这个量表目前已成为国际上使用最广泛的智力测验之一。

1916 年发表的 SB 共包括 90 道题,其中 39 道为新增的题目,其余的题目来自原来的 B-S 量表。在这个量表中,推孟提出比率智商(IQ)的概念和计算方法,并用 IQ 分数来评估受测者的智力水平。

1937 年发表的 SB-2 有 L 型和 M 型两个等值的复本。该量表适用的年龄范围扩大了,施测过程和常模团体的抽样被进一步标准化。

1960 年,推孟对 SB 做了第二次修订。他将原有的两个测验复本中最好的题目合起来,组成一个新的量表,叫作 L-M 型。在这个新量表(SB-3)中,用离差 IQ 取代了比率 IQ,作为智力评估的指标。

1973 年发表的修订本只对常模进行了修订,使常模团体更具有代表性,对量表的题目没有做改动。

1986 年,美国著名心理测量学家桑代克、哈根和沙特勒(Thorndike, Hagen & Sattler)发表了由他们主持修订的 SB 第 4 次修订本(SB-4)。SB-4 保持了与以前几个旧版本的连续性,同时又有了比较大的改变。该测验所包含的领域、分测验及题目数如下:

表 6 - 3　SB-4 所包含的领域、分测验和题目数

领域名称	分测验名称	题目数
言语推理	词汇	46
	理解	42
	谬误	32
	语词关系	18
数量推理	数量	40
	数字序列	26
	列等式	18
抽象/视觉推理	图形分析	42
	临摹	28
	矩阵	26
	折纸和剪纸	18
短时记忆	珠子记忆	42
	语句记忆	42
	数字记忆	26
	物品记忆	14

2003 年,洛伊德(G. H. Roid)发表了由他主持修订的斯坦福—比内智力量表第五次修订的修订本(SB-5)。此次修订参考了卡特尔、霍恩和卡洛尔(Cattell,Horn & Carroll)先后提出并逐步完善的智力层次结构模型,同时接受了 SB-4 发表以来人们对该测验提出的一些批评。

(3) **适用范围**　2 岁至成人。

(4) **测验时间**　完成整套测验大约需要 45 至 75 分钟。

(5) **测验形式**　SB-5 属于个别施测的标准化智力测验。

(6) **测验内容**　洛伊德把整个测验分为言语领域和非言语领域两部分,每个部分均包括五个分测验,分别测量流体推理、知识(晶体能力)、数量推理、视觉—空间信息加工和工作记忆 5 个因子。SB-5 中的各个分测验所包括的活动内容如下:

A. 言语领域

① 言语流体推理　让受测者描述图片中正在发生的事情的因果关系或人物之间的互动;做一些初级的推理;听主试说一段话,指出这段话中所包含的谬误;通过类比推理把一句不完整的话说完整。

② 言语知识(定位测验)　用于确定受测者的能力水平及起测点。让受测者说出玩具的面部及身体的特征;看图说出相应的词汇;解释单词的意义。

③ 言语数量推理　让受测者数小玩具、小红点、绿积木块;说出数字的名称;做加减法运算和简单的文字题;做包含有测量概念的几何题和文字题,一部分必须用心算和口答,但有一部分较复杂的题目(如需要逻辑推理或乘法运算)可以用纸笔来运算。

④ 言语视觉—空间信息加工　让受测者按照主试的指令(例如,把物品"放在……的上面"、"放在……的里面"、"放在……的前面"等)放置物品;在听了若干有关方向转变的指令后(例如,"先向左,然后向北,再向右转"等),说出目前正确的朝向。

⑤ 言语工作记忆　让受测者复述句子,回答主试在提问中说出的最后一个单词是什么。

B. 非言语领域

① 非言语流体推理(定位测验)　用于确定受测者的能力水平及起测点。给受测者呈现物品序列或矩阵,用手指一下缺少的部分和各个选项,然后指一下装有塑料片、积木和玩具的盒子,让他选择一个放在缺少东西的那个位置上。

② 非言语知识　用卡片或直接对受测者说:"让我看看你怎样……",让他做出某个姿势以表明他明白主试让他做什么动作;让他仔细观察图片,指出图片中有哪些谬误。

③ 非言语数量推理　让受测者数小圆点和积木块;用积木块、图片表示数字概念、序列,解决数学问题。

④ 非言语视觉—空间信息加工　给受测者若干零部件,让他拼接成一个完整的图案。

⑤ 非言语工作记忆　把玩具放在某个塑料杯里,改变杯子的位置,让受测者辨认哪个杯子里有玩具;主试以每秒一个的速度按照一定的顺序敲击不同颜色的积木块,然后让受测者按照同样的顺序敲击积木块。

(7) **施测说明**　施测分两个阶段进行。第一阶段施测言语知识和非言语流体推理分测验,根据这两个分测验的得分及受测者的实足年龄查"起测点表",便可确定其他几个分测验从哪一题开始施测。第二阶段施测其他的分测验,根据受测者的应答情况确定他在每一个分测验上的基础水平和上限水平。所谓基础水平,是指受测者对两个相邻难度水平的题目都能做出正确回答的那个最高水平。如果从起测点开始,两个相邻难度水平的题目都能通过,受测者就不必再做难度更低的题目。如果从起测点开始,在两个相邻难度水平的题目中有不能通过的题目,受测者就要往难度更低的方向做题,直到两个相邻难度水平的题目都能通过为止。当两个相邻难度水平的题目中有三道或四道题不能通过时,这两个水平的最低点就是受测者的上限水平。找到某个分测验的上限水平之后就应该停做这个分测验,开始做下一个分测验。当所有的分测验都找到基础水平和上限水平,就可以进行记分和分数的解释。

该测验的大多数题目都是按 0 或 1 记分的,但也有一部分难度较大的题目按 0、1 或 2 记分。将每一题的得分加起来,就可以得到分测验的原始分数。将分测验的原始分数转换为平均分为 10,标准差为 3 的量表分数之后,就可以计算 5 个因素指数和 4 个合成分数,即全量表 IQ、言语 IQ、非言语 IQ 和简缩版 IQ(平均分=100,标准差=15)。简缩版 IQ 是用两个定位测验的分数计算得来的。此外,还可以将原始分数换算成百分等级和年龄当量。

测验修订者用分层随机抽样的方法,严格按照美国 2000 年人口普查时获得的人口分布资料来抽取受测者样本,分层变量包括年龄、性别、种族、地区及社会经济地位等。最终的常模团体由 4800 名 2 至 85 岁的受测者组成。

(8) **测验的信效度**　测验修订者用多种方法检验了 SB-5 的信度和效度。研究结果表明,该测验具有很高的内部一致性信度和效标关联效度。

(9) **评价**　斯坦福—比内智力量表第五版是根据卡特尔、霍恩和卡洛尔的智力结构理论编制而成的,因此反映了智力评估领域理论研究的新进展。它把测验内容分成言语和非言语两大领域,使对儿童认知能力的诊断和评估变得更为全面。在施测程序上,它采用定位测验的做法,既节省了测试时间,又控制了因受测者必须做不适合其智力水平的题目而可能带来的误差。此外,它还增加了一些难度更低和难度更高的项目,因此适用的年龄范围更广。不过,该测验公开发表的时间距离现在不远,其信度和效度的研究还不够充分,需要进一步积累证据以证明它的可靠性和有效性。

四、考夫曼儿童成套评估测验(第二版)

(1) **测验目的**　测量儿童智力。

(2) **编、修订者**　美国心理学家考夫曼夫妇(A. S. Kaufman & N. L. Kaufman)。

考夫曼儿童成套评估测验的初版(Kaufman Assessment Battery for Children, K-ABC)发表于 1983 年,是美国心理学家考夫曼夫妇根据认知心理学、神经心理学以及临床研究的最新成果编制而成的。由于受认知主义思潮的影响,考夫曼夫妇力图从信息加工过程来评估儿童智力。在测验的编制过程中,他们参考了鲁利亚提出的有关大脑机能的神经心理学模式。鲁利亚认为,人类的认知加工包括三个相互协调的机能系统:一是唤醒与注意系统,使大脑皮层处于警觉状态;二是同时性—继时性加工系统,负责接收、加工和存储信息;三是计划系统,负责制定、调节和控制心理活动。考夫曼夫妇认为智力就是个体解决问题和信息加工的方式,所以,他们编制的智力测验着重测量鲁利亚理论中的第二机能系统,即继时性加工和同时性加工。此外,他们还将解决问题的能力与个人的知识和经验加以区分,前者用心理加工量表来测评,后者用成就量表来测评。

K-ABC 属于个别施测的标准化智力测验,包含继时性加工量表、同时性加工量表和成就量表,共有 16 个分测验。其中,继时性加工量表由手部动作、数字记忆和字词顺序 3 个分测验组成;同时性加工量表由魔术窗、辨认面孔、完形闭合、三角形、图形类推、空间记忆和照片系列 7 个分测验组成;成就量表由词语表达、人物与地方、算术、猜谜语、阅读/解码、阅读/理解 6 个分测验组成。适用于 2 岁 6 个月至 12 岁 5 个月的儿童。

(3) **修订时间**　20 世纪末 21 世纪初,考夫曼夫妇在鲁利亚神经心理学理论的基础上又参考了卡特尔、霍恩和卡洛尔的智力层次结构模型,对 K-ABC 进行了一次重大修订,于 2004 年发表了考夫曼儿童成套评估测验(第二版)(K-ABCⅡ)。

(4) **适用年龄范围**　3 岁 0 个月至 18 岁 11 个月。

(5) **测验形式**　K-ABCⅡ属于个别施测的标准化智力测验。

(6) **测验的结构与内容**　这套测验的结构也发生了较大的变化,它所包含的量表、分测验及适用年龄范围如表 6-4。

表 6-4　K-ABCⅡ所包含的量表、分测验及适用年龄范围

量表名称	分测验名称	适用年龄
继时性加工量表	数字记忆 字词顺序 手部动作	3~18 岁 3~18 岁 3~18 岁

续　表

量表名称	分测验名称	适用年龄
同时性加工量表	数积木块 概念性思维 辨认面孔 漫游 三角形 完形闭合	5~18 岁 3~6 岁 3~5 岁 6~18 岁 3~18 岁 3~18 岁
学习	亚特兰蒂斯 亚特兰蒂斯回忆 画迷学习 画迷学习回忆	3~18 岁 5~18 岁 4~18 岁 5~18 岁
计划	模式推理 完成故事	5~18 岁 5~18 岁
知识	猜谜语 言语知识 词语表达	3~18 岁 3~18 岁 3~18 岁

K-ABCⅡ的各个分测验所测量的内容如下：

① 数字记忆　要求受测者按照同样的顺序复述主试刚念过的一串数字(每串数字包括 2~9 个数字不等)。

② 字词顺序　主试说出一串常见物品的名称后,要求受测者按同样的顺序从图片中指认出来。

③ 手部动作　要求受测者按照同样的顺序做出主试先前用拳、手掌和手的侧面在桌子上做过的一系列动作。

④ 数积木块　让受测者看由数目不等的积木块堆叠成不同造型的图片(有些积木块被部分或全部遮盖),说出图片中所包含的积木块数。

⑤ 概念性思维　给受测者看一组图片(有 4 或 5 张),要求他指出哪一张图片上的物品和其他几张图片上的物品不属于同一类。

⑥ 辨认面孔　要求受测者从一张团体照片中认出在上一页中刚见过的一两张面孔来。

⑦ 漫游　让受测者在一个设有障碍物(礁石、水生植物)的棋盘格子上移动一只玩具狗,寻找一条需要最少步骤就能走到终点的"最快"路径。

⑧ 三角形　要求受测者用若干个三角板(一面是蓝色的,一面是黄色的)拼成几种规定的图案。

⑨ 完形闭合　要求受测者看过一张未画完的墨迹画后,在头脑中把它画完,并说出画中物品的名称或人物的动作。

⑩ 亚特兰蒂斯　给受测者看 12 张图片,每张图片用一个无意义的名字来称呼,然后说出每一个名字,要求他指点相应的图片。

⑪ 亚特兰蒂斯回忆　要求受测者回忆大约 15～25 分钟前在亚特兰蒂斯分测验中做过的图片与名字的配对联想学习。

⑫ 画迷学习　先教受测者若干与每张图画有关联的单词或概念，然后要求他念出由这些图画组成的短语或句子。

⑬ 画迷学习回忆　要求受测者回忆大约 15～25 分钟前在画迷学习分测验中念过的由若干图画组成的短语或句子。

⑭ 模式推理　给受测者呈现一组刺激，但还需要补充一个刺激才能构成某种有逻辑关系的模式，要求他从该页下面的 4～6 个选项（通常是抽象的几何图形）中选择一个把该模式填补完整。

⑮ 完成故事　给受测者呈现一组有故事情节的图片，但还需要一张图片才能把故事讲完，要求他从另一组图片中选择一张作为补充，以便把故事讲完。

⑯ 猜谜语　要求受测者根据主试所描述事物的具体或抽象的特征，指认或说出它的名称。

⑰ 言语知识　要求受测者从 6 张一组的图片中找到与主试刚念过的那个词汇相对应的那张图片或回答某个常识性问题。

⑱ 词语表达　要求受测者说出图片中物品的名称。

（7）**施测说明**　施测前主试先要根据受测者的年龄、障碍类型，以及解释测验结果时所依据的理论模式从上述 18 个分测验中选择一部分分测验进行测试。例如，4 岁以下儿童不做数积木块、模式推理等分测验，对于听觉障碍、孤独症、语言障碍和不会说英语的儿童通常要依据鲁利亚的理论模式来解释测验结果，所以不做知识量表中的猜谜语、言语知识和词语表达分测验。一般来说，对学前儿童施测平均需用 45 分钟，对学龄儿童施测平均需用 75 分钟就能完成整个测试。

施测结束后，主试要根据受测者所在常模团体的平均分和标准差将每个分测验的原始分数转换成平均数为 10、标准差为 3 的量表分数。然后，将 18 个分测验的量表分数求和，转换成平均数为 100、标准差为 15 的标准分数，即流体—晶体指数，以及相应的百分等级和年龄当量，这样就可以依据卡特尔、霍恩和卡洛尔的理论模式解释测验结果。或者把知识量表去掉，只将前 15 个分测验的量表分数求和，再转换成平均数为 100、标准差为 15 的标准分数即心理加工指数，以及相应的百分等级和年龄当量，然后依据鲁利亚的理论模式描述受测者的认知发展特点。

该测验的修订者已用分层随机抽取的方法抽取了 3025 名来自美国 39 个州和哥伦比亚地区的年龄在 3 岁 0 个月～18 岁 11 个月之间的受测者，组成一个有代表性的样本。受测者共分成 18 个年龄组，每组有 100～200 人。除了年龄特征外，分层抽样时还考虑到性别、区域、种族、社区大小、父母文化程度、教育安置类型（普通班还是特殊班）等变量。各层的人数比例基本符合美国 2001 年人口普查的统计数据。

（8）**测验的信效度**　K-ABCⅡ 的使用手册中报告了有关该测验的信度和效度的检验结果。研究数据表明，该测验的各量表及整套测验的内部一致性、再测信度都很高，构想效度、效标关联效度均较好。

（9）**评价**　考夫曼儿童成套评估测验第二版是一套非常新的且测量性能很好的量

表。它以鲁利亚的神经心理学理论和卡特尔、霍恩和卡洛尔的智力层次结构理论作为测验编制的理论基础,为分数的解释及其应用提供了可靠的依据。由于在测验编制过程尽量减少对文字材料的使用,使得它非常适用于听觉障碍、言语障碍、情绪障碍、智力障碍、孤独症及学习障碍儿童。另外,通过不同量表的组合,该测验可以达到多种评估目的。

五、希—内学习能力测验

（一）希—内学习能力倾向测验

（1）**测验目的** 评估听觉障碍儿童的智力。

（2）**编制者** 美国内布拉斯加州立大学的希斯基(M. Hiskey)教授。

美国心理学家平特纳(R. Pintner)等人在 20 世纪最初 10 年和 20 年代最先尝试将比内智力量表应用于聋哑儿童,但不太成功。直到韦克斯勒智力量表发表以后,人们才开始针对这个特殊人群的特点,专门设计一些非言语量表来评估他们的智力。在这些用于听觉和言语障碍儿童的智力量表当中,希—内学习能力倾向测验是最具有代表性的一个。

为了有效地评估听觉障碍儿童的智力,1941 年美国内布拉斯加州立大学的希斯基教授专门为听觉障碍儿童编制了一套非文字智力测验,即希—内学习能力倾向测验(Hiskey-Nebraska Test of Learning Aptitude,H-NTLA)。1955 年,他又发表了用标准化口语指令施测的听力正常儿童的常模。1966 年,希斯基对该测验做了一次修订,在修订本中同时制定了聋童常模和听力正常儿童常模。

（3）**适用范围** 适用于 3～17 岁的儿童。

（4）**测验时间** 大约为 45～50 分钟。

（5）**测验形式** 该测验属于个别施测的标准化智力测验。

（6）**测验说明** H-NTLA 共包括 12 个分测验,有 166 道题。所有的题目全部用操作的方式来施测。如果用于听力正常的儿童,也可以用口语的指导语来施测。每位受测者的测试时间为 45～50 分钟。听力正常儿童的测验结果一般用离差智商表示,聋童的测验结果则用学习年龄(learning age)或学习商数(learning quotient)表示。

1966 年测验编制者对 H-NTLA 进行了标准化。常模团体是根据美国 1960 年人口普查资料,用分层随机抽样的方法抽取来的,分别由 1079 名聋童和 1074 名听力正常儿童组成,年龄分布在 2 岁半至 17 岁半之间。

在测验手册中报告了该测验的分半信度,总的来说,它的分半信度较好。有人以听觉障碍儿童为被试,考察了该测验间隔 1 年的再测信度,结果也表明该测验有很好的稳定性。

在效度方面,测验编制者及其他研究者的研究数据均显示该测验具有较高的协同效度。

（7）**评价** H-NTLA 是目前用于评估听觉障碍儿童智力的最好的量表之一。该测验所用的材料均为非文字的,比较容易引起受测者的兴趣。测验手册中提供了手势语的指导语和听觉障碍儿童常模,各测验项目基本上无时间限制,因此特别适合于听觉障碍儿童。其信度和效度资料显示,该测验的测量学性能较好。不过,该测验的常模需要重新修订。另外,因新近发表的一些聋人智力测验如莱特国际操作量表修订本（Leiter

International Performance Scale-Revised)也具有较好的测量学性能,人们对这个测验的热情有所下降。

（二）希—内学习能力倾向测验中国修订本

（1）**修订单位和时间**　1989 年,曲成毅等人发表了 H-NTLA 在我国山西省修订的研究报告。从 1991 年起,由山西医学院和中国聋儿康复中心牵头,组织了全国协作组在全国抽样,1997 年发表了基于全国样本所做的修订报告,并将修订本命名为希—内学习能力倾向测验中国修订本,简称 H-NTLA-CR。

（2）**适用范围**　适用于 3 至 17 岁的儿童。

（3）**测验内容**　该测验由 12 个分测验组成,每个分测验所测量的内容如下:

① 穿珠　分为随意穿珠子、参照模式穿珠子和记忆模式穿珠子三部分。依据穿珠的个数或能完成最难的模式序号记分,最高分记为Ⅶ。主要测量手眼协调能力和记忆力。

② 记颜色　要求受测者拿出与主试所呈现颜色相同的颜色条。共有 19 题,每题以 0 或 1 记分,满分为 19 分。主要测量辨别颜色及在很短的时间里记住所呈现的不同颜色和顺序的能力。

③ 辨认图画　共有 7 页图画,每页有 5 幅图,另有 22 张单张图片,为配对使用,其中的一张用于练习。要求受测者找出与主试所出示的图画一样的图片。共有 7 题,每题以 0、1、2 或 3 记分,满分为 21 分。主要测量知觉辨认和理解图片关系的能力。

④ 看图联想　有一本图册,共有 14 页,每页有两张图画和一个空白处。另有 14 套图片,每套 4 张,要求受测者找出与主试所呈现的图画相匹配的一张并放到空白处。共有 14 题,每题以 0 或 1 记分,满分为 14 分。主要测量思维联想的能力。

⑤ 折纸　要求受测者重复主试做过的一系列折纸动作。共有 9 题,每题以 0 或 1 记分,满分为 9 分。主要测量手眼协调能力和记忆力。

⑥ 短期视觉记忆　有 7 个序列的图画和 18 张单张图片。要求受测者凭记忆从一系列图画中找出与刚出示的那张图片一样的图画。共有 9 题,第 1~2 题以 0 或 1 记分,第 3~9 题以 0、1 或 2 记分,满分为 16 分。主要测量注意力及在短暂的时间里记住图片排列顺序的能力。

⑦ 摆方木　在一本图册上有 15 幅图案,要求受测者用 9 块方木摆出与所出示的图案一样的模型。模型 1~5 以 0 或 1 记分,模型 6~14 以 1、2 或 3 记分,满分为 32 分。主要测量空间定向及手眼协调能力。

⑧ 完成图画　共有 28 张图,其中第 1 张图用于练习。每张图上都有某一缺少的部分或细节,要求受测者把图画中缺少的部分补画上。共有 27 题,每题以 0 或 1 记分,满分为 27 分。主要测量知觉想象和分析与综合的能力。

⑨ 记数字　要求受测者摆出与主试刚才出示的数字系列一样的系列。共有 8 题,每题以 0、1 或 2 记分,满分为 16 分。主要测量在短时间里记住所出示的不同数字和顺序的能力。

⑩ 迷方　要求受测者将大小不等的若干红色小木块摆成一个大的方木块。每摆成一个大的方木块记 1 分,速度快、颜色正确有加分。共有 7 题,每题以 0、1、2 或 3 记分,满

分为 21 分。主要测量把若干有色的方木块拼成一个大的完整立方体的能力。

⑪ **图画类同**　共有 12 页图画,每页分上下两组,上面一组有两幅供类推分析用的图画,下面一组的左边有一幅图,右边是空白,要求受测者通过类比推理从每套(5 张)图片中选择一张合适的放在空白处。共有 12 题,每题以 0 或 1 记分,满分为 12 分。主要测量理解图片关系及类比推理的能力。

⑫ **空间推理**　共有 10 套图画,每套图画中有一个几何图案和四组几何图形,其中的一组能组合成目标图案(见图 6-1),要求受测者找出能组合成目标图案的那组几何图形。共有 10 题,每题以 0 或 1 记分,满分为 10 分。主要测量空间知觉、分析和综合的能力。

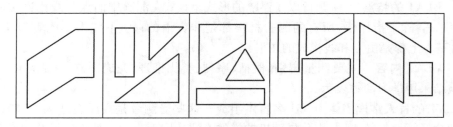

图 6-1　H-NTLA-CR 的 a 题目样例

(4) **测验说明**　H-NTLA-CR 有两套指导语,一套是手势语的,用于聋童;另一套是口语的,用于听力正常的儿童。该测验基本保留了原测验的结构和题目。

H-NTLA-CR 的聋童常模团体是根据 1990 年全国人口普查的资料,采用分层整群抽样的方法抽取来的。受测者来自全国六大行政区,共 21 个省、市、自治区。学龄前阶段的受测者主要来自聋儿语训部,学龄阶段的受测者主要来自当地的聋校。所有受测者均为语前聋,双耳听力损失均在 70dB 以上。将受测者从 3 岁至 17 岁划分成了 15 个年龄组,每个年龄组大约抽取了 100 名受测者,总共为 1758 人。听力正常儿童的常模团体则由来自山西省 10 个城市的 1074 名听力正常的儿童组成。这个常模团体也是用分层整群抽样的方法抽取而来的,基本符合山西省各城市的规模、父亲职业、学校类型等方面的人数比例。

在信度方面,已有的研究数据显示,该测验有较高的分半信度、再测信度和评分者信度。在效度方面,该测验具有较高的效标关联效度。

(5) **评价**　希—内学习能力倾向测验是国内第一套专门为聋人修订的智力测验。该测验已在全国范围内抽样,制定了标准化的聋童常模,并且从测量学性能来看已达到要求,因此适合在我国聋童中使用。

六、盲人学习能力倾向测验

(1) **测验目的**　评估盲人的学习能力或智力。

盲人看不见眼前的事物,给他们实施智力测验常常会遇到很大的障碍,于是有人尝试将一些著名的智力测验改编成用口语或盲文来施测,以便于评估盲人的智力。最早发表的盲人智力测验基本上都是根据比内智力量表改编来的。1942 年海耶斯(S. P. Hayes)

发表了根据斯坦福—比内智力量表改编的海耶斯—比内智力量表。后来,有人把韦克斯勒智力量表也改编成能为盲人使用的量表。韦克斯勒智力量表的盲人版实际上是把操作量表去掉,把言语量表中的一些不适合盲人使用的题目换成适合使用的题目。20世纪60年代以后,随着对测验信度和效度的要求越来越高,有人开始编制盲人专用的智力量表。

（2）**编制时间与编制者**　1969年,纽兰(T. E. Newland)为评估盲人的学习能力或智力而专门设计了一套量表,即盲人学习能力倾向测验(Blind Learning Aptitude Test, BLAT)。

（3）**适用范围**　这套量表目前已在美国6～20岁的普通儿童中标准化,但它主要用于6～12岁的盲童(Luftig,1989)。

（4）**BLAT的特点**　① 题目以浅浮雕的形式呈现;② 测验中的点和线比盲文读物更容易辨别;③ 除了指导语,所有的测验材料都是非言语的;④ 不要求受测者口头回答;⑤ 题目基本上都是由点和线构成的图形。

（5）**BLAT内容**　主要测量辨别、概括、序列、类比推理、完成图画、完成矩阵6种能力,测验结果用学习商数表示。

BLAT的盲人常模团体由961名盲童组成。这些受测者是按所在地区、年龄、性别、种族、社会经济地位的不同,用分层随机抽样的方法抽取而来的。抽样结果基本符合美国1960年的人口普查资料。

（6）**BLAT的信效度**　有研究者对盲人学习能力倾向测验进行了信度和效度的检验,结果表明,该测验具有较高的内部一致性、再测信度和构想效度。

在美国用于评估盲童智力的各种量表当中,盲人学习能力倾向测验称得上是性能较好的量表,但这个量表目前还没有被引入我国。

七、古迪纳夫—哈里斯绘人测验

古迪纳夫—哈里斯绘人测验(Goodenough-Harris Drawing Test)是由美国明尼苏达大学的古迪纳夫(F. L. Goodenough)编制的,最早的版本发表于1926年。1963年美国人哈里斯(F. L. Harris)对这套测验进行了修订并发表了它的修订本。后来日本的小林重雄和城户氏在研究的基础上提出了50项评分法。1979年上海第二医科大学将这套测验引入我国。1985年首都儿科研究所作为全国儿童智能研究协作组成员之一,发表了该测验在北京地区的修订报告。这个北京地区的修订本被命名为绘人智能测验,下面就简要地介绍绘人智能测验。

（1）**测验目的**　评估儿童的智能。

（2）**适用范围**　适用于4～12岁的儿童。

（3）**测验形式**　既可以个别施测,也可以团体施测。

（4）**施测方法**　让受测者按自己脑子里想的人画一张全身的人像,可用橡皮擦,时间不限,但一般都能在10～20分钟内完成。在受测者画完人像以后,主试按照测验手册中提供的评分标准及评分样例(见表6-5和图6-2)进行评分,并根据受测者的实足年龄和原始分数查智商转化表,得到他的智商。最后,根据以下标准评价儿童的智力:

高智能　　　　　　　　130≤IQ

中上智能   115≤IQ<130
中等智能   85 ≤IQ<115
中下智能   70 ≤IQ<85
低智能   IQ<70

表 6-5   绘人智能测验的评分标准

项目	评分标准
(1) 头	轮廓清楚,什么形状都可得分,无轮廓者不给分
(2) 眼	有眼即可。点、圈、线均可得分。只画一个眼的给半分
(3) 下肢	能画出下肢,形状不论。线状也行。一定要有两条腿。如果并拢在一起,也必须能看出是两条腿。若画穿长裙的女孩,只要腰与足之间有相当距离能代表下肢部位,也可记1分
(4) 口	能画出口来,形状无关。部位不正无关,但必须在脸的下半部
(5) 躯干	有躯干即可,形状不论,卧位也可
(6) 上肢	形状不限,只要能表达是胳膊,没有手指也可
(7) 头发 A	不限发丝形状,只要有就行,一根也可
(8) 鼻	有鼻形状不限,只画鼻孔的算第 37 项得分,本项无分
(9) 眉毛或睫毛	眉毛或睫毛有一种即可
(10) 上下肢的连接 A	上、下肢的连接大致正确。从躯干出来
(11) 耳	必须有双耳,形状不论,但不能与上肢混同。侧面者画一只即可,正位只画一只算半分
(12) 衣着一件	有衣、裤、帽子之一即可。仅画纽扣、衣兜、皮带等也可以
(13) 躯干长度	躯干要有轮廓。长度要大于宽度。在纵、横的最长部位比较,长宽相等者不给分
(14) 颈	有颈部,形状不限,能将头与躯干分开即可
(15) 手	有手能与臂区别。手指数目及形状无关
(16) 上下肢的连接 B	双上肢都从肩处或在相当于肩处连接,下肢由躯干下部伸出来
(17) 头发 B	在头的轮廓之上画有头发,比第 7 项好些。完全涂抹也可
(18) 颈的轮廓	清楚地画出头与躯干连接的颈的轮廓。只画一根线的不给分
(19) 眼的比例	眼的长度大于眼裂之开阔度,双眼一致
(20) 下肢比例	下肢的长度要大于宽度,下肢长于躯干,但不到躯干的 2 倍,下肢左右长度不同时,以长的一侧计分
(21) 衣着,2 件	衣着有 2 件以上。例如有帽子及皮带,或上衣和鞋等,是不透明的。能将身体遮盖起来,分不清是身体还是衣服的不能给分。裤、裙、衬衫、腰带、发辫束带、项链、表、指环、镯子、烟斗、香烟、伞、手杖、鞋、袜、手套、笔记本、手提箱、书包等都可以算

项目	评分标准
(22) 全部衣服不透明	齐全地画出衣裤或裙子,不透明。(第 12 和第 21 项必须都得分)
(23) 双瞳孔	双眼均画有瞳孔(黑眼珠),眼轮廓内有明显的点或小圆圈
(24) 耳的位置和比例	耳的长大于宽,侧位时有耳孔。耳的大小适当,要小于头横径的 1/2。双耳要一致
(25) 肩	画出肩的轮廓,角形或弧形均可。上肢必须有轮廓,与肩部连接正确
(26) 眼的方向	瞳孔的位置两眼应一致,视线正确
(27) 上肢比例	上肢长大于宽。上肢要长于躯干,手向下垂时不能超过膝部。如膝盖位置不清楚时,以腿的中点算。上肢左右长度不同时,以长的一侧评分
(28) 手掌	画有手掌,能将手指与胳膊区别开
(29) 手指数	两手必须各有 5 指,形状无关
(30) 头的形状	头形正确,不能是简单的圆形或椭圆形
(31) 躯干的形状	正确地画出躯干的形状,而不是简单的椭圆形或方形或三角形,躯干长度大于宽度,要有双肩比例基本正确
(32) 上下肢轮廓	上下肢有轮廓,与躯干连接处不应变细
(33) 足跟	有明显的足跟轮廓。画出鞋的后跟也可。正位时鞋画得正确就可给分
(34) 衣着,4 件以上	如帽子、鞋、上衣、裤、领带、皮带、袜及各种装饰品等,画有 4 件或 4 件以上
(35) 足的比例	下肢和足都有轮廓,足的长度比厚度大,足的形状不论。足长应是下肢的 1/3 以下至 1/10 以上
(36) 指的比例	全部手指有轮廓,长大于宽,形状正确,其中如有一个手指头不画清楚轮廓也不给分
(37) 鼻孔	鼻有鼻孔,如只画鼻孔也可以,侧位有个凹窝即可
(38) 拇指	拇指与其他指分开,短于其他指,位置正确
(39) 肘关节	必须以某种形式表示出有肘关节,角形或弧形均可。画单侧也行
(40) 下颌及前额	是眉毛以上及鼻以下部位,要接近面部的 1/3,侧位有轮廓也可
(41) 下颌	清楚地表示出下颌,侧位时也要明确。正位时在口以下有明显的下颌部位
(42) 画线 A	线条要清楚、干净。应该连接的地方都连接。不画无用的交叉、重复线条或留有空隙
(43) 鼻和口的轮廓	鼻和口皆有轮廓,口有上唇及下唇,鼻不能画成直线、圆或方形
(44) 脸	脸部左右对称,眼、耳、口、鼻等均有轮廓,比较协调。若为侧位,头、眼比例要正确
(45) 头的比例	头长是躯干的 1/2 以下,身长的 1/10 以上

续 表

项目	评分标准
(46) 服装齐全	服装齐全,穿着合理,符合身份
(47) 下肢关节	显示膝关节,如跑步的姿势等,正位时须表示出膝盖。画单侧亦计分
(48) 画线 B	虽然第 42 项已给分,如果线条清晰、美观,有素描风格,画面整洁的可再给 1 分
(49) 侧位 A	侧位时,头、躯干以及下肢都应是正确侧位
(50) 侧位 B	比第 49 项更进一步

引自 张家健、高振敏编著:《儿童智能测验与培养》,北京:科学出版社,1989 年,第 273 - 275 页(略有改动)。

图 6 - 2 绘人智能测验第 15 项评分样例

(5) **测验说明** 绘人智能测验的常模是根据北京市区的 6062 名 4～12 岁儿童的测量数据制定的,样本中男童与女童的比例大约为 1∶1。从 4 岁至 6 岁半,每半岁为一个年龄组,从 7 岁至 12 岁,每一岁为一个年龄组。每个年龄组的人数从 328 人至 647 人不等。

在北京地区修订时该测验已做过信度和效度方面的检验。已有的数据表明,该测验有较高的评分者信度、再测信度和协同效度。

(6) **评价** 绘人智能测验是一个有趣的测验,施测方法简便易行,不需要复杂的工具和指导语,受测者在很短的时间内就能完成。不过,它属于筛查性测验,其测量结果往往不够精确,不能全面地反映儿童的智能,评分也比较主观,对于善于绘画或缺乏绘画技巧的儿童都不适用,因此,在应用上受到一定的限制。

八、学龄前儿童 50 项智能筛查量表

(1) **测验目的** 测查学龄前儿童综合能力。

(2) **编制时间** 1986 年公开发表。

（3）**适用范围**　4 至 7 岁儿童。

（4）**量表内容**　这套量表共有 50 个项目（见表 6 - 6），其中有 13 项测量自我认识能力、13 项测量运动能力、4 项测量记忆能力、6 项测量观察能力、9 项测量思维能力、5 项测量常识，满分是 50 分。

（5）**施测方法**　在施测过程中，被试要逐题回答问题或按要求操作。施测完毕，主试需通过查常模表将被试的原始分数转换成能力商数，从而判断他的智能水平。

表 6 - 6　学龄前儿童 50 项智能筛查量表

1. 指给我看，你的眼睛在哪儿？

2. 指给我看，你的耳朵在哪儿？

3. 指给我看，你的颈项在哪儿？

4. 告诉我，你叫什么名字？

5. 你的手指在哪？

6. 请把衣服上的扣子扣好。

7. 有一双鞋（鞋尖对着儿童）你穿穿看。

8. 请把裤子重新穿一下。

9. 指给我看，你的眉毛在哪儿？

10. 请你学我的样子，倒退走路（2 米）。

11. 你并住双足，往前跳一下（20 厘米）。

12. 你今年几岁（虚岁和实岁都可）？

13. 你自己会穿上衣服吗？穿给我看看。

14. 你知道哪些东西是动物吗，请你说两种。

15. 指给我看，你的足跟在哪儿？

16. 重复说一个数目 4213（61976）。

17. 给孩子看一张未画腿的人物画像，请孩子指出哪些部分未画完，或请他补画上。

18. 指给我看，你的肩在哪儿？

19. 正确地说出下面的图形。3/3

20. 从 30 厘米高处跳下，足尖着地。（示教）

21. 请你按我说的次序做这三件事：（连说两遍）
　　① 把门打开；② 将那小椅子搬过来；③ 用那抹布擦擦这桌子。

22. 你能用筷子夹起这豆子（或花生米）吗？做做看。

23. 你说五个反义词（用相反事物提问）：5/5

（1）火是热的——冰是（冷）的。

（2）大象鼻子是长的——小白兔尾巴是（短）的。

（3）老虎是大的——蚂蚁是（小）的。

（4）头发是黑的——牙齿是（白）的。

（5）棉花是软的——木头是（硬）的。

24. 你会单脚站立吗？试试看（10 秒）。

25. 足跟对着足尖直线向前走（2 米）。（示教）

26. 你知道你自己属什么吗？（生肖）

27. 让孩子抓住弹跳到胸前的球。（测试者和孩子相距 1 米、示教一次）

28. 说出红、黄、蓝、绿四种颜色（图形或实物）。

29. 你用拼板照样拼椭圆形。

30. 看图，说出有什么不对的地方（鸡在水中游）。

31. 告诉我你姓什么？

32. 学我样，足尖对着足跟倒退走（2 米）。（示教）

33. 请描绘下面图形。

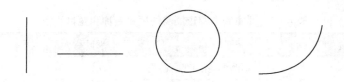

34. 看图，说出有什么不对的地方（雨下看书）。

35. 看牛、兔画说三处错误（牛尾、腿、兔耳）。3/3

36. 你住在哪儿（要有路名、门牌号）？

37. 请用线绳捆住这双筷子，并打一个活结。

38. 用拼板拼图：圆形、正方形、长方形。

39. 指给我看你的膝盖在哪儿？

40. 你知道吃的蛋是从哪里来的吗？吃的青菜（或白菜）是从哪里来的？

41. 你知道吃的肉是从哪里来的吗？

42. 你想一想回答我：鸟、蝴蝶、蜜蜂与苍蝇有什么相同之处？

43. 你想一想后回答我：毛线衣、长裤、鞋子有什么共同之处？

44. 请你用左手摸摸右耳朵，用右手摸左耳朵，用右手摸右腿。（三试三对）

45. 今天是星期几？请告诉我后天是星期几？明天呢？昨天呢？3/3

46. 工作人员讲一个短故事给孩子听，听完后要他回答：① 小兔子借篮子干什么？② 小鸭子请公鸡干什么？③ 小松鼠请公鸡干什么？④ 公鸡为什么又叫又跳？⑤ 都谁帮助公鸡修房子了？5/5

47. 倒说三位数：238（倒说 832）、619（倒说 916）、596（倒说 695），要求三试二对，可以换其他数。

48. 我说一句话，你仔细听着，并照样说给我听：妈妈叫我一定不要和小朋友打架。（连说二遍）

49. 你想一想然后回答我：口罩、帽子、手套有什么共同之处？

50. 听故事后回答——小公鸡为什么脸红了？

公鸡和兔子、鸭子、松鼠住在一起，有一天早上，兔子来找公鸡说："我要上街卖萝卜，借一只篮子给我用吧！"公鸡说："我自己要用，不借！"

中午，鸭子来找公鸡说："公鸡哥哥，你嘴巴尖尖的，帮我解一下衣服上的扣子吧！"公鸡说："我要吃饭了，没有空。"

到了晚上，松鼠来找公鸡说："我明天早上要上山砍柴，你早一些叫我起床吧。"公鸡说："我没有力气，不高兴叫。"

过了一天，刮大风、下大雨，公鸡的屋顶被掀掉了，公鸡急得又跳又叫。正在着急时，兔子、鸭子、松鼠一起来了,帮助公鸡修理屋顶。

没过多久,风停了,雨住了,屋顶也修好了,公鸡看着这一切,脸一下子红了。

引自 陈云英:《残疾儿童的教育诊断》,北京:华夏出版社,1996年,第98-101页。

九、儿童智力筛查测验

(1) **测验目的** 测查儿童智力发展水平。

(2) **适用范围** 7至15岁儿童。

(3) **测验说明** 整套测验共有8个项目,每个项目都包含5道题,答对1题记1分,满分是40分,施测方法与学龄前儿童50项智能筛查量表基本相同。

该量表的各个项目名称和题目举例如表6-7所示:

表6-7 儿童智力筛查测验的项目名称和题目举例

项目名称	题目举例
(1) 认识图形	例如,第1题:圆形
(2) 图片填充	例如,第2题:一张缺少嘴的人脸图片
(3) 照管日常生活	例如,第3题:为什么要穿衣服?
(4) 计算	例如,第4题:给你3个皮球,再给你2个,你一共有几个皮球?
(5) 对普通伤害的防卫	例如,第2题:小刀子或碎玻璃为什么不能玩?
(6) 分辨能力	例如,第4题:一年四季叫什么?
(7) 言语	例如,第5题:妹妹有两个洋娃娃,弟弟只有一个玩具汽车
(8) 理解	例如,第3题:如果你把小朋友的皮球玩丢了,你该怎么办?

改编自 陈云英:《残疾儿童的教育诊断》,北京:华夏出版社,1996年,第93-97页。

十、团体儿童智力测验

(1) **测验目的** 评估儿童的智力。

(2) **编制者与编制时间** 团体儿童智力测验(the Group Intelligence Test for Children,GITC)是由华东师范大学金瑜教授编制的,发表于1996年。

(3) **适用范围** 该测验适用于9至18岁的中小学生。

(4) **测验的结构** GITC的结构与韦克斯勒儿童智力量表十分相似,也由语言量表和非语言量表两部分组成,共包括10个分测验,其中常识、类同、算术、理解、词汇5个分测验属于语言量表,辨异、排列、空间、译码、拼配5个分测验属于非语言量表。

(5) **测验说明** 该测验采用纸笔测验的方式,所有的题目均为多项选择题的格式即从五个选项中选一个最恰当的作为答案。各分测验的名称、题目数及部分分测验的题目举例如下:

① 常识 共有38题。例如,第1题:会抓老鼠的动物是:A. 猫;B. 老虎;C. 狮子;D. 狗;E. 猪。

② 辨异 共有 26 题。

③ 类同 共有 32 题。例如,第 5 题:橘子—桃子:A. 都有核;B. 都是甜的或酸的;C. 都是有营养的食物;D. 都是水果;E. 都有皮。

④ 排列 共有 13 题。

⑤ 算术 共有 20 题。例如,第 2 题:我哥哥比我大 5 岁,弟弟比我小 3 岁,弟弟是 9 岁,问哥哥几岁? A. 15 岁;B. 18 岁;C. 14 岁;D. 17 岁;E. 20 岁。

⑥ 空间 共有 30 题。

⑦ 理解 共有 32 题。例如,第 10 题:城市里有交通警察的原因是为了:A. 保持车辆和行人有秩序地通行;B. 使行人不违反交通规则;C. 防止恶意破坏;D. 儿童安全;E. 使车辆不损坏。

⑧ 译码 共有 34 题。

⑨ 词汇 共有 50 题。例如,第 15 题:曲折 A. 顺境;B. 顺利;C. 容易;D. 顺心;E. 顺手。

⑩ 拼配 共有 17 题。例如,第 11 题(见图 6 - 3)。

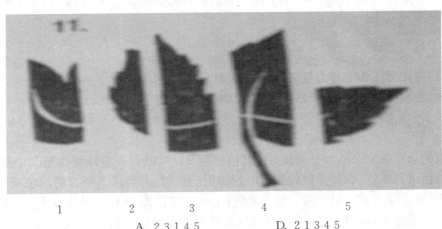

1	2	3	4	5

A. 2 3 1 4 5   D. 2 1 3 4 5

B. 2 4 3 1 5   E. 2 3 4 1 5

C. 2 1 4 3 5

图 6 - 3 团体儿童智力量表分测验的题目举例

测验一开始有一个总指导语,各分测验开始之前还有一个分测验指导语,通过阅读指导语,受测者就能了解测验的要求。每个分测验施测的时间规定为 6 分钟,做完整个测验大约需用 1 小时 20 分钟。测验完毕,根据受测者的原始分数和实足年龄就可以通过查常模表确定他的语言 IQ、非语言 IQ 和全量表 IQ。

GITC 已制定了上海市区常模和全国城市常模。全国城市常模的受测者来自东北、西北、西南、华北、华中和华东六大区的 19 个大中小城市。每个城市大约抽取了 200 名受测者,总人数为 3916 人。从 9 岁至 18 岁,共分为 10 个年龄组,各个年龄组的男女比例大约为 1:1,人数由 362 人至 412 人不等。

团体儿童智力测验的编制者已用多种方法对该测验的信度和效度进行了检验。研究数据表明,该测验具有较高的可靠性和有效性。

第三节　实施案例

一、个案基本情况

康康,男,6 岁 4 个月,某普通幼儿园大班学生,经诊断为阿斯伯格综合征儿童。康康视觉辨别能力和听觉辨别能力相对较好,味觉正常,触觉比较敏感,有特殊的嗅觉偏好;语言理解能力较差,容易误解,对老师的指令,反应比较慢;语言表达能力一般,清晰度一般,语调异常,主动语言较多;粗大动作能力不如精细动作,但基本上能够按照要求完成幼儿园的体操动作,跑步时上肢不自主地向右倾斜,拍手和踏步的动作幅度较大、声音响;精细动作较好,能够按照要求串珠子和穿洞板,手指灵活,双手的配合能力也比较好;记忆能力好,对感兴趣的知识很快就能记住;生活自理能力较好,自己穿衣、吃饭、大小便等,但是速度比较慢,做事情喜欢拖拖拉拉,上学经常迟到;大部分情况下,情绪较稳定,需要不被满足时,容易发脾气等。

二、工具与方法

工具:使用韦氏儿童智力量表(WISC-Ⅳ)进行评估。
方法:测验法,测验过程严格按照指导语的要求进行个别施测。

三、评估结果

康康的总智商 96 分,百分等级 39,置信区间 91～101。言语理解指数 78,表明其不能很好地用语言表达,导致分数较低;知觉推理指数 92,表明其非语言的抽象概念形成、推理技巧、视觉注意和视觉推理等能力较弱;工作记忆指数 143,表明其专注力、听觉信息的储存和处理能力、短时记忆等能力较好,是其能力发展的优势;加工速度指数 86,表明其视觉扫描、手动速度、耐心等能力相对较弱。

表 6－8　量表分数总和与合成分数转换表

量表	量表分数总和	合成分数	百分等级	95％置信区间
言语理解	19	言语理解指数:78	7	73～86
知觉推理	26	知觉推理指数:92	30	85～100
工作记忆	35	工作记忆指数:143	99.8	134～147
加工速度	15	加工速度指数:86	18	79～97
全量表	95	总智商:96	39	91～101

表 6 - 9 分测验量表

	言语理解			知觉推理				工作记忆			加工速度		
	类同	词汇	理解	赏识	积木	图形概念	短阵推理	填图	背数	字母数字	算术	译码	符号检索	划消
	7	5	7	5	16	4	6	5	22	13	4	8	7	7
22	*	*	*	*	*	*	*	*	●	*	*	*	*	*
21	*	*	*	*	*	*	*	*	*	*	*	*	*	*
20	*	*	*	*	*	*	*	*	*	*	*	*	*	*
19	*	*	*	*	*	*	*	*	*	*	*	*	*	*
18	*	*	*	*	*	*	*	*	*	*	*	*	*	*
17	*	*	*	*	*	*	*	*	*	*	*	*	*	*
16	*	*	*	*	●	*	*	*	*	*	*	*	*	*
15	*	*	*	*	*	*	*	*	*	*	*	*	*	*
14	*	*	*	*	*	*	*	*	*	*	*	*	*	*
13	*	*	*	*	*	*	*	*	*	●	*	*	*	*
12	*	*	*	*	*	*	*	*	*	*	*	*	*	*
11	*	*	*	*	*	*	*	*	*	*	*	*	*	*
10	*	*	*	*	*	*	*	*	*	*	*	*	*	*
9	*	*	*	*	*	*	*	*	*	*	*	*	*	*
8	*	*	*	*	*	*	*	*	*	*	*	●	*	*
7	●	*	●	*	*	*	*	*	*	*	*	*	●	●
6	*	*	*	*	*	●	*	*	*	*	*	*	*	*
5	*	●	*	●	*	*	*	●	*	*	*	*	*	*
4	*	*	*	*	*	*	●	*	*	*	●	*	*	*
3	*	*	*	*	*	*	*	*	*	*	*	*	*	*
2	*	*	*	*	*	*	*	*	*	*	*	*	*	*
1	*	*	*	*	*	*	*	*	*	*	*	*	*	*

在实施韦氏儿童智力测验过程中,评估人员观察到康康的手眼协调能力差,回答问题时,语调怪异,有些词语不清晰,眼睛经常看着别处,手在不停地乱翻测试纸,忍耐力较弱,遇到困难的题目,就不停问:"好了吗?"他似乎希望测验快点结束。他的老师和园长反映,康康来幼儿园的时候到处跑,不听指令,几乎没有什么活动是他感兴趣的,每天都往教室外面跑,在院子里东找找西找找,活动时从来不排队,但其记忆力好,能够分清楚老师、幼儿园东西的摆放位置、座位的安排等。目前有所改善,能够参加晨操活动,而且动作协调,速度适中。班级上课时,基本上能够坐得住,只是需要老师不断地提醒,怪异的行为较多,严重影响学习的效果,与班级幼儿不交流,常常自己做自己的事情,老师讲话时他总是表现出注意力不集中,反问他老师讲的内容,他也能说出来,但是不能准确理解。

四、结论与建议

(一)结论

康康语言表达能力低下;抽象概念获得、推理技巧、视觉注意与推理能力弱;听觉记忆能力很强,但视觉推理能力较弱。其有明显的阿斯伯格综合征儿童的典型特点,与国际上对这类儿童的测验结果基本相似。

(二)建议

(1) 加强生活中概念的学习和概念关系的理解,可以通过阅读绘本,加深对事物,以及关系的理解和表达。

（2）在生活中，让其多参与一些家务的劳动或者日常事务，如买菜、购物等，通过一天的活动，让个案进行配对、粘贴等练习。例如：今天和妈妈一起去菜市场买了黄瓜、西红柿，那么回到家里，要让其进行实物和词语的配对；将实物放在一起，按照功能和一些特点进行分类的练习。了解家务的程序，以及每个步骤之间的关系，从而理解先后关系、因果关系。例如：先洗菜、后炒菜。

（3）加强视觉重整能力的训练。加强视觉搜索和追视策略的教学，可以将事件的发展排成几张图片，让其按照顺序排列，或者做一些视觉游戏，例如：找一找、猜一猜。

（4）提供多感官教学。教学中，老师讲解某个定义时，尽可能地视觉、听觉、触觉材料都能提供，多感官的刺激有助于个案的理解、记忆。

【本章小结】

1. 本章首先探讨了智力的内涵。从国外著名心理学家比内、推孟、斯腾、桑代克、汉蒙、韦克斯勒等人的观点概括出，智力的本质是以思维能力为核心的多种能力的综合，它的最主要的功能就是学习与适应。从斯皮尔曼的二因素说，桑代克、瑟斯顿、吉尔福特、加德纳等人的多因素说，到卡特尔和霍恩、弗农等人的层次结构说，再到斯腾伯格、戴斯、纳格利尔里和柯尔比等人的动态结构说梳理出一条发展路线，即在智力结构方面，目前的趋势是把智力看成是一种复杂的、由多种成分组成的动态结构。

2. 然后，本章分析了影响智力评估的因素和智力评估的方法。概括地说，影响智力评估的因素主要有所依据的智力理论、所使用的测验工具、评估人员的素质和受测者的个人特征等。在智力评估方法方面，目前最常用的方法是测验法，测验工具有文字智力测验和非文字智力测验，个别智力测验和团体智力测验等。

3. 接着，本章对智力评估在特殊教育中的应用以及可能引发的问题展开了论述。在特殊教育领域，智力评估的应用包括特殊儿童的筛查、鉴别、教育安置和教育计划的制定，由此可能引发的问题或担忧主要是评估人员的资格、标签效应和测验滥用等。

4. 最后，本章从测验发表的时间、测验结构、测验内容、项目形式、施测和记分方法、常模样本构成、信度和效度、主要的优缺点等方面介绍了十套最新或最具有代表性的智力测验工具，并将智力评估的方法、测验工具的选用等贯穿到实际案例中进行讲解和示范。

【思考·练习·实践】

1. 什么是智力？

2. 试述智力结构的三种重要学说。

3. 在特殊教育领域智力评估有哪些主要用途？

4. 哪些因素会影响儿童智力的评估？

5. 智力评估可能引发什么问题？

6. 试说明从初版到第四版韦克斯勒儿童智力量表结构的变化。

7. 如何实施希—内学习能力倾向测验？

8. 如何实施绘人智能测验？

9. 案例分析：玲玲，女，5 岁 3 个月，在某幼儿园中班，语言理解能力较好，语言表达能力欠佳，只会说一些简单的词，生活中无法通过口语表达自己的要求，一般会使用手指和别人沟通。听力检查结果显示正常。家长和老师希望为玲玲拟定个别化的教育计划，需要对玲玲的智力水平进行评估，你会选择哪种智力评估的工具？你会运用哪些方法对玲玲进行智力评估？

【参考文献】

［1］R. L. Taylor. *Assessment of Exceptional Students*：*educational and psychological procedures*（*7ᵗʰ ed*）. Boston：Pearson Education，2006.

［2］G. H. Roid & R. A. Barram. *Essentials of Stanford-Binet Intelligence Scales*（*SB*5）*assessment*. New Jersey：John Wiley & Sons，Inc. 2004.

［3］A. S. Kaufman & N. L. Kaufman. *Essentials of KABC-Ⅱ assessment*. New Jersey：John Wiley & Sons，Inc. 2005.

［4］韦小满.特殊儿童心理评估［M］.北京：华夏出版社，2006 年 3 月.

［5］丁怡，杨凌燕，郭奕龙，肖非.韦氏儿童智力量表（第四版）［J］.中国特殊教育，2006(9).

第七章　语言与沟通评估

【内容摘要】　语言与沟通评估在特殊儿童的教育诊断与评估中极为重要。本章主要介绍三部分内容：首先阐述语言、言语与沟通的涵义，以及语言、言语与沟通能力的评估方法、评估程序以及评估时需要考虑的因素等；然后介绍常用的语言评估工具；最后介绍语言评估的实际案例。

月月，女，6岁，就读于普通幼儿园大班。月月出生时各项指标正常，目前的身体发育状况等也基本与同龄儿童相同，但月月的语言发展显著落后于同龄儿童。月月的语言表达主要以词汇和短语为主，最多只会说出五个字的句子，如"我要吃苹果"，且月月存在较为明显的构音问题，发音不清晰常常导致他人的理解困难；语言理解方面，月月能理解较为复杂的描述和指令，如"先把水杯给爸爸，再把香蕉给妈妈"，以及配有图片的绘本故事等；沟通意图弱，较少主动与老师、同伴沟通交流；非语言沟通能力较差，较少使用表情、手势等沟通形式；难以把握不同情境中的沟通线索，不能通过他人的面部表情、身体动作等了解他人的真正意图。据了解，月月3岁才开始发出单个音，4岁会说双字词语，其大部分时间由外婆抚养照料，缺乏与父母的沟通交流；月月性格内向，胆小怕生，从不主动与陌生人交流。鉴于月月目前的状况，必须通过专业的语言、言语与沟通能力评估，才能够发现其在语言理解、口语表达、构音以及沟通方面存在的具体问题，继而才能制订针对性的训练目标和训练方案，从一定程度上促进月月语言、言语与沟通能力的提高。

第一节　语言与沟通评估概述

一、语言与沟通的涵义

（一）语言的涵义

1. 语言

语言（language）是人类社会中形成的交际和思维的工具，是由一系列符号组成的表示事物和现象的系统。它属于人类所特有的社会历史现象。语言被运用的过程称为言语。

从外在表现形式上划分，语言包括口头语言和书面语言两种主要形式；从结构上划分，语言包括语音、语形、语法、语义和语用五个组成成分。见表7-1。

表 7-1 语言的组成成分

项 目	成分	内 容
语言的形式	语音	是指语言的声音系统及决定声音组合的语言规则
	语形	是指决定字的结构及以有意义的基本要素来解释字词的语言规则
	语法	是指决定字的架构及组合以形成句子及句子要素之间关系的语言规则
语言的内容	语义	是指心理语言系统,形成字和句子在表达、内容和意义的语型
语言的功能	语用	是指社会语言系统,形成语言在动作、口语或言词沟通时的使用语型

语音(phonology)是语言的物质外壳,为语言其他方面(构词、语法、语义和语用)的基础(Klein,1981)。语音是指人类发音器官发出的,具有一定社会交际作用的声音。构成语音的最小单位称为音素。普通儿童的音素发育进程可以为特殊儿童语音的评估和训练提供参考。见表 7-2。

表 7-2 普通话的音素发育进程

年龄(岁)	90%标准	75%标准
1.6～2.0	d、m	d、t、m、n、h
2.1～2.6	n	b、p、g、k、x、j、q
2.7～3.0	b、t、f、h、x	f
3.1～3.6	g、k	
3.7～4.0	p	
4.1～4.6	t、s、j、q、r、l	t、s、sh、z
4.6+	sh、zh、ch、z、c	zh、ch、z、c

语形(构词)(morphology)就是研究怎样将声音放在一起才有意义,以及文字是如何由这些有意义的单元组合而成的(Klein, 1981)。在语形(构词)中,研究的单元就是词素,词素是组成文字意义的最小的语言单位。

语法(syntax)就是词素或文字串在一起,形成有意义的词或句子的法则。语形与语法是文法的两个要素,任何语言的评估都需包含这两者。评估一位儿童的语言能力,必须评估其语法的三个成分:① 单字词类,汉语中有许多的文字种类或范畴经常被称为"说话的角色"(如名词、连接词、动词、形容词);② 单字次序,一位儿童可能有能力正确使用所有"说话的角色",但可能仍然不知道如何将单字组合起来以符合汉语的规则;③ 转换原则,就是变化句子的单字顺序,但其意义并没有改变。

语义(semantics)就是文字内在的涵义,词汇就是语义的观念,不是接受性的(如听与读),就是可表达性的(如说与写)。因此,词汇的评估常常采用常模参照测验,而且许多测验都可用来评估儿童的智力。

语用(pragmatics)就是使用语言沟通的形式。伯恩斯坦和泰格曼(Bemstein & Tiegerman,1993)认为语用层面的评估应包括:(1) 沟通意愿,如询问信息、传达信息、表达态度及情感的运用、调整彼此语言互动的关系等；（2）会话能力，如掌握谈话主题、谈话顺序，了解对方的想法及描述事情的能力等。

有研究表明：口头语言的每个组成成分都是通过两个联络管道来传达的：（1）接收，从他人或环境输入信息；（2）表达，即输出或传播到其他人或是环境（Salvia & Ysseldyke，1985）。见表 7 - 3。

表 7 - 3　语言的组成成分与两个联络管道的关系

	语　音	语形（构词）和语法	语意（义）	最后的语言技巧
接收	听和说话声音的辨别	了解语言的文法结构	了解词汇的意义或概念	了解说的语言艺术
表达	说话声音的构音	使用语言的文法结构	使用词汇的意义或概念	谈话技巧

2. 言语

言语（speech）是人们在各种活动中应用语言的过程，即指人们运用语言进行交际或思考的过程，属于一种心理物理现象。言语可分为内部言语和外部言语。内部言语是不公开发出声音的、仅对自己的、不起交际作用的、在思维时出现的言语。外部言语则包括口头言语（听和说）和书面言语（读和写）这两种形式。其中，口头言语指人们用自身的发音器官发出语言，表达自己的思想，又分为独白语和对话语。书面言语是用文字来表达思想的言语。从人类的发展史来看，书面言语是由口头言语发展起来的，个体的书面言语是经过专门的训练而逐渐掌握的。

在交际过程中，说（写）话的人选择需要的词，按一定的语法规则，通过发音器官（或动作）说（或写）出来，称为表达性言语；而听（读）话的人感受和理解对方的思想，称为印入性（或感受性）言语。言语活动是一个复杂的过程，由多种感官和大脑中枢参与，对其产生、发展、形成、进行过程等有多种理论。在言语治疗领域探讨的"言语"偏重于口头表达性言语，主要涉及呼吸、发声（嗓音）、构音（发音）这三大系统。

3. 语言与言语的比较

语言与言语是两个不同的概念，两者既有区别又有联系。两者区别在于：语言是一种符号系统，而言语是对语言符号系统的运用。两者的联系表现在：首先，言语离不开语言，个体只有遵循语言中的构词和语法结构规则，才能正确表达自己的思想和情感；其次，语言也离不开言语，任何一种语言都必须通过人们的言语活动才能发挥它的交际工具的作用，语言的发展、完善、更新，都离不开人们的言语活动。如果某种语言不再被人们用来进行交际，它就会逐渐从社会中消失。

（二）沟通的涵义

沟通（communication）是指人与人之间互相发送（表达）和接收（理解）信息，即发讯者把信息传送给接收者而使其接收理解的过程（Butterfield& Arthur，1995）。沟通是就想法、信息、需要和感受等进行相互交流，它是人类社会不可或缺的能力，是生命中最基本的要素。最简单的沟通包括一项信息（message），从一个发讯者（sender）传到接收者（receiver）。见图 7 - 1。沟通信息主要通过语言和非语言这两种形式得以传递。

图 7-1 沟通的过程

1. 语言沟通

语言沟通就是利用语言符号系统进行沟通交流。其中,口头言语是最方便、最快捷的语言沟通形式。利用口头言语进行沟通交流的过程可以利用言语链来阐释,见图 7-2。说话人的视觉器官——眼与听觉器官——耳的感知活动引发了一系列的神经冲动,将语言信号输入大脑中枢,经过中枢语言处理器的分析、贮存、整合后,再通过传出神经迅速地传递到呼吸肌、喉和构音器官——舌、唇、软腭等,从而产生言语,最终言语以声波的形式传递到听话人的听觉系统;听话人感知与理解声音信息,并将新的信息反馈给说话人,由此实现了两者的沟通交流。因此,个体利用口头言语形式进行沟通有赖于个体的语言中枢、良好的听力及结构与功能完好的发音器官。在上述环节中,在大脑中枢中实现的环节称之为语言学平面,神经支配下的肌肉和言语器官的运动以及听觉系统的反馈称之为生理学平面,声波的传递称为声学平面。个体利用口头言语实现沟通交流依赖于言语链三大环节的良好运作,任何一个环节的功能失调均会导致沟通障碍。

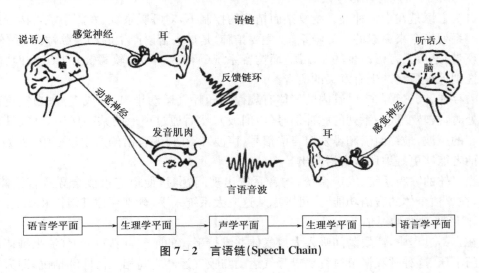

图 7-2 言语链(Speech Chain)

2. 非语言沟通

非语言是指在交际过程中,为更好地达到交际目的伴随言语而有意识或无意识地使用的不属于有声语言和文字语言范畴的方法和手段,包括手势动作、面部表情、空间利用、体触行为、声音暗示、体型肤色、服饰化妆、色彩装饰等。

虽然口头言语是人类使用最方便、最快捷的沟通形式,但多数情况下会同时伴随非语言的沟通形式。如,在儿童表达"我非常喜欢这本书"这个句子时,信息会在口头言语本身、语调、面部表情或身体动作等方面都得到体现,使得信息能够更有效地传递给他人。所以,非语言形式在沟通信息的传递和沟通效度的实现上发挥着重要作用。

许多类型的特殊儿童都表现出语言、言语或沟通方面的障碍,如听觉障碍、智力障碍、自闭症、脑瘫、语言发育迟缓儿童等。在特殊教育和言语治疗领域,语言障碍是指无法正确使用某一语言的符号规则,出现构词、语法、语意、语用等方面的障碍;言语障碍特指在口头言语形成的机械过程中出现困难,主要涉及口头言语产生的三大系统,即呼吸、发声(噪音)和构音(发音)系统。而凡是不能通过语言或非语言形式传递或接收信息者,都属于沟通障碍。本节第二部分即以此为基础讨论言语功能、语言能力、沟通能力的评估方法。

存在语言、言语或沟通障碍的儿童,均难以达到或接近同龄正常儿童的语言、言语与沟通能力发展水平,严重影响其沟通交流的顺利进行以及其他方面(如情绪、学业)的良好发展。研究发现,如果这些儿童不接受合理的干预,其语言、言语与沟通状况就不会有所改善,甚至会恶化。因此对特殊儿童的语言、言语与沟通能力进行科学有效的干预显得非常重要。而评估是干预的重要前提与基础,只有通过评估才能:① 确定特殊儿童是否存在语言、言语与沟通方面的障碍;② 确定障碍的程度和具体的类型;③ 根据评估结果制定针对性的干预计划和方案;④ 监控干预的效果。可见语言与沟通评估对特殊儿童语言与沟通能力的诊断与干预都具有重要的意义。

二、语言与沟通的评估方法

(一) 言语功能的评估方法

口头言语是在中枢神经系统复杂而精确的控制下,对呼吸系统、发声系统及构音系统发出一系列指令来完成的。呼吸系统(主要指肺)是口头言语产生的动力源,发声系统(主要指声带)是口头言语产生的振动源,而构音系统(唇、舌、下颌、软腭等)的结构和功能的完整性则保证最终产生有意义的语音。

贮存在肺、气管与支气管内的气体有规律地随呼气运动排出,形成气流;当气流到达声门处时,被转变成一系列的脉冲信号(声门波);然后通过声道的共鸣作用,形成具有适当形态的声波,最终由嘴和鼻发出言语信号(声波)。在口头言语的产生过程中,听觉反馈使说话者能够更好地调节言语输出。

当机体的呼吸系统、发声系统、构音系统出现问题时,便很有可能会导致言语障碍。因此,在评估个体的言语功能时,可考虑从这三大系统入手,分别评估其结构和功能。

1. 呼吸功能的评估

在言语过程中,需要瞬间吸入大量气体并维持平稳的呼气,用较小的气流来维持足够的声门下压,这种呼吸调节过程要求呼气运动与吸气运动之间相互协同和拮抗,即为呼吸支持。因此,呼吸支持成为各种发音的基础。

呼吸功能的评估可以先由有经验的言语治疗师通过问诊、观察呼吸状态等方式进行初步判断,再通过专业的客观指标进一步测量。衡量呼吸功能的指标包括最长声时、最大数数能力、s/z 比等具有生理学和病理学意义的参数,它们能较好地反映言语呼吸的质量。评估时,有经验的言语治疗师借助一定的仪器设备,通过对以上参数的客观测量,可以较迅速地判断言语呼吸障碍的类型和严重程度、监控呼吸训练的效果,以及估计呼吸障碍的预后,对言语治疗方案的制订、治疗过程中方案的调整都起着非常重要的作用。

2. 发声功能的评估

发声障碍是指响度、音调、音质等方面的异常。响度异常主要包括响度过强、响度过弱和响度单一等,是呼吸气流量、声带阻力、声带振动形态和声门下压等因素共同作用的结果。音调异常主要包括音调过高、音调过低和音调单一等,主要受声带的长度、质量、张力和声门下压等因素的影响。音质异常主要表现为嘶哑声、粗糙声和气息声等,一般由声带的器质性病变或功能性异常引起。

评估时,言语治疗师首先通过倾听和交谈,大致了解特殊儿童说话的响度、音调、音质等情况,明确其是否存在不良的发声行为,然后对其进行声学测量、电声门图测量或喉镜检查,明确儿童存在的具体障碍类型及严重程度,为制订训练方案提供依据。

3. 构音功能的评估

构音功能的评估是指对构音器官的结构、运动功能及其对形成清晰的、有意义言语声的能力的评估,由构音功能的主观评估和客观测量两部分组成。其中主观评估包括构音器官结构与运动功能的主观评估,以及构音能力的主观评估两部分;而客观测量主要是通过言语声学分析,对构音器官的构音运动能力进行定量评估。

构音器官结构与运动功能的主观评估是构音功能主观评估的主要手段,包括对唇、齿、舌、硬腭、悬雍垂、下颌等的结构和功能的评估。言语治疗师通过观察来描述构音器官的结构和基本运动功能,从而为言语训练方案的制订提供依据。构音能力的主观评估考察的是特殊儿童掌握每一个音位的言语构音能力。构音功能的定量评估就是通过言语声学分析对构音器官的运动能力以及各构音器官相互之间的协调运动能力进行测量,分析构音异常的原因,为制定构音异常的治疗方案提供依据;同时监控治疗效果,为及时调整治疗方案起导向作用。从生理学和病理学角度出发,构音功能定量评估的参数主要包括下颌距、唇距、舌距、舌域图以及口腔轮替运动速率。

(二)语言能力的评估方法

1. 口头语言的评估方法

用来评估儿童口头语言能力的方法主要有三种:自发性语言、语言模仿及图片刺激(Venn,1994;Salvia & Ysseldyke,1985)。

(1)自发性语言

在学校里,评估儿童语言能力的唯一方法就是研究儿童如何产生诱发口头语言。利用这种方法时,必须录下儿童在与大人聊天或游戏时所说的连续发音,分别依照发音、语法、句法及语意来研究录下的发音,并了解儿童所拥有的语言能力。

运用这种方法时,必须注意下列原则:① 搜集具有代表性的样本,至少50~100句;② 要利用不同的刺激物或是组织不同的活动,以取得不同的样本;③ 必要时可请同学、父母、老师陪同受试者一起聊天、游戏、活动,以利于取得语言样本;④ 利用录像机或是录音机录下语言样本,为以后的分析提供方便。(黄瑞珍,1996)

(2)语言模仿测验

这种测验是要求儿童模仿测验者,然后利用字词、片语、句子来评分。有人认为儿童语言记忆能力强弱可能会影响测验的结果,事实上,很多研究者证明儿童语言模仿几乎是跟自然诱发很相似。(Solbin & Welsh,1973)

实际上,儿童模仿大人的语言并且以他们的方法来表达,例如,"小女孩正在跳"表达为"小女孩跳",模仿是一种评估儿童口头语言能力的重要方法。然而,值得注意的是,测试儿童口头语言模仿能力的句子的长度最好在儿童记忆能力范围之内。因为,若句子长度在儿童记忆能力范围内,模仿任何句子都是很完美的。

语言模仿测验工具通常包含了许多文法性的文字、语词及句子。主试者记录儿童的反应进而分析儿童的发音、语形(构词)及语义(语法极少用模仿的方式来评估)。总而言之,模仿测验通常是以口语的方式评估书写语言的能力。

(3)图片刺激测验

利用图片刺激来诱发语言能力与语言模仿测验的方式不同,但又不能完全归类于自发性的方式。这种方式介于两者之间,其测验方式是给儿童看有图片或有物体或动作画面的图片后,要求他们做下列的任何一项:① 指出正确的物体(可测出词汇的能力);② 指出最符合某个句子的动画(可测出词汇的能力);③ 图片的命名(可测出表达词汇的能力);④ 看图说故事(可测出表达词汇及语言的能力)。虽然,我们没有理由说明图片刺激法不能被用来评估儿童手写拼字的能力或其他能力,但可以确定的是图片刺激法很适合用于评估儿童口语的能力。

(4)三种诱发语言方式的比较

这三种诱发语言的方式各有其优缺点,哪一种方式对儿童语言的评估更合适更有效则因人而异。

① 自发性语言

使用自发性语言,其优点有下列两项:a. 儿童的自发性语言无疑是日常语言最好且最自然的表现,因为自发性语言是儿童自己本身产生的,不受其他人的影响。b. 这种非正式的测试方式,使得主试者容易测试儿童,可以避免正式测试时所伴随而来的安静及儿童不说话的状况。

但是自发性语言测试方式也有一些明显的不足,主要表现在:a. 测试时间的安排问题。大部分教师及治疗师没有那么长的时间去观察儿童50个或100个自发性的发音音节。b. 这些发音只是儿童的儿语,并不完全代表儿童的语言能力。一个有技巧的主试者会试着使用非正式的语言评估,儿童有很多机会使用许多结构不同的句子,但这种方式不容易测试而且往往不成功。c. 儿童在自发性语言中会产生很多的错误。例如,当儿童说"我水果"时,主试者如何知道他是什么意思,是"我在吃水果"还是"这是我的水果"或者其他的意思? 或许主试者可以从当时的情境中,在儿童的严重语言异常的状况下猜出他的话是什么意思,但这样的推论不太可信。如果不知道儿童输出语言的意思,就很难定义儿童语言功能异常的范围。

② 语言模仿测验

使用语言模仿测验,其优点在于:a. 可以克服许多自发性语言测试的缺点。一个良好的语言模仿测试可以评估许多困难的语言要素,也提供该儿童语言系统的问题所在,主试者从测试的结构中知道哪个语言因素将被测试,所以就算儿童严重地丧失语言功能也可以被确认。b. 语言模仿测验比自发性语言测试更容易被施测。

但自发性语言测试的优势就变成了语言模仿测试的缺陷,这种缺陷主要表现在以下三个方面:a. 儿童的听觉记忆对测试的结果会有影响,例如一个患有鹦鹉症的儿童可以重复每个字，其语言模仿测验的得分就会很高，所以测试者就不知道语言的哪一个要素是该被评估的，对这样的儿童来说，测试是没有意义的。b. 有部分句子可以被完全正确重复，因为其发音太简单、太短或儿童正好会这些字。所以语言模仿测验最好的法则是，假如儿童可以正确重复某个语言要素，这个儿童有某些语言缺陷是可以确定的，但只有当儿童犯错时才能下定论。c. 这个测验对儿童来说太无聊，没有其他玩具或图片的刺激，大部分儿童都无法安静地坐着重复念 50 个或 100 个句子。

③ 图片刺激测验

使用图片刺激测验，其优点在于：a. 可以克服前两个语言测验的缺点，图片能比较容易引起儿童的兴趣，施行的时间也较短；b. 因为儿童必须自己造句，所以这个测验可建构测试某一特定的语言要素，但仍能保持自发性语言的特性；c. 这个测验没有模仿，所以结果与儿童的文字保留技巧没有关联。

这个测验虽然有上述优点，但图片刺激在语言评估中有一个主要的缺点，就是图片很难测出某些特殊的语言要素，例如，图片无法表示句子的过去式及主动动词，在图片刺激中"你"这个代名词的表现难以被测到。

总而言之，以上三种方法各有其优缺点，主试者要考虑儿童的哪一个语言要素需要被测试？哪种测试方法最合适？也要考虑一个合适的测验应注重满足个别的需求及测验本身的结构特性，而且一个测验也难以同时评估出语言的全部面貌（语音、语形、语法、语意及语用）。

2. 书面语言的评估方法

人类的语言系统包括听觉接受性语言（即听话能力）、听觉表达性语言（即说话能力）、视觉接受性语言（即阅读能力）和视觉表达性语言（即书写能力）。

前面所讲述的语言评估主要是偏重于口头语言的评估，对人类语言系统的另一种形式的评估——书写语言的评估，是我们下面将要探讨的内容。

书写语言的评估强调正确性和内涵或产品。教师一般使用非正式的评估方法来评估学生的书写语言能力，其评估的内涵包括思想（或内容）、组织技巧（文章结构）、词汇、句子结构和写字（错别字和书法的好坏）。虽然教师使用非正式评估方式，但教师实际上使用整体评估法来评估学生的书写语言。事实上，儿童的作文可以用来分析其语言能力，包括语法、语形、语音、词汇以及语用等。因此，教师可用学生的自发性作文作为样本，分析其书写语言的作文产品（字数与句数）、语法（或造句）、文意层次、词汇和写字错误类型（错字、别字、拼写错误）等，这是儿童书写语言评估的重点之一。

概括地讲，书写语言的评估方法有两大类六种方式。两大类包括：① 质的分析，内容包括：写作风格、组织、意义（内容、思想、文意层次）、目的和书法，必须使用儿童的作文样本来分析；② 量的评估，内容包括：词汇，知识、文法用法、写字（错别字）、标点、句子（种类、数目），可采用标准化测验工具来评估。六种方式为：正式评估、非正式评估、总体评估、评定量表、同伴评估和自我评估。

（1）正式评估

正式评估包含两种方式，即标准化成就测验和标准化诊断测验。标准化成就测验主要用于测量学生的词汇知识、文法用法、标点符号和拼（写）字的能力与学习结果。而标准化诊断测验则主要用于鉴定学生的写字与作文能力的优缺点。标准化成就测验（如小学儿童书写语言测验)和标准化诊断测验(如小学儿童书写语言能力诊断测验)等都是书写语言的标准化测验工具。

(2) 非正式评估

非正式评估法的评估内容包括学生作品的思想、组织、词汇、品味(即个人特质,诸如风格、个性、独创力、趣味等)、句子结构、用法、标点符号以及错别字。表 7-4 所呈现的是美国西北大学学习障碍中心所使用的书写语言能力非正式评估表(引自杨坤堂,2002)。

表 7-4　书写语言能力非正式评估表

均句长　　　　字(词)数＝＿＿＿＿　句数＝＿＿＿＿

字(词)数/句数＝＿＿＿＿(平均句长)

评语:

句子类型:

句　型	次　数	句　型	次　数
破碎句			
简单句			
复合句			
复杂句			

评语:

字(词)汇　　　不同字(词)的数目(types)＝＿＿＿＿

　　　　　　　总字(词)数(total)＝＿＿＿＿

　　　　　　　Types/Total＝＿＿＿＿(TTR)

　　　　　　　评语:

不寻常字　　　字数(即新字或生字:课本上未出现的字词或儿童新使用的字词)＝＿＿＿＿

　　　　　　　评语:

结构　　　　　错误总数＝＿＿＿＿　总字数＝＿＿＿＿

　　　　　　　总字数－错误总数/总字数×100＝＿＿＿＿(GCR)

　　　　　　　评语:

结构错误分析

错误类型	次　数

评语:

内容(勾选一项)　　　　　　　　　　　优　　　良好　　　普通　　　差

问题:

· 文章内容与题目相关一致?

· 文章表达原创性思考?

· 儿童在文章中表达自己的观点?

· 儿童的思想表达井然有序、条理分明、合乎逻辑序列?

· 儿童对主题具有基本的兴趣?

· 儿童表现写作的动机?

（3）整体评估

教师评估学生写作能力的整体印象，不做详细的错误分析。

（4）评定量表

教师依据评定量表所列的项目评估学生的写作能力，评估的项目包括思想、组织、遣词造句、品味、用法、标点和错别字。

（5）同伴评估

采用评定量表或特定的引导式问题，在教师的协助下，学生相互评估。

（6）自我评估

采用评定量表或特定的引导式问题，在教师的协助下，学生进行自我评估。

（三）沟通能力的评估方法

1. 评估的内容

（1）沟通的意图或动机

由于特殊儿童的沟通方法非常有限，成人往往不了解特殊儿童（尤其是重度障碍者）想要和人互动的意图。曾有研究者发现，没有经验的成人往往无法从发展障碍和唐氏综合征儿童的脸部表情中判断他们的意图。这对教育工作者带来了启示：特殊儿童想要沟通的努力往往没有得到适度的注意。

因此，我们应当注意特殊儿童的奇特行为，注意其面部表情，注意其关注的事物，不管特殊儿童表现出何种行为我们都应当加以关注，至于该行为是否具有沟通意图可日后判定。

（2）接受性沟通技能

接受性沟通技能指任何足以显示特殊儿童了解他人信息的行为。例如当同学说笑话时特殊儿童大笑，表示他能理解；当老师问谁想使用电脑时特殊儿童举手，也显示他能理解。这些反应都显示出特殊儿童具有接受性沟通能力。特殊儿童在活动中的表现可以反映他的接受性沟通技能的程度。

（3）表达性沟通技能

表达性沟通技能指任何足以传递思想的行为，主要评估以下两个方面的内容：

① 表达的形式及内容

表达形式是特殊儿童用以表达思想和需求的方法，如语言（言语）、面部表情、手势和实物，这些方式是否有效取决于其使用的频率。若儿童有口语能力，则对其口语和言语能力等进行评估；若儿童口语较少或无语言，则要了解儿童目前所使用的沟通形式、沟通效度以及是否使用沟通辅具等。特殊儿童对某些沟通形式相当有效，但却不符合一般习惯，为了让特殊儿童的表达被更多人理解，我们必须提供另一种表达方式，以达到相同的沟通效果。

② 表达的功能

沟通的功能主要有表达需求、表达情绪、社交互动、传递信息等。评估沟通功能会让我们认清特殊儿童在沟通上的限制，了解特殊儿童及其沟通伙伴可能需要的协助。

（4）开启对话、回应以及轮流

评估特殊儿童的沟通能力时，应注意他是否能够主动开启对话，是否懂得回应别人的话语，是否懂得轮流对话。

2. 常用的评估方法

（1）结构式观察

个体通常会在熟悉而愉快的情境中表现出最好的沟通能力。因此，有效的沟通能力评估应在典型的沟通情境中进行，这样才能得到正确的信息。进行结构式观察时，对沟通伙伴、沟通话题、沟通形式、互动理由以及活动都应该加以记载。

一般来说，社会互动在下课期间、点心时间、午餐时间，或合作学习小组、体育团队合作、自然课的实验小组中发生得较为频繁。所以，团队必须观察特殊儿童在这些活动中的沟通行为以及这些活动所需要的技能。

（2）非结构式观察

此种方法可用于判断自然情境中的沟通能力，它旨在分析一般特殊儿童在某个自然场合而非典型性场合中的沟通行为。找出某个活动所要求的特殊技能，并把特殊儿童参与活动的一般步骤列举出来，这些步骤可能涵盖多种技能，包括沟通技能。

目前关于沟通能力评估的标准化工具非常之少，所以本章第二节主要介绍语言评估工具。

三、语言与沟通的评估程序

语言评估的目的在于搜集有关个人沟通能力的资料。由于儿童都是在自己的文化、经验和环境中学会了说话和沟通，这就形成了儿童使用语言的独特方式。因此，语言评估最好在自然环境下进行。

在各种场所观察到的有关儿童的沟通行为，都会有助于语言的评估。因此，这种"认知——环境——功能"的评估模式包括十个环节，即：① 转介鉴定儿童；② 描述语言障碍的状况；③ 儿童问题的摘要；④ 实施家庭访问（结构式或非结构式）；⑤ 观察儿童在各种情境中的交互反应；⑥ 实施正式的语言测验；⑦ 实施非正式的评估，包括与儿童面谈，搜集语言样本；⑧ 摘要评估的结果，辨认语言障碍的类型；⑨ 与其他有关人员咨询，验证观察的结果；⑩ 提供治疗或语言训练的建议（刘丽容，1993）。这十个环节可以归纳为下列五个步骤，如图 7 - 3。

搜集资料 ➡ 系统观察 ➡ 正式评估 ➡ 咨询会议 ➡ 撰写报告

图 7 - 3　语言与沟通评估的基本流程

（一）搜集资料

搜集资料是语言与沟通评估最根本的过程，包括史料（儿童的出生史、生长发育史、疾病诊疗史、家族史等）、康复训练资料、学校记录和儿童问卷等，可通过家长访谈、教师访谈或与儿童互动获取资料等方式进行。家长访谈可以了解儿童的历史资料和康复训练资料，以及儿童在家中和社区的语言与沟通能力状况；教师访谈可以了解儿童的学习方式、社交关系以及与同伴的语言沟通状况等；与儿童互动可以直接获取儿童的语言沟通发展状况。这些资料对于正确评定儿童目前的语言、言语与沟通状况是非常重要的。

（二）系统观察

观察人员可以在不同情境下（如学校、家庭、运动场等）观察儿童，以便获得有关儿童在各种不同情境中的所有语言、言语与沟通行为的资料，其中观察人员应特别留意儿童的动机、专注力、情绪、问题解决能力、社会适应行为情况、发问、重复、教师给予指示、遵照指示、顺序、组织、回应、澄清的运用等。

（三）正式评估

正式评估不仅包括对语言、言语与沟通能力的评估（见上述第二部分"语言与沟通的评估方法"），还包括其他方面的专业检查，如听力检查、吞咽和咀嚼能力检查、心理测试及情绪行为能力测试等。

（四）咨询会议

评估完成之后，各类人员需安排会议，比较观察结果和评估结果，验证资料的正确性，以期完整描绘儿童的语言、言语与沟通能力。

（五）撰写评估报告

评估结束后，应对儿童的语言、言语与沟通评估结果进行整理与分析，并提出针对性的教学或训练建议。

总之，在收集了来自多方面的评估数据之后，专业人员应以统整的方式对儿童的评估结果进行综合分析，全面评估儿童的语言、言语与沟通能力，以获得儿童完整的语言、言语与沟通能力的材料。之后，专业人员与家长、教师等进行合作，共同制定治疗计划，提出儿童的语言、言语与沟通能力的训练目标，并确定将要采用的方法、对策。

四、语言与沟通评估的其他考虑因素

当评估人员着手对儿童语言与沟通能力进行可行性评估时，还需要考虑在测验内容或结构以外对评估结果有影响的特定因素。这些因素主要包括：儿童的文化背景、儿童的年龄及语言与智力的关系等。

（一）儿童的文化背景

因为语言是由环境所决定的，所以评估人员必须考虑儿童的文化背景。虽然大部分儿童都学习母语，但他们学习的形式是由其出生地点、父母等环境因素决定。

在语言评估中，评估者常将那些无法说或写出标准母语的儿童诊断成有语言障碍，其实，这是一种错误。从理论上说，只有连基础语言（方言）都无法说正确的儿童才能被认为有语言障碍，使用方言的儿童，其语言差异是可以被理解的。但是，这并不表示不应该教育这些儿童正确、标准的母语，对于那些置身于学术、社会及经济领域的人而言，拥有标准母语的知识非常重要，因此，教育儿童标准的母语能使儿童更成功地融入社会。由此可见，要判断儿童是否有语言障碍，须将其与具有相同语言背景的儿童做比较。

事实上，包括标准母语在内，每个语言都应该有不同的常模。然而，大部分语言测验的常模样本来自不同的族群。因此,这些测验的得分并不能有效反映出儿童的语言能力。以美国学者所编制的"皮博迪图片词汇测验(PPVT)"为例,这份测验的插图 25 中有四幅图片,受试者被期望说出"给我熏制牛肉(Wiener)"这样的答案,但是在许多国家的许多地方,很多人只知道热狗(hotdog)或熏肉香肠(frankfurter),而很少知道熏制牛肉(Wiener),因此受试者不容易说出正确的答案。如果受试者从没有听过熏制牛肉(Wiener)这个名词,这种因文化差异而非语意认识不足导致的错误,会使他们被扣分而得到较低的分数。如果测试中有太多类似的题目出现,则不适合用来作为评估儿童语言能力的有效工具。

(二)儿童的年龄

年龄也是影响正确评估儿童语言与沟通能力的因素之一,尤其是使用标准参照测验而非常模参照时,教师应该知道语言是可发展的,儿童可能会在幼儿期发展出一些声音、语言结构及特殊语意。例如,当一位 1 岁 1 个月的幼儿说出"小狗家"来表示"那只狗在家"时,不应当被认为有语言障碍,但相同的表述若是从一位 3 岁儿童口中说出来,则应该被认为有语言障碍。所以,在评估儿童的语言能力时,教师或评估人员应该知道并应用这些具有发展性的语言常模。

(三)语言沟通与智力的关系

语言与沟通和能力、聪明才智也密切相关。但目前我们还无法判定两者之间到底是谁影响谁。事实上,在评估语言与沟通能力时,总不免也一起评估智商的高低,因此,教师或评估人员应该注重语言与沟通评估工具所提供的信息,而不是单纯地关注标准语言能力。

第二节　语言评估工具

一、皮博迪图片词汇测验(PPVT)

(一)PPVT-R

(1)**目的**　主要测量发声有困难的人及聋人使用词汇的能力,现已广泛地用于研究正常、智力障碍、情绪失调或生理上有障碍的儿童的智力。

(2)**编、修订者**　邓恩夫妇(L. M. Dunn & L. M. Dunn),1959 年编制出版 PPVT,1981 年修订为 PPVT-R。

(3)**适用范围**　2.5 岁至 40 岁人群。

(4)**测验时间**　大约为 10~15 分钟。

(5)**量表内容**　PPVT-R 由 175 张图板构成,共有 350 个对应的词汇,组成了 L 型和 M 型两个系列(各有 175 个词汇)。受"图片与词汇匹配"这种测试方式的限制,这些词汇主要为名词、动词和描述性词汇。

(6)**施测方法**　PPVT-R 的施测方法非常简单,主试口头说出要测的一个词汇,并出示一张画有 4 幅图画的图板,让受测者指出与该词汇意义相一致的那幅图画来。受测者的回答若与答案相符就得 1 分,反之得 0 分。所有题目得分的总和即为原始分数。根据受测者的年龄可以把这些原始分数转换成语词能力的量表分数(平均分 100,标准差 15)、年龄当量、百分等级和标准九分数。

(7) **量表信效度**　PPVT - R 在 L 型上小年龄样本的分半信度系数分布在 0.67~0.88 之间,大年龄样本的分半信度系数分布在 0.80~0.85 之间;在 M 型上小年龄样本的分半信度系数分布在 0.61~0.88 之间。小年龄样本的稳定性系数分布在 0.52~0.92 之间,等值性系数分布在 0.73~0.91 之间。我国建有上海地区常模。

(二) PPVT - Ⅲ

(1) **目的**　主要测量发声有困难的人及聋人使用词汇的能力,现已广泛地用于研究正常、智力障碍、情绪失调或生理上有障碍的儿童的智力。

(2) **编、修订者**　邓恩夫妇(L. M. Dunn & L. M. Dunn),1997 年修订为 PPVT - Ⅲ。

(3) **适用范围**　2.5 岁至老年人群。

(4) **测验时间**　大约为 20 分钟。

(5) **量表内容**　PPVT - Ⅲ也有 A 型和 B 型两个系列,每个系列由 204 张图板组成,在每张图板上都画有 4 幅图画。

(6) **量表的信效度**　经过第二次修订,该测验的分半信度系数已达到 0.92 以上,等值性系数分布在 0.88~0.96 之间,稳定性系数分布在 0.91~0.93 之间。该测验具有良好的效标关联效度。有全国常模。

(7) **评价**　PPVT - Ⅲ设计优良,在信度和效度方面远远超过其他同类测验。其测验方式生动有趣,施测简便,评分客观快速,有两套平行的测验可以替换使用。不仅可以用于评估儿童及成人的词汇理解能力,而且还能作为智力障碍儿童的筛查工具。该测验目前是国际特殊教育界最广泛使用的言语能力测验。

二、学前儿童语言障碍评估表

(1) **目的**　用于测量学前儿童的口语理解能力、表达能力及构音、声音、语言流畅性等情况,可用来筛选沟通障碍或语言障碍儿童。

(2) **编制者**　林宝贵、林美秀,1993 年。

(3) **适用范围**　3 岁~5 岁 11 月的学前儿童。

(4) **测验时间**　无时间限制(约 10~20 分钟)。

(5) **测验形式**　个别测验。

(6) **量表内容**　该量表由语言理解和口语表达两个分测验组成。第一个分测验共有 30 题,用来了解儿童的语言理解和语法能力;第二个分测验共有 32 题,分别用来了解儿童的声音状况、构音、声调情形、表达能力及语畅和语调是否正常。

(7) **信效度**　该量表具有较高的信效度。建有我国台湾地区的常模。

三、小学儿童书写语言诊断测验(WLADTC)

(1) **目的**　用于测量儿童的书写语文能力,可作为评估一般儿童和学习障碍者的工具。

（2）**编制者**　杨坤堂、李水源、吴纯纯、张世彗，2001 年。

（3）**适用范围**　小学一至六年级学生。

（4）**测验时间**　低年级约 40 分钟，中、高年级为连续 80 分钟。

（5）**量表内容**　该测验包括作文产品量表（总字数、总句数、平均每句字数），造句（语法）量表（用字、错别字、标点符号）及文义层次量表（无意义的语文、具体——叙述、具体——想象、抽象——叙述、抽象——想象）三部分。

（6）**量表信效度**　每句字数平均、造句商数和文意分数等各项分数的评分者间系数分别为 0.951、0.948 和 0.850；其各项分数的平均数都是随着年级的增加而提高；有台北小学一至六年级学生的总字数、平均每句字数、造句商数以及文义分数的常模。

四、伊利诺伊心理语言能力测验（ITPA）

（1）**目的**　测量儿童理解、加工和产生言语和非言语性语言的能力。

（2）**编制者**　柯克和麦卡锡（S. A. Kirk，J. McCarthy & W. Kirk），1968 年。

（3）**适用范围**　2 岁 4 个月至 10 岁 3 个月的儿童。

（4）**量表内容**　ITPA 由 10 个必测的分测验和两个备用的分测验组成。它们分别是：听觉感受、听觉联想、视觉联想、言语表达、动作表达、语法填充、听觉填充、声音组合、视觉填充、听觉序列记忆和视觉序列记忆。

（5）**量表信效度**　对于不同的年龄组，12 个分测验的稳定性系数（5 个月间隔）的中位数分布在 0.29～0.74 之间，整个测验的稳定性系数的中位数为 0.77；12 个分测验的内部一致性系数的中位数分布在 0.60～0.88 之间，整个测验的内部一致性系数的中位数为 0.90。ITPA 的常模样本由美国威斯康星州的 963 名年龄从 2 岁 7 个月至 10 岁 1 个月的儿童组成。这些受测者全部来自中产阶级家庭，智力和学业成就基本上都处于中等水平。

（6）**评价**　ITPA 曾是人们常用的语言能力测验。近年来由于它的常模标准化比较差，同时又缺乏信度和效度方面的数据支持，它的地位逐渐被其他测验所取代。

五、语言发展测验（TOLD - 3）

（1）**目的**　用于测量儿童的语法、语义以及听、说、言语能力。

（2）**编、修订者**　哈米尔和纽科默（D. D. Hammill & P. L. Newcomer），1977 年发表 TOLD，1997 年修订为 TOLD - 3。

（3）**适用范围**　初级版，适用于 4～8 岁的儿童；中级版，适用于 8 岁半至 12 岁的儿童。

（4）**量表内容**　TOLD - 3 由语言发展测验初级版和中级版两个测验组成。TOLD - 3 的初级版主要用于测量受测者对音韵、语法和语义的掌握情况，包括图片词汇、关系词汇、口语词汇、语法的理解、句子模仿、语法填充、词语辨别、音素分析、单词构造 9 个分测验（其中后 3 个是补充的分测验）。TOLD - 3 的中级版主要测量受测者对语法和语义的掌握情况，包括句子合并、图片词汇、单词排序、一般理解、语法理解、改错 6 个分测验。

（5）**量表信效度**　初级版的各分测验的内部一致性系数分布在 0.80～0.90 之间，整个测验的内部一致性系数在 0.90 以上；中级版的各分测验及整个测验的内部一致性系数都在 0.90 以上。两个测验的稳定性系数基本上都在 0.80 以上。效标关联效度在 0.75～0.91 之间。建有初、中级常模。

（6）**评价** TOLD-3 的初级版和中级版从理解和表达两个方面测量了儿童语言发展的若干重要成分,如语法、语义和音韵等,这为评估儿童语言发展的强项和弱项、诊断缺陷、制定训练方案提供了非常有用的信息。这两个测验的信度是比较高的,但效度方面的证据显得不足,还需要通过更多的研究予以证明。

六、语言障碍儿童诊断测验

（1）**目的** 本测验旨在诊断受试者有无语言障碍现象,为教学或辅导提供参考。

（2）**编制者** 林宝贵,1986 年。

（3）**适用范围** 4 岁至 12 岁儿童。

（4）**测验时间** 约 3～5 分钟。

（5）**测验形式** 个别诊断测验。

（6）**量表内容** 这套测验由以下 4 个分测验组成:

① 语言理解力测验,有 8 种儿童日常生活中常接触的动物、人形、日常用品等图片,由主试者说出各个图画的名称与功用,让儿童指出适当的图画,以了解儿童的语言理解能力及服从指示的能力。

② 耳语听辨力测验,另外 8 种日常生活中常用的物品或玩具图片,由主试者用较小的会话声(约 40 分贝)发问,令受试者按照指示回答,以了解儿童的注意力,以及是否重听。

③ 发音(构音)能力测验,有 7 页图画,分成上下两部分,每页上段部分为刺激图画,下段为确认上段刺激语的发音是否正确用的。儿童按照指示说出图画的名称,以了解受试者有无构音障碍,以及构音障碍的语音。

④ 说话与其他表达能力测验,有 6 幅图画让受试者看图描述图画内容与情境,以了解儿童的语言表达能力是否幼稚,说话声音是否异常,有无口吃、语言发展迟缓、脑性麻痹、口盖裂等其他障碍或问题。

（7）**量表信效度** 评分者间信度为 0.99。本测验为标准参照测验,未正式建立模式。

七、语言障碍评估表

（1）**目的** 在短时间内筛选、评估普通及特殊儿童的语言理解能力、语言表达能力,并了解儿童的声音、构音、语畅发展情况。

（2）**编制者** 林宝贵,1993 年。

（3）**适用范围** 6～15 岁的语言障碍儿童。

（4）**测验时间** 全部测验约需 10～20 分钟,对于年幼或易分心、易疲倦的受试者可分段实施。

（5）**测验形式** 个别测验。

（6）**量表内容** 本测验包括两个分测验。测验一:了解学生的语言理解、语法能力;测验二:了解学生的语言流畅度与声音状态是否正常、分析学生构音情况是否正确、了解学生的语言表达能力。

（7）**量表信效度** 本测验有很好的信度和效度。建有 5 到 15 岁我国台湾地区普通儿童语言发展常模。

（8）**评价** 此测验的图画效果较好，学生有兴趣；测验省时简便、容易操作，不受标准音、方言限制，不受教育背景限制；测验信度、效度相当高，可在短时间内筛选、评估普通及特殊儿童的语言理解能力、语言表达能力，并了解儿童的声音、构音、语畅发展的情况。但测验中也有一些细节问题有待完善，如左右方向易弄错、缺少声调与语调的评估等。

八、智能不足儿童语言能力评估表

（1）**目的** 评估智能不足儿童的语言能力，为语言教学的课程设计及教材选择提供参考。

（2）**修订者** 林宝贵、邱上真修订自日本小出进等设计的量表，1985 年。

（3）**适用范围** 中小学智障、语障者。

（4）**测验时间** 无时间限制。

（5）**量表内容** 本量表评估项目共有 14 个项目，包括打招呼、回答、指示、要求、发问、传话、画册、童话、电视、电话、剧情性活动、经验发表、谈话、说话游戏等，每个项目分 6 种程度，根据儿童的实态在适当的程度代号（0～5）上画圈。

（6）**测验结果的解释与应用** 本测验的结果有三种解释与应用方法，即：百分等级的解释、各题平均数及标准差的解释。三种评估结果的解释是将某学生的语言能力与其所属的常模团体作相对地位的比较，比较所得的结果可作为能力分组教学的依据。

九、聋儿听力语言康复评估系统

（1）**目的** 评估聋童的听觉能力及语言能力。

（2）**编制者** 中国聋儿康复研究中心的孙喜斌、袁海军，1995 年。

（3）**适用范围** 聋童。

（4）**评估形式** 个别评估。

（5）**评估系统构成** 该评估系统由两部分组成。一个是听觉能力评估，包括音频补偿效果和听觉功能评估两部分。听觉功能评估包括自然环境声音识别、语音识别、数字识别、声调识别、单音节词（字）识别、双音节词识别、三音节词识别、短句识别及选择性听取九个方面。另一个是语言能力评估，包括语音清晰度、词汇量、模仿句长、听话识图、看图说话和主题对话六个方面。

十、儿童语言发育迟缓检查法

（1）**目的** 用于评估受测者建立符号与指示内容关系（sign - significant relation）的能力，简称 S-S 法。

（2）**修订者** 1990 年，中国康复研究中心根据日本发育迟缓委员会编制的"语言发育迟缓检查法"修订而成。

（3）**适用范围** 适用于因各种原因而导致语言发育水平处于婴幼儿阶段的儿童。

（4）**检查形式** 个别检查。

（5）**量表构成**

① 语言发育水平的阶段划分。该检查法将语言发育水平划分成四个阶段，通过一系列的检查，可以确定受测者达到了哪个阶段。四个阶段分别为：第一阶段，事物、事物状态理解困难阶段；第二阶段，事物的基础概念阶段；第三阶段，事物的符号阶段；第四阶段，组句（语言规则）阶段。

② 儿童语言发育迟缓的检查顺序和内容。儿童语言发育迟缓的检查共包括操作性课题检查、符号与指示内容关系检查、基础性过程的检查和日常生活交流态度的检查四个方面。

③ 诊断方法。该检查法设定了各项目的合格标准和各阶段的通过标准，并提供各年龄正常儿童应该通过哪些项目的参考标准。将对受测者的各项检查的结果与这些标准作对照，就可以诊断他的语言发育属于正常还是属于迟缓。若语言发育迟缓，那么迟缓的程度如何，哪些方面的发育相对较好，哪些方面的发育相对较差，等等。

十一、简明失语症测验（CCAT）

（1）**目的** 用于失语症患者听、说、读、写能力的评估，也可将患者依严重程度分类。

（2）**编制者** 钟玉梅、李淑娥、张妙乡，2003 年。

（3）**适用范围** 四年级以上疑似脑损伤者。

（4）**测验时间** 30～60 分钟。

（5）**量表内容** 具有甲、乙二式以供语言治疗师交替使用，共分为九个分量表：

① 简单应答：了解患者一般交谈的听觉及理解能力。

② 口语叙述：可分析语言内容、语法结构及整体说话的清晰度。

③ 图物配对：评估患者视觉接收及知觉的能力。

④ 听觉理解：评估患者听觉接收及理解能力。

⑤ 语词表达：评估口语表达能力。

⑥ 阅读理解：患者需做出字卡上所叙述的动作，以评估其阅读能力。

⑦ 复诵句子：评估口语动作及表达的能力。

⑧ 图字仿写：评估患者的书写能力。

⑨ 自发书字：借由"郊游图卡"完成指定书写的文字，以评估患者自发书写的能力。

（6）**量表信效度** 有很高的信效度，建立了我国台湾地区常模。

第三节　实施案例

一、个案基本情况

李××，男，就读于重庆师范大学儿童实验中心学校，早期诊断为智力障碍。其自理能力很好，会吹泡泡和哨子；无主动语言表达，仅能说出少量简单的字词，如"爸爸"、"好"、"再见"等；能够模仿发出汉语拼音，语音不清晰；有沟通障碍，目光交流差，注意力短暂。

活泼好动,刻板行为较少,喜欢拍手、开门、锁门以及跑来跑去,通过尖叫和拉人表达自己的需要,需要不被满足时,会表现出气愤和伤心流泪。理解能力尚可,能够听懂并完成一个指令的动作,对肯定的指令反应迅速,对否定的指令反应缓慢,偶尔反应错误。

二、工具与方法

工具:林宝贵的"语言障碍儿童诊断测验"题册、记录纸、铅笔、纸、QQ糖、被试喜欢的玩具等。

方法:测验过程严格按照"语言障碍儿童诊断测验"的要求和标准,测验地点选择了个案较熟悉的个训室,环境整洁、安静、光线适中,座椅的摆放靠近窗子,主试与被试面对面,主试朝向窗子,被试背向窗子,方便主试了解外面发生的情况,同时方便被试看清主试的脸。

三、评估结果

测验结果表明李××有构音障碍、语言发展迟缓、声音异常等特点。测验一是语言理解能力,李××的态度表现为"会",但是不回答,答错了一个题目,即第二题"闹钟";测验二是耳语听解能力,态度会,但是不注意听,错了一个题目,即第一题"梳妆台",后来在与家长交流的时候,家长说李××没有见过这种梳妆台,所以他不会;测验三是37个韵母声母,李××完全读正确的有:"b、p、m、d、n、g、x、a、e、ao、i、u",稍正确的是"j、q、s、ie、ai、an、en、er、ü",剩下的一些韵母声母没有读出;测验四是自由表达能力,有语言发展迟缓、声音异常、智能不足,没有口吃、腭裂等;最后整理的结果是李××存在的语言障碍问题是语言发展迟缓、声音异常、语言理解能力稍差,耳语听解能力稍差。见表7-6。

表 7-6 李××语言障碍诊断测验记录表

姓名:<u>李××</u> 性别:<u>男</u> 出生年月日:<u>2013.1.30</u> 智商:<u>35</u>(韦氏儿童智力测验)
障碍类型:<u>弱智/智力障碍</u> 障碍程度:<u>重度</u> 检查者:<u>张××</u> 检查日期:<u>2017.8.21</u>

测验1(语言的理解能力)
A态度(会)
<u>(1) 不回答</u>　(2) 没有反应
(3) 好像听不懂
B答错 <u>1</u> 2 3 4 5 6
答错题数(1)(3题以上不及格)<u>(及)</u>(不)

测验2(耳语听的理解能力)
A态度(会)
<u>(1) 不注意听</u>　(2) 没有反应
(3)好像听不出来
B答错 <u>1</u> 2 3 4 5 6
答错题数(1)(3题以上不及格)<u>(及)</u>(不)

测验3(构音的能力)
A态度(会)
(1) 不回答　<u>(2) 不能说</u>
(3)(以下各音符请按学生构音程度打"√")

音符	正确	稍正确	不正确	音符	正确	稍正确	不正确
b	√			z			
p	√			c			
m	√			s		√	
f	√			a			√
d	√			o			
t	√			e			
n	√			ie			√
l	√			ai			√
g	√			ei			
k			√	ao			√
h				ou			
j		√		an			
q		√		en			
x	√			ang			
zh				eng			
ch				er			√
sh				i			√
r				u			√
				ü			√

测验4(自由表达能力)
A态度(不会)
<u>(1) 不回答</u>　　<u>(2) 不能说</u>
B口吃的症状
(1) 结结巴巴　　(4) 难发
(2) 延长　　(5) 中断　　<u>(无)</u>(有)
(3) 重复　　(6) 口吃
C声音异常
(1) 沙哑声　　(2) 鼻声
(3) 声音过大或过小 (4) 痛苦 <u>(无)</u>(有)
D语言发展迟缓
(1) 几乎不会说话 (2) 语词少
(3) 语不连贯　(4) 娃娃语　(无)<u>(有)</u>
(5) 语言幼稚　(6) 说话令人费解
(7) 只能用手语或身体表达
5. 测验以外的症状
A腭裂<u>(无)</u>(有)　B脑性麻痹<u>(无)</u>(有)
C重听<u>(无)</u>(有)　D智能不足(无)<u>(有)</u>
E其他<u>(无)</u>(有)

<u>整理栏</u>
障碍类型
0-1.不　懂(测验1<u>不会</u>或不及格)
0-2.不　说(测验3或4<u>不会</u>)
1. 构音异常(3-B<u>有</u>)
2. 口吃(测验4-B<u>无</u>)
3. 声音异常(测验4-C有)
4. 语言发展迟缓(测验4-D<u>有</u>)
5. 腭裂(5-A无,又有障碍类型1或3者)
6. 脑性麻痹(5-B无,又有障碍类型1、2、3、4中之任一项时)
7. 重听(5-C<u>无</u>,测验1<u>及</u>,测验2<u>不</u>,又有障碍类型1、3或4项时)
8. 智能不足(5-D<u>有</u>,又有障碍类型任一种时)
9.其他(有轻度哮喘)

四、结论与建议

（一）结论

通过对李××的语言诊断测验发现，个案有明显的构音障碍、声音异常、口语表达障碍等。

（二）建议

针对上述结论，建议家长、特教老师、语言训练老师互相交流，探讨个案的语言障碍情况以及制定长期训练计划和短期训练计划，对个案进行语言训练。

第一，循序渐进。因为个案李××的语言障碍程度比较重，因此对李××的训练是从吸引其注意力开始的，在这个过程中训练呼吸，目的是改善其短促的呼气方式，因为短促的呼气会导致说话不连贯和声音异常。

第二，重复性原则。由于智力障碍儿童认知能力差，因此要对其进行重复性的训练，老师在学校训练的内容要告知家长，并指导家长在家进行训练，巩固在校的训练内容。

第三，鼓励性原则。正如其他的智力障碍儿童一样，李××的惰性很强，所以要知道他感兴趣的是什么，吸引他的注意力，他才能够更集中精神配合，一旦个案表现突出，给予及时的表扬，这样可以激发他学习的动力。

第四，老师的训练态度要温和。在实际的语言训练中，使用温和的态度，李××会比较配合，以保证训练计划的施行。

第五，多感官刺激，多样化呈现，与认知训练相结合。做语言训练的时候，通过多感官刺激包括视觉、听觉、嗅觉、味觉、触觉等进行的。如学习"苹果"这个词，让李××从装着苹果和橙子的篮子中拿出苹果，测试他的辨别能力，李××很快把苹果拿出来，把苹果放在他的面前，让其在一张白纸上画出苹果，并模仿老师发音，最后让他把苹果切开，品尝，这个过程中他感受到了苹果皮是光滑的，苹果是清香的，吃起来很脆很甜。多样化的呈现方式和多感官刺激的训练方法将使李××增强对知识的掌握，比单纯地以一种方式或一种感官刺激效果要好得多。

第六，团队合作。家长、特教老师、语言训练老师、医生等之间应定期交流个案的情况，检查训练计划的执行和完成情况，必要的时候讨论修订计划。

【本章小结】

1. 本章首先探讨了语言、言语与沟通的涵义，说明个体语言功能的发展有赖于个体的语言中枢、良好的听力及结构与功能完好的发音器官，以及沟通的主要形式等。在此基础上说明语言与沟通能力的评估有助于诊断语言与沟通障碍的原因，并为矫治方案的制定提供依据。

2. 然后，详细介绍了言语、语言与沟通能力的评估方法。主要包括言语功能的三个评估内容和方法（呼吸、发声和构音评估）、口语能力的三种评估方法（自发性语言、语言模仿测验、图片刺激测验）、书面语能力的六种评估方法（正式评估、非正式评估、整体评估、评定量表、同伴评估和自我评估）以及沟通能力的评估内容和评估方法。

3. 接着，介绍了语言与沟通评估的实施程序（搜集资料、系统观察、正式评估、咨询会议和撰写报告）以及其他考虑因素。

4. 最后，介绍了用于语言评估的十多种评估工具，不同的评估目的可以运用不同的评估工具及方法进行公正、合适的评估,以便综合评估儿童的语言能力。

【思考·练习·实践】

1. 什么是语言?什么是言语?什么是沟通?三者有何关系?
2. 简述语言的结构性成分。
3. 为什么要评估儿童的语言与沟通能力?
4. 语言能力的评估方法有哪些?
5. 言语能力的评估方法有哪些?
6. 沟通能力的评估内容有哪些?
7. 案例分析:

婷婷是个长得漂亮可爱的女孩,但她两岁半时还不会讲话,现在已经三岁了,虽然已经开口说话,但只会用一两个词来表达,如:"肉"、"要"、"饼干",而且口齿不清,常常需要妈妈做翻译别人才懂。

请你分析婷婷可能存在哪方面的言语或语言问题,可以使用的评估方法有哪些及选用哪种评估量表比较适合。

【参考文献】

[1] 韦小满,蔡雅娟. 特殊儿童心理评估(第二版)[M]. 北京:华夏出版社,2016.
[2] 朴永馨. 特殊教育辞典(第三版)[M]. 北京:华夏出版社,2014.
[3] 叶奕乾,何存道,梁宁建. 普通心理学(第四版)[M]. 上海:华东师范大学出版社,2013.
[4] 张世彗. 特殊学生鉴别与评估[M]. 中国台北:心理出版社,2003.
[5] 陈丽如. 特殊学生鉴别与评估[M]. 中国台北:心理出版社,2001.
[6] 陈云英. 残疾儿童的教育诊断[M]. 北京:教育科学出版社出版,1996.
[7] 姜泗长,顾瑞. 言语与语言疾病学[M]. 北京:科学出版社,2005.
[8] 黄昭鸣,杜晓新. 言语障碍的评估与矫治[M]. 上海:华东师范大学出版社,2006.

第八章 感知觉与动作评估

【内容摘要】 感知觉与动作评估是特殊儿童教育评估的重要内容之一。本章主要介绍三部分内容。首先阐述感知觉和动作的涵义,感知—动作心理过程、评估内容和评估方法;接着介绍几种典型的、常用的感知觉和知觉—动作能力评估工具;最后介绍感知动作评估的实施案例。

凡凡,男,10 岁,普通小学三年级学生。出生时状况正常,身高、体重正常,具有基本的生活自理能力。其动作、语言发展迟缓,1 岁半时才会走路,3 岁才会说一句完整的话,上小学比同龄孩子晚了 1 年。家长对他非常重视,教养合理,经常辅导其做作业。但老师反映凡凡在学校无法自我管理,没有时间概念,也没有是非判断力,会在他人胁迫下去做明知不对的事情;没有害羞意识,常常无意识地把手放在裤子里触摸生殖器;活动中有时会突然做举手等奇怪动作,做早操时动作缓慢,准确性、协调性差,经常做错动作。为此,家长很苦恼,凡凡究竟哪里出了问题呢? 后经老师的转介,家长就凡凡的问题向特殊教育专家咨询,经过专业评估发现:凡凡感觉统合能力失调,其前庭平衡、学习能力中度失调,触觉与本体觉重度失调。

感觉是一切较高级、较复杂的心理现象的基础。没有感觉,就没有知觉,一切较复杂、较高级的心理现象,如记忆、思维、情绪体验等也就无从产生。在感知觉基础上产生动作,动作的发展对于人类而言有着非常重要的意义。若儿童的感知动作能力发展异常,则会严重影响儿童身心正常发展与学习。因此,要了解儿童动作问题的本质,就必须对其进行感知觉和动作能力评估。本章在阐述感知觉及动作涵义的基础上,讨论感知觉和动作能力的评估内容、方法,介绍相关的评估工具。

第一节 感知觉与动作评估的概述

一、感知觉与动作的涵义

(一)感知觉

人类认识周围世界的过程分为两个步骤——感觉和知觉。感觉是一种简单的心理现象,是客观事物的个别属性在人脑中的直接反映。客观事物直接作用于人的感官,引起神经冲动,由感觉神经传导至脑的相应部位,便产生感觉。感觉分为外部感觉(如:视觉、听觉、嗅觉、味觉、肤觉）和内部感觉（包括运动觉、平衡觉、机体觉等）①。人们通过感官得到了外部世界的信息。这些信息经过头脑的加工（综合与解释），产生了反映事物整体的心理现象，就是知觉②。知觉可以分为视知觉、听知觉、触知觉、味知觉、嗅知觉、运动知觉、空间知觉、时间知觉等多种类别。人们首先通过感觉器官获取外部刺激，然后通过知觉作用对这些信息进行综合与解释，同样的外部刺激对于不同的人来说具有不同的意义。例如，在冬天同样的天气情况下不同的人对于户外温度的知觉可能会存在差异，体质弱的人也许觉得冷，身体强健的人觉得不是那么冷，这受到每个人的个体差异的影响。

（二）动作

与感知觉存在密切联系的还有动作。动作的发展是人类各项活动发展的基础，是儿童获取独立的途径。儿童动作的发展是在大脑、神经系统以及肌肉等共同作用下进行的，因此，儿童的动作发展和其大脑、神经系统以及肌肉的发展密切相关③。动作是指由身体肌肉控制的运动④。它包括粗大动作和精细动作两大类。粗大动作亦称大动作或大肌肉动作，是指身体的大肌肉控制的运动，如站、坐、走、跑、跳、爬、钻等。精细动作又称小肌肉动作，是指由身体的小肌肉控制的运动，主要是指手和手指的运动，如：写字、画图、穿珠、系扣子、拿捏小物品等。儿童动作的发展同身体发展一样，遵循从上到下、由中心到两边、由粗到细的规律。即从头部运动到身体躯干动作最后到脚的动作；离身体中部近的部位动作发展更早，离身体中部远的如手指、脚趾等部位的动作发展越晚⑤。儿童先学会大肌肉的粗大动作，然后才逐渐发展小肌肉的精细动作。而在儿童发展粗大动作和精细动作之前，婴儿已经开始具有了对一定的刺激进行反应的能力，即先天反射性动作。这些动作是儿童基本动作的基础。先天反射性动作包括：吸吮反射、抓握反射、足趾反射、拥抱反射、行走反射、游泳反射、觅食反射、恢复平稳反射等。这些先天性的反射动作确保婴儿获得营养和安全，帮助婴儿保持平稳和协调，对于婴儿健康成长发挥着重要的作用。

从个体心理发展的生理基础以及心理各个具体方面的早期发展来看，动作作为主体能动性的基本表现形式，在个体早期心理发展中起着重要的建构作用，它使个体能够积极地构建和参与自身的发展。动作在人类个体心理发展中有以下作用：首先，动作对于大脑的发育具有反向促进作用。动作不断练习、丰富、提高，可以促进大脑在结构上的完善，从而为个体早期心理的发展奠定良好的基础。其次，动作使个体对外部世界各种刺激及其变化更加警觉，并使感知觉精确化。再次，动作是婴儿认知结构的奠基石，动作使得婴儿的认知结构不断改组和重建。最后，动作改变着个体与物理环境、社会环境的互动模式，使个体从被动接受环境信息变为主动获取各种经验，这既促进了个体自主性、独立性的发展，同时也深刻地影响着个体的社会交往特点，进而对个体的情绪、社会知觉、自我意识等产生影响。此外，动作的重要作用可能更多地体现在它扩大了个体与周围环境交往的范

① 车文博主编：《当代西方心理学新词典》，长春：吉林人民出版社，2001年，第97页。
② 彭聃龄主编：《普通心理学》，北京：北京师范大学出版社，1988年，第239页。
③ 欧阳新梅.儿童的动作发展之一——先天反射性动作的发展[J].启蒙.2007,10:321.
④ 韦小满编著：《特殊儿童心理评估》，北京：华夏出版社，2006年，第237页。
⑤ 欧阳新梅.儿童的动作发展之二——粗大动作的发展[J].启蒙.2007,11:321.

围,使个体能够多角度、深入地探索其周围的物质世界与社会环境,从而给个体带来大量新的经验,即,经验的丰富与扩展才是真正重要的因素①。

二、感知—动作的心理过程

个体的动作和感知觉密不可分。感知—动作是一个接受、理解并判断感觉信息后,做出正确动作反应的过程与表现。即当有机体接受了外界的信息,通常会在中枢神经系统中进行加工,然后根据需要以适当的、完整的、有组织的方式做出动作反应。有机体将对信息的感知转变为动作反应的能力就叫作知觉—动作统合能力②。感知—动作由四个步骤构成的一个循环的过程,即:感觉输入→知觉统合→动作输出→动作反馈。感觉输入过程即由感觉器官感受外部刺激,将所接收的信息在中枢神经系统加以处理。知觉统合,即知觉作用将所接收的信息在中枢神经系统进行识别、比较、组织和理解,然后进行存贮,并将当前信息与过去的感觉信息加以统合,使个体有效选择并组织适当的动作。动作输出过程,则是指在中枢神经系统的支配下所表现的动作。动作反馈,动作的出现立刻对个体的感知觉给予了反馈作用,个体会感知到自己的动作是如何的,进而对自己的动作进行修正,使动作越来越精细,越来越正确。这样构成了一个循环的过程,如图 8-1。在这四个步骤中,感觉是基础,知觉是对感觉的加工,动作输出是知觉统合的结

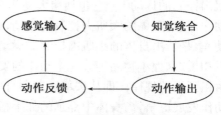

图 8-1　感知—动作的心理过程

果,动作反馈是自我纠正,任一环出现问题都将阻碍个体感知—动作能力的正常发展,从而影响个体的生活、学习等。

在知觉—动作统合中又包括:视知觉—动作、听知觉—动作、触知觉—动作、运动知觉—动作的统合等方面。而这些方面如果出现统合困难就形成了知觉—运动困难(perceptual-motor difficulties),又称“斯特劳斯(straussler)综合征”。这是一种知觉和运动协调障碍。主要表现为知觉、思维和行为的失调,如空间定向、手眼协调、身体意象等出现困难,并难以准确地书面表达思想。常有一种或多种知觉(视觉、听觉、动觉、触觉)障碍,并伴有神经系统缺陷,是学习困难的重要原因之一,影响儿童的阅读、写作和数学能力③。

儿童在日常生活中的学习和生活都需要感知—动作技能,儿童感知—动作能力发展情况严重影响着其学习能力的发展。儿童基本的感知—动作能力的发展是其进一步学习其他技能的基础。儿童如果在感知觉和动作统合方面存在困难就会使整个学习速度缓慢,学习效果低下,进而直接或间接影响个体在学业和体能活动上的表现。目前培智学校内的各类型障碍儿童,如智力障碍儿童、脑瘫儿童、多重障碍儿童、自闭症儿童等,均存在多方面的感觉障碍及知觉—动作统合障碍的情况。不仅特殊儿童,很多普通儿童也同样

① 董奇.论动作和运动在个体早期心理发展中的作用[J].北京师范大学学报(社科版),1997(4):48-55.
② 韦小满等编著:《特殊儿童心理评估》(第 2 版),北京:华夏出版社,2016 年,第 237 页。
③ 朴永馨主编:《特殊教育辞典》(第三版),北京:华夏出版社,2014 年,第 351 页。

存在或多或少的感觉问题和知觉—动作统合障碍的情况。因此,对于有上述问题的儿童来讲,对他们进行感知—动作能力评估有着非常重要的意义,不仅可以了解其目前感知—动作能力水平,还可以为今后教育、康复训练计划的制定提供参照依据。

三、感知觉与动作的评估内容

关于感知觉与动作能力评估内容可以分成两个部分,首先是具体的感知觉能力,其次是知觉—动作的统合能力。感知觉方面评估内容包括:视觉、听觉、肤觉、味觉、嗅觉、本体觉、前庭觉、运动知觉能力、空间知觉能力和时间知觉能力。知觉—动作统合能力方面评估内容包括:视知觉—动作、听知觉—动作、触知觉—动作及运动知觉—动作的统合。

(一)具体的感知觉能力

1. 视觉能力

(1)视觉接收能力

视觉接收是视觉能力中最基本的能力,也是影响视力最基本的要素。首先,我们需考察个体的视觉生理机制是否正常,其次是个体的视力和视野的基本情况如何。

视觉的生理机制包括折光机制、感觉机制、传导机制和中枢机制。人类通过视觉器官——眼球和视网膜来完成折光机制和感觉机制。传导机制主要是视觉器官将光能转换成视神经的神经冲动,即神经电信号,电信号再沿着神经传至大脑。而中枢机制则是在大脑中的枕叶纹状区对接收信号进行分析。

视力,亦称视敏度,是指视觉系统分辨最小物体或物体细节的能力,医学上称之为视力。人眼常见的视力问题包括近视、远视和色盲。视野是指人的头部和眼球固定不动的情况下,眼睛观看正前方物体时所能看得见的空间范围,我们称为静视野。眼睛转动所看到的称为动视野,常用角度来表示。视野的大小和形状与视网膜上感觉细胞的分布状况有关,可以用视野计来测定视野的范围。一般人有100~120度的视野。视力和视野是否正常决定着个体是否看得清楚以及是否看到应有范围内的物体。此外,眼球动作也影响着个体视物能力。眼球动作主要依赖着眼球外面的三对眼外肌,它们分别受动眼神经、滑车神经和外展神经的支配,它们能让眼珠上下左右移动、旋转看不同方向的物品。

(2)视觉注意力

人可以在很短的时间内找出眼前具有显著特征的物体正是因为人的视觉注意力选择机制在发挥作用。视觉注意力包含了几个层面:第一,是否能注意到眼前出现的视觉目标;第二,注意到目标后,能否持续注意,还是马上去看别的目标;第三,如果眼前不止一个目标,要选择注意一个,而忽略不相关的;第四,必须同时注意两个目标以上的时候,能够妥善分配及应用。

(3)视觉记忆力

视觉记忆属于形象记忆的一种。形象记忆是以感知过的事物在人脑中再现的具体形象为内容的记忆,它保存事物的感性特征,具有显著的直观性。因此,视觉记忆即看到的事物在人脑中再现的具体形象。视觉记忆对于我们认识新事物有重要的意义。个体把现在看到的东西和以前的经验做比较,加以分类、整合,再储存在大脑中,这样逐渐形成对事物更完整和全面的认识。

（4）视觉辨别能力

视觉辨别能力是指个体能认出物体之间特征的异同点，把一个物体从另一个物体中区别出来。这种能力还包括辨认东西的颜色、质地、大小、粗细，对于形状大小、位置、环境改变，也可以认得出。

（5）视觉想象力

想象是对头脑中已有的表象进行加工改造，创造出新形象的过程。对于儿童来说，视觉想象力就是能不用看到实际的物品，在头脑中就能想象出物品具体的样子。

2．听觉能力

儿童的听觉障碍在排除器质性原因外，一般是指听觉辨别能力、过滤能力和记忆能力的不足。听觉是个体将耳朵所接收到的刺激音分析成有意义的意象的历程，这个历程包括有觉察、分辨、辨识和理解。根据听觉的内容可分为听觉注意能力、听觉辨别能力、听觉记忆能力、听觉理解能力、听觉编序能力、听觉混合能力等六个方面。

（1）听觉注意能力

注意是心理活动或意识对一定对象的指向与集中[1]，听觉注意就是个体的意识对声音的指向与集中，即有意识地去听的能力。良好的听觉注意是儿童进行其他听觉活动的基础。

（2）听觉辨别能力

听觉辨别能力是指对不同声音之间差异辨别的能力以及辨别一组或一对词之间差异的能力。可以通过一些特殊的测验来评价。如向儿童呈现发音差异很小的一对词，要求儿童背对测试者（避免儿童从说话者的口形中找出视觉线索），判别这对词的同异，如"再—才"、"为—会"、"百—白"、"b—p"等。

（3）听觉记忆能力

听觉记忆能力是指贮存与回忆所听到信息的能力。例如，和儿童玩"打电话"的游戏时说："喂，您好，我是妈妈的同事刘阿姨，我找您妈妈，让她明天上午八点在单位门口等王处长和我，我们一起去开会。"要求被测儿童尽量回忆刚才"电话"里的相关重要信息：谁、找谁、什么时候、在哪儿、和谁、干吗等。

（4）听觉理解能力

听觉理解力是指儿童能辨识声音以及了解说话含义的能力。有些儿童虽然智力水平、知识结构具备了听课能力，但对教师讲课内容听而不闻，原因之一就在于听觉理解力差。听觉理解力差的儿童往往听不懂词义、句义，听不懂老师的讲课内容，注意力分散，难确定两个听觉概念之间的关系。如：草是绿的，天是蓝的等。

（5）听觉排序能力

听觉系列化能力是把别人口头所述的一系列信息按次序回忆出来的能力。许多测验都有这个方面的内容，如韦氏智力量表中的听觉系列记忆、数字广度测验等。例如，测试者说"A、B、C……"或"小红、小明、小聪……"，要求儿童按照测试者所说的顺序回忆出来。

---

[1]　彭聃龄主编：《普通心理学》，北京：北京师范大学出版社，1988年，第139页。

（6）听觉混合能力

听觉混合能力是一种把单个语音或音素混合成一个完整的词的能力。有这方面缺陷的儿童不能把音素"g—uāng"合成"光"的发音，或把"pú—táo"形成词"葡萄"。儿童在听觉方面的缺陷，往往并不是听力方面的，而是听觉加工技能方面的。

3. 触觉能力

刺激作用于皮肤引起各种各样的感觉，叫肤觉。肤觉是物体的机械的和温度的特性作用于皮肤的表面引起的。在肤觉中，最重要的是触觉。多数动物的触觉器是遍布全身的，像人的皮肤位于人的体表，依靠表皮的游离神经末梢能感受温度、疼痛等多种感觉。

我们讨论特殊儿童的触觉问题时通常是泛指肤觉。触觉也是儿童感知世界和学习、生活的重要通道。在视觉、听觉损伤的情况下，触觉起着重要的补偿作用，触觉对于维持机体与环境的平衡也有重要的作用。在触觉的评估中，主要考察儿童的触觉敏锐性、触觉记忆能力和触觉辨别能力，以期了解儿童对物体的质地、形状、大小、温度、强度等都不相同的各种刺激的快速反应能力（敏锐性）、区辨能力以及儿童通过触觉识记物体特征的能力。

4. 味觉能力

凡能溶于水的物质都是味觉的适宜刺激。味觉的感受器是分布在舌面各种乳突内的味蕾。人的基本味觉有酸、甜、咸、苦四种。味觉是人类在进化过程中选择食物的重要手段，也是儿童最为发达的感知觉之一。儿童能通过其面部表情和身体活动等方式对酸、甜、咸、苦等四种基本味觉做出不同的反应。儿童味觉能力的评估主要从儿童味觉的敏锐性、味觉的记忆能力及味觉的辨别能力三个方面进行。

5. 嗅觉能力

嗅觉是由物体发散于空气中的物质微粒作用于鼻腔上的感受细胞而引起的。嗅觉的刺激物必须是气体物质，只有挥发性有味物质的分子，才能成为嗅觉细胞的刺激物。嗅觉不像其他感觉那么容易分类，在说明嗅觉时，是用产生气味的东西来命名，例如玫瑰花香、肉香、腐臭等。味觉和嗅觉器官是我们的身体内部与外界环境沟通的两个出入口。因此，它们担负着一定的警戒任务。嗅觉能力的评估主要从儿童嗅觉的敏锐性、嗅觉的记忆能力及嗅觉的辨别能力三个方面进行。

6. 本体觉

本体觉是人体的深度感觉，是提供关于肌肉、关节、韧带、肌腱和结缔组织的信息的感觉系统，是人对于自己的位置、力量、方向和身体各部位动作的感觉。它包含了关节运动觉、位置觉和振动觉的一种特殊感觉形式。人体的平衡、协调及技巧性运动与本体感觉的正确反馈密切相关。在维持姿势平衡中，本体感觉的作用比视觉大①。儿童的本体觉评估主要从关节运动觉、位置觉以及身体平衡性、协调性等方面进行。

7. 前庭觉

前庭觉是以前庭神经核为主组成的神经体系，是处理前庭平衡的整个感觉系统，包括视、听、触、味、嗅等感觉，头部和颈部的所有活动，以及这些信息和大脑功能区脑细胞的互

---

① 刘波，孔维佳，邹宇：《应用海绵垫干扰本体觉分析正常人姿势平衡中的感觉整合作用》，载于《临床耳鼻咽喉头颈外科杂志》，2007 年第 21 卷第 4 期：62 - 165.

动。前庭是大脑门槛,不仅接受脸部正前方视、听、触、味、嗅的信息,整个身体的触觉、关节活动信息也必须在此过滤以选择重要的信息做回应,所以前庭觉必须和平衡感取得完全协调,才能正确辨别身体的空间位置,这就是前庭平衡。前庭系统与其他系统的运作息息相关,例如,儿童能专心地学习,就是前庭、本体觉与视觉三者共同作用的结果,即所谓"感觉统合"。儿童前庭觉的评估主要从前庭觉与视觉协调、前庭觉与本体觉协调两个方面进行。

8. 运动知觉能力

运动知觉是物体的运动特性在人脑中的直接反映。运动知觉包括对物体真正运动的知觉和似动。真正运动,即物体按特定速度或加速度从一处向另一处作连续的位移。由此引起的知觉就是对"真正运动的知觉"。"似动"指在一定的时间和空间条件下,人们把静止的物体看成运动的。运动知觉直接依赖于对象运行的速度。物体运动的速度太慢或太快,都不能使人产生运动知觉。例如:人们不能觉察手表上时针的运动。运动知觉能力的评估主要是评估个体在运动的过程中对自己身体的知觉,如方向、速度、位置等。

9. 空间知觉能力

空间知觉是人对客观世界物体的空间关系的反映,一般是通过多种感觉器官的协同活动实现的。只有在跟对象不断接触的过程中才形成空间知觉。它包括形状知觉、大小知觉、深度与距离知觉、方位知觉与空间定向等。这是一个由"视、听、触和动觉系统"联合活动形成的复杂知觉过程。

(1) 形状知觉能力

物体所有属性中形状知觉是最重要的属性。形状知觉是视觉、触觉、动觉协同活动的结果。研究表明:三个月大小的婴幼儿就已具有分辨简单形状的能力,并随着年龄的不断增长,婴幼儿可以根据自己的独特偏爱,有组织地喜欢、选择某些具有图腾颜色的玩具、图画等。如果一个儿童不能正确分辨简单的物体形状,那么他的形状知觉能力就存在缺陷,这将影响他今后的学习,如识字和阅读。

(2) 深度知觉能力

吉布森(E. J. Gibson)通过视觉悬崖实验证明:6 个月大小的婴儿已经具有深度知觉能力。这是人们通过感知觉能力判断"深浅、远近"的一种技能。当婴儿到能爬行时(一般为 7 个月左右),表现出逃避深侧的倾向(实验时,36 人中 27 人爬过浅滩,只有 3 人爬过悬崖)。实验中,将 2 个月的婴儿置于视崖深侧时,他们的心率比处于浅侧时的心率低,说明他们能够从知觉上区分这种差异。他们只是注意到悬崖,而不是害怕。

(3) 方位知觉能力

人们对方位知觉的发展认识过程一般是:先上下,次前后,再左右。通常是 3 岁辨上下,4 岁辨前后,5 岁识左右。但有的人则一生中对方位知觉的辨别能力都处在劣势、不清楚状态。

(4) 大小知觉能力

儿童大小知觉发展比较早。入学后,儿童不仅能熟练地用目视测量和比较测量进行直觉判断,而且还逐渐运用推理进行判断。研究发现,对图片空间面积大小的判断能力,7~8 岁儿童处于直觉判断和推理判断相交叉的过渡阶段,高年级儿童有 85% 以上人次已能运用推理判断来比较空间和面积的大小,说明小学高年级学生大小知觉发展到新的水平。

10. 时间知觉能力

时间知觉(time perception)是指个体对直接作用于感觉器官的客观事件的持续性和顺序性的反应。严格意义上的时间知觉,是指在既没有时间标尺,也没有外受感觉作息时间信号的情况下,只凭肌肉感觉和内脏感觉去知觉时间。

人们对时间的感知具有相对性和主观性的特点,个体并没有专门对时间的感知分析器官,因此没有办法直接感知时间。实际生活中人们常常是把自然界匀速而有规律的周期性变化的现象和生理方面有节律的活动作为判断时间的重要标准。如以太阳的升降来确定一天的时间,以月亮的盈亏标志一个月的时间,以四季的变化来计算一年的时间,钟表出现后人们还依靠计时工具了解具体的时间;在生理方面,常以呼吸、心跳、消化等活动的有节奏的次数为感知时间的信号。

一般而言,儿童从 7 岁左右开始运用、发展时间知觉。儿童对时间的认知总是借助于生活中的具体事情或周围现象为指标,如早晨是起床、上学的时候或太阳升起的时候;上午是午饭前上课的时候;下午是午饭后的时候;晚上是放学回家或天黑的时候;明天是今天晚上睡觉醒来的时候。同时,人的时间知觉与活动内容、情绪、动机、态度有关。

(二)知觉—动作统合能力

这方面的评估内容包括:视知觉—动作、听知觉—动作、触知觉—动作及运动知觉—动作。

视知觉—动作能力,主要是指视觉和身体运动的协调能力,这是一种视觉、触觉和运动知觉的统合能力,如手眼协调。还包括获得形象背景知觉、了解物体之间的空间关系、获得视知觉的恒常性等方面。

听知觉—动作能力,主要是指一种能够将听觉刺激与身体运动协调在一起的能力。还包括在环境中判定声音的来源或方向的能力、能够区别和注意适当听觉刺激的能力以及区别听觉刺激的节拍、速度等。

触知觉—动作能力,主要评估个体对压力的感受、触觉记忆能力、触觉辨别能力及触觉灵敏度。

运动知觉—动作能力,主要评估个体在运动的过程中对自己身体的知觉、对方向的知觉、对速度的知觉、对运动强度的知觉,以及个体运动的灵敏度以及喜好的评估。

总的来说,感知觉与动作能力评估的内容是多方面的,评估者需要根据儿童的具体情况考虑具体评估哪方面的内容。

四、感知觉与动作的评估方法

(一)观察法

观察是评估者根据评估目的有计划地在自然条件下对儿童的感知觉与动作能力表现的各项资料进行搜集,然后再对观察到的信息进行记录和分析的过程。

观察儿童所得到的诊断资料信息是测验所无法取代的重要资料。在评估儿童感知觉与动作发展能力时,对儿童的需求及建立转介方案都必须依据认真细致的直接观察。当有些儿童感知觉方面的问题较为明显时,通过观察其动作行为便可发现这些问题。

(二)访谈法

访谈,又称晤谈,具有比较好的灵活性。在儿童感知觉与动作能力的评估过程中,访谈主要应用于询问关于儿童感知觉与动作能力发展的过程及当前水平;了解儿童的相关病史、成长史、教育史等相关资料。访谈的对象主要是儿童的家长或主要监护人以及教师。评估者最好在访谈前制定一个访谈提纲,进行结构型的访谈,以便有目的地、全面地了解被评估儿童的感知—动作能力情况。另外,要准确地如实记录访谈资料,最好在征得被访谈者同意的情况下对访谈过程进行录音。

(三)测验法

在感知觉与动作能力评估过程中测验法起到至关重要的作用。使用具有较高信效度的标准化测验对儿童进行评估能够较好地保证评估结果的准确性与科学性。

需要注意的问题:大部分知觉—动作测验是针对年幼的儿童(通常是 3～10 岁)而不是为年龄较大儿童设计的。随着儿童年龄的增长,人们关注的焦点转为儿童的学科能力、社会和职业技能而不是基本的知觉—动作技能。因此,施测前应注意测验年龄范围和施测过程要求等。此外,由于某些测验项目对于肢体或感官障碍儿童无法进行,因此施测者应针对儿童的个别需要选择合适的测验。假如被试有严重的肢体或感官障碍,施测者应避免同时测试知觉和运动神经。施测者要在充分了解测验内容、方法和要求,或获得相应的测试资格后才能进行测试。

(四)评定法

评定法是指通过观察,给事件、行为或特质一个评定分数的标准化程序。评定法中使用的评定量表是用来量化观察中所得印象的一种测量工具,具有客观、结果数量化、全面、经济的特点。评估者可以使用已有的感知觉与动作评定量表对儿童的感知觉、知觉—动作能力进行评估,也可以根据个人经验编制评定量表进行评估。

(五)其他方法

除上述方法外,评估者还可以使用行为检核法、提名法等方法进行评估。行为检核法是根据需要研究的对象特点列出有关行为,形成检核表,然后一个一个地来核对讨论。评估者可以根据需要评估的具体内容列出一个检核表,然后根据观察结果核对相关项目,确定儿童行为能力的当前情况。

第二节　感知觉与动作评估工具

一、儿童感觉统合能力发展评定量表

(1) **测验目的**　旨在评估儿童的感觉和动作技能。

（2）**编、修订者**　J. Ayers 发表于 1975 年；国内已修订。

（3）**使用范围**　3～12 岁儿童。

（4）**测验形式**　个别测试。

（5）**量表构成**　量表共有五个部分组成，包括：前庭失衡（14 题）；触觉过分防御（21 题）；本体感失调（12 题）；学习能力发展不足（8 题）；大年龄儿童的问题（3 题）。

（6）**评价**　该量表具有一定的信效度，内容简单，操作简便易行，应用广泛。儿童感觉统合能力发展测评定量表每题 1 分，凡标准分≤40 分则说明存在感觉统合失调现象。该量表提供年龄常模，一般来说标准分在 30～40 分之间为轻度失调，20～30 分为中度失调，20 分以下为重度失调。使用时通常由熟悉被评估者的家长或教师进行评分，因此，评估者需要特别解释量表中某些词句的准确涵义，以免家长或教师由于误解造成评分错误。

二、视知觉发展测验

（1）**测验目的**　评估儿童的视知觉动作统合能力。

（2）**编订者**　弗罗斯蒂等人（M. Frostig, P. Maslow, W. Lefever, J. Whittlesey），最早发表于 1964 年；1993 年米哈尔等人（D. D. Hammill, N. A. Pearson, J. K. Voress）对其进行了修订，修订本简称 DTVP-2。

（3）**适用范围**　4～10 岁儿童。

（4）**测验时间**　约 30～60 分钟。

（5）**测验构成**　由 8 个分测验组成，包括：眼—手协调（4 题）、临摹（20 题）、空间关系（10 题）、空间位置（25 题）、图片—背景（18 题）；视觉填充（20 题）、视觉—动作速度（128 个没有填写的符号）、图形恒常性（20 题）。

（6）**测验信效度**　各分测验的内部一致性系数在 0.80～0.97 之间，总分的内部一致性系数 0.93～0.98；稳定性系数分布在 0.71～0.86 之间，总分的稳定性系数在 0.89～0.95 之间。编制者认为此测验内容效度较高，与同类测验的相关系数在 0.27～0.95 之间；该测验与年龄呈显著相关，因素分析的结果也支持了编制者的构想。

（7）**评价**　DTVP-2 是一个标准化的常模参照测验，与班达视觉动作完型测验相比，其测验范围更广，信效度更高，常模更新且具有代表性。目前该测验已广泛应用于视知觉问题的诊断和干预效果的评价。

三、班达视觉动作完形测验

（1）**测验目的**　区分脑损伤与非脑损伤患者，属于视知觉—动作统合测验。

（2）**编订者**　L. Bender 班达，发表于 1938 年。

（3）**适用范围**　5～11 岁儿童。

（4）**测验构成**　由 9 张画有一个抽象图案的图片组成。

（5）**测验信效度**　评分者信度 0.79～0.99；稳定性系数 0.50～0.90；效标关联效度中，与成就测验的相关系数在 -0.13～0.58 之间；与智力测验的相关系数为 -0.19～0.60。

（6）**评价**　是目前最常用的知觉动作统合测验之一。内容简单，施测方便，应用广泛。但稳定性较低,用于诊断脑损伤、智力落后及情绪障碍不一定准确,且常模已经过时。

四、视觉—动作统合发展测验

(1) **测验目的**　评估视知觉与精细动作的统合能力。

(2) **编订者**　比里 K. E. Beery,最早发表于 1967 年,经 3 次修订,1997 年版本简称 VMI‐4。

(3) **适用范围**　3～18 岁儿童、青少年。

(4) **测验构成**　包括低龄版和完整版两个版本。低龄版(用于 3～8 岁儿童)由 18 张图片构成,完整版(用于 3～18 岁儿童)由 27 张图片构成,每张图片上都有一个几何图案。

(5) **测验信效度**　分半信度 0.79;稳定性系数的中位数 0.81;评分者信度系数 0.93;效标关联效度在 0.37～0.82 之间。

(6) **评价**　是目前常用的知觉动作统合测验之一。该测验的信度略高于班达视觉动作完型测验,效度有待于进一步证明。

五、听觉辨别测验

(1) **测验目的**　测量儿童对只有一个因素有差别的单词的区分能力。

(2) **编订者**　韦普曼(J. M. Wepman),最早发表于 1975 年;1987 年雷诺兹(W. M. Reynolds)对其进行了修订,即 ADT‐2。

(3) **适用范围**　4～8 岁儿童。

(4) **测验时间**　约 5 分钟。

(5) **测验构成**　由 1A 型和 2A 型两个版本构成。两个版本各由 30 对不相同和 10 对相同的单词组成。测试时让被试回答单词相同或不相同。

(6) **测验信效度**　1A 型的内部一致性系数的中位数 0.75,2A 型的内部一致性系数的中位数为 0.79;效度方面,该测验与各种语言测验、智力和学业成就测验的相关系数分布在 -0.81～0.85 之间。在测验所测量的年龄范围内,分数随着年龄的增长而增长。

(7) **评价**　该测验内容简单,施测省时省力,是目前最知名的听知觉测验之一。但该测验的信效度均不理想,不适宜在正式评估中使用。

六、戈德曼—弗里斯托—伍德科克成套听觉技能测验

(1) **测验目的**　评估儿童的各种听觉技能。

(2) **编订者**　戈德曼等人(R. Goldman, M. Fristoe, R. W. Woodcock),最早发表于 1974 年。

(3) **适用范围**　个别施测的常模参照测验,适用于 3 岁至成年。

(4) **测验时间**　根据评估目的不同,主试可选择某个测验进行。实施全部测验时间约 1 小时。

(5) **测验构成**　共由 4 个测验组成,包括:GFW 听觉选择性注意测验(包括 4 个分测验,共 110 题)、GFW 听觉辨别测验(包括 3 部分,每部分 100 题)、GFW 听觉记忆测验(包括 3 个分测验,共 140 题)、GFW 听觉声音—符号测验(包括 7 个分测验,共 321 题)。

(6) **测验信效度**　各测验的分半信度系数对 3～8 岁受测者 0.76～0.97 之间；对 9～18 岁受测者 0.46～0.96 之间；对 19 岁以上受测者 0.73～0.97 之间；对轻度残疾儿童样本，分半信度系数分布在 0.74～0.98 之间；对中、重度残疾儿童样本，分半信度系数全部在 0.93 以上。

(7) **评价**　该测验测量了听觉的选择性注意、辨别力、记忆力和声音—符号关系，获得结果十分丰富，有助于受测者的听觉问题以及听觉问题有关的学习困难进行全面的评估。从样本常模的选取、信效度的检验结果来看，其标准化程度还不够高，不适合在正式评估中使用。

七、简明知觉动作测验(QNST)

(1) **测验目的**　测量与儿童学习有关的神经性统整能力，例如动作发展的成熟度、大小内肌肉的控制、注意力、视知觉与听知觉技能、动作的速度、韵律感、空间感、空间组织与身体平衡等能力，作为评估和康复课程规划的依据。

(2) **编、修订者**　原作者：Mutti, Sterling 及 Spalding；1985 年，周台杰修订。

(3) **适用范围**　6～12 岁儿童。

(4) **测验时间**　20～30 分钟。

(5) **测验形式**　个别测试为主。

(6) **测验构成**　共有 15 个分测验，包括：书写技能、认知与仿画图形、认知手掌上的字形、追视技能、模仿声音组型、用手指触鼻尖、同手指接成圆圈、同时触摸手和脸、迅速翻转手掌动作、伸展四肢、脚跟紧靠脚尖行走、单脚站立、交换跳、辨别左右、异常行为等。

(7) **测验信效度**　间隔四周的重测信度在 0.65～0.87 之间(6～12 岁)，标准误在 3.84～7.12 之间；评分者信度系数为 0.72，达到 0.01 显著水平。效度方面，与视知觉发展测验和视觉—动作统合发展测验的效标关联效度在 0.32～0.62 之间；并进行了内部一致性分析、性别差异、地区差异、不同团体差异、与其他测验相关、与知觉动作能力发展的比较研究等 6 项构念效度检验，结果显示有效。

八、布鲁因宁克斯—奥泽利特斯基动作熟练度测验

(1) **测验目的**　评估儿童的运动机能发展水平。

(2) **编订者**　布鲁因宁克斯、奥泽里特斯基，最早发表于 1978 年。

(3) **适用范围**　个别施测的常模参照测验，适用于 4.5～14.5 岁的儿童。

(4) **施测时间**　约 45～60 分钟。

(5) **测验构成**　BOTMP 分为三部分，由 8 个分测验组成。第一部分：大动作能力(包括：奔跑速度和灵活性分测验 1 题、平衡分测验 8 题、两侧协调分测验 8 题、强度分测验 3 题)；第二部分：大动作与精细动作能力(包括：往上爬的协调分测验 9 题)；第三部分：精细动作能力(包括：反应速度分测验 1 题、视觉—动作控制分测验 8 题、向上爬的速度和灵活性分测验 8 题)。

(6) **测验信效度**　信度方面，二年级样本的各分测验稳定性系数分布在 0.58～0.89 之间，各组合分数稳定性系数分布在 0.77～0.89 之间；六年级样本的各分测验稳定性系

数分布在 0.29～0.89,各组合分数稳定性系数分布在 0.80～0.87 之间;效度方面,编制者认为该测验的内容效度和构想效度均较高。各分测验分数与被试生理年龄的相关系数较高。非残疾儿童与学习障碍儿童、智力落后儿童的分数比较,结果证明该测验具有一定的效度。

(7)**评价**　该测验是目前比较全面地评估儿童动作技能发展的常模参照测验之一,为动作技能的评估和训练提供有效的资料。

九、普度钉板测验

(1)**测验目的**　评估儿童的手的灵活性。

(2)**编订者**　蒂芬(J. Tiffin),最早发表于 1948 年。

(3)**适用范围**　适用于普通儿童、弱智儿童、学障儿童、各类型工人和服务人员。

(4)**测验形式**　可进行团体施测或个别施测。

(5)**测验构成**　利用一块带有四个凹槽和两排孔眼的木板,若干钉子、垫圈和项圈,让受试者根据指示完成钉钉子等行为。全部测验分为五个部分:右手测验、左手测验、双手测验、右手＋左手＋双手测验、装配测验。

(6)**测验信效度**　该测验施测一次的稳定性系数在 0.60～0.76 之间;施测三次的稳定性系数在 0.82～0.91 之间。效度方面,受测者在该测验的得分与其以后的工作业绩有显著相关。提供的若干特殊常模能够很好适应不同类型儿童或成人的需要。

十、动作教育程序评量表(Movement Education Program Assessment, MEPA)

(1)**测验目的**　把握儿童的运动技能、身体意识及种种心理机能的发展阶段,更进一步的是要探求适合儿童本身的动作教育线索。

(2)**编订者**　日本横滨国立大学小林芳文教授。

(3)**适用范围**　0～72 个月的普通儿童,及特殊儿童。

(4)**测验形式**　个别施测

(5)**测验构成**　该测验按照儿童运动发展的七个阶段、三个领域来把握儿童的发展。七个阶段分别为:原始反射支配阶段(0～6 个月)、步行前阶段(7～12 个月)、确立步行阶段(13～18 个月)、确立粗略运动阶段(19～36 个月)、调整运动阶段(37～48 个月)、知觉—运动阶段(49～60 个月)、复合应用运动阶段(61～72 个月)。三个领域分别为:运动—感觉机能、语言机能、社会性(含情绪)机能。运动感觉又分为:姿势、移动、技巧三个领域;语言领域又分为:接纳语言和表达语言两个领域;社会性(含情绪)主要是对人关系。因此评估时总共有六个领域。具体来说在六个领域中:姿势领域共有 29 个测试目标、移动领域共有 29 个测试目标、技巧领域共有 29 个测试目标、接纳语言领域共有 27 个测试目标、表达语言领域共有 27 个测试目标、社会性(含情绪)领域共有 29 个测试目标,因此总共有 170 个测试目标。每项测试的发展指导目标中明确说明了该目标的达成年龄(即属于哪一发展阶段),同时说明具体的评量方法、工具以及评量的标准。测验还提供了评量表,评量表中按照发展阶段给不同年龄段的儿童确定了评估的内容。测验提供了剖面图,可以直观形象地体现出儿童在六个领域中的发展情况。每项测试通过即得 1 分。在剖面图上可标明儿童的得分,并能够看出该儿童的得分是否与该发展阶段应有的水平相符。

第三节 实施案例

一、个案基本情况

小明,男,2006 年 6 月 8 日出生,10 岁 1 个月,居住在南京,目前为南京市某培智学校三年级学生。小明是足月生产,出生时状况正常。母亲孕期无病史,但孕期曾去染发,且孕期情绪正常,父母双方无家族病史。父亲在私企上班,母亲是全职妈妈,父母关系融洽,家庭经济情况较好。小明是家中的独生子,父母都很疼爱他。小明出生后发育迟缓,26 个月才会讲话,经常一个人独自玩耍。两岁之前跟爷爷奶奶同住,爷爷奶奶非常宠爱他。四岁上幼儿园,七岁上一年级,在普通小学待了一年后无法适应,后转到南京某培智学校就读。父母对他的教育非常重视,尽量给他更多的关心、爱护。

小明上小学一年级曾测得智商为 45,存在语言沟通与发展障碍,理解能力差,表达自己的想法困难。小明的发音清晰,但不理解别人说的话,只会重复他人的语句。他性格内向,不爱与别人玩。以前在普通小学上学时经常和同学起冲突、打架,喜欢发呆,沉浸在自己一个人的世界。

小明的生活自理能力很好,基本的日常起居自己能够独立完成。运动能力好,基本的日常跑跳、游戏活动都能够完成。他喜欢画画,能把从电视看见的动画人物画到本子上,还能根据自己的画编讲故事。

二、工具与方法

由于小明有一些内向、语言发展迟缓、喜欢发呆的情况,以及曾经和同学起冲突打架的情况,为了更好地帮助其康复,评估者认为有必要评估其感觉统合能力,以便更好地进行康复训练。

工具:使用《儿童感觉统合能力发展评估量表》。

方法:在评估者的指导下由小明的父亲根据其平时表现进行评分。评分者再根据得分对照常模查找到相应的标准分。

三、评估结果

评估结果显示:小明在前庭平衡项目中的标准分是 21;在触觉过分防御项目的标准分是 38;在本体感失调项目中的标准分为 50;在学习能力项目中的标准分是 15;大年龄特殊问题项目的原始分是 9 分。具体见表 8-1。

表 8 - 1　感觉统合发展评估结果

项目	原始分	标准分
前庭失衡	50	21
触觉过分防御	75	38
本体感失调	51	50
学习能力发展不足	12	15
大年龄特殊问题	9	

四、结论与建议

（一）结论

小明的前庭平衡中度失调，触觉过分防御为轻度失调，学习能力表现出重度失调；同时，表现有大年龄的特殊问题。

（二）建议

基于上述评估，建议小明的老师和家长针对其前庭平衡中度失调的情况对其进行感觉统合训练，如：秋千或吊床的摇摆或旋转、俯卧大笼球、走平衡木、坐滑梯、滑板游戏、跳蹦床、垫上翻滚等。针对小明触觉防御轻度失调的情况可尝试以下训练，用毛巾或软布轻擦小明的背部、腹部、腕部、脸颊、口腔周围的部位、手脚等部位，在水中游戏、在沙土地或草地上赤脚游戏。

由于个体的学习能力与整体感觉统合能力发展有关，因此，为提高小明的学习能力，建议在进行上述前庭和触觉防御方面训练的基础上，增加视觉动作协调和听觉动作协调等方面的训练，以促进小明学习能力的提升，如：使用剪刀剪纸、用笔画画、跟随音乐做有节拍的动作等。

【本章小结】

1. 本章首先详细介绍感知觉、动作的涵义及感知—动作的心理过程，在此基础上阐述感知觉与动作评估的内容，包括：视觉、听觉、肤（触）觉、味觉、嗅觉、本体觉、前庭觉、时间知觉、空间知觉和运动知觉，以及视知觉—动作、听知觉—动作、触知觉—动作、运动知觉—动作，并探讨了人们关注的感知觉与动作评估的方法，即观察法、访谈法、测验法、评定法及检核法等方法。

2. 然后，介绍了感知觉与动作能力评估的十种经典测验工具，通过这些工具的介绍让学习者进一步了解感知觉与知觉动作评估的内容与方法。

3. 最后，以实例来示范说明评估数据的搜集以及分析、解释和推测的方法。

【思考·练习·实践】

1. 什么是感觉、知觉及知觉动作？

2. 感知—动作的心理过程是怎样的？

3. 感知觉与动作能力评估要注意哪些问题？

4. 感知觉与动作能力评估的内容和方法主要包括哪些?

5. 案例分析:

童童,9岁,剖腹产,出生时发育正常。现就读于普通小学四年级。其老师反映,童童在班上跟同学之间的关系不太融洽,上课时经常注意力不集中,回答问题常常答非所问。做作业时经常不能正确理解题意而做错。语文成绩很差,尤其是无法完整朗读课文,抄写生字词速度很慢,有时还会添字、漏字、跳行。做数学作业时也经常把数字算错或写错。

请分析童童可能存在哪些方面的问题? 可以使用哪些评估方法及评估工具?

【参考文献】

[1] 张世彗,蓝玮琛.特殊学生鉴定与评量(第8版)[M].中国台北:心理出版社,2018.

[2] 韦小满,蔡雅娟.特殊儿童心理评估(第2版)[M].北京:华夏出版社,2016.

[3] 朴永馨.特殊教育辞典(第三版)[M].北京:华夏出版社,2014.

[4] 陈丽如.特殊儿童鉴定与评量[M].中国台北:心理出版社,2001.

[5] 车文博.当代西方心理学新词典[M].长春:吉林人民出版社,2001.

[6] 彭聃龄.普通心理学[M].北京:北京师范大学出版社,1988.

[7] 刘波,等.应用海绵垫干扰本体觉分析正常人姿势平衡中的感觉整合作用[J].临床耳鼻咽喉头颈外科杂志,2007,21(4):62 - 165.

第九章　情绪与行为评估

【内容摘要】　本章内容主要有三部分。首先阐述情绪与行为的涵义、特征,情绪与行为评估的重要性及其对人们生活的影响以及负面情绪的种类和情绪与行为的评估方法;接着介绍情绪行为评估的相关工具;最后介绍情绪行为评估的实际案例。

云云是一个6岁女孩,智力正常,上小学一年级。自从她上学以来,班主任刘老师发现云云沉默寡言,很少跟班上同学说话,不合群;从来不主动举手回答老师的提问,有时老师提问她,可她从来不敢看着老师回答问题,而且额头冒汗,双手握拳,显得非常焦虑;她常常扭自己的手、咬指甲、低着头,或凝视前方。父母也反映云云在家也是很害羞,不敢见人,当家中有客人来时,云云总是躲到自己的房间里不肯出来见人,或者勉强出来,也不与客人打招呼。

刘老师把云云转介到资源教室,资源教室的李老师对云云进行了评估,主要包括情绪行为和社会适应等方面。根据量表评估结果,并结合家长、任课教师和同学访谈及对云云的行为观察,发现云云的日常生活技能基本没问题,但自我管理、社会交往和社会化技能欠缺,学习和认知评估结果基本正常,评估结果表明云云是一个害羞退缩的儿童。经过评估和诊断,李老师建议继续将云云安置在普通班级,并针对她的害羞、退缩行为和交往技能等问题制定了系列的对策。

第一节　情绪与行为评估概述

情绪(emotion)是人类精神生活最重要的组成部分,是人类行为中最复杂的感受。情绪和行为在我们生活中扮演着重要的角色,无论是日常生活的行为表现、心绪变化、人际关系与工作表现等都与情绪和行为有着密切的关系。情绪通过表情的通道(行为),使人们得以互相了解、彼此共鸣;情绪以微妙的表情或动作(行为)来传递个人内心的信息,为人们搭建相互信赖的桥梁,培养人际关系。我们知道人是社会的动物,感情的交流使人们得以接近和依靠,人与人之间的关系可以通过情绪和行为反映出来。不论是爱或恨、羡慕或忌妒(情绪),它们都实实在在地影响和调节着我们日常生活中的行为。

一、情绪与行为的涵义及特征

（一）情绪及其特征

情绪是人人都熟悉的概念，每个人对它都有切身的体验。但如果用概括的语言来对情绪作精确的描述，则非常困难，因为情绪本身是一种多维度、多形态和多功能的复合体，是一种十分复杂的心理过程。因此，关于情绪的定义也就仁者见仁智者见智，最具代表性的人物和观点有：

（1）美国心理学家德莱弗（Drever，1952）在其《心理学辞典》中则将"情绪"界定为"情绪是有机体的一种复杂状态，涉及身体各部分发生的变化；在心理上，它伴随着强烈的情感及想以某种特定方式去行动的冲动。"

（2）情绪心理学家斯托曼（K. T. Strongman）说："情绪即情感，它是涉及各种生理结构的一种身体状态，它是明显或细微的行为，并且它发生在特定的情境中。"

（3）另一位美国心理学家罗伯特·布特希克（Robert Plutchik），从传统生物进化思想中区分出了8种基本情绪反应：害怕、生气、高兴、悲伤、信任、厌恶、期待、惊奇。

（4）德国心理学《迈尔大辞典》（Meyers Lexikon）将情绪定义为"情感的波动"及"心灵的激动"。

（5）美国心理学者威斯汀（Drew Westen）则认为：情绪是指人因现象世界的变化而产生某种改变，此种改变包括三大领域，即生理上的，如心跳加快、冒冷汗、麻痹、体温上升；主体经验的，如快乐、悲伤、生气、厌恶；行为及情绪表达的，如脸部表情、手势、动作行为。情绪可分为正面情绪（如快乐）和负面情绪（如恐惧、愤怒、悲伤）两大类。[1]

（6）普通心理学认为，情绪是指人对认知内容的特殊态度，是以个体的愿望和需要为中介的一种心理活动。

综上所述，"情绪"的涵义主要反映在下述4个层面：

1. 生理反应

当我们体验某种情绪时，自然会产生某些生理反应，如心跳加快、手心出汗、内分泌的变化等。不过单靠生理反应（如心跳加快）是无法判断到底引发了何种情绪的（生气或兴奋等）。

2. 心理反应

心理反应即个体的主观心理感受，如不安、厌恶、愉快等感受。

3. 行为反应

个体因情绪而表现出来的外显行为，包括语言行为和非语言行为，如哭泣、兴奋、高声呼喊、蹦蹦跳跳等。

4. 认知反应

即个体对于引发情绪的事件或刺激情境，所做的解释和判断。例如看到别人一直注视着你，你可能认为别人对你有意思，而心生喜悦；也可能觉得别人不怀好意，而变得惴惴不安。

---

[1]　Drew Weslen：*Psychology-Mind*，*Brain & Culture*，John Wiley & Son，Inc. 1996.

情绪是每个人与生俱来的,是伴随着生命的发育成长而逐渐分化发展的,无论后来衍生出哪一种情绪形式,所有的情绪都具有以下几项特征:

(1)情绪由刺激引发

情绪不可能无缘无故产生,必然有引发的刺激。如自然环境、社会环境以及人自身。但不同性质的刺激会引起不同性质的情绪反应,例如,遇到喜欢的人、听到美妙的音乐等,都可让我们心情喜悦;反之,嘈杂的声音、酷热的天气都会让我们焦躁不安。此外,一些内在的刺激也会引起情绪反应,如身体状况、内分泌失调等。

(2)情绪具有可变性

情绪充满变异,它随着我们身心的成长与发展、对情境的知觉以及个人经验的改变而改变。此外,引发情绪的刺激变化了,反应也会随之改变。事实上,刺激与情绪反应之间并没有固定的关系模式,常会因我们当时的心情与认知判断而表现出不同的情绪。虽然有时我们也会因某种刺激而引发相同的情绪,但是如果增加新的信息,扩大自己的经验或知觉,还是能够改变原有的情绪反应,因为情绪本身具有相当大的可变性。

(3)情绪具有主观性

由于情绪的发生常常是个人认知判断的结果,因此情绪的内外在反应常会因人而异,具有相当明显的主观性。情绪的个别差异不但表现为情绪内涵的差异,也常表现为强度与表达方式上的不同,例如学生上课玩手机或看其他书籍,有的教师可能会假装没看见而继续专心上课,而有的教师却可能暴跳如雷,将学生指责一番。至于其他同学的反应,有些人可能幸灾乐祸,有些人可能就开始紧张,担心接着会发生什么事情等。总之,情绪并非完全由外在刺激所决定,个人认知因素才是主要的决定力量。

(二)行为及其特征

情绪总是通过相应的面部表情和身体姿势表现出来,当我们体验快乐的情绪时便会有笑的表情,甚至手舞足蹈;当我们害怕时便会睁大眼睛、张开嘴巴、喊出声音,甚至做出逃跑的动作。因此,情绪与行为是不可分的。那么,什么是行为呢?

从一般被广泛接受的心理学概念定义来看,行为是心理学中最重要的一个概念,但也是最难以界定的一个概念。按照不同的观点,可以将行为的涵义概括为4个方面:

(1)传统行为论者如华生(J. B. Watson)与斯金纳(B. F. Skinner)将行为界定为可以观察测量的外显反应或活动;内隐性的心理结构、意识过程以及记忆、心像等,都不被视为心理学研究的行为。

(2)新行为论者如赫尔(C. L. Hull)与托尔曼(E. C. Tolman)将行为的定义放宽,认为除可观察测量的外显行为之外,也包括内隐性的意识过程,因而中间变项、中介过程、假设构念等概念也在考虑范围之内。

(3)认知论者将行为视为心理表征的过程,对外显而可以观察测量的行为反而不太重视,他们将研究对象集中于注意、概念、信息处理、记忆、问题解答、语言获得等复杂的心理过程。

(4)行为一词在心理学上的广义用法,已包括内在的、外显的、意识的与潜意识的一切活动。

综上所述,行为作为一个心理学概念,是指机体在主客观因素的影响下产生的外部活动,即机体任何外显的、可观察的动作、反应、运动或行动,以及人的头脑里所进行的各种内在的心理活动,是人与环境两者互动作用的结果,人类的行为大都是通过学习获得的。

米尔滕伯格(Miltenberger,2001)认为人类的行为具有下列几项特性:

(1) 行为是人们所说和所做的事。

(2) 行为可以用一种以上的尺度来加以测量。你可以测量行为的次数,也可以计算行为发生的持久性或强度。

(3) 行为可由他人或本人观察描述或记录。由于行为是身体方面的动作,是可以被观察的,所以观察者可以描述和记录行为发生的情况。

(4) 行为会对身体或社会环境产生影响。由于行为是一种包含空间和时间移动的动作,因而行为的发生会对其发生的环境产生一些作用。有时对环境的影响是明显的,如在班级中举手,你的老师会叫你(对他人产生作用);有时对环境的影响是隐晦的;有时只会影响到从事行为的人。

(5) 环境事件会系统地影响到行为的发生。基本的行为原理指出我们的行为和环境事件之间的功能性关系。一旦我们了解造成行为发生的环境事件,就可以通过改变环境事件来改变行为。

(6) 行为可能是外显或内隐的。所谓外显行为就是可以被观察或记录的,而内隐行为是无法被他人所观察到的(如思考)。当然我们也可以透过外显行为(包括语言和非语言线索)来间接评估内隐行为(如动机、情绪、知觉及态度)。

(7) 行为具有可塑性和相对稳定性。人类的行为大都是通过后天学习获得的,人们可以通过学习建立某种行为,也可以通过学习改变某类行为;虽然人类的行为是可以改变的,但在一定时期内,人类的行为又是相对稳定,并非瞬息万变。

(三)情绪与行为的关系

行为往往由情绪引发,情绪总是伴随着相应的面部表情和身体姿势,当我们体会快乐的情绪时便会有笑的表情,甚至手舞足蹈;当我们害怕时便会睁大眼睛、张开嘴巴、喊出声音,甚至做出逃跑的动作。因此,情绪与行为是不可分的。有什么样的情绪就必然会产生相应的行为,情绪和行为犹如一枚硬币,一体两面,密不可分。

例如,在生活中我们经常看到这样的情境:小孩在要不到想要的玩具汽车时,常会大发脾气、哭闹或摔东西,甚至赖在地上不肯起来;即使是成人也会有"因为很生气(情绪)而打人(外显行为)"的状况。上述这两种情形都是情绪导引行为的典型例子。

心理学上所谓的"情绪性行为"(emotional behavior)就是指情绪因素影响行为使之发生改变。我们每个人对于情绪的反应都是从家庭、社会中学习来的,虽然每个人学习到的反应方式有所不同,但情绪与行为二者密切相关,不可分割。

二、评估情绪与行为的必要性

毋庸置疑,每个人每天都会表现出许多的情绪与行为。虽然大多数人所表现出来的情绪与行为合乎社会规范,是正常的,但情绪与行为也有其不正常、异常或障碍的一面。

　　杨坤堂(2000)曾指出,人类的情绪障碍与行为异常大略可分为非社会性行为(自卑、冷漠、恐惧、不安、无情等)与反社会性行为(社会不良适应行为、侵略性行为、粗暴、偷窃、少年犯罪等)两大类,而这两类有部分是交叉重叠的,情绪障碍可能会引起反社会行为,而反社会行为可能导致焦虑、愧疚,进而形成情绪不稳和人格障碍。

　　从杨坤堂的分析中可以看出,情绪障碍与行为异常的情况相当繁杂。鉴于这个问题的严重性,为了确定某个儿童是否属于情绪与行为障碍儿童,是不是接受特殊教育服务的对象,评估儿童的情绪与行为,就成了诊断安置与辅导的过程中不可缺少的一环。

　　从预防或解决的角度来说,儿童的情绪与行为问题不仅是儿童本身的问题,更是家庭、学校及社会的共同问题。由于情绪与行为的根源错综复杂,不但涉及儿童的生理和心理方面的因素,而且还涉及儿童所处的社会环境,可以说是这三大因素纠缠结合、相互影响的结果。因此,为求有效预防或解决,必须了解学生的行为特征、心理状态、生理情况以及他面对外面世界所持的独特想法与反应,从而为设计最恰当的预防或解决策略提供有效的信息,由此可见,在特殊教育中,情绪与行为的评估是必不可少的。

三、情绪与行为的影响

　　情绪与行为对每个人的生活都有影响,这种影响可分为以下几个层面:

(一)情绪、行为与健康

　　情绪可以激发个体的生理反应。医学家曾借助仪器观察情绪的变化对胃的影响,发现人在发怒时,胃黏膜充血潮红,胃的运动加强,胃酸分泌增多;与此相反,当个体感到前途暗淡、忧伤悲痛的时候,胃黏膜会变得苍白,胃的运动减弱,胃酸的分泌也减少;当个体感到轻松愉快的时候,胃黏膜的血液循环适中,胃的运动不过强也不过弱。另一方面,生理的反应也会影响个体情绪的变化。如肾上腺素分泌可以使人充满活力,随时准备行动。因此,如果经常出现负向情绪,内分泌会受到影响,严重的话,甚至会因分泌不正常而形成疾病,如愤怒、急躁,或者由于经济和职位感受威胁而产生的不安情绪,作用于大脑,能刺激肾上腺—髓质体系。肾上腺内部的髓质会释放出一种名叫儿茶酚胺的化学物质,这类化学物质会加速心搏速度,使血压和血液中游离脂肪酸的水平升高。这种刺激超过了正常的速度,而且时间过长和次数过多,就会引起偏头疼、高血压甚至冠心病和中风。相反,如果是良好的情绪,则能促使人体分泌更多有益的激素、酶类和乙酰胆碱等有益于健康的物质。这些物质可把血液的流量、神经细胞的兴奋度调节到最佳状态,从而增加抗病力,促进健康长寿。因此一个人的情绪状况和其心理、身体健康密切相关。

(二)情绪、行为与心理状态

　　试想一下你很生气,却无法将这种怒气表达出来,你会怎样?多数人通常会变得闷闷不乐、具有攻击性(若表现出来就是行为)等,有时可能会找人倾诉(行为)或是去泡吧缓解一下,有时可能会一个人大吼几声等。不管怎样,生气的确已干扰你原先的心理状态,那些无法得到妥善解决的情绪,便会盘踞心头伺机而动,若长期受到负面情绪的影响,可能就会诱发精神疾病,而表现出病态的行为特征。

（三）情绪、行为与学业、工作、人际关系

情绪、行为与学业、工作、人际关系之间的关系也是非常密切的。长期情绪适应不佳，个人无法放松或转换时，便会引发不适应的行为，如注意力不集中、脾气暴躁，既会影响人际交往关系，也会影响学业或工作上的成就表现，甚至丧失乐趣，失去向上的斗志。

四、负面情绪的内涵

人类究竟有多少种情绪，各学者看法不一。伍德沃斯（Woodworth）将人的情绪分为"害怕、生气、厌恶、轻蔑、爱和快乐、惊讶"六种；当代美国和国际著名的情绪发展专家伊扎德认为，人最初具有五种基本情绪：惊奇、痛苦、厌恶、最初步的微笑和兴趣。布特希克将情绪分为八种：害怕、生气、高兴、悲伤、信任、厌恶、期待、惊奇。我国心理学家林传鼎总结我国古代情绪分类，把情绪分为：安静、喜悦、愤怒、哀怜、悲痛、忧怒、忿恚、烦闷、恐惧、惊骇、恭敬、悦爱、憎恶、贪憩、嫉妒、畏惧、惭愧、耻辱，共十八种。本节主要探讨负面情绪，根据各学者的研究成果，负面情绪大致可归结为"愤怒、忧郁、无助感、难过哀伤、焦虑、恐惧、羞愧感、罪恶感"八种。在实际生活中，我们的情绪并非单一出现，常常是几种情绪交织出现。

（一）愤怒

愤怒（anger）可视为个人遭遇到真实或是想象的、不好的事情而经历一种强烈的不愉快心理感受（Hamilton，1991），比如当人的愿望不能实现、行动受到限制时，便会产生愤怒的情绪。学者们认为愤怒经验基本上是多向度的，包括行为（如攻击）、情绪（如无助、感到受伤害）、认知（如个人态度包括许多的应该）及生理（如心跳加快）等四方面。

（二）忧郁

忧郁（depression）属于忧愁、悲伤、颓丧、消沉等多种不愉快情绪综合而成的心理状态。忧郁几乎成为所有精神疾病的共同特征。

根据忧郁的症状来划分，可以分为轻、重两类。① 轻度忧郁：多数人都有此经验，诸如悲观、沉闷、生活缺乏情趣、做事无精打采等低落情绪，正常人也会遇到。因此，短暂的忧郁并非病态。② 重度忧郁：患者行为异于常人，不仅在心理上陷入悲伤、绝望、自责及思想错乱的地步，而且在生理上也出现食欲不振、头痛、心悸、两眼无神、嘴角下陷等症状。

按形成原因来分，忧郁可分为两类：① 反应性忧郁：是由于外在情境剧变所造成；② 内因性忧郁：是个体对痛苦经验压抑的结果。

（三）无助感

所谓无助感（helplessness）是指个人在现实环境中，无论多努力奋斗，结果都是失败与挫折，从而形成心理上的无奈感受，不再做任何努力与尝试，甚至"破罐子破摔"，就像"哀莫大于心死"一样。这种现象，心理学中又将其称为"习得性无助感"（learned helplessness）。（李富言，1992）引发人产生"习得性无助感"的主要因素有两个方面：消极的失败归因和严重的自信缺失。

（四）难过哀伤

所谓难过哀伤（lament）是指个体丧失对自己有意义的人、事、物而产生的调适行为，是一种主观的经验及反应，包括生理、心理、认知及行为四方面（庄小玲、叶昭幸，2000）。这个定义有四个特征：① 哀伤是一种痊愈的过程，个体必须采取许多策略来调适哀伤；② 哀伤的本质是一个改变的过程，而不是静态的，且其改变常是无法预测的；③ 个体间的哀伤反应有极大的不同；④ 哀伤的过程会影响个体的生活各方面。

（五）焦虑

焦虑（anxious）是一种内心紧张不安，预感到似乎将要发生某种不利情况而又难于应付的不愉快情绪。一般来说，焦虑可分为三大类：

（1）现实性或客观性焦虑。如面临考试，又没有充足时间复习从而产生焦虑。

（2）神经过敏性焦虑。即不仅对特殊的事物或情境产生焦虑性反应，而且对任何情况都可能产生焦虑反应。

（3）道德性焦虑。即由于违背社会道德标准，在社会要求和自我表现发生冲突时，引起的内疚感所产生的情绪反应。

在面对困难或有危险的任务，预感将要发生不利的情况或危险发生时产生的焦虑，是一种正常的心理状态。这种焦虑并不是坏事，而是一种积极应激的本能，能够促使你鼓起勇气，去应付即将发生的危机。但当焦虑程度及持续时间超过一定的范围时就构成焦虑症。

焦虑症是焦虑性神经症的简称，是一种以焦虑情绪为主的神经症，主要分为惊恐障碍和广泛性焦虑两种。

（1）惊恐障碍是以反复的惊恐发作为主要原发症状的焦虑症，这种发作并不局限于任何特定的情境，具有不可预测性。惊恐发作为继发症状，可见于多种不同的精神障碍，如恐惧性神经症、抑郁症等。

（2）广泛性焦虑是指一种以缺乏明确对象和具体内容的提心吊胆，及紧张不安为主的焦虑症，并有显著的植物神经症状、肌肉紧张及运动性不安。病人因难以忍受又无法解脱，而感到痛苦。

（六）恐惧

恐惧（害怕）（fear）是因预期或知晓将面临受伤痛苦或失去所引发的心理状态，是儿童成长过程中的一种不良的情绪反应。恐惧的持续时间一般较短，并且随着年龄的增长和认知的发展而逐渐减弱。如果恐惧情绪的持续时间较长，且伴有某些退缩、心悸、尿频等行为症状时，则会严重影响到正常的生活和学习。儿童恐惧的对象很多，有人按照恐惧对象的不同，把儿童中存在的恐惧现象分为三大类：对某些特殊事物的恐惧，如动物、昆虫等；对社会交往的恐惧，如怕见陌生人、害怕当众发言等；对学校的恐惧。[1]

---

① 刘慧娟编著：《心理健康教育指导——情绪篇》，北京：科学出版社，2003 年，第 150 页。

（七）羞愧感与罪恶感

所谓罪恶感(sense of guilt)是指个人自觉违反道德标准时的一种内心感受，如平常所说的做错了事受到良心的惩罚，就是罪恶感，等同于内疚、愧疚感。(张春兴，1989)按精神分析论的解释，罪恶感是指自我欲望受制于超我，两相冲突而使个体自尊降低的结果。

五、情绪与行为评估的方法

情绪与行为的评估方法，通常有直接观察法、面谈法、自我陈述法、评定法、检核法和提名法六种。

（一）直接观察法

评估情绪与行为的变化，直接观察是一种很好的方法。因为在自然发生的情境中，所观察到的情绪与行为比较具有真实性和代表性。若要使直接观察所得的资料具有客观性和正确性，那么在观察之前必须有详细的计划，明确规定所要观察的对象、行为、地点、时间、步骤及观察结果的记录方法、记录者等。轶事记录、评定量表和检核表是记录观察结果的最常用的方法。

（二）面谈法

面谈法又称晤谈法或询问法，就是与个案或者是了解个案的人进行直接的接触和交谈。个案本身可能有条件提供问题行为或相关情绪发生的有关信息；也可以从相关的他人(例如父母、教师)那里搜集这类信息。面谈与其他询问方法(如问卷、评定量表等)相比较，可以界定和缩小变量范围。面谈也可以使用一些表格来进行，如由澳乃尔等人(0'Neill& Horner et al,1997)所提出的"功能性评估面谈表"(Functional Assessment Interview，FAI)。

澳乃尔等人认为，文献中许多功能性评估面谈和问卷的实例，大都是强调获得以下几项资料：

(1) 引发关心的问题行为是什么？

(2) 在问题行为出现之前，正发生的何种事件和情境或身体条件，可以准确地预测问题行为将要发生？何种事件和情境，可以准确地预测该问题行为不会发生？

(3) 了解问题行为发生时的特定情境，是什么行为后果维持着问题行为？

(4) 何种适当行为所产生的行为后果与维持问题行为的行为后果相同？

(5) 从先前无效、部分有效或短暂有效的行为支持策略中，我们可以得到哪些启示？

（三）自我陈述法

应用自陈量表进行自我陈述是情绪与行为评估方法中最常见的一种。接受评估的个体会被要求回忆经常参与的活动或鉴别内心的感受。受测对象如果是儿童，通常会要求他们选择表格上反映高兴或悲伤的脸来鉴别自己的感受。

这种量表还提供一些问题或刺激，由受测者根据自己的感受、思考或意见加以反应。这些反应是指由受测者看所述的题目内容和其本身情况相符与否，而圈选"是"或"否"的答案;或是看题目内容和其本身情况相符的程度圈选相当的数字作答;或者根据题目的多种情况选定与本身相符的一项作答。

(四) 评定法

评定法中常用的评定量表(rating scale)有好几种,通常包括儿童的父母、老师、同伴或有意义的他人,评定的范围须包含"儿童所表现出的特定的不适应行为"。其目的在于评定所观察行为或特征的品质,而不是记录它们是否出现。

这种量表最适合用来评估个人的态度和行为,如情绪、人际关系等。大部分的评定量表采用检核表的形式,来界定儿童是否表现出另有意义的特定行为,有些评定量表还会要求评估者估计这些行为出现的频率或严重程度。

评定法中使用的评定量表的优点在于:编制容易,还可以作量化的统计;其缺点是:不够客观,评估误差较大。

(五) 检核法

检核法中使用检核表(check list)来呈现一些具体的行为或特征,然后根据观察的结果记录那些行为或特征是否出现过。与评定量表正好相反,它不适合用来评定行为或特征的品质。

(六) 提名法

提名法(nominating method)是为了探讨团体结构而发展出来的,特别适用于彼此熟悉的同伴之间的评估。这种方法是先给儿童一些简短的描述语句,然后要儿童在班上找出谁最符合这些描述。

第二节　情绪与行为评估的工具

一、问题行为筛选量表

(1) **目的**　在于测量儿童和青少年行为困扰的情况,为辅导及补救工作提供依据。

(2) **编制者**　洪俪瑜、张郁雯等人,2001 年。

(3) **适用范围**　小学 4 年级～初中 3 年级学生。

(4) **施测时间**　约 20 分钟。

(5) **量表内容**　本量表依据评估者分成家长版与教师版,依据受评者年级分成小学(49 题)和青少年版(52 题),共计 4 种版本。各版本量表内容都包括四大部分(青少年版除外)。第一部分为注意力缺陷过动症状评量;第二部分为注意力缺陷过动症状的功能损失情况(人际活动、团体活动、学业活动、工作活动);第三部分是对立性违抗行为异常的相关症状评量;第四部分是违规行为的相关症状评量;第五部分是青少年版的违规行为症状的检验题,有 3 题。

（6）**评价**　该量表具有一定的信效度,建有小学四年级至初中三年级学生的"百分等级"常模,操作简便易行。

二、情绪障碍量表(SAED)

（1）**目的**　用来协助人们对情绪和行为障碍儿童的了解,并可用来评估学生是否符合情绪和行为障碍特殊教育的要求。

（2）**修订者**　郑丽月,2001 年。

（3）**适用范围**　6 岁至 18 岁 11 个月的儿童和青少年。

（4）**施测时间**　约 10 分钟。

（5）**量表内容**　情绪障碍量表包括 7 个分量表,共有 52 题和一个整体能力的表现。这些分量表的内容包括:无能力学习、人际关系问题、不当的行为、不快乐或沮丧、生理症状或害怕、社会失调以及整体能力等。

（6）**评价**　该量表具有较高的信效度;拥有台湾地区 6 岁至 18 岁 11 个月的百分等级和标准分数常模;量表操作方便,简单易行,评估范围较大。

三、行为困扰量表

（1）**目的**　在于测量儿童和青少年行为困扰的情况,为辅导及补救工作提供依据。

（2）**编制者**　李坤崇、欧慧敏,1993 年。

（3）**适用范围**　小学 4 年级～初中 3 年级学生。

（4）**施测时间**　25～30 分钟。

（5）**量表内容**　该量表共有 53 题,包括自我关怀困扰、身心发展困扰、学校生活困扰、人际关系困扰及家庭生活困扰等 5 个分量表和一个诚实指标。

（6）**评价**　该量表具有一定的信效度,建有我国台湾地区小学四年级至初中三年级学生的百分等级常模。量表省时省力,容易施测,可为学校辅导和补救工作提供较为有价值的信息资料。

四、康纳斯行为评定量表(CRS－R)

（1）**目的**　主要用于筛查、评估儿童的品行问题、学习问题,特别是多动症儿童。

（2）**编制/修订者**　康纳斯(Conners),最早发表于 1969 年,修订本于 1997 年正式发表。

（3）**适用范围**　家长评定量表和教师评定量表都适用于 3～17 岁的儿童和青少年,而自我评定量表只适用于 12～17 岁的青少年。

（4）**施测时间**　完整版的施测时间为 15～20 分钟,简化版为 5～10 分钟,多动指数评定量表大约为 5 分钟。

（5）**量表的构成**　康纳斯行为评定量表(修订本)由家长评定、教师评定和自我评定三种量表组成,每一种量表有一个完整版和一个简化版。此外,还有两个补充量表,一个为多动指数家长评定量表,另一个为多动指数教师评定量表。各个量表所包含的条目数及分量表名称见表 9－1。

表 9 - 1　康纳斯行为评定量表(修订本)的分量表和条目数

量表名称	条目数	分量表名称
康纳斯家长评定量表(完整版)	80	对立 认知问题/注意力不集中 多动 焦虑/胆怯 挑剔 社交问题 心身障碍
康纳斯教师评定量表(完整版)	59	对立 认知问题/注意力不集中 多动 焦虑/胆怯 挑剔 社交问题
康纳斯自评量表(完整版)	87	家庭问题 情绪问题 品行问题 认知问题/注意力不集中 脾气控制问题 多动
康纳斯家长评定量表(简化版)	27	
康纳斯教师评定量表(简化版)	28	
康纳斯自评量表(简化版)	27	
多动指数家长评定量表	10	
多动指数教师评定量表	10	

(6) **量表的记分方法**　CRS - R 的所有量表均按 0、1、2 和 3 记分。把各分量表的条目分数加起来,即可得分量表的原始分数。根据受测者所在年龄及性别常模团体的平均分和标准差就可以将各分量表的原始分数转换成 T 分数。

(7) **量表信效度**[①][②]　Conners 父母症状问卷的重测信度在 0.15～0.63 之间,分半信度为 0.88,Crobach ∂ 系数为 0.92,项目与总分的一致性在 0.49～0.85 之间。Conners 教师评定量表的重测信度、分半信度、Crobach ∂ 系数、项目与总分的一致性均达统计学要求。Conners 父母症状问卷的效度较好,与 Achenbach CBCL、Conners 教师评定量表的各分量表呈对应性相关,多动症儿童得分高于常模,多动指数对多动症诊断的灵敏度为 0.84。Conners 教师评定量表的效度较好,与 Achenbach 教师报告表、Conners 父母症状

---

① 苏林雁等:《Conners 父母症状问卷的中国城市常模》,载《中国临床心理学杂志》,2001(4),第 241 - 243 页。
② 儿童行为评定量表全国协作组:《Conners 教师评定量表的中国城市常模》,载《中国实用儿科杂志》,2001(12),第 716 页。

问卷的各分量表有显著的相关,对儿童多动症有较好的分辨能力。建有国内常模。

(8) **评价** 在儿童行为问题评估领域 CRS－R 是一套最新的量表,它反映了该领域的最新研究成果。该量表非常容易填写和记分。所包含的内容覆盖了注意力缺损多动障碍(ADHD)的全部症状,因此,能够比较全面地评估该症状。不过,该量表的信度和效度还需要作进一步的检验。

五、阿肯巴(Achenbach)儿童行为量表(CBCL)

(1) **目的** 评估儿童的行为和情绪问题,主要用于筛查儿童的社交能力和行为问题。

(2) **编制/修订者** 阿肯巴克(Achenbach),1970 年出版,1991 年修订,20 世纪 80 年代初引进我国。

(3) **适用范围** 适用于 4~16 岁儿童、青少年。

(4) **施测时间** 大约需要 15~20 分钟。

(5) **量表构成** CBCL 量表由 3 个部分组成。

① 一般项目 姓名,性别,年龄,出生日期,种族,填表日期,年级,父亲职业(工种),母亲职业(工种),填表人(父、母、其他)。

② 社交能力 包括 7 大类:参加体育运动情况,课余爱好,参加集体(组织)情况,课余职业或劳动,交友情况,与家人及其他小孩相处情况,在校学习情况。分为 3 个因子:活动能力,包括体育、课余爱好、课余劳动;社交情况,包括集体活动、交友、与家人相处;学校情况,包括在学校学习情况等。

③ 行为问题 量表的重点部分,包括 113 条,分为 8~9 个因子,包括体诉、分裂样、多动、不成熟、违纪、攻击、残忍、交往退缩、性问题等。填表时按最近半年(6 个月)内的表现记分,例如第 30 条"怕上学",如果过去有,而最近半年内无此表现,即记 0 分。

(6) **计分方法** 该量表由家长逐条填写,第一部分不记分,第二部分的条目按 0、1、2 或 3 记分,第三部分的条目按 0、1 或 2 记分。把各分量表、社会能力、外显行为问题、内隐行为问题和行为问题量表中的条目得分加起来就是各分量表、量表的原始分数。根据受测者所在年龄和性别常模团体的平均数和标准差,可以将这些原始分数分别转换成 T 分数和百分等级。

(7) **量表信效度** 该量表的信度很高,也比较有效;建有美国常模。1980 年,我国引入该量表后,在上海及其他城市作了广泛的应用,并总结出了我国常模的初步数据。

(8) **评价** 大量的研究均表明 CBCL 内容全面,信度和效度较高。该量表省时省力,容易施测,因此在临床和教育领域有广泛的应用。不过,该量表是用因素分析法来编制的,各量表和分量表与常用的诊断标准缺乏一一对应关系。另外,第二部分的条目太少,不适于用来评估社会能力。和其他类似的量表相比,它的记分方法也显得比较复杂,必须经过专门训练才能掌握。

六、Rutter 儿童行为量表

(1) **目的** 评估儿童的行为和情绪问题,区别儿童有无精神障碍。

(2) **编制/修订者** 英国儿童精神病学专家鲁特(Rutter)编制,20 世纪 80 年代初引进我国。

（3）**适用范围**　适用于学龄儿童。

（4）**施测时间**　无限制。

（5）**量表内容**　本问卷分家长用和教师用两种,前者包括 32 个项目,后者包括 26 个项目。分析时将行为问题分为两大类:第一类称为"A 行为";第二类称为"N 行为"。"A 行为"即为违纪行为或反社会行为,包括经常破坏自己和别人的东西、经常不听管教、经常说谎、欺负别的孩子、偷东西等项目。"N 行为"即为神经症行为,包括腹痛、呕吐、经常烦恼、对许多事情都感到烦、害怕新事物和新环境、到学校就哭或拒绝上学、睡眠障碍等项目。

（6）**计分方式**　两种问卷评分均为 3 级。从来没有此种行为评"0"分,有时有或每周不到 1 次或症状轻微评"1"分,症状严重或经常出现或每周至少 1 次应评"2"分。父母用表最高分为 64 分,教师用表最高分为 52 分。前者临界值为 13 分,后者为 9 分。总分高于或等于临界分时,该儿童被视为有问题,在此基础上,当所有标有 A 行为项目评分的总分大于标有 N 行为项目评分的总分时,即可认为该儿童有反社会行为;反之,是神经症行为,假如 A 行为与 N 行为总分相等则为"M 行为",即混合性行为。

（7）**评价**　该量表具有较好的信度和效度。问卷从一般健康问题和行为问题两个方面进行评估,简单、明确、易于掌握,适用于学龄期儿童,以区别其有无精神病,所出现的问题是情绪问题还是行为问题。可用于行为问题流行学调查。

七、儿童社交焦虑量表(SASC)

（1）**目的**　用于评估儿童焦虑性障碍,可作为辅助临床诊断、科研及流行病学调查的筛查工具。

（2）**编制/修订者**　1988 年,La Greca 编制;1993 年,马弘等人修订。

（3）**适应范围**　适用于 7～16 岁儿童、青少年。

（4）**施测时间**　5～10 分钟。

（5）**量表内容**　该量表由两个因子组成,即害怕否定评价、社交回避及苦恼。

（6）**量表信效度**　该量表信度和效度较好,并制定了中国城市儿童 SASC 常模。修订者在抽取常模样本时考虑了样本的地区分布、父母的职业及文化水平、家庭类型、家庭经济水平等变量。常模在全国城市儿童中具有代表性。

（7）**评价**　研究表明,SASC 项目数量适度,内容简单易评,对焦虑儿童的诊断较敏感,信度和效度符合计量学要求,主要用于儿童社交困难的评估,为儿童心理障碍的临床工作提供了一种有用的工具,值得推广和应用。用于临床和科研工作时常结合其他的焦虑评定量表和抑郁评定量表共同使用。

附:儿童社交焦虑量表(SASC)

指导语:

该量表主要是针对目前因社交造成的焦虑,进行自评,该量表能比较准确地反映出测验者社交焦虑的特点、程度及一些相关的情况,便于心理咨询专家有针对性地进行解决。

编号(不填):_____　　　　填表人:_____　　　　跟学生的关系:_____

联系电话:_____　　　　学生姓名:_____　　　　性别:____

出生：____年____月____日 班级：____年级____班

答题要求：（1—从不是这样 2—有时这样 3—一直这样）

答卷：

1. 我害怕在别的孩子面前做没做过的事情。

2. 我担心被人取笑。

3. 我周围都是我不认识的小朋友时，我觉得害羞。

4. 我和小伙伴一起时很少说话。

5. 我担心其他孩子会怎样看待我。

6. 我觉得小朋友们取笑我。

7. 我和陌生的小朋友说话时感到紧张。

8. 我担心其他孩子会怎样说我。

9. 我只同我很熟悉的小朋友说话。

10. 我担心别的小朋友会不喜欢我。

八、行为与情绪评量表

（1）**目的** 评估儿童、青少年行为和情绪的优势能力及其个人资源，并用来鉴定与诊断情绪障碍学生。

（2）**编制/修订者** M. H. Epstein 与 J. M. Sharma 编制，杨宗仁修订。

（3）**适用范围** 6～18岁学生。

（4）**施测时间** 无限制，约10分钟。

（5）**量表内容** 本量表共52题，有5个分量表组成：优势人际关系——测量儿童在社会情境里控制其情绪和行为的能力；优势家庭参与——测量儿童对家庭的参与程度及与家人的关系；优势内在能力——测量儿童的能力和成就的未来展望；优势学校表现——着重于儿童在学校及课堂作业的能力表现；优势情感——评估儿童接受他人感情及对他人表达感受的能力。另有8题开放题目让父母和专业人员可记录儿童在学业、社交、运动、家庭和小区上的长处。

（6）**量表信效度** 该量表的各分量表的重测信度在 0.73～0.88 之间，各分量表的评分者间信度在 0.64～0.83 之间。本量表有良好的内容效度、效标关联效度和构想效度。

（7）**评价** 该量表题目数量适度，内容简单，易于操作，有较好的信效度。本量表既可诊断情绪障碍学生，又可以评估学生行为和情绪的优势能力。可与情绪障碍量表结合使用，以了解学生正负面的行为与情绪，为教育、干预提供有效信息。

第三节 实施案例

一、个案基本情况

王××，男，8岁，就读于培智学校二年级，因为其行为问题严重，从普通学校转学到培智学校。王××的父母均为公司职员,大专文化,家庭基本和睦,他的主要照顾者是父母,寒暑假会到奶奶家,非常喜欢爷爷。经过医院的诊断为自闭症,平时比较爱发脾气,在学校经常动手打、推同学或老师,注意力不集中,不听从老师的指令,上课的时候喜欢往外面跑。

二、工具和方法

工具:Achenbach 儿童行为量表与自编量表。

方法:应用 Achenbach"儿童行为量表"中的攻击性行为分量表和自制的攻击性行为影响因素调查表进行评估。

三、评估结果

评估结果显示:王××在退缩、社交问题、注意力不集中、违纪问题、攻击等几个向度上表现明显高于平均水平。

四、结论与建议

（一）结论

王××有攻击性人格,表现特点即:敏感、多疑、冲动、具有破坏性。

（二）建议

（1）王××出现攻击行为多数情况下,是因为别人抢了他的玩具,或者是老师没有关注他。因此在以后的教学中,老师要多关注个案。教会他与别人分享玩具。

（2）父母亲应该多关心王××,给予他安全感,多与个案交流和做游戏等。

（3）当个案发脾气时,家长要有耐心,客观分析状况产生的原因,而不是用"打"或"骂"的方式。

（4）个案有焦虑状况,可能与极度的自我保护有很大的关系,家长和老师应该悉心疏导。

（5）王××的同伴交往状况很差,过度的情绪问题和攻击行为引起同伴的反感,可以通过合作游戏等方式,加强个案与同伴的沟通。

（6）王××的攻击行为使他具有"权威感",没有人不怕他,老师和家长应该增加个案的挫折感,让他在挫折中,锻炼忍受能力和耐力。

（7）通过游戏的方式训练王××的注意力,减少注意力分散的次数,循序渐进地引导他的学习。

【本章小结】

1. 本章首先对情绪与行为的涵义、特征以及二者之间的关系进行了论述,在此基础上阐述评估情绪行为的重要性以及情绪行为对我们每个人日常生活、身体健康、学业、工作及人际关系等的影响。

2. 然后,探讨了愤怒、忧郁、无助感、难过哀伤、焦虑、恐惧、羞愧感及罪恶感八种负面情绪的内涵、类型、特征等。

3. 最后,介绍了评估情绪与行为的六种主要方法,分别是直接观察法、面谈法、自我陈述法、评定法、检核法和提名法;并将情绪与行为的评估方法贯穿到实际案例中进行讲解和示范。

【思考·练习·实践】

1. 什么是情绪? 试举例说明情绪的特征。

2. 什么是行为? 行为有哪些特征? 请举例说明。

3. 为什么要评估儿童的情绪与行为?

4. 评估情绪与行为的方法有哪些?

5. 案例分析:

(1) 兰兰,女,10 岁 6 个月,医院诊断其为自闭症和中度智力障碍,目前就读于某特殊教育学校三年级。兰兰喜欢一个人躲在墙角或把头塞入课桌里,语言沟通交流能力较弱;进入陌生环境时,会紧紧抓住熟悉的人、扭手指;当需求无法得到满足时,常常会有吐口水、怪叫现象和原地转圈的刻板行为。兰兰对打击乐器有浓厚兴趣。

请你分析兰兰可能存在哪方面的情绪行为问题,可以使用那些评估方法? 选用哪几种评估量表比较合适?

(2) 珂珂,男,14 岁,现就读于普通初中二年级。珂珂是独生子,剖腹产,智商 114,读写困难,学习成绩位于班级中下水平。珂珂情绪敏感、焦虑、烦躁不安,在学校爱发脾气,爱吵架,多言语攻击,较少进行身体攻击,自控力差,经常下座位;难以接受老师的批评,不服从老师的管理,喜欢网络游戏,表现出明显的情绪和行为问题。

请你分析珂珂可能存在哪方面的情绪行为问题,可以使用哪些评估方法? 选用哪几种评估量表比较合适?

【参考文献】

[1] 韦小满. 特殊儿童心理评估[M]. 北京:华夏出版社,2006.

[2] 张世彗,等. 特殊学生鉴别与评估[M]. 中国台北:心理出版社,2003.

[3] 陈丽如. 特殊学生鉴别与评估[M]. 中国台北:心理出版社,2001.

[4] 刘慧娟. 心理健康教育指导——情绪篇[M]. 北京:科学出版社,2003.

[5] 儿童行为评定量表全国协作组. Conners 教师评定量表的中国城市常模[M]. 中国实用儿科杂志,2001,(12).

[6] 苏林雁,等. Conners 父母症状问卷的中国城市常模[M]. 中国临床心理学杂志,2001,(4).

[7] 李飞,苏林雁,金宇. 儿童社交焦虑量表的中国城市常模[M]. 中国儿童保健杂志,2006,14(4).

[8] Drew Weslen. *Psychology-Mind. Brain & Culture*. John Wiley & Son, Inc. 1996.

第十章　适应行为评估

【内容摘要】　在特殊儿童的鉴别、安置、教育和训练中,适应行为的评估是一项十分重要的内容。为了做好这项工作,评估人员需要对适应行为及有关问题有一个比较全面的了解,而且还要熟练地掌握各种适应行为的评估工具。本章主要讨论适应行为的涵义、评估方法,适应行为评估中资料的运用及存在的问题,并介绍几种国内外使用较广泛的适应行为的评估工具以及适应行为评估的具体案例。

小强,就读于某普通小学一年级,数学、语文考试的成绩都在 50 分以下,很少有同学与其互动,需要家长辅助或提示才能完成家庭作业,计算和书写的速度非常慢。家长带小强到医院的发育门诊做了智力测验,智商为 69 分。依据智力障碍的诊断标准,小强还需要做哪些方面的评估,才能确定小强是否为智力障碍儿童? 经过专家评估,结果显示小强的适应行为处于 5 岁水平,轻度缺陷。

第一节　适应行为评估概述

一、适应行为的涵义

早在 20 世纪 40 年代,美国文兰训练学校校长道尔(E. A. Doll)就提出,应该把社会适应能力作为诊断智障的一条重要标准。经过系统的研究之后,1953 年他明确指出,社会适应能力指的是人类有机体保持个人独立和承担社会责任的机能,由此拉开了适应行为研究的序幕。

1961 年,希伯(R. Heber)代表美国智力缺陷学会(后改名为美国智障学会)给智障和社会适应能力下定义。他用"适应行为"一词取代了"社会适应能力"这个词,把适应行为定义为个体适应环境中的各种自然要求和社会要求的效能。

1973 年,格罗斯门(H. J. Grossman)代表美国智力缺陷学会对适应行为的定义重新进行修订,在他的定义中,适应行为是指个人承担起他所在文化群体中对他这个年龄期望承担的个人及社会责任的程度。格罗斯门一方面强调适应行为与社会文化背景有关,不同的社会有不同的行为准则;另一方面,还强调适应行为具有发展的性质,即不同年龄的儿童有不同的适应标准。他认为,在婴幼儿时期,适应水平主要从感觉运动技能、沟通技能、生活自理技能,及初步的社会化技能的发展上表现出来。在这些技能的习得方面如果出现迟缓或停滞,就会给儿童的适应带来困难。从儿童期到青年初期,虽然生活自理技能、沟通技能的发展对儿童青少年的适应仍十分重要,但基本学习技能、对周围环境的推理判断能力及参加集体活动和处理人际关系所必须具备的社会技能已成为这个阶段适应的主要特征或内容。从青年晚期到成年,适应行为则主要体现在履行社会职责和职业表现。

1984年,斯帕罗(S. S. Sparrow)等人对适应行为的概念提出了一些新的看法。他们认为,适应行为是指按个人生活和社会生活的要求独立处理各种日常事务的行为。它不是指某种潜能,而是指日常生活中的一般表现。如果一个人具有某种潜能或能力,但在需要发挥作用的时候没有发挥出来,那么他的适应行为也是有缺陷的。

1992年,拉克逊(R. C. Luckson)等人代表美国智障学会对智障及相关术语的界定进行了第九次修订。他们把适应行为细分为沟通、自我照顾、居家生活、社交技能、社区利用、自我指导、健康与安全、功能性学业技能、休闲与工作10项技能。

2002年,该学会对智障及相关术语进行了第十次修订,提出适应行为应包括以下3方面的技能:① 概念性技能,包括语言的理解和表达、钱的概念、自我定向等;② 社会性技能,包括处理人际关系、责任心、自尊、遵守规则、服从法律、自我保护等;③ 实践性技能,包括个人日常生活技能如吃饭、穿衣、大小便、做家务、使用交通工具等和职业技能。

尽管关于适应行为的定义至今还没有定论,但通过回顾它的演变过程可以看出,适应行为的概念中包括以下3个本质特征:

(1) 适应行为是指个人保持生活独立并承担一定的社会责任的行为。它既以一定的生理成熟和认知发展为前提,又是在社会化的过程中逐步习得的行为。一个人不能或没有按社会的要求去掌握一定的行为或做出适当的表现,他就有适应的缺陷。

(2) 适应行为是具有年龄特征的。一方面,随着年龄的增长适应行为会变得越来越复杂;另一方面,社会对不同年龄的儿童有不同的行为要求。因此,一个人的适应行为是否存在缺陷要根据他的年龄来进行判断。

(3) 依生活条件、文化背景的不同,社会对个人提出的要求也是不同的,在评估儿童的适应行为时必须考虑他所处的环境和文化背景。

二、适应行为评估的方法

对适应行为的评估一般都采用结构性访谈法。例如,在实施AAMR适应行为量表—学校版、文兰适应行为量表和儿童适应行为量表(参见下一节)时,评估人员需将题目逐条念给熟悉受测者的人如家长和(或)老师听,与他们进行适当的交谈,记录他们对有关情况的报告。

为了使收集来的资料全面、真实和可靠,访谈时必须注意以下几点:① 只对了解被评估者情况的人做访谈;② 把握每个条目的确切含义和记分方法;③ 如果被访谈者无法提供部分信息,要向其他知情者了解情况,以便获得完整的资料;④ 判断各种信息的准确性。

如果评估人员对被评估者的情况十分了解,也可以用评定法对适应行为进行评估。例如,评估人员可以用儿童适应行为量表、生活适应能力检核手册和社会适应能力评定量表等直接对儿童的适应行为进行评定。

在使用评定法时要注意以下几点:① 了解每个条目的确切含义和记分方法;② 平时

注意观察被评估者的行为;③ 必要时与访谈法结合,以便了解被评估者的所有情况,或者验证已观察到的某些情况。

三、适应行为评估资料的运用

适应行为评估资料的用途有多种,主要运用于智障儿童的鉴别、个别化教育计划的制定和教学效果的评价等。

在智障儿童鉴别方面,目前国内外一般采取两重标准,即智力功能显著低于普通人群的平均水平,同时在适应行为方面存在明显的缺陷。按照这个鉴别标准,在确定某个儿童是否为智障之前必须实施标准化的智力测验和适应行为量表,否则无法判断其缺陷的性质和程度。

在制定个别化教育计划方面,适应行为评估也是一项不可缺少的内容。例如,为自闭症儿童制定某学期的教育和训练计划,除了了解他的学业成就水平之外,通常还要确定他在运动、语言、沟通、生活自理、社会交往等方面的发展水平和缺陷,以便确定教育训练的起点、方式、方法以及预期达到的目标等。

经过教育训练之后儿童的适应行为是否有了显著的改善,也需要通过评估加以确定。在此类评估中一般以个别化教育计划中制定的教学目标为主要内容,以现实的水平与教学目标的差距作为评价教学效果的依据。

四、适应行为评估的问题

经过半个多世纪的努力探索,有关适应行为的研究已取得不小的进步。然而,在适应行为与智力的关系、适应行为量表的可靠性等问题上目前还存在一些争议。

关于适应行为与智力的关系问题,人们试图了解二者究竟是完全等同、无关、包含关系还是交叉关系。由于适应行为和智力都属于某种复杂的理论构想,对这个问题目前还无法做出明确的回答。

不过,目前大多数学者认为,适应行为和智力之间有以下几方面的区别:① 适应行为主要涉及个体的日常行为,而智力通常被认为是抽象思维能力及某些认知能力;② 适应行为强调个体生活中的非学术方面的表现,既包括校内的,又包括校外的,但更侧重于校外的行为表现,而智力更侧重于校内的学术能力;③ 适应行为强调某些能力的运用是否适当,而智力更强调个体是否具有这些能力;④ 适应行为常因文化背景、环境的不同而不同,具有相对性和波动性,而智力比较有稳定性和一致性。

二者在测量方式上也存在差异。适应行为量表一般测量的是受测者在日常生活中的典型表现,而智力测验测量的是受测者在解决问题的过程中的最高表现。智力测验通常采取与受测者面对面的方式,在严格控制的条件下施测;而适应行为的评定一般通过与熟悉受测者的人(第三者)的访谈来进行,施测条件相对比较宽松。实施完智力测验之后,通常要报告一个综合的评估结果(如 IQ),而做完适应行为量表之后,可以不报告综合的评估结果,而只报告各分量表,甚至各条目的分数。

虽然适应行为与智力之间存在种种差异,但是人们也发现二者之间存在某些共同点或相似之处。一些学者像斯腾、桑代克、韦克斯勒、皮亚杰等认为,智力的实质就是适应。

大量的实证研究也表明,适应行为量表分数与智力测验分数之间存在极其显著的相关。由此可见,适应行为与智力既有联系又有区别,其复杂的关系需要进一步的研究探明。

关于适应行为量表的可靠性问题,一些学者认为现有的适应行为量表信度和效度都不高,有些量表还缺少信度效度方面的检验数据,因此主张取消对适应行为的评估。不过,在教育实践中人们发现适应行为量表是一个必要且非常有用的评估工具,因而主张要加强适应行为量表的研制工作,以便使适应行为量表在教育实践中更好地发挥作用。

第二节 适应行为评估的工具

一、AAMR 适应行为量表

AAMR 适应行为量表(AAMR Adaptive Behavior Scale,ABS)是目前国际上最著名、应用最广泛的适应行为量表之一。

(一) ABS-SE

(1) **目的** 评估受测者的一般适应能力和不良的适应行为。

(2) **修订者与时间** 1969 年,尼海拉(K. Nihira)等人在美国智障学会(AAMR)资助下编制并发表了 ABS 的最早的版本。1981 年,兰伯特(N. Lambert)等人对这个量表进行了一次重大的修订,其修订本被命名为 AAMR 适应行为量表—学校版(ABS-SE)。

(3) **适用的范围** ABS-SE 适用于 3 岁 3 个月至 17 岁 2 个月的儿童、青少年。

(4) **施测时间** 对每位受测者的测评大约需要 30 分钟。

(5) **量表结构与内容** ABS-SE 由两部分组成:第一部分主要评估受测者的一般适应能力,包括 56 个条目;第二部分主要评估不良的适应行为,包括 39 个条目。整套量表共有 95 个条目。ABS-SE 所包括的领域、子领域及条目数见表 10-1。

表 10-1 **ABS-SE** 的领域、子领域及条目数*

第一部分	第二部分
1. 独立生活能力—— 　　进食(4);使用厕所(1);清洁(3);仪表(2); 　　照料衣物(1);穿脱衣服(2);外出(2); 　　其他独立生活能力(2) 2. 身体发育—— 　　感觉发展(2);运动发展(4) 3. 经济活动—— 　　用钱与预算(2);购物能力(2) 4. 语言发展—— 　　表达(5);理解(2);社交语言发展(2) 5. 数字和时间(3) 6. 就业前工作表现(3)	10. 攻击行为(5) 11. 反社会与社会行为(6) 12. 对抗行为(6) 13. 不可信赖行为(2) 14. 退缩(3) 15. 癖性(2) 16. 人际交往方式(1) 17. 不良的说话习惯(1) 18. 不良的行为习惯(4) 19. 活动水平(1) 20. 症状性行为(7) 21. 药物服用情况(1)

续　表

第一部分	第二部分
7. 自我管理—— 　　主动性(2)；坚持性(2)；业余时间安排(1) 8. 责任心(2) 9. 社会化(7)	

注 ＊　括弧里的数字为各领域、子领域所包含的条目数。

　　（6）**施测说明**　施测时，主试将题目逐条念给熟悉受测者的人如父母、老师听，在他们报告有关的情况之后，对受测者的行为表现做出评定。将各领域的条目分数加起来，即可得每个领域的原始分数。将各领域的原始分数转换成百分等级，即可以判断受测者在各领域能力的高低。将原始分数转换成为个人生活自立、社会生活自立、个人—社会责任心、个人调节和社会调节五种因素的组合分数，再计算各因素分数及总分的量表分和百分等级，就可以诊断受测者是否为智障。

　　（二）ABS-SE2
　　（1）**评估目的**　评估受测者的一般适应能力和不良的适应行为。
　　（2）**修订者与时间**　1993 年，兰伯特等人又对 ABS-SE 进行了一次修订，新量表简称为 ABS-SE2。
　　（3）**适用范围**　ABS-SE2 适用于 6 至 21 岁的在校学生。
　　（4）**ABS-SE2 的结构与内容**　ABS-SE2 与 ABS-SE 在结构、内容、施测与记分方法上有许多相似之处，不过，前者在各领域所包含的条目数、第二部分所评估的领域方面做了比较大的调整。该量表所包含的领域、子领域及条目数见表 10 - 2。

表 10 - 2　ABS-SE2 的领域、子领域及条目数

领域和条目数		因　素
第一部分	1. 独立生活能力(24) 2. 身体发育(6) 3. 经济活动(6) 4. 语言发展(10) 5. 数字和时间(3) 6. 职前/职业活动(3) 7. 自我管理(5) 8. 责任心(3) 9. 社会化(7)	1. 个人生活自立 2. 社会生活自立 3. 个人—社会责任心
第二部分	10. 反社会行为(7) 11. 不服从(6) 12. 不可信赖行为(6) 13. 刻板和多动行为(5) 14. 自虐行为(3) 15. 社会约束(4) 16. 不良的人际交往行为(6)	4. 社会调节 5. 个人调节

　　引自　J. Salvia:《评估》，1995 年，第 629 页。

ABS-SE2 是 AAMR 适应行为量表的最新修订本。经过本次修订，其常模抽样比以前更具有代表性，信度和效度的研究也更加充分。该量表的最大优点是评估内容全面，施测方法简单。不足之处是该量表的稳定性和评分者信度还需要进一步提高。

（三）儿童适应行为量表

（1）**评估目的**　评估受测者的一般适应能力和不良的适应行为。

（2）**修订者与时间**　1996 年，北京师范大学的韦小满对 ABS-SE 进行了修订，新量表命名为儿童适应行为量表。

（3）**适用范围**　3～16 岁的儿童、青少年。

（4）**量表结构与内容**　儿童适应行为量表由两部分组成。第一部分主要评估一般适应能力，由动作发展、语言发展、生活自理能力、居家与工作能力、自我管理和社会化 6 个分量表组成；第二部分主要评估不良的适应行为，由攻击行为、反社会行为、对抗行为、不可信赖行为、退缩、刻板与自伤行为、不适当的人际交往方式、不良的说话习惯、不良的口腔习惯、古怪的行为、多动和情绪不稳定 12 个分量表组成。

（5）**施测说明**　施测和记分方法与 ABS-SE 类似，即主试把题目逐条念给受测者的父母或老师听，在他们报告有关的情况之后，对受测者的行为表现做出评定。在解释测验结果时，评估人员需将总分及各领域的原始分数转换成百分等级和标准分数，以便判断受测者在各领域能力的高低。受测者在各条目上的得分情况也可以作为制定个别化教学计划的依据。

二、文兰社会成熟量表

（一）文兰社会成熟量表

（1）**评估目的**　评估受测者的适应行为。

（2）**编制者与时间**　1935 年，美国文兰训练学校的道尔（E. A. Doll）发表了由他本人编制的文兰社会成熟量表（Vineland Social Maturity Scale，VSMS）。这个量表是世界上第一个标准化的适应行为量表。

（3）**适用年龄范围**　0 至 25 岁（具体内容见表 10-3）。

（4）**量表结构**　VSMS 由 8 个分测验组成，共有 117 个条目。

1965 年，道尔对 VSMS 进行了一次修订，新量表仍沿用原来的名称。

表 10-3　文兰社会成熟量表的构成

分量表	示　例
1. 一般自理	头部平衡（0～1 岁），自己表示要求大小便（2～3 岁）
2. 进食自理	在帮助下能用杯子喝水（0～1 岁），坐在桌边自如地进餐（9～10 岁）
3. 穿衣自理	脱袜子（1～2 岁），在帮助下能洗浴（5～7 岁）
4. 行走	无需帮助能上下楼梯（1～2 岁），独自远离家门（18～20 岁）
5. 职业	使用工具（8～9 岁）
6. 交往	叫喊、笑（0～1 岁），会打电话（10～11 岁）
7. 自我管理	白天能在无监督的情况下自由进出（15～18 岁）
8. 社会化	接近熟悉的人（0～1 岁），提高福利水平（25 岁以上）

（二）文兰适应行为量表

（1）**目的**　系统评估从出生到 18 岁的个体适应性和社会适应性。

（2）**修订者与时间**　1984 年，斯帕罗（S. S. Sparrow）等人对文兰社会成熟量表又进行了一次重大的修订。

（3）**新量表命名为**　文兰适应行为量表（Vineland Adaptive Behavior Scales，VABS）。

（4）**适用范围与施测时间**　VABS 的调查表适用于 0～18 岁，施测时间为 20～60 分钟；扩展表也适用于 0～18 岁，施测时间为 60～90 分钟；课堂评定表适用于 3～12 岁，施测时间在 20 分钟左右。

（5）**量表构成与内容**　VABS 由三套表构成：第一套称为调查表，包含 297 个条目，用于评估一般适应能力；第二套称为扩展表，包含 577 个条目（其中 277 个条目与调查表中的条目完全相同），用于评估更广泛、更具体的适应行为；第三套称为课堂评定表，共有 244 个条目（大约 80% 的条目与调查表相同），用于评估儿童在课堂中的适应行为。每套表都涉及沟通、日常生活技能、社会化和运动技能四个领域。另外，在调查表和扩展表里，还把不良适应行为作为参考项目。下面就以课堂评定表为例，对 VABS 的内容作一具体的介绍。

课堂评定表所测量的领域及包含的条目如表 10 - 4 所示（每个子领域只列举 6 条）：

表 10 - 4　VABS 课堂评定表的结构和内容

Ⅰ. 沟通领域

● 理解——

（1）明白"不要"的意思（例如，停止某项正在进行的活动或表示知道应该停止某项活动）。	2	1	0
（2）明白"对"或"好"的意思（例如，微笑或继续进行某项活动）。	2	1	0
（3）能听懂至少 10 个字词（例如，当问他："你的书在哪儿?"时，会把书拿起来）。	2	1	0
（4）至少能按要求准确地指出身体的一个主要部位（如头、脸、眼睛、鼻子、嘴、胳膊和大腿）。	2	1	0
（5）能按要求准确地指出身体的所有主要部位（包括头、脸、眼睛、鼻子、嘴、胳膊、大腿、手、脚、手指、肘关节、牙齿、耳朵、舌头、颈、膝关节、脚趾、肚子和头发）。（不记 1 分）	2		0
（6）当面发出指令时，能注意听。	2	1	0

● 表达——

（1）听到大人的声音，几秒钟之内能模仿这些声音（例如，模仿发"卟卟"、"妈妈"、"哇哇"等。如果受测者能说出字词来，就记 2 分）。	2	1	0
（2）用手势恰当地表达"是的"、"不对"、"我想要……"。	2	1	0
（3）让他作选择时能用言语或手势表示偏好（例如，问他："你想去商店还是看电视?"）。	2	1	0
（4）在没有提示的情况下至少能说出 20 种熟悉的物品名称。（不记 1 分）	2		0
（5）至少能说出 50 个认识的字。（不记 1 分）	2		0
（6）至少能说出 100 个认识的字。（不记 1 分）	2		0

● 书面语言——

（1）会背诵字母表中所有的字母（可以按顺序背诵，也可以不按顺序背诵。如果受测者唱"ABC 歌"，而不说字母，就记 1 分）。	2	1	0

(2) 认识字母表中所有印刷的字母(包括大写的和小写的)。   2 1 0

(3) 能读懂至少 3 个常见的指示牌(例如,"请进"、"推"、"休息室"和"慢走"等。如果受 测者通过形状或符号认识指示牌,但读不懂上面的字,就记 1 分)。   2 1 0

(4) 至少能默读或朗读 10 个字词。   2 1 0

(5) 能给听众读简单的故事(例如,《戴帽子的猫》或《小熊》)。   2 1 0

(6) 自觉地去读书(强调有兴趣并主动地选一本书来读)。   2 1 0

Ⅱ. 日常生活技能领域

● 个人——

(1) 会咂或嚼饼干(包括烤面包片或全麦饼干等。饼干可以由别人拿着)。   2 1 0

(2) 能吃固体食物(例如,煮熟的蔬菜、肉末和苹果。不管食物是否容易嚼烂,如果受测 者会咀嚼和吞咽,就记 2 分)。   2 1 0

(3) 无需帮助,会用杯子喝水(喝水时可以有些溢洒)。   2 1 0

(4) 会用吸管喝水。   2 1 0

(5) 无需帮助,会开水龙头接水喝(可以帮受测者从高高的碗柜里拿出一个玻璃杯,让他 站在椅子上去够水龙头)。   2 1 0

(6) 能自己用调羹吃饭(允许有些溢洒)。   2 1 0

● 家庭——

(1) 在要求下能帮着做一些家务活儿(例如,帮摆家具)。   2 1 0

(2) 在要求下能把自己的东西拿走(不用告诉他该放到什么地方)。   2 1 0

(3) 在要求下无需帮助,能把干净的衣服收起来(如果受测者只会把衣服挂在衣挂上,或 者只会把叠好的衣服放在衣柜里,就记 1 分)。   2 1 0

(4) 在要求下能自己整理床铺(如果需要帮忙铺床单或者把枕头放进枕套里就记 1 分)。   2 1 0

(5) 无需帮助和提醒,能自己整理床铺并定期更换床上用品。(不记 1 分)   2   0

(6) 在要求下无需帮助,能扫地、擦地或吸尘。   2 1 0

● 社区——

(1) 明白烫手的东西是危险的。   2 1 0

(2) 明白搭陌生人的车或拿陌生人的食物、钱等是不安全的(受测者用口语表示明白就 可以记 2 分,不需要真的遇见过陌生人)。   2 1 0

(3) 即使有他人陪伴,横穿马路之前会看左右两边。   2 1 0

(4) 自己独自横穿马路时会看左右两边。   2 1 0

(5) 看绿灯亮了才横穿马路,不闯红灯。   2 1 0

(6) 无需帮助和提醒,坐机动车时能系安全带。   2 1 0

Ⅲ. 社会化领域

● 人际关系——

(1) 表现出有让父母、照料者或其他熟悉的人高兴的欲望(例如,送礼物或帮忙做事等)。   2 1 0

(2) 自称高兴、难过、恐惧和愤怒等(例如,说:"我很难过。")。   2 1 0

(3) 能模仿大人的简单动作,如鼓掌,挥手再见,模仿模特的样子等。   2 1 0

(4) 某件事情发生几小时之后能模仿这件相对复杂的事情(例如,受测者模仿擦地、钉钉 子、擦干碟子等)。   2 1 0

(5) 能模仿以前曾听到大人说过的话(例如,受测者让一个玩具娃娃给另一个玩具娃娃 打电话,说:"霍妮,我在家呢。")   2 1 0

(6) 能至少提起两个熟悉的人的称呼(例如,"妈妈"、"爸爸"、名或者姓)。   2 1 0

● 玩耍和闲暇时间——

(1) 独自或者与别人一起玩玩具或其他东西。   2 1 0

(2) 拿常见的生活用具来玩(如罐子、调羹、饭盒等)。　　　　2　1　0

(3) 对别人做的事感兴趣。　　　　2　1　0

(4) 和别人玩非常简单的交往游戏(例如,藏猫猫或握手等)。　　2　1　0

(5) 至少和别人一起参加了一个游戏或活动(如拔河或玩球)。　　2　1　0

(6) 独自或者与别人一起进行复杂的装扮性活动(例如,假装学校里的活动,或者其他有不止一个角色和步骤的活动)。　　2　1　0

● 应酬——

(1) 在想要某样东西时,无需提醒,会说:"请给我……"(如果需要暗示受测者,对他说:"你该说什么?",就记1分;如果直接提醒受测者说:"应该说请给我……",就记0分)。　　2　1　0

(2) 嘴里有食物时不说话。　　2　1　0

(3) 不用别人告诉,懂得餐桌上的礼仪(例如,嚼食物时把嘴合上,说"请用",不拿别人眼前的食物,嘴里有食物时不说话等)。(不记1分)　　2　0

(4) 当被介绍给陌生人时会做出恰当的反应(例如,说:"你好,见到你很高兴。")。　　2　1　0

(5) 恰当地结束谈话。例如,说:"我还会见到你的。"或者"跟你谈话很愉快。"　　2　1　0

(6) 遵守学校的规章制度(例如,排队站好,不乱说话,不在礼堂里乱跑等)。　　2　1　0

Ⅳ. 运动技能领域

● 大运动——

(1) 走路平稳,无需帮助或搀扶,能走到别处去。　　2　1　0

(2) 能两脚并步上楼梯(受测者可以用扶手。如果受测者用手扶楼梯或者由别人搀扶着上楼梯,就记0分)。　　2　1　0

(3) 能两脚并步下楼梯(受测者可以用扶手。如果受测者由别人搀扶着下楼梯,就记0分)。　　2　1　0

(4) 无需帮助,能两脚交替着下楼梯(受测者可以用扶手)。　　2　1　0

(5) 跑步平稳,并能改变速度和方向(例如,玩捉人游戏或边跑边试图去接球)。　　2　1　0

(6) 跃过小东西(如小木棍或小玩具等)。　　2　1　0

● 精细动作——

(1) 会拧开和盖上瓶盖,没把瓶子或瓶盖弄掉。　　2　1　0

(2) 用不少于5块积木搭一个三维的结构造型(该造型必须有高、宽和深度,象征某样东西如房子或大桥,受测者必须说出搭的是什么,才能记2分)。　　2　1　0

(3) 用不少于6块拼板拼一个不用插入的版图(如拼板玩具等)。(不记1分)　　2　1　0

(4) 会推开或拉开各种门(如碗柜的门、冰箱的门、推拉门等)。　　2　1　0

(5) 会转动和拉门的把手把门打开。　　2　1　0

(6) 会开各种锁(如门上的、车上的、日记本上的和珠宝箱上的锁等)。　　2　1　0

　　(6) **量表及施测说明**　　该量表采用半结构性访谈法,由受测者的家长、老师或照料过受测者生活的人提供有关的信息,测验人员完成所有条目的评定。大多数条目按0、1或2记分。如果受测者完全不具有某种能力或几乎不表现出某种能力,就记0分;偶尔表现出某种能力或表现出一部分能力,记1分;常常表现出某种能力,记2分。有些条目只按0或2记分,0和2分的意义与上同。各领域的原始分数和量表总分需转换为标准分数(平均数=100,标准差=15)、百分等级和年龄当量。如果各领域的原始分数和量表总分高于平均分2个标准差,其适应水平就为高;高于平均分1至2个标准差,其适应水平为较高;在平均分上下1个标准差之间,其适应水平为适中;低于平均分1至2个标准差,其适应水平为较低;低于平均分2个标准差,其适应水平就为低。VABS是文兰社会成熟量表的最新修订本,可用于系统地评估一个人从出生到 18 岁的个体适应性和社会适应性。它的领域分数和量表总分的信度、效度都比较高。不过,在某些年龄段,某些领域和子领域的内部一致性和稳定性还有待于进一步提高。

(三) 婴儿—初中生社会生活能力量表

1980 年,日本学者三木安正把文兰社会成熟量表引进日本,对其进行了修订,这个修订本取名为"S—M 社会生活能力检查表"。该量表共有 130 题,题目分成六大类,即: ① 生活自理;② 行走;③ 职业;④ 沟通;⑤ 社会化;⑥ 自我管理。适用于出生 6 个月至 14 岁的儿童。

我国北京医科大学的左启华教授于 1988 年对三木安正的 S—M 社会生活能力检查表进行了修订,并将修订本命名为婴儿—初中生社会生活能力量表。这套量表共有 132 题,适用于婴儿至初中年龄段的儿童。

三、适应行为量表

(1) **评估目的**　评估个体的适应行为能力。

(2) **修订时间**　适应性行为评定量表(Adaptive Behavior Assessment System, ABASⅡ)由美国心理学家哈里森和奥克兰于 2000 年编制,2003 年修订为第二版,中国大陆地区 ABASⅡ中文版于 2014 年修订。

(3) **适用范围**　0～90 岁个体。

(4) **评估内容**　ABASⅡ从概念技能、社会技能和实用技能三个方面评估个体的适应技能,概念技能是指语言的接收和表达、阅读与写作、金钱概念、自我管理等;社会技能是指人际、自尊、负责任、遵循规则、遵守法律、自我保护、社交规范等;实用技能是指一般日常活动(饮食、穿衣、如厕、行走等)、工具性日常活动(准备餐点、居家清洁、交通、吃药、管理金钱、使用电话等)、职业技能、维持环境安全等。

A. 概念技能

① 沟通:与他人沟通所需要的说话、聆听等技能,包括用词、回应问题、交谈技巧等。

② 学习功能:日常的、独立活动中所需的基本阅读、写作、数学和其他学习技能,包括辨别时间、测量、记笔记和写信等。

③ 自我管理:独立、负责和自我控制技能,包括动手和完成任务、列计划时间表、遵守时间规定、服从管理,以及完成决定等。

B. 社会技能

① 休闲:参与和计划休闲娱乐活动所需的技能,包括与他人游戏活动、在家中参与娱乐活动、遵守游戏规则等。

② 社交:社会互动和与他人相处所需要的技能,包括结交朋友、表达和识别情绪、协助他人以及文明礼貌等。

C. 实用技能

① 社区应用:在社区中活动所需的技能,包括利用社区资源、购物技能,以及社区活动中的技能。

② 居家生活(家长填写)/学校生活(教师填写):基本料理家庭或起居室的技能,包括清洁、整理、物品维护及维修、准备食物、处理家务等;或者适应学校生活的基本技能。

③ 健康与安全:保持健康及应对疾病和伤害所需的技能,包括遵守安全规则、使用药物,以及谨慎等。

④ 自我照顾:料理个人生活所需的技能,包括吃饭、着装、洗澡、如厕、梳理头发以及保持卫生等。

四、独立行为量表

(1) **目的** 用于智障儿童的鉴别、安置和教学效果的监控。

(2) **编制者** 独立行为量表(Scales of Independent Behavior, SIB)是由布鲁因宁克斯、伍德科克、韦瑟曼和希尔(Bruininks, Woodcock, Weatherman, & Hill)共同编制的。

(3) **编制、修订时间** 初版发表于 1984 年,修订本发表于 1996 年。

(4) **适用的年龄范围** 从婴儿至成人。

(5) **测验类型** 个别施测的常模参照测验。

(6) **测验时间** 大约需要 45～60 分钟。

(7) **量表结构与内容** SIB 共包含 14 个技能分测验,分为运动技能、社会交往与沟通技能、个人生活技能和社区生活技能 4 组。其中:运动技能组由大动作和精细动作 2 个分测验组成;社会交往与沟通技能组由社会交往、语言理解和语言表达 3 个分测验组成;个人生活技能组由吃饭和做饭、大小便、穿着打扮、个人自我照顾、居家技能 5 个分测验组成;社区生活技能组由时间和守时、钱和价值、工作技能、家/社区定向 4 个分测验组成。此外,SIB 还包含 4 个不良适应行为分测验,即一般不良适应行为、内化的不良适应行为、社交不良适应行为和外化的不良适应行为分测验。

(8) **测验说明** SIB 用结构性访谈法和检核表施测。把题目念给家长、老师或其他熟悉受测者情况的人听,让他们从下面 4 个选项中选择一项回答:

① 即使提醒,也从未出现或几乎没有出现过该行为。

② 能做,但做得不好,出现该行为的频率大约为 1/4;可能需要提醒。

③ 做得比较好,出现该行为的频率大约为 3/4;可能需要提醒。

④ 做得很好,总会出现该行为;无需提醒。

技能分测验的原始分数需换算成年龄当量、百分等级和标准分数(平均数为 100,标准差为 15)。不良适应行为分测验的原始分数则换算成标准分、不良适应行为指数和严重水平分数。

(9) **评价** SIB 的优点是题目覆盖面较广,因而内容效度较高。该量表还具有很高的效标关联效度和构想效度,总分的信度也非常高。此外,测验手册中还提供了多种常模,便于使用者根据自己的需要进行选用。其缺点是一些分测验的信度比较低,记分方法相对来说比较复杂。该量表目前还没有在中国标准化。

五、生活适应能力检核手册

(1) **目的** 在于测量中重度智能障碍者生活适应的基本能力,为设计适合学生个别教育需求的个别教育计划服务。

(2) **编制者**　台湾师范大学的王天苗教授。

(3) **编制时间**　1987 年。

(4) **适用范围**　中、重度智障儿童、情绪和行为障碍儿童和多重障碍儿童。

(5) **实施时间**　无。

(6) **检核手册结构与内容**　生活适应能力检核手册由以下 7 个分测验组成：

① 自理能力　共有 201 题,包括吃(分为使用汤匙、吃固体食物、使用筷子、使用刀叉、用餐、其他 6 小项)、喝(分为用杯喝、用吸管、倒水、使用饮水器 4 小项)、如厕(分为意愿表示、厕前准备、如厕、便后处理、厕所辨识 5 小项)、穿、脱、清洗与卫生(分为洗手、洗脸、擦鼻涕、刷牙、洗澡、洗头、梳理头发、修指甲、其他 9 小项)等 6 项内容。

② 社会性能力　共有 139 题,包括安全(分为室内、室外、危险警觉、事故处理 4 小项)、社交人际(分为仪容姿态、活动参与、待人态度 3 小项)、环境适应(分为适应新环境、容忍、责任、自信、诚实、认识自己与环境 6 小项)及特殊行为 4 项内容。

③ 知动能力　共有 350 题,包括感官知觉(分为触觉、味嗅觉两小项)、听觉(分为辨别与理解、记忆两小项)、视动协调(分为视知觉、视觉记忆、抓拿、插放、堆叠、穿串、腕力 7 小项)、大动作(分为基本动作——颈、滚翻、坐、爬、站、走、跑、跳、平衡,体能活动——整队、徒手体操、平衡木活动、球类活动、垫上活动、跳绳活动、呼啦圈活动、单杠活动、游泳、其他)4 项内容。

④ 语言能力　共有 90 题,包括发音前能力、发音、表达(分为非口语、基本语句、复述/描述、社交会话 4 小项)3 项内容。

⑤ 基本学科能力　共有 356 题,包括注意力、阅读(分为辨认、认读、读法、阅读理解、阅读习惯 5 小项)、书写(分为握笔与姿势、仿写、自己写 3 小项)、数学(分为基本概念——对应、形状、大小、颜色、其他,数——唱数、点数、数概念、认数、写数、序数、加减、乘除、分数、小数、百分比,量与实测——长度、重量、容量、温度、时间、钱币)4 项内容。

⑥ 休闲能力　共有 112 题,包括音乐与韵律(分为节奏律动、听音、哼唱歌曲、操作简单乐器、音乐欣赏 5 小项)、美劳(分为绘画、着色、黏土造型、剪贴、拼摺、编结、其他 7 小项)两项内容。

⑦ 居家与工作能力　共有 106 题,包括居家技能(分为购物、炊事、清扫、清理衣物、园艺 5 小项)、工作能力(分为职业技能、工作态度与习惯、认识工作、其他 4 小项)两项内容。

(7) **检核手册与施测说明**　在实施本测验时,可逐项或者选择适当的项目对受测者进行观察和评定。若受测者"已达成"该项目,就在该项目右边的方格内画"√";若受测者"未达成"该项目,则在该项目右边的方格内画对角线,并在左上角记录本次评估的日期,待该项目在教学和训练后经评估"已达成"时,再在右下角记录"已达成"的日期。最后,把所有已达成的项目汇总在四张圆形图上。生活适应能力检核手册是一种目标参照测验,其内容与教学内容有直接的联系,施测方法十分简便。通过该测验的实施,可以全面、系统地评估受测者的生活适应能力,为适应技能缺陷的诊断,教学计划的制定,以及教学效果的评估等提供依据。不过,该测验的使用手册中没有提供有关测验信度、效度及常模的资料,因此,它不能用来鉴别智障儿童。

六、社会适应能力评定量表

2004 年,韦小满和唐春梅根据智障儿童所需适应的环境,编制了一套社会适应能力评定量表。这套量表由家庭适应能力评定量表、学校适应能力评定量表和社区适应能力评定量表组成,每个量表均包含与人际相关的社会适应能力、与环境/事务相关的社会适应能力和与自我相关的社会适应能力三个分量表。每个量表的结构如表 10-5、表 10-6、表 10-7 所示。

表 10-5　家庭适应能力评定量表的结构

	认知维度	情感维度	行为维度
与人际相关的社会适应能力	认识家人及朋友 认识关系	理解 表达	礼貌 交流/交往 合作/分享 关心
与环境/事务相关的社会适应能力	认识居住环境	责任感	遵守规则 处理事务
与自我相关的社会适应能力	自我认知	自尊/自信	自我照顾 自我保护 情绪控制

表 10-6　学校适应能力评定量表的结构和内容

	认知维度	情感维度	行为维度
与人际相关的社会适应能力	认识他人 理解他人 评价他人	合群/孤独	合作 分享 礼貌 冲突解决 助人 交谈/交往 求助
与环境/事务相关的社会适应能力	认识学校环境和重大事件	责任感 集体荣誉感	爱护学校环境 遵守规则
与自我相关的社会适应能力	生理自我 社会自我 能力自我	自尊/自信	坚持性 自制力/延迟满足 情绪表达与控制

表 10-7　社区适应能力评定量表的结构和内容

	认知维度	情感维度	行为维度
与人际相关的社会适应能力	认识他人 分辨关系	理解	交谈/交往 礼貌 分享/合作 关心/帮助 诚实/守信
与环境/事务相关的社会适应能力	认识居住环境 了解社区活动	热爱社区 工作愿望	独立活动 利用社区资源 参加社区活动 处理事务 遵守规则
与自我相关的社会适应能力	自我认知	自尊/自信	仪表 自主性 自我保护 情绪控制

第三节　实施案例

一、个案基本情况

陈××,男,7 岁 9 个月,足月生产,出生时状况正常。母孕期间无病史,无家族病史。出生后发育缓慢,2 周岁才会讲话,经常一个人独自玩耍。4 岁入幼儿园,7 岁进入普通小学一年级,父母关系融洽,尽量给他更多的关心、爱护,尽可能科学合理地教育他。语言沟通与发展障碍,理解能力差,不知道怎么用语言表达自己的想法。经常和同学起冲突、打架,喜欢发呆,沉浸在自己一个人的世界。生活自理能力很好,基本的日常起居自己能够独立完成。运动能力好,基本的日常跑跳、游戏活动都能够完成。陈××喜欢画画,能把从电视看见的动画人物画到本子上,还可以根据画的内容编成故事。陈××入小学前的智商测验的结果为 58 分,为了能够全面地了解陈××的发展水平,家长和班主任老师希望通过评估,得出结论,以便制定适合于陈××的教育干预计划。

二、工具与方法

工具:《婴儿—初中生社会生活能力量表》。
方法:对个案的家长进行访谈,通过评定法进行社会适应能力的评估。

三、评估结果

运用《婴儿—初中生社会生活能力量表》对陈××的适应能力进行了评定,原始分为 55 分,标准分为 8 分,属于轻度缺陷,适应能力总体发展水平处于 5 岁半。陈××的优势能力表现在独立生活、作业操作两个方面;弱势领域表现在运动、交往、参加集体活动、自我管理四个方面。具体分数见表10-8。

表10-8　陈××适应行为评估结果表

	SH	L	O	C	S	SD	总分
Ⅰ	4	4	3	2	2	—	15
Ⅱ	8	2	2	1	1	2	16
Ⅲ	7	1	3	0	0	2	13
Ⅳ	3	1	1	1	0	1	7
Ⅴ	1	0	1	1	1	0	4
Ⅵ	0	0	0	0	0	0	0
Ⅶ	0	0	0	0	0	0	0
总分	23	8	10	5	4	5	55

四、结论与建议

（一）结论

陈××社会适应能力轻度缺陷。

（二）建议

第一,学会和提高独立生活方面的技能。例如:便后能够用纸擦干净;将脱下的衣服自己整理好;能够打扫自己的房间;自己洗澡。第二,学会和提高运动方面的技能。例如:能够到家附近的游乐场玩,无需陪同;能自己一个人上学;能识别危险和禁止的标识。第三,学会和提高作业操作方面的技能。例如:会拧干毛巾;能够系上和解开带子;会使用锤子和螺丝刀。第四,学会和提高交往方面的技能。例如:会使用日常礼貌用语;能够说出自己的姓和名;能够自己说出所见所闻;能够使用电话进行简单的对话;能够和小朋友交谈电视中的内容;能完成传达他人的语言;根据需要自己打电话;能主动给小朋友写信;根据需要记录事情的要点。第五,学会和提高参加集体活动方面的技能。例如:会玩躲猫猫的游戏,游戏中能够关注到对方;在孩子们中,能够高兴地玩耍;表达需求(要求和其他小朋友一样的东西);受到邀请时,能够和小朋友一起游戏;能够和小朋友轮流玩玩具;能够玩室内竞赛游戏;能够玩简单的集体游戏,如丢沙包;能够和小朋友一起参加社区活动,无需辅助;能够完成班级值日工作,无需辅助;会玩扑克等复杂规则的游戏;能够在班级陈述自己的意见和想法。第六,学会和提高自我管理方面的技能。例如:能够自己独立完成简单的事情;能够到指定的商店买东西;能一个人看家一个小时;做客时有礼貌,并安静一个小时;买书时,能够选择内容合适的书;能够按照计划的时间行动。

【本章小结】

　　1. 本章首先从四个方面对适应行为作了一个概括性的介绍。关于适应行为的内涵,虽然它的定义至今还没有获得定论,但从其演变过程可以看出,它包括3个本质特征:① 是指个人保持生活独立并承担一定的社会责任的行为;② 具有年龄特征;③ 依生活条件、文化背景的不同而不同。关于适应行为评估的方法,基本上采用的是结构性访谈法和行为评定法。关于适应行为评估资料的运用,它主要运用于特殊儿童的鉴别、个别化教育计划的制定和教学效果的评价中。关于适应行为评估目前存在的一些争议,主要集中在适应行为与智力的关系、适应行为量表的可靠性这两个问题上。

2. 然后,从量表的适用年龄范围、内容结构、施测方法和记分方法等几个方面较详细地介绍了六套目前在国内或国外比较有代表性的适应行为量表及其修订本。这六套量表是:AAMR 适应行为量表、文兰社会成熟量表、适应行为评估系统、独立行为量表、生活适应能力检核手册和社会适应能力评定量表。

3. 最后,通过两个案例的报告,说明适应行为量表如何在智障儿童的鉴别以及个别化教育计划的制定中进行运用。

【思考·练习·实践】

1. 适应行为评估的意义是什么?

2. 适应行为的评估与智力评估有哪些不同?

3. 在特殊教育领域适应行为的评估有哪些用途?

4. 如何操作儿童适应行为量表?

5. 如何根据生活适应能力检核手册的测试结果确定教学目标?

6. 案例分析:

丫丫,女生,就读于小学一年级,出生时为小样儿,成长中各项能力发育迟缓,1 岁半会叫"妈妈",1岁 10 个月才能独立走路,没有经过爬行的阶段。目前生活自理能力较好,能够自己吃饭、穿脱衣服、大小便和冲澡,不会洗头发,也不会剪指甲;动作缓慢,不能完成单脚跳跃的动作,运动的反应和速度比其他学生慢一些,会使用剪刀做简易的剪纸活动;情绪稳定,喜欢微笑,集体游戏中喜欢执行指令,同学们喜欢和她玩。学习成绩在班级倒数第一,而且显著低于班级的平均分,老师发现丫丫学习存在着很大的困难,表现在数学题目、词语以及阅读。家长和老师希望为丫丫拟定个别化的教育计划,要了解丫丫的适应行为水平需要进行评估,你认为丫丫的适应行为评估应该使用什么工具、方法?

【参考文献】

[1] R. L. Taylor. *Assessment of Exceptional Students*:*educational and psychological procedures* (7th ed). Boston:Pearson Education,2006.

[2] J. Salvia & J. E. Ysseldyke. *Assessment*. Houghton Mifflin Company,1995.

[3] 王亦荣,等. 特殊儿童鉴定与评量[M]. 中国台北:台湾师范大学书苑发行,2000.

[4] 韦小满. 特殊儿童心理评估[M]. 北京:华夏出版社,2006.

[5] 韦小满. 智力落后儿童的适应行为研究概述[J]. 心理发展与教育. 1995,(1).

第十一章　人格评估

【内容摘要】　本章节主要内容有三部分。首先阐述人格的涵义、人格评估的目的及与心理咨询的关系、人格评估的方法、人格评估存在的问题；随后介绍了人格评估的相关工具；最后介绍了人格评估的实际案例。

　　小红（化名），女，普通中学初一学生。进校园不穿校服，课堂不听讲，还拉拢周围同学扰乱课堂，公然大骂同学。其他同学都面向讲台就座，唯独她的课桌背靠窗台，面向同学；老师要求她跟同学一样就座时，她认为老师故意找自己的茬。小红很少交作业，最好的状态是上课趴在桌上睡觉。课间会动手打同学，回家途中也会结伙打架，还有夜不归宿、栖身网吧的现象。

　　小红的父母已经离异，母亲被诊断为癌症晚期，父亲是某企业老总，患有心脏病。她常住奶奶家，受姑姑看管，偶尔也和母亲同住。从小受奶奶疼爱，父母给她极大的物质生活满足。姑姑反映孩子小学时乖巧，学习成绩良好。进入中学，学习上遇到了不如意，期中考试成绩没有达到自己的预期，之后就不再努力，甚至出现自暴自弃，要求父亲给自己转学。父亲坚持让其继续在本校求学，其母亲也规劝她安心到校学习，在没有达到自己的要求后，她就出现以上一系列不良行为，甚至提出辍学。

　　针对小红的情况，学校认为她需要接受心理咨询，但小红非常的排斥。咨询师通过观察、访谈等方法对小红进行了人格评估。咨询师分析小红的人格特点表现为：一是在放弃责任、义务，导致自身、他人、家庭、社会受到严重危害时不能感受到焦虑痛苦，因而往往在教育和心理辅导过程中因缺乏焦虑情绪动机而屡屡失败，甚至拒绝心理辅导和任何帮助；二是大脑受来自西方后现代文化思潮中某些断章取义的教育观念影响，形成极端自我中心、快乐就行等观念，瞧不起有责任心、上进心的人，认为那是愚昧的陈旧观念。遗憾的是，小红对咨询师的帮助不以为然，在学校多次和同学发生冲突，最后由家长暂时带回家反省。[①]

第一节　人格评估概述

一、人格的涵义

（一）人格

人格一词对我们来说早已耳熟能详，日常生活中，当我们使用这个名词时，我们表示

---

　　① 　该案例来源于：王英《中学生缺乏责任感、进取心人格特点的案例分析》，吉林教育教研，2016，18。

了一种价值判断——某人的人格低劣或高尚。但在学术领域,人格却有着它独特的含义,对人格的界定也并非易事,至今尚无统一定论。

关于人格的定义,早在几十年前就有 50 多个,西方心理学家将人格的定义概括为以下几种:

(1) 罗列式定义:将人格看作个人所有属性的综合。

(2) 整合式定义:强调人格的组织性和整合性。

(3) 层次性定义:强调人格组织的层次性,自我处于心理活动的中心位置,对心理活动起着支配作用。

(4) 适应性定义:强调个体对环境的适应,认为个体在适应环境的过程中所形成的独特适应方式就是人格。

(5) 区别性定义:强调人与人之间的区别,即独特性。

美国心理学家阿尔波特(G. W. Allport)在分析了上述五种定义后于 1961 年提出了自己的观点:人格是个体内部心理物理系统的动力组织,它决定一个人行为和思想的独特性。在这个定义中,阿尔波特把人格看作是不断变化的组织结构,这种组织结构是心理和生理的机能整合,它的作用是使一个人的思想和行为带有独特性,从而把某个个体与其他个体区分开来。[1] 这是一种比较折中的综合的定义,因而得到了许多学者的认可。

我国心理学界一般认为:人格是具有一定倾向性的心理特征的总和,它具有结构性、层次性和多侧面性。由下列几方面复杂的心理特征独特而有机地结合构成:

(1) 完成某些活动的潜在可能性的特征,即能力;

(2) 心理活动的动力特征,即气质;

(3) 对现实的稳定的态度和行为方式,即性格;

(4) 活动的倾向性特征,如需要、动机、兴趣、理想、信念、世界观等[2]。

另外,台湾地区的心理学家杨国枢认为:人格是个体与其环境交互作用的过程中所形成的一种独特的身心组织,而此为变动缓慢的组织使个体适应环境时,在需要、动机、兴趣、态度、价值观念、气质、性向、外形及生理等诸方面,各有其不同于其他个体之处。

综上所述,大多数心理学家认为:人格是由个人的心理能力、兴趣、态度、性情、思考、情感、动机与价值等组合而成的独特统一体,换句话说,个人的人格有其独特性和组织性。以此来看,人格的测量势必包含认知与情意两方面的许多变项。然而,在心理测量领域中,人格这个术语常指个性中除能力以外的部分,亦即特指那些情感、动机、态度、性格、气质、兴趣、价值观等。这也是本章中我们要探讨的人格的内涵。

二、人格评估的目的及与心理咨询的关系

人格评估中存在两个基本的问题,即评估什么以及如何评估。这两个问题的解答都与人格理论息息相关。在人格心理学研究的历史中有两个不同的传统,应用性传统和学术性传统。前者是关心如何帮助人们解决问题而对人格进行研究,后者是对人格感兴趣

---

① 凌文辁、方俐洛:《心理与行为测量》,北京:机械工业出版社,2003 年,第 106 页。
② 朱智贤主编:《心理学大词典》,北京:北京师范大学出版社,1989 年,第 225 页。

并认为它重要而进行研究。人格研究的应用性传统更多的是解释心理适应上的个体差异问题。学术传统则主要去发现个体的独特的特质，描述个体之间如何不同。因此，可以认为人格评估的主要目的是发现个体的人格特征，进而帮助个体解决问题。随着时代的发展，当前的人格测量也可以用于选拔工作人员，促进自我了解，如用于心理咨询和职业指导，用于使工作小组的成员互相了解个人的风格这类活动之中。

　　心理咨询（counseling）是指运用心理学的方法，对心理适应方面出现问题并企求解决问题的求询者提供心理援助的过程。需要解决问题并前来寻求帮助者称为来访者或者咨客，提供帮助的咨询专家称为咨询者。广义的心理咨询包括心理咨询和心理治疗，有时心理检查、心理测验也被列为心理咨询的范围。狭义的心理咨询不包括心理治疗和心理检查、心理测验，只局限于咨访双方通过面谈、书信、网络和电话等手段向来访者提供心理救助和咨询帮助。因此，可以认为人格评估是在心理咨询中咨询师用于了解来访者心理状态，进行心理测验的内容之一，主要作用也是帮助来访者识别人格特征，帮助来访者解决心理问题。

三、人格评估的方法

　　自古以来，人们对人格和人格的评估就表现出浓厚的兴趣，发展出许多关于人格的理论和评估方法。关于人格评估的方法，从科学性上来看，经历了一个从无到有、从低级到高级的发展历程。

　　属于前科学水平的人格评估的方法主要以颅相学、相面术和笔迹学方法为代表。这些评估方法中，笔迹学的名声相对要好一些，但并没有获得足够的效度证据，科学性仍很不足。

　　19 世纪末到 20 世纪中叶的一些人格评估方法，可以看作是科学评估方法的先驱。例如，1884 年，高尔顿提出通过记录心率和脉搏的变化测量情绪，通过观察社会情境中人的活动评估人的性情、脾气等人格特征；1905 年，荣格用词语联想测验检查和分析了心理情结；1919 年，伍德沃斯发表了第一个标准化的人格问卷——个人资料表，并用于军事甄选工作；1921 年，罗夏（Rorschach）墨迹测验问世；1934 年，哈兹威和麦金利发表了明尼苏达多相人格问卷（简称 MMPI）；1956 年，卡特尔发表了 16 种人格因素问卷（简称 16PF）。特别是明尼苏达多相人格问卷和卡特尔（R. B. Cattell）的 16 种人格因素问卷已成为科学人格测验量表的经典，至今依然是人格研究和实践应用中的主要量表。

　　人格评估的方法，通常可分为 6 种类型，自我陈述法、评定法、投射测验、客观实作测验、行为观察法及晤谈法。

（一）自我陈述法

　　自我陈述法是人格评估方法中最常见的一种，自我陈述中应用的自陈量表是我国临床心理学工作者所偏好的一种人格评估工具。

　　自陈量表是一种自我报告式问卷，即对拟测量的人格特征编制许多测试题，要求接受评估的个体追忆常参与的活动或鉴别内心的感受，然后根据自己的感受、思考或意见做出回答。

编制自陈量表的具体方法主要有 3 种：合理构建法（也称逻辑法）、因素分析法和经验法，与此对应的 3 种自陈量表是内容效度人格问卷、因素分析人格问卷和经验效标人格问卷。

1. 内容效度人格问卷

该类问卷是采用逻辑法编制的问卷，大部分早期人格测验采用这种方法。它是由专家根据某种人格理论，确定所要测量的人格特征或行为倾向，用逻辑分析的方法编写和选择一些看起来能测验这些特质或倾向的题目。

这种问卷常常存在以下两大缺陷：

（1）从表面上看能测量某一特征或倾向的题目，实际上可能并不测量这一特征或倾向，即测验的表面效度并不能保证测验的真正效度。

（2）由于测验题目与所测特征或倾向联系过于明显，受测者一眼就能看出所测的是什么，因而容易作假。这类量表的典型例子是爱德华个人偏好量表（Edwards Personal Preference Schedule，简称 EPPS）。不过，该量表通过把社会期望上同等程度的两个项目作为一对，让受测者必须二择其一的方法较好地解决了作假的反应心向问题。

2. 因素分析人格问卷

这类问卷是用因素分析方法编制的人格问卷。做法是，先对标准化样本施测大量的题目，题目和被试的选择可以没有任何理论根据，然后通过对被试在各题上的得分进行因素分析或其他相关分析，把相关的题目归到一起形成若干组内相关高的具有同质性的题目组，每一个组即形成一个因素。构成一个组的题目一经确定，就可通过分析题目的具体内容给每一组题目命名，由此便可得到若干个同质量表来测量对应于这若干个因素的若干个人格特征。用因素分析方法编制人格测验，始于阿尔波特、卡特尔、吉尔福德等人。卡特尔的 16 种人格因素问卷是这类量表的典型代表。

3. 经验效标人格问卷

用经验法编制问卷可以没有任何理论基础，而是根据特定的被试表现的实际特征来选择测验的题目。研究者首先选出几组人，已知各组间在某一人格特点上不同，然后以一系列的测验题给各组受测者施测，选出那些能区别各组受试的题目。各组差异所根据的标准可能是他们的职业、教育程度或其他人格特征。组数多少及各组包含的内容与研究者的目的有关。这种量表的编制原本与理论无关，完全是从实践中来的，题目反映的内容只需"行得通"即可，而无需"说得通"。这类量表的代表首推明尼苏达多相人格问卷（MMPI）。

逻辑法、因素分析法和经验法是编制自陈量表的三种主要方法。但是单独使用其中的一种方法编制的人格问卷往往既有长处也有不完善之处。虽然逻辑法最不完善，但在用其他方法编制测验的开始阶段，却都用逻辑法来选择题目。如果测验主要用来作预测或作实际决定，采用经验法编制量表更为有效；若测验主要用于理论研究，则采用因素分析法较为适当。理想的测验编制策略是将上述几种方法结合起来，可称之为综合法。具体步骤如下：

（1）采用逻辑法经由推理获得一大批题目。同时用经验法确定效标组特征也获得一大批题目。

（2）采用因素分析法编出若干同质量表。

（3）将同质量表中没有效标效度的题目删掉。同时将表面效度太高的题目删掉。最好保留效标效度高，但表面效度不高的题目。用综合法编制的量表有：中国人个性测量表（CPAI）、加州心理调查表（CPI）等。

（二）评定法

评定法中采用的评定量表包括一组用以描述个体的特征或倾向的词或句子，要求评定者在一个多重类别的连续体上对被评者的行为和特征做出评价判断。严格地说，评定量表并不是一种测验，它是以观察为基础，由他人对某个人的某种行为或特征做出评价，而不是由受测者本人对测题项目做出回答，这种通过观察给人的某种行为或特征确定一个分数或等级的方法，称为评定。以标准化程序来表达评定结果叫评定量表。

评定法可以看作是观察法与测验法的结合，所以评定量表具有二者的一些特点，它有一定的客观性和自然性，但没有人格问卷准确，也比投射测验肤浅。尽管如此，评定量表还是在临床和研究中频繁地用于行为和人格特征的评估。另外在检验一个测验的效度时，也有很多研究者采用评定量表。

（三）投射测验

投射技术（projective technique）也是人格测量中的一种常见方法。该名词由富兰克（L. Frank）于1939年首次明确提出，不过在此之前就已经有人采用投射技术原理编制了投射测验，比如1921年完成的罗夏墨迹测验（图11-1）。

这类测验所用的刺激多为意义不明确的各种图形、墨迹或数字，让受测者在不受限制的情境下，自由地做出反应，由对反应结果的分析来推断其人格。投射的意义是指一个人把自己的思想、态度、愿望、情绪、性格等人格特征，不自觉地投射到外界事物或他人，通过对外界事物或他人的反应，表达出自己内心的感受。这种方法的原理是精神分析理论中的外射机制。精神分析理论认为，一个人的人格结构大部分处于潜意识中，通过明确的问题很难表达出自己的感受，而面对意义不明确的刺激任其随意反应时，却常可以使隐藏在潜意识中的欲望、需求、态度、心理冲突流露出来。这类测验主要以罗夏墨迹测验、主题统觉测验

图11-1　罗夏墨迹测验例图

（简称 TAT）、文字联想测验、画人或画树测验为代表。

与其他人格测验相比，投射测验有几个鲜明的特点。

（1）使用非结构任务，这种任务允许被试有各种各样不受限制的反应。为了促使被试想象，投射测验一般只有简短的指导语，刺激材料也很含糊，模棱两可。在这种情况下，

被试对材料的知觉和解释就可反映他的思维特点、内在需要、焦虑、冲突等人格方面。可以这样说,刺激材料越不具有结构化,反应就越能代表被试人格的真正面貌。

(2)测量目标具有掩蔽性。被试一般不可能知道他的反应将作何种心理学解释,从而减少了伪装的可能性。

(3)解释的整体性。它关注人格的总体评估而不是单个特质的测量。

投射测验也存在一些明显的不足,主要表现在以下几方面:

(1)评分缺乏客观标准,难以量化。

(2)缺少充分的常模资料,测验结果不易解释。

(3)信度和效度不易建立。

(4)原理复杂深奥,未经专门训练者不能使用。

尽管投射测验存在着这些明显的不足,但在临床诊断上仍普遍使用投射测验。当然,实际上使用这些投射测验是否有效,很大程度上依赖于使用者本人。

(四)客观实作测验

人格的客观实作测验又称操作测验、情境测验或非文字测验,采用的是较为间接但相对客观的评估方法,强调测量人格中不明显但更加结构化的生理、认知和行为。就是在一种控制情境下观察被试行为的评估方法,如品格教育调查、军事情境测验、无领导团体讨论等方式。这种测验对幼儿和语言障碍者及文盲特别适用,也可用于跨文化研究。在用于人格测验中,被试在一定的情境中按照指示进行操作,表面上与能力测验是一样的,但它的目的并不是测定操作能力。这一方法由于不易伪装反应以及不大受反应定势的影响而受到人们的喜爱。

人格的生理学测量主要是测量应激和唤起条件下被试的反应。这些反应特点的测量可用多种生理记录仪完成,能记录血压、脉率、皮肤电活动,甚至能记录血液化学成分的变化、脑电波、肌肉紧张度等生理指标,由此推测出某些人格特征。

知觉和认知测量有相当多的研究已经发现,人格特征和知觉及认知的某些方面有一定关系。例如,与外向性格的人相比,内向的人更警觉,对痛更敏感,更易厌烦,更谨慎等。在一些知觉和学习任务(如词汇再认、未完成图案的辨别、暗适应等)中的反应速度也与某些人格特点有关。然而这类测验多数比较粗糙,还不能取代传统人格测验。这类测验包括场独立和场依存测验、认知风格测验等。

(五)行为观察法

行为观察法常可通过轶事记录、时间取样、事件取样、自我观察的内容分析等技术收集资料来反映人格真相。

行为观察法也可借助客观实作测验来进行。

行为观察法还可以通过非语言行为研究来进行。非语言行为研究表明,对非语言信息的敏感性与人格有一定关系。罗森塔尔等人(Robert Rosenthal,1979)设计了一套用以测量这种敏感性的测验,即"非语言敏感性测验"(Profile Of Nonverbal Sensitivity,简称PONS)。测验由 45 分钟的影片组成,在屏幕上呈现一系列图像,如面部表情或者是让被试听到一些只有调和音而不是单词的短句。每一图像呈现完毕后,要求被试从两个答案中选择一个最合适的答案。PONS 的作者报告说,在测验中得高分的被试较之得低分的被试朋友更少,但更诚实、热情,对性关系较为满意等。

(六)晤谈法

晤谈法实际上是最古老和最广泛应用的获得个体信息及评估人格的一种方法。严格地说,晤谈不是测量,晤谈的结果经常不能定量化。它更像是一门艺术。有些人就比其他人容易建立起和谐的关系,有的人在晤谈中更有洞察力。它更多地属于晤谈者的人格功能范围内,是不容易传授的。晤谈可分为以下几种:

(1)临床晤谈和人事晤谈。

(2)结构性晤谈和非结构性晤谈。前者指的是晤谈的内容经过组织,问题简单直接,涉及通常个人申请表或履历表中常见的问题。后者则是未经组织的、随意进行的晤谈。

(3)应激晤谈。用以评估被试在应激状态下应付和解决问题的能力,也可以用于时间较短,被试反复唠叨或赌气不回答以及自我防卫过强等情况。这种方法主要是通过询问一些刺探性、挑战性问题,就像警察审讯那样,以激起被试的情绪反应。

四、人格评估的问题

人格评估与其他认知能力方面的测量有所不同,它在评估上所遭遇到的困难与挑战远远大于认知能力方面的测量。了解这些情况,可以让我们在人格测验的学习、使用和研究中避免失误,寻求对策和新的突破方向。关于人格测验中存在的问题,概括起来主要有以下几点[①]:

(一)人格的基本概念不一致

人格内涵复杂,对于人格的定义、结构以及分类问题,迄今未获得一致的结论。对于人格应包含哪些特质,不同的学者也有不同的看法。由于没有统一的标准,测验的项目内容也就无法一致,使得不同人格测验的结果难以进行比较,哪怕是两个都以特质理论为基础的测验,但因两个人格测验可能测的是完全不同的特质,其结果也无法比较。

(二)整体动态人格测验困难

人格测验经常受到的批评是:它不能恰当地描述人格的动态性质。如果"动态"指的是随时间而产生的一些变化,那么,我们将在不同时间施测的测验结果联系对照,就可以描绘出这种动态性质。但如果"动态"指的是每个人特有的、复杂的人格结构以及其整体的作用效应,则目前的人格测验还有相当距离。因为多数人格测验是把不同的人格维度割裂开来分析,而一些进行整体分析的测验(如投射测验和情境测验),标准化水平又比较低,在计分和解释上不够客观。

---

① 金瑜主编:《心理测量》,上海:华东师范大学出版社,2001 年,第 166 - 169 页。

（三）人格测验的信度与效度较差

人格测验的信度通常都比能力测验（如智力或成就）低，其信度范围约介于 0.70～0.80 之间。其原因是多方面的：第一，人格测验受情境及个人心态的影响比能力测验要多。第二，人格测验很难确定适当的效标。人格测验所用的效标，多半是根据心理学者、精神病学者或教师所做的评定。凡属评定，其信度往往较低。不过，有一些临床心理学家认为，心理测验技术只要在临床上被证明是一种很有用且很有效的心理评估工具，就不应当强调测验的信度及分数结构的一致性。人格测验的效度证据不能限于内部或纯理论的分析，必须重视寻找可行的效标以及多方面的证据。心理学家斯达格纳（R. Stager）曾归纳出五种考验人格测验效度的方法：看测验能否识别在客观基础上选出的极端的一群人，将测验结果与专家评定结果相互比较，将测验结果与生活资料或临床记录相互比较，看测验结果能否预言将来的行为，以理论上的推论去判断。

（四）受试者的反应心向问题

所有的人格测验几乎都有反应心向的问题。所谓反应心向，就是指受试者用一种特殊的方向回答题目。例如，有的人在符合或不符合量尺上都倾向于选答"无意见"的答案，在是与否的叙述题上，则倾向于答"否"的答案，或猜测所有不知道的题目。反应心向有很多类型，如社会赞许、他人的态度、猜测等。其中最受测验学家关心的是社会赞许的反应趋向（郭生玉，1985）。

所谓"社会赞许"，就是指受试者不是依据自己的情况或感受，而是依据社会所接受或期望的答案作答。例如，"我没有闯过红灯"、"公交车上，我会主动让位"、"我从没拿过别人的东西"。若是如此，其答案将失去真实性，而影响到人格测验的信度和效度。

（五）受试者的假装答案问题

在认知测验和情意测验中都可能会发生假装答案的问题，尤其以情意测验（如人格测验）较为普遍和严重。在情意测验中，假装好或差的分数都有可能。受试者回答测验的态度是到底是真实或说谎，往往取决于测验的目的与他所知觉到测验结果的用途。例如，一位申请入学的学生，他可能尝试去假装好的答案，如果测验结果会影响其入学。同样，一位求职的准教师若知道是否会被考虑录用，与其在人格量表上的反应类型而定，那么他很可能会试图说谎。

虽然在多数的情况下，会做好的假装，但在某些特定情况下也会做差的假装。例如，谋杀凶手假装自己有抑郁症，企图被认定为精神方面有问题而免于接受审判。此种假装不好反应的倾向较常见于测量罪犯的情境。

（六）人格测验的题目

人格测验所测的特征往往没有明确定义或不易明确定义，因而题目范围难以界定，各种可能的刺激项目数不胜数，而测验题目在内容或措辞上的细微差别，加上前述的人们在理解上的个别差异，常常会导致反应的巨大差异。

（七）测验分数的解释

人格测验的答案无对错之分。人格有独特性，用同样的标准去解释不同人的行为是否恰当，是值得怀疑的。因为一种行为对某人来说是良好适应，对另一个人来说也许是不良适应。另外，按统计标准（常模）评价人的行为，结果可能会奖励了从众行为，而限制了个性发展。

（八）隐私

在西方国家，对人格测验的一种批评是，某些人格测验侵犯了个人隐私，违背民主原则。所以，如何在涉及个人的实际利益的录取、选拔、司法鉴定等实际应用中，既能发挥人格测验的评量作用，又能兼顾个人隐私的保护，是一个需要多方面（心理学、社会学、司法、教育等）协调解决的问题。

第二节　人格评估的工具

一、艾森克人格问卷（EPQ）（儿童）

（1）**目的**　通过分析人格的特质或结构，了解7～15岁儿童的个性类型。

（2）**编制/修订者**　1975年，H. J. 艾森克和S. B. G. 艾森克编制；1985年，龚耀先、陈仲庚修订。

（3）**适应范围**　7～15岁的中小学生。

（4）**量表内容**　该量表的国内修订版共有88项问题，分布于E（内外向，25项）、N（情绪稳定性，23项）、L（效度量表22项）和P（精神质18项）4个维度量表上。

（5）**量表实施**　被测者可根据每一道问题回答是或不是，各量表的项目数即是它们的最高分，没有或绝少有人得最高分，同样也没有或绝少有人得0分。得分可在性别、年龄相应的T分表上换算成T分，然后可在量表剖析图上作分析。

（6）**分数解释**　一般来讲，在P维度上得分很高的人，个性特点为古怪孤僻、缺乏同情心、适应环境不良、对人抱敌意、喜恶作剧、总要捣乱、富进攻性。E分极高代表外向，喜交际、爱冒险、好动、倾向进攻、不爱阅读和研究、稳定性欠佳。E分极低代表内向，表现安静、离群、内省、保守、与人保持距离、生活规律严谨、少进攻。N分极高代表情绪不稳定，焦虑、紧张、易怒、对刺激反应强烈。N分极低的人情绪反应缓慢，通常是平静的，不紧张。L是效度量表，高分表明回答多掩饰，结果不太可靠。以上各维度不是孤立的，E和N维度相交，至少可以构成4个象限，形成外向—情绪不稳、外向—情绪稳定、内向—情绪不稳、内向—情绪稳定，分别相当于古代的4个气质类型，即胆汁质、多血质、黏液质和抑郁质。

（7）**评价**　EPQ为自陈量表，实施方便，有时也可作团体测验，是临床应用较广泛的人格测验，建有国内常模。但其条目较少，反映的信息量也相对较少，难以对个体进行全面的人格评估。

二、儿童14种人格因素测验(CPQ)

（1）**目的** 测量受测者的人格特质。

（2）**编制者** 美国印第安纳州立大学波特(R. Porter)博士与伊利诺州立大学人格及能力测验研究所卡特尔(R. B. Cattell)教授编制；CPQ测验（中国修订本），由华东师范大学祝蓓里、卢寄萍主持修订。

（3）**适应范围** 适用于8～14岁的中小学生。

（4）**施测时间** 40分钟左右。

（5）**量表内容** 该量表包括乐群性、聪慧性、稳定性、兴奋性、恃强性、轻松性、有恒性、敢为性、敏感性、充沛性、世故性、忧虑性、自律性、紧张性共14种人格因素。14种人格因素是各自独立的，每一种因素与其他各因素的相关极小。因此，每一种因素的测量都能使主试对受试者某一方面的人格特征有清晰而独特的认识，更能够对被试人格的14种不同因素的组合做出综合性的了解，从而全面地评价儿童的人格。

（6）**量表解释** 因素A—乐群性：描述是否愿意与人交往，待人是否热情；因素B—聪慧性：描述抽象思维能力，被测试者的聪明程度；因素C—稳定性：描述对挫折的忍受能力，能否做到情绪稳定；因素D—兴奋性：描述情绪的兴奋水平，以及情绪的强烈程度；因素E—支配性：描述是否愿意支配和影响他人，是否愿意领导他人；因素F—活泼性：描述情绪的积极和愉悦程度；因素G—责任性：描述对社会道德规范和准则的接纳和自觉履行程度；因素H—敢为性：描述在社会交往情境中的大胆程度；因素I—敏感性：描述敏感程度，即判断和决定是否容易受到感情的影响；因素J—充沛性：描述被测试者的精力充沛程度以及主动性；因素N—世故性：描述是否能老练、灵活地处理事物；因素O—忧虑性：描述体验到的烦恼和忧郁程度；因素Q3—自律性：描述自我克制，自我激励的程度；因素Q4—紧张性：描述生活和内心的不稳定程度，以及相关的紧张感。

除直接测量这14种人格特征外，卡特尔教授等人还发展出了一系列公式，利用前面14个量表的分数以及这些公式，还可以计算出一些次级人格特征，主要包括：

① 适应性与焦虑性：描述对现在环境的适应程度，是否感到焦虑不满；

② 内外向：描述性格特征的内向或者外向程度；

③ 神经是否过敏：描述是否容易对外界的事情产生神经过敏的反应。

（7）**评价** CPQ已被译成多种文字，是世界上使用非常广泛的人格测验。我国研究者也对测验进行了修订，使之更符合我国的国情，经检验，该测验具有良好的信度及效度。这一测验能以40分钟左右的时间测量出14种主要的人格特征，适用于8～14岁的中小学生，是公认的比较好的一种儿童人格测验量表。

三、儿童自我态度问卷

（1）**目的** 测量受试者的自我态度，为教学或辅导提供参考信息。

（2）**编制者** 郭为藩，1976年。

（3）**适应范围** 小学4～6年级学生。

（4）**施测时间** 无严格时间限制，做完题目为止，一般可在30分钟完成。

（5）**测验方式**　团体测验，主试者说明指导语及注意事项后开始作答。

（6）**量表内容**　该量表包括五个领域：

① 对自己身体特质的态度（Ph）。

② 对自己能力与成就的态度（A）。

③ 对自己人格特质的态度（P）。

④ 对外界的接纳态度（E）。

⑤ 自己的价值系统与信念（B）。

问卷内容包括 5 个特殊量表和 1 个一般量表，可得 6 项分数。全问卷 80 题，每个领域各 16 题，其中 8 题为正面陈述，另 8 题为反面陈述，问卷题目采用相对制编排设计。

（7）**量表计分**　本问卷有 6 种分数，正面题答"是"者 1 分，"否"者 0 分；反面题答"否"者 1 分，"是"者 0 分，满分为 80 分。得分越高自我观念积极而健全，反之则消极而隐晦。

（8）**评价**　该量表具有一定的信效度，没有建立常模，仅有平均分和标准差。本量表题量适中，简便易行；团体测试，省时省力，易于操作。

四、幼儿人格测验

（1）**目的**　旨在测量受试者的生活适应状况，为教师或辅导人员提供协助学生改进适应、解决人格问题的参考资料。

（2）**修订者**　陈李绸、路君约，1978 年。

（3）**适用范围**　小学 1～3 年级学生。

（4）**施测时间**　无严格的时间限制，以做完题目为止，一般约需 40 分钟可完成本测验。

（5）**量表内容**　幼儿人格测验共有 12 类（分测验），前 6 类为测量个人适应项目，后 6 类则测量社会适应项目，每类有 8 题，全测验共计 96 题。

（6）**评价**　该量表建立了台湾地区小学 1～3 年级男女学生各分测验的百分位数常模，虽然操作简便易行，但信效度不高。

五、小学人格测验

（1）**目的**　本测验旨在测量受试者的生活适应状况，为教师或辅导人员提供协助学生改进适应、解决人格问题的参考资料。

（2）**编制者**　徐梅熙、路君约，1978 年。

（3）**适用范围**　小学 4～6 年级学生。

（4）**施测时间**　无严格的时间限制，以做完题目为止，一般约需 40 分钟可完成本测验。

（5）**量表内容**　小学人格测验共有 12 类（分测验），前 6 类为测量个人适应项目，后 6 类则测量社会适应项目，每类有 12 题，全测验共计 144 题。

（6）**评价**　该量表建立了台湾地区小学 4～6 年级男女学生各分测验的百分位数常模，虽然是针对小学儿童而编制，但信度不高，且没有效度研究的资料。

六、明尼苏达多相人格测验(MMPI)

(1) **目的**　用于精神疾病、心理障碍严重程度及人格的评估。

(2) **编制/修订者**　1942年,哈撒韦(S. R. hathaway)和麦金利(J. C. mckinley)编制;1989年,宋维真修订了中文版。

(3) **适应范围**　本测验适用于年满16岁、初中以上文化水平及没有什么影响测验结果的生理缺陷的人群。

(4) **施测时间**　约1.5~2小时。

(5) **测验内容**　MMPI包括身体方面,精神状态,对家庭、婚姻、宗教、政治、社会、法律的态度等。有14个分量表,其中前4个是效度量表,用以检查受试者回答真是可靠程度;其余后10项为临床量表,用于测验倾向于何种精神病人格。

A. 效度量表

① Q量表:指受试者回答问题不肯定,分数越高,说明受试者越在回避现实,在30项以上者,答卷视为无效。

② L量表:指受试者说谎分数,共15项,分数越高说明答案越不真实,低分者提示被试较自信诚实。

③ F量表:指诈病分,有64项,高分者多系孤独,低分一般较为合群。

④ K量表:指校正分,高分说明被试者防御反应较强。

B. 临床量表

① 疑病(HS):高分者表示有疑病倾向。

② 抑郁(D):高分者表示有抑郁倾向。

③ 癔病(HY):高分者表明受试者有癔病人格倾向。

④ 精神病性(Pd):高分者说明有报复、攻击、孤僻等特征。

⑤ 男子气、女子气(Mr):男性高分者表示男性特点明显,女子高分者表示女子特点明显。

⑥ 妄想(Pa):高分者常有多疑、敏感、固执等表现,偏执型精神病此项分往往很高。

⑦ 精神衰弱(h):高分者往往有强迫观念、焦虑等表现。

⑧ 精神分裂症(Sc):高分者常有精神异常表现,精神分裂症患者Sc得分多较高。

⑨ 轻躁狂(Ma):高分者多有联想迅速,情绪高涨,情绪不稳定及动作增多等,躁狂症者Ma得分较高。

⑩ 社会内向(Si):高分者说明行为退缩,交往贫乏,慢性分裂症者Si分常较高。

(6) **测验方法**　要求受试者按照自己的实际情况,对每个陈述句尽量都能做出反应,给予“是”、“否”或“不好说”三种回答中的一种。但后者一般不得超过30个。主试者根据受试者回答后的答案纸记分,可用计算机或人工方法,并划出剖析图。在记分之前,首先计算一下“不好说”的回答及同一题画有2种答案的题目数,作为Q量表的原始分,如果超过30分,则答案无效。MMPI的测验结果是采用T分制,将答案纸分析算出的原始分转换为T分,或称标准分。中国版T分超过60分属异常范围,达到超过70分如果不是受试者不合作或理解错误,则为明显的病态。

（7）**结果解释**　从 9 个临床量表,加上 1 个社会内向(Si),按 1 到 10 的顺序编码,以 T 分超过 60 分以上的高峰点构成的特殊剖析图来分析诊断疾病。如 HS 与 D 两个量表的分超过 60 分,形成 1.2/2.1 型的剖析图。具有这种剖析图的人,临床特点为:疑病、焦虑、抑郁、担心自己的身体健康,喜欢找医生,但又不相信医生。6.8/8.6 型剖析图,即有偏执和精神分裂症两个量表的标准分超过 60 分,多为精神分裂症。此图形反映出精神分裂症病人常有的多疑、不信任、退缩、情感淡漠、思维紊乱、妄想、脱离现实等特点。其余以此类推。以上为两点编码法,这在临床诊断中具有较高的参考意义。

（8）**量表信效度**　MMPI 的重测信度分布从 0.50 到 0.90。量表的内部一致性要高于重测信度,一般都在 0.90 以上。MMlPI 临床量表的效度有待进一步研究。MMPI‑2 在国内的标准化采取了一致性 T 分数,建立了全国常模。

七、卡特尔 16 种人格因素问卷(16PF)

（1）**目的**　综合评估受测者的 16 种人格因素,预测受测者的工作稳定性、工作效率和压力承受能力等。

（2）**编制/修订者**　1950 年,卡特尔(Catell)编制,1979 修订为中文版。

（3）**适用范围**　适用于 16 岁以上的所有人员。

（4）**施测时间**　测验不限定时间,一般用 30～45 分钟左右可以完成。

（5）**测验内容**　16PF 包括乐群性(A)、敏锐性(B)、稳定性(C)、影响性(E)、活泼性(F)、规范性(G)、交际性(H)、情感性(I)、怀疑性(L)、想象(M)性、隐秘性(N)、自虑性(O)、变革性(Q1)、独立性(Q2)、自律性(Q3)、紧张性(Q4)16 种因素。16 种人格因素各自独立,每一种因素与其他因素的相关极小。这些因素的不同组合构成了一个人不同于其他人的独特个性。

全量表共有 16 个分量表,由 187 道测试题组成,分配在 16 个因素中。每一人格因素由 10～13 个测验题组成的分量表来测量,16 种因素的测验题采取按序轮流排列。每一测题有 a、b、c 三个备选答案,分别可得 0、1、2 分。因素 B 量表测题每题答对者得 1 分,答错者得 0 分。

（6）**量表信效度**　该量表的重测信度较高,分半信度不高,效度检验较好,建立了国内常模。

（7）**评价**　该测验是自陈量表,高度结构化,实施简便,积分、解释都比较客观、容易。不仅能够对受测者在 16 种人格因素上的主要特征进行分析性描述,而且能够根据公式计算出反映受测者的适应性、外向性、情绪性和果断性的次源人格特征以及反映受测者在某些特殊情境中的行为特征,即心理健康水平、专业成就的可能性、创造潜力、对新环境的适应能力等。但是,该测验在实施时,被试常因情境的改变而做出不同的反应,且对问卷的回答易受个体反应定势和反应风格的影响,因而测试的信度不如智力测验。

八、迈尔斯‑布里格斯(Myers-Briggs)人格类型定向测验(MBTI)

（1）**目的**　用于测量和描述人们在获取信息、做出决策、对待生活等方面的心理活动规律和人格类型表现,不断引导人们探索自我,进而认清自我的本来面目。

（2）**编制/修订者** Myers 和 Briggs 母女（凯瑟琳. 布瑞格斯和伊莎贝拉. 麦尔斯）在卡尔. 荣格所创立的心理类型理论基础上于 1942 年编制的人格测评工具。此后不断修订、完善，至今已升级了 10 多个版本。1994 年以来，以我国学者苗丹民为首的学术团队与美国东卡罗莱纳大学合作，翻译 MBTI-G 量表。1998 年蔡华俭等人对 MBTI 的 M 版本进行了修订，此研究首次将最新版本翻译成中文。

（3）**适用范围** 青春期之后具有稳定的个性特点的青少年及成年人

（4）**量表内容** MBTI 有不同的版本，现在最常用的是版本 M。该版本由 93 个项目组成，把人格分成 16 种类型，从 4 个维度阐述人格倾向性，外向—内向维度代表心理能量的不同指向；感觉—直觉维度描述不同的信息提取方式；思维—情感维度描述对事物做决策或判断时所采用的不同方式；判断—感知维度描述与外界交往或适应过程中所采取的不同生活方式。

（5）**量表实施** 在 MBTI 设计中包含着一整套严格的施测流程和使用规范。

第 1 步，调整测试心态：施测师应帮助被试放松心情，最大限度地摆脱工作、家庭等外部环境的压力，尽量展现真实的自我。

第 2 步，答问题卷：施测师应告知被试尽管按照自己的理解答题，不应与其他人讨论，施测师也不回答任何相关问题。

第 3 步，MBTI 内容基本介绍并定位：施测师将其测试目标、基本思路和主要内容告知被试，并指导其按要求进行自我评估。

第 4 步，答卷计分并比较：施测师应指导被试计分，并对分数进行解释和深入讨论其涵义。

第 5 步，最后确认：施测师将引导被试进入一个自我探索的过程，帮助其明确自己的人格类型。

MBTI 测试中，施测师应经过资格认证培训，能规范执行每一步骤，正确理解 MBTI 的测试结果，并引导被试自己确定人格类型。MBTI 的有效性取决于施测中规范、有序地执行每一个环节，这离不开施测师的专业指导。

（6）**分数解释** 计算各维度上倾向分的高低，推断被试的人格类型。将四个维度上的倾向分按由高到低的顺序依次进行解释，得分最高的维度即主要的心理机能，其余则为次要和辅助性的心理机能。

（7）**评价** MBTI-G 的重测信度超过了 0.7，甚至经常超过 0.8，每个维度的分半信度大都超过 0.75，MBTI 通过因素分析方式进行的内容效度检验、结构效度和效标关联效度均比较高。作为信度和效度都是同类型测试工具中最高的自陈量表，它对人们自我发展和职业发展具有很好的指导意义。

第三节 实施案例

一、个案基本情况

薛××，男，16 岁，现就读初中二年级，有数学学习障碍，曾经两次留级，家庭关系和睦,其父母非常关心他的学习状况,配合老师的工作,为了改善他的数学学习状况,家长曾经向特殊教育老师咨询,以寻求帮助。薛××的身体状况良好,有轻度的哮喘;喜欢科学等方面的书籍和电视节目;听父母的教导,有些时候表现固执,坚持自己的意见;喜欢篮球和乒乓球;性格温和,与班级同学的人际关系较好。

二、工具与方法

工具:明尼苏达多相个性测验题册、答卷纸。该测验由美国明尼苏达大学教授哈撒韦和麦金利编制,共 566 个题目,分性别测验、测验的信度和效度比较高,适用于 16 岁及以上、小学毕业的被试使用。

方法:采用个别测验,让被试回答答卷纸上的 566 个题目。测验过程严格按照指导说明进行操作,采用人工记分,使用 14 个模板进行核查,计算出各个量的原始分数,再加上附加分数之后,按照测验的要求转化为 T 分数,与结果进行核对,分析和评定个案的性格特点。

三、评估结果

Q 原始分数为 7 分,Hs、Pd、Pt、Sc、Ma 原始分数加上 K 的原始分数,计算为 T 分数之后均在 50～65 范围之内,根据量表的常模分数,个案不属于异常范围。Hs 分数较低,说明个案的身体状况良好、生活中心情相对比较稳定,这可能与和睦的家庭氛围有关;Pd 分数较低,说明个案比较容易控制自己的情绪,不会太冲动、不做作,比较遵守制度和法律;Pt 分数不是很高,说明个案有的时候会有焦虑和不安全的感觉,但是大多数情况下,个案不会有自责或强迫的症状;Sc 分数低于 60,说明个案没有退缩或胆小、混乱、幻觉、妄想等症状;Ma 为 72 分,说明个案比较善于交际、外露、乐观,但是有时表现出轻浮、好胜、无拘无束,甚至过高估计自己的能力和水平的情绪。见表 11 - 1。

表 11 - 1 明尼苏达多相人格测验结果

姓名:薛×× 职业:学生 测查日期:2006 年 3 月
文化程度:初中 年龄:16 岁 婚姻状况:未婚

	是	否		是	否		是	否		是	否		是	否
题目 001	√		题目 115		√	题目 229	√		题目 343		√	题目 457		√
题目 002		√	题目 116	√		题目 230	√		题目 344			题目 458	√	
题目 003		√	题目 117	√		题目 231			题目 345			题目 459		
题目 004	√		题目 118		√	题目 232	√		题目 346			题目 460		√
题目 005			题目 119		√	题目 233	√		题目 347	√		题目 461		√
题目 006			题目 120		√	题目 234	√		题目 348			题目 462		
题目 007	√		题目 121	√		题目 235			题目 349			题目 463		
题目 008	√		题目 122		√	题目 236			题目 350			题目 464	√	
题目 009		√	题目 123		√	题目 237	√		题目 351			题目 465		√

续 表

题目	是	否	题目	是	否	题目	是	否	题目	是	否	题目	是	否
题目 010		✓	题目 124		✓	题目 238		✓	题目 352		✓	题目 466	✓	
题目 011		✓	题目 125		✓	题目 239		✓	题目 353	✓		题目 467		✓
题目 012	✓		题目 126		✓	题目 240	✓		题目 354		✓	题目 468		✓
题目 013		✓	题目 127	✓		题目 241		✓	题目 355		✓	题目 469		✓
题目 014		✓	题目 128		✓	题目 242	✓		题目 356		✓	题目 470	✓	
题目 015	✓		题目 129		✓	题目 243	✓		题目 357		✓	题目 471		✓
题目 016		✓	题目 130		✓	题目 244		✓	题目 358		✓	题目 472	✓	
题目 017	✓		题目 131		✓	题目 245		✓	题目 359		✓	题目 473		✓
题目 018	✓		题目 132		✓	题目 246		✓	题目 360		✓	题目 474	✓	
题目 019		✓	题目 133			题目 247		✓	题目 361		✓	题目 475		✓
题目 020			题目 134	✓		题目 248		✓	题目 362		✓	题目 476		✓
题目 021	✓		题目 135		✓	题目 249		✓	题目 363			题目 477	✓	
题目 022		✓	题目 136		✓	题目 250	✓		题目 364			题目 478	✓	
题目 023			题目 137		✓	题目 251		✓	题目 365		✓	题目 479		✓
题目 024	✓		题目 138		✓	题目 252		✓	题目 366			题目 480		✓
题目 025		✓	题目 139		✓	题目 253	✓		题目 367	✓		题目 481		✓
题目 026	✓		题目 140		✓	题目 254	✓		题目 368		✓	题目 482		✓
题目 027		✓	题目 141		✓	题目 255		✓	题目 369		✓	题目 483		✓
题目 028	✓		题目 142		✓	题目 256	✓		题目 370		✓	题目 484		✓
题目 029		✓	题目 143		✓	题目 257	✓		题目.371		✓	题目 485		✓
题目 030		✓	题目 144		✓	题目 258		✓	题目 372	✓		题目 486	✓	
题目 031		✓	题目 145		✓	题目 259		✓	题目 373		✓	题目 487	✓	
题目 032	✓		题目 146		✓	题目 260	✓		题目 374	✓		题目 488		✓
题目 033		✓	题目 147		✓	题目 261	✓		题目 375		✓	题目 489		✓
题目 034	✓		题目 148		✓	题目 262		✓	题目 376		✓	题目 490		✓
题目 035		✓	题目 149	✓		题目 263		✓	题目 377	✓		题目 491		✓
题目 036	✓		题目 150		✓	题目 264		✓	题目 378		✓	题目 192		✓
题目 037			题目 151		✓	题目 265		✓	题目 379		✓	题目 493	✓	
题目 038		✓	题目 152	✓		题目 266		✓	题目 380	✓		题目 494	✓	
题目 039		✓	题目 153		✓	题目 267		✓	题目 381		✓	题目 495		✓
题目 040	✓		题目 154		✓	题目 268	✓		题目 382	✓		题目 496	✓	

续 表

题目	是	否	题目	是	否	题目	是	否	题目	是	否	题目	是	否
题目 041	✓		题目 155	✓		题目 269		✓	题目 383	✓		题目 497	✓	
题目 042		✓	题目 156		✓	题目 270	✓		题目 384	✓		题目 498	✓	
题目 043	✓		题目 157	✓		题目 271	✓		题目 385	✓		题目 499	✓	
题目 044	✓		题目 158		✓	题目 272	✓		题目 386	✓		题目 500	✓	
题目 045	✓		题目 159		✓	题目 273	✓		题目 387	✓		题目 501		✓
题目 046		✓	题目 160		✓	题目 274	✓		题目 388		✓	题目 502		✓
题目 047		✓	题目 161		✓	题目 275		✓	题目 389		✓	题目 503	✓	
题目 048		✓	题目 162	✓		题目 276		✓	题目 390	✓		题目 504	✓	
题目 049	✓		题目 163	✓		题目 277	✓		题目 391	✓		题目 505	✓	
题目 050	✓		题目 164		✓	题目 278		✓	题目 392	✓		题目 506		✓
题目 051	✓		题目 165		✓	题目 279	✓		题目 393		✓	题目 507	✓	
题目 052		✓	题目 166	✓		题目 280		✓	题目 394	✓		题目 508	✓	
题目 053	✓		题目 167	✓		题目 281	✓		题目 395		✓	题目 509		✓
题目 054	✓		题目 168		✓	题目 282	✓		题目 396	✓		题目 510		✓
题目 055	✓		题目 169	✓		题目 283	✓		题目 397	✓		题目 511	✓	
题目 056	✓		题目 170	✓		题目 284		✓	题目 398		✓	题目 512		✓
题目 057	✓		题目 171	✓		题目 285	✓		题目 399	✓		题目 513	✓	
题目 058		✓	题目 172		✓	题目 286		✓	题目 400	✓		题目 514		✓
题目 059	✓		题目 173		✓	题目 287	✓		题目 401	✓		题目 515	✓	
题目 060	✓		题目 174	✓		题目 288	✓		题目 402	✓		题目 516	✓	
题目 061		✓	题目 175	✓		题目 289	✓		题目 403	✓		题目 517		✓
题目 062		✓	题目 176	✓		题目 290	✓		题目 404		✓	题目 518	✓	
题目 063	✓		题目 177	✓		题目 291	✓		题目 405	✓		题目 519		✓
题目 064	✓		题目 178	✓		题目 292	✓		题目 406		✓	题目 520		✓
题目 065	✓		题目 179		✓	题目 293	✓		题目 407	✓		题目 521	✓	
题目 066		✓	题目 180	✓		题目 294	✓		题目 408		✓	题目 522	✓	
题目 067		✓	题目 181	✓		题目 295		✓	题目 409	✓		题目 523		✓
题目 068	✓		题目 182	✓		题目 296	✓		题目 410	✓		题目 524	✓	
题目 069		✓	题目 183	✓		题目 297	✓		题目 411	✓		题目 525		✓
题目 070		✓	题目 184	✓		题目 298	✓		题目 412	✓		题目 526		✓
题目 071	✓		题目 185	✓		题目 299	✓		题目 413			题目 527	✓	

续 表

题目	是	否	题目	是	否	题目	是	否	题目	是	否	题目	是	否
题目 072		✓	题目 186		✓	题目 300	✓		题目 414		✓	题目 528	✓	
题目 073	✓		题目 187	✓		题目 301		✓	题目 415		✓	题目 529	✓	
题目 074		✓	题目 188	✓		题目 302			题目 416		✓	题目 530		✓
题目 075	✓		题目 189		✓	题目 303	✓		题目 417	✓		题目 531		✓
题目 076		✓	题目 190	✓		题目 304		✓	题目 418		✓	题目 532	✓	
题目 077		✓	题目 191		✓	题目 305		✓	题目 419		✓	题目 533	✓	
题目 078		✓	题目 192	✓		题目 306	✓		题目 420		✓	题目 534	✓	
题目 079	✓		题目 193		✓	题目 307		✓	题目 421		✓	题目 535		✓
题目 080		✓	题目 194		✓	题目 308		✓	题目 422		✓	题目 536		✓
题目 081		✓	题目 195	✓		题目 309	✓		题目 423	✓		题目 537	✓	
题目 082		✓	题目 196	✓		题目 310			题目 424	✓		题目 538	✓	
题目 083	✓		题目 197		✓	题目 311		✓	题目 425		✓	题目 539	✓	
题目 084		✓	题目 198		✓	题目 312		✓	题目 426	✓		题目 540	✓	
题目 085		✓	题目 199	✓		题目 313		✓	题目 427	✓		题目 541	✓	
题目 086	✓		题目 200		✓	题目 314	✓		题目 428		✓	题目 542	✓	
题目 087		✓	题目 201	✓		题目 315		✓	题目 429		✓	题目 543		✓
题目 088	✓		题目 202		✓	题目 316		✓	题目 430		✓	题目 544		✓
题目 089	✓		题目 203		✓	题目 317		✓	题目 431		✓	题目 545		✓
题目 090	✓		题目 204		✓	题目 318	✓		题目 432		✓	题目 546	✓	
题目 091	✓		题目 205		✓	题目 319		✓	题目 433		✓	题目 547	✓	
题目 092		✓	题目 206		✓	题目 320		✓	题目 434		✓	题目 548	✓	
题目 093	✓		题目 207	✓		题目 321		✓	题目 435		✓	题目 549	✓	
题目 094		✓	题目 208		✓	题目 322		✓	题目 436		✓	题目 550	✓	
题目 095		✓	题目 209		✓	题目 323		✓	题目 437		✓	题目 551		✓
题目 096		✓	题目 210		✓	题目 324		✓	题目 438		✓	题目 552	✓	
题目 097		✓	题目 211		✓	题目 325		✓	题目 439		✓	题目 553		✓
题目 098	✓		题目 212	✓		题目 326		✓	题目 440	✓		题目 554		✓
题目 099	✓		题目 213		✓	题目 327		✓	题目 441		✓	题目 555		✓
题目 100		✓	题目 214	✓		题目 328		✓	题目 442		✓	题目 556	✓	
题目 101	✓		题目 215		✓	题目 329	✓		题目 443		✓	题目 557		✓
题目 102		✓	题目 216		✓	题目 330	✓		题目 444		✓	题目 558		✓

续 表

	是	否		是	否		是	否		是	否		是	否
题目 103	✓		题目 217		✓	题目 331		✓	题目 445	✓		题目 559		✓
题目 104		✓	题目 218		✓	题目 332		✓	题目 446	✓		题目 560		✓
题目 105	✓		题目 219		✓	题目 333		✓	题目 447	✓		题目 561	✓	
题目 106		✓	题目 220	✓		题目 334		✓	题目 448	✓		题目 562		✓
题目 107		✓	题目 221	✓		题目 335		✓	题目 449	✓		题目 563	✓	
题目 108		✓	题目 222	✓		题目 336		✓	题目 450	✓		题目 564	✓	
题目 109	✓		题目 223		✓	题目 337		✓	题目 451	✓		题目 565		✓
题目 110		✓	题目 224		✓	题目 338		✓	题目 452	✓		题目 566		✓
题目 111	✓		题目 225		✓	题目 339		✓	题目 453		✓			
题目 112	✓		题目 226		✓	题目 340		✓	题目 454	✓				
题目 113	✓		题目 227		✓	题目 341		✓	题目 455	✓				
题目 114		✓	题目 228		✓	题目 342		✓	题目 456	✓				

四、结论与建议

（一）结论

通过测验发现，薛××没有异常状况的表现。

（二）建议

建议从以下几个方面对其进行辅导。

第一，由于个案有数学学习障碍，测验中表现出焦虑，而且比较好胜，因此，家长和辅导老师尽可能多关心他，给他鼓励和信心，必要的时候，要既有表扬又有批评，掌握尺度，目的是减少他的过度焦虑，同时抑制他过于好胜的、容易激动的特点。

第二，个案的社会责任感较强，但是对某些能力范围之外的事情存在偏见，需要通过辅导，使个案对某些社会现象以及他能力范围之外的事情有一个客观的认识和评价。

第三，个案的控制欲较强，希望能掌控周围的环境，这是有自信的良好表现，但是在班级和社交环境中，往往给人一种强势的感觉，表现出过早的成熟，一旦失败，则会表现出焦虑和愤怒，因此，通过辅导，应该使个案认识到控制欲过高有可能会失去现在的朋友，影响人际关系的发展。

第四，由于个案正处于心理叛逆的年龄阶段，不依赖其他人，表现得很独立，内心觉得自己已经长大了，是成年人了，对于家长的干预和关心可能表现出不耐烦的样子，这是正常的表现，但是家长和辅导老师应该让个案学会对于自己所做的事情，敢于承担后果，培养个案的分析判断能力和责任感。

【本章小结】

1. 本章首先论述人格、人格障碍的涵义、人格评估的目的及与心理咨询的关系。在此基础上介绍了人格评估的六种方法,包括自我陈述法、评定法、投射测验、客观实作测验、行为观察法及晤谈法;同时对人格评估中存在的问题进行了探讨。

2. 接着介绍人格评估常用的几种典型评估工具,对每种评估的工具的编制目的、编制/修订时间、适用对象、施测时间、测验内容、方法、结果解释等方面做了一一介绍,并进行了相应的评价。

3. 最后,将人格评估的方法、评估工具的选择和应用综合贯穿于实际案例中,进行分析、介绍、讲解、示范,将理论运用于实践。

【思考·练习·实践】

1. 什么是人格评估?

2. 人格评估有几种类型?

3. 人格评估有哪些难以解决的问题?

4. 实践操作:

选用一种量表对1名以上的儿童做测量,并分析测量结果。

5. 案例分析:

(1) 小文,男,15岁,听力障碍学生,就读于某市聋校。近期班主任王老师发现小文学习成绩下降,和同学的交流也减少,独自一人时总是神情忧郁。王老师想和小文好好交流一下他最近的情况,并通过人格评估从了解小文的特点入手。王老师选用哪一个人格测验比较合适?除了人格测验,王老师还需要考虑小文可能有哪方面的问题呢?

(2) 小雨,女,18岁,视觉障碍学生,就读于某市盲校。近期小雨面临毕业,在选择就业方向时面临困难。你认为小雨可以接受哪些测验帮助确定职业兴趣和就业方向?

【参考文献】

[1] 韦小满.特殊儿童心理评估[M].北京:华夏出版社,2006.

[2] 张世彗,等.特殊学生鉴别与评估[M].中国台北:心理出版社,2003.

[3] 陈丽如.特殊学生鉴别与评估[M].中国台北:心理出版社,2001.

[4] 祝蓓里,戴忠恒.卡氏十六种人格因素中国常模修订[J].心理学通讯,1988,(6):14-17。

[5] 解亚宁,戴晓阳.实用心理测验[M].北京:中国医药科技出版社,2006.

[6] 金瑜.心理测量[M].上海:华东师范大学出版社,2001.

[7] 凌文辁,方俐洛.心理与行为测量[M].北京:机械工业出版社,2003.

[8] KurtPawlik Mark R. Rosenzweig 主编,张厚粲主译.国际心理学手册[M].上海:华东师范大学出版社,2002.

第十二章　发展性评估

【内容摘要】　发展性评估是一种非常重要的评估,要了解儿童的身心发展状况就必须对其进行发展性评估。本章包括三部分内容,首先介绍发展性评估的涵义、类型、方法、评估原则及重度障碍儿童独特的评估范围和评估工具的特色;随后重点介绍几种用于发展性评估的评估工具;最后介绍发展性评估的实施案例。

　　笑笑是一个3岁7个月大的女孩,不久前她上了幼儿园。在幼儿园里老师发现笑笑和其他同学有些不同。笑笑上课时总是无法投入课堂,经常自己离开座位,专注地听老师讲话没有办法超过5分钟。笑笑的交流能力也没有其他孩子好,能讲的句子比较短,老师问的一些问题似乎她总是听不懂。笑笑午饭和点心时间都无法独立吃完食物,经常把大量食物弄在桌面和地面上,老师为了让她吃东西只能喂她。入园一个月后,很多孩子都慢慢适应了幼儿园的生活,但笑笑的进步却很小。老师怀疑孩子有一些异常,于是和家长沟通了笑笑在幼儿园的情况。笑笑的父母带笑笑去妇幼医院儿童保健科进行了检查,检查结果表明笑笑在语言、动作、自理等方面的发展迟缓,需要进行干预训练。

第一节　发展性评估概述

一、发展性评估的涵义

（一）发展的涵义

　　对个体而言,发展(development)是一个自然的过程,无论人与动物都要从出生开始经历其身心的不断变化、成熟、衰老直至死亡。在0～18岁这一阶段中,儿童不但身体会发生变化——各项生理指数增长(包括生理特征、身高、体重及身体的比例、动作及脑和神经系统的发展),而且心理特征也会发生质与量的变化。不过,每个人因自身情况不同,因而各项指标的发展进度有所不同。多数儿童会按照一定的发展顺序和速度正常发展,同时也存在少部分儿童发展迟缓现象。对少部分儿童进行评估,确定其发展是否迟缓,以及在哪些方面存在问题,这就是我们进行发展性评估最重要的意义所在。

　　发展的含义有广义狭义之分。在心理学中广义的发展是指从人的胚胎、出生、成熟、衰老至死亡整个一生所发生的一系列身体和心理的变化。其基本内涵有以下几点:① 发展包括个体身心两个方面的成长和变化;② 发展的历程涵盖人的一生;③ 发展具有顺序性,按照由幼稚到成熟的单项前进,而无可逆性;④ 影响个体发展的有遗传、年龄、环境、学习、经验等因素;⑤ 发展一般是向好的方向变化(至少在生命早期),导致更有组织、更有效率、更为复杂、更高水平的适应性行为,体现为人的身体发展、认知发展、情绪发展、人格发展、社会化的发展等。狭义的发展则指青年期以前的身心变化,即个体从出生到青年期(或成人期)这一期间生理和心理的成长与变化。[①]

人类的发展存在两种情况,一种是按照大多数人的可预测的典型发展模式发展,另一种是在某些领域与正常儿童发展速度不同或发展顺序不同的发展,人们常把这种情况称为发展迟缓或发展迟滞(我们需要注意的是,还存在某些儿童的发展速度超过正常的发展速度这种情况)。《当代西方心理学新词典》中将发展迟滞定义为:发展迟滞(developmental delay)是指儿童身体发育严重落后,以低于同一年龄组下端三个百分点为分界。可能由于严重的营养不良,或是情绪上的原因。如发展不良综合征主要是由于情绪原因所致。[②]有关发展迟缓的相关内容在本书第二章第十节已有详细介绍,这里不再赘述。

(二) 发展性评估的涵义

所谓发展性评估(development assessment)是指专为测量幼儿(婴幼儿或学龄前儿童,多为 0～6 岁)身心发展是否按照儿童成长所遵循的基本模式有序发展的评估方法。评估中使用发展性测验作为评估工具。这种测验按照正常儿童的发展模式对内容进行安排,测量发展性学习领域各项技巧的发展程度。这些学习领域主要包括:粗大动作和精细动作、沟通和语言发展、社会发展、认知功能、自理能力等方面。

通过对儿童进行发展性评估帮助我们判断儿童是否正常发展,即按照一般儿童成长及发育时发展的模式发展;发现儿童在某一领域或一个以上的领域有显著的发展迟缓现象,判断发展迟缓的原因并找出对策。

需要注意的是,某些年龄较小的婴幼儿如果存在某种障碍往往特征迟缓,这种情况儿童在之后需重新进行评估以确定障碍类型。

二、发展性评估的类型

发展性评估根据不同的评估目的可以分为以下四个类别:发展性筛选、发展性诊断、发展性先备测验、发展性特殊评估,见表 12-1。

表 12-1 发展性评估的各种类型

类 型	目 的
发展性筛选	提供幼儿整体发展的粗略概述
发展性诊断	提供发展上较为深入的资料,其中包含优缺点及脱节的信息
发展性先备测验	为了确定一名儿童是否已为一年级课程做好心理准备所设计的,重点是集中在学前技能和概念
发展性特殊评估	包括为评估特殊需求儿童准备的工具与程序,也可评估、鉴别有重度障碍的婴幼儿

① 车文博:《当代西方心理学新词典》,长春:吉林人民出版社,2001 年,第 79 页。
② 同①。

(一) 发展性筛选

发展性筛选是通过发展性筛选量表筛查出疑似有发展障碍的 0～6 岁儿童,使家长、教师或其他专业人员对儿童的发展状况有所警觉。使用发展性筛选量表过程中需要注意的是,避免因一次评估结果而确定儿童发展迟缓,这样会给儿童贴上标签,进而给儿童带来不利影响。因为筛选性量表得出的结果并不是精确的,其主要作用是筛查而非诊断。如果我们使用筛选量表发现儿童可能存在发展障碍,那么我们就需要使用发展性诊断量表进一步评估儿童的状况。

(二) 发展性诊断

发展性诊断是依据发展性诊断量表提供给评估者比较精确和全面的结果。此评估结果不仅可以作为儿童是否需要接受特殊教育及如何安置的依据;还可以列入儿童的个别化教育计划当中,成为设计教学、训练、康复计划的依据。最后根据此结果评估儿童教学训练的进展情况。发展性诊断也并非一劳永逸,随着儿童的成长,需要再次进行评估来确定儿童的发展上的变化。

(三) 发展性先备测验

所谓先备测验是测量某方面知识或能力是否已经事先具备的测验。发展性先备测验主要是评估儿童在进入小学学习前是否已经做好相应的准备,因此通常发展性先备测验测量的是 4～7 岁儿童的行为。测验的内容包括教师认为儿童应具备的一些能力,主要包括以下几个方面:

(1) 了解关于自身及周围环境的信息;

(2) 具备一定的生活自理能力;

(3) 有时间、空间和数量等相关概念;

(4) 精细动作能力,主要是手的灵活程度;

(5) 粗大动作能力;

(6) 阅读的基本能力;

(7) 书写的基本能力;

(8) 语言能力;

(9) 游戏及听从指示的能力;

(10) 与同伴合作及参与班级活动的能力。

教师普遍认为具备以上能力的儿童能够较好地适应新的学校生活,而不具备上述能力则会使儿童在新环境中受到挫折。对儿童以上能力的评估不能仅仅依靠先备测验,还需要对儿童进行观察,以便对儿童的变化进行记录。

(四) 发展性特殊评估

有些具有严重障碍的儿童,如重度或极重度智力障碍、重度言语障碍、严重感官障碍、身体障碍和严重情绪障碍的儿童,对他们进行发展性评估需要一些特殊的发展测验和评估程序。事实上,目前并没有专门为严重障碍儿童设计的发展性评估工具。因此,对这些重度或极重度障碍儿童的评估需要多领域专业人员协同进行,通过儿童的不同表现了解该儿童的评估需求,以便为其制定和实施个别化教育计划。

三、发展性评估的方法

(一)多种方式结合

发展性评估的方法不是单一性的,它需要多种方式相结合。标准化的发展性测验是人们在评估儿童发展状况时常用的方法,因为人们认为标准化评估能够比较精确地对儿童能力进行测量。事实上,人们在使用标准化评估时应注意到:对于重度障碍幼儿的评估可能由于幼儿表现出的有限能力使标准化评估程序不可靠,还可能使评估结果出现偏差,即严重低估儿童某方面的能力。因此,必须通过调整评估的内容材料、环境和方法来评估,才能使评估结果更加精确。由于评估过程已经作了调整,因此在解释评估结果时不能采用标准化分数,而是要以丰富的描述性报告代替。

(二)多学科多领域合作

对儿童进行发展性评估还需要采用小组评估方法,进行多学科多领域合作。如:家长是儿童发展迟缓的发现者,同时提供给专家相关资料,也是早期教育的主要执行者;临床心理学家通过标准化的发展测验或智力测验,客观地评估儿童各方面的发展,通过观察了解儿童的注意力、记忆力、人际互动、挫折忍受等影响未来学习重要的因素,了解儿童在哪种情境和通过哪种方式可以得到最有效的学习;物理治疗师和职能治疗师可以针对儿童的粗大动作及精细动作问题提供相应评估和服务;言语治疗师为儿童进行言语能力评估;特殊教育教师通过教育诊断,安排适合儿童发展及学习需要的教材,协助儿童在各领域上进行学习,同时,给父母提供教育子女的建议。

四、发展性评估的编制原则

专家学者们按照儿童发展的可预测模式编制发展性评估,在编制过程中应注意并遵循下述原则:

(1)绝大多数儿童按照可预测的顺序及模式成长;

(2)技能按照由低到高的顺序发展,较低技能是较高技能发展的基础;

(3)较高技能会在较低技能消失前出现;

(4)儿童发展具有关键性时期——关键期;

(5)特殊儿童可能在发展过程中出现发展脱节的现象,即其发展顺序与普通儿童有差异;

(6)重度障碍儿童的发展模式可能与普通儿童不同,在发展速度和顺序上都有差异;

(7)发展过程具有可预测的共同模式,但也有个别差异。

最明显的发展模式是:发展按照从头至脚的顺序,先躯干再四肢,先整体后局部。但每个儿童发展过程中都存在一些发展速度上的差异。如,有的儿童1岁有语言,有的儿童则1岁半开始有语言。

在进行发展性评估时同样要注意以上原则。

五、重度障碍儿童的评估范围及工具特色

（一）重度障碍儿童的评估范围

1. 儿童主要的沟通方法

需要了解儿童是否有语言，是否能正常与他人交流，或者儿童在没有语言的情况下以何种方式与他人沟通，使用手语或表情还是其他方法。应协助语言治疗师共同进行此项评估，了解儿童主要的沟通模式。

2. 感官知觉和动作

评估儿童在视觉、听觉、触觉、运动知觉及精细动作的操作等方面的能力。评估者应针对以上几方面能力与相关专家合作进行专门的评估。

3. 儿童的健康状况

有些儿童患有某些慢性疾病，需要接受医疗。因此这些儿童的健康状况也是评估者需要考虑的内容。

4. 异常行为状况

有些儿童会有某些异常行为，如自我刺激行为、自伤行为、不服从、拒绝、退缩等，这些行为都会干扰评估。因此，这些异常行为也是评估者需要考察的内容。

（二）重度障碍儿童评估工具的特色

评估者应该选择对重度障碍儿伤害最少，而且儿童能以最佳能力去反应的工具，这些工具须体现以下特色。

（1）根据儿童特点调整评估项目及内容；

（2）评估中的分测验较多，能够提供儿童多方面的表现情况；

（3）符合儿童的需求，测验允许评估者修改施测程序；

（4）记分方法除"通过"、"不通过"外，还有第三种情况"中间反应"，即儿童的表现向着成功的方向有显著的进展；

（5）评估者不应依赖测验获取儿童低功能或缺乏某些功能的情况，而应使用那些能够提供方法帮助儿童制定教育计划的工具，将更容易达到目标。

第二节　发展性评估的工具

一、0～6 岁儿童发展筛检量表

（1）**测验目的**　旨在测量儿童的发展状况与发育程度，可以筛选出可能有发展迟缓的儿童，为其进一步鉴定和早期干预提供帮助。

（2）**编制者**　黄惠玲，2000 年。

（3）**适用范围**　0～6 岁幼儿。

（4）**测验方式**　个别测验和团体测验均可。

（5）**测验时间**　实施时间约 20 分钟。

（6）**量表构成**　量表共分为 5 大类，包括：语言与沟通发展，31 题；社会人格发展，34 题；动作技能—粗动作，36 题；动作技能—精细动作、知觉与认知发展，各 35 题。每一大类题目都按照发展能力顺序排列，0～72 个月共分为 19 个年龄组。

（7）**评价**　该量表可以快速并简便地筛检出迟缓边缘、发展迟缓或发展不均衡的儿童，并参考作答内容进一步鉴定与诊断。量表提供有"年龄与五大类题目总分的相关，与未来婴幼儿发展量表发展商数第一、二版的相关，与魏氏幼儿智力量表智力分数的相关"的资料，显示该量表与其他相关测验有显著相关，是一份具有效度的量表。

二、格塞尔婴幼儿发展量表

（1）**测验目的**　用于测量幼儿的发展水平和发育程度，诊断可能有发展迟缓的儿童。

（2）**编制者**　由美国心理学家 A. 格塞尔制定的婴幼儿发展测量工具。最初发表于 1925 年，后对它做了几次修订，先后发表于 1937、1940、1947 和 1974 年。20 世纪 60 年代初，中国开始在临床上试用格塞尔量表。

（3）**适用范围**　0～5 岁婴幼儿。

（4）**测验时间**　约 30 分钟。

（5）**量表构成**　量表内容包括四个部分，即① 应人能：测试幼儿对周围人的应答能力。② 应物能：测试幼儿看物、摘物和绘画等能力。③ 言语能：测试幼儿听、理解和言语能力。④ 动作能：测试幼儿坐、步行和跳跃的能力。结果以发展商数评价幼儿的发展水平。

（6）**评价**　格塞尔量表具有临床诊断的价值，它不仅适用于测量幼儿的发展水平，而且比其他量表更适用于伤残儿，被认为是婴幼儿智能测试的经典方法。

三、中国儿童发展量表（CDCC）

（1）**测验目的**　旨在综合评估儿童身体和智力发育水平。

（2）**编制者**　张厚粲等人，1985 年。

（3）**适用范围**　3～6 岁儿童。

（4）**量表构成**　全部测验共 16 项分测验，包括语言、认知、社会认知以及动作 4 个方面。分为智力发展量表与运动发展量表两个部分。智力发展量表由 11 个项目 106 个题目构成，主要对幼儿言语发展，注意、感知、记忆、想象以及判断推理能力与计算能力的发展，社会认知发展进行评价。测验用语言和操作两种材料进行。运动发展量表由 5 个项目构成，主要对幼儿身体素质与动作发展进行评价。具体内容为：看图命名（10 题）、量词使用（8 题）、看图补缺（10 题）、语言理解（7 题）、按例找图（10 题）、袋中摸物（8 题）、拼摆图形（12 题）、数数算算（16 题）、错误分析（6 题）、社会常识（8 题）、人物关系（11 题）、单脚站立（测平衡力）、立定跳远（测爆发力）、左跳右跳（测动作的灵活性）、蹲蹲站站（测耐久力）、快捡小豆（测手眼的协调和灵敏性）。

（5）**评价**　量表的长度适中，内容形式多样，容易引起幼儿参加测验的兴趣，便于施测，得到广大心理学工作者和幼教工作者好评，实践证明该量表是一个可靠的有效的测验工具。具有较高的信度与效度。

四、丹佛发育筛查测验（DDST）

（1）**测验目的**　旨在进行智力筛选，以便对可疑者作进一步诊断性的检查。

（2）**编制者**　William K. Frankerburg 等，1967 年公开发表。

（3）**适用范围**　0～6 岁婴幼儿。

（4）**测验时间**　15 分钟左右。

（5）**量表构成**　量表有 105 个要求或项目，根据婴幼儿智能发育的次序先后不同，各项目与 0～6 岁的某个年龄段相对应。这些项目在测验表分别安排于 4 个能区，包括：粗大动作、精细动作、语言、身边处理及社会适应能力 4 大项。

（6）**测验结果**　分为正常、可疑、异常及无法解释 4 种。

（7）**评价**　操作简便，花费时间少，工具简单。能从多个维度（能区）评价儿童的心理行为发育，帮助我们了解儿童发育的程序性和时间性；同时，其检查、评价方法也是我们了解其他的儿童发育评价方法的基础。但实际应用中，4 岁以上项目明显不足。

五、Peabody 运动发育量表（PDMS－2）

（1）**测验目的**　旨在评估婴幼儿的运动发育情况，为个体化家庭服务计划（IFSPs）或个别化教育计划（IEPs）提供依据。

（2）**编制者**　M. Rhonda Folio，Rebecca R. Fewell，初版发表于 1983 年，1998 年发表修订版。

（3）**适用范围**　0～5 岁婴幼儿。

（4）**量表构成**　该量表由 6 个亚测验组成，包括反射、姿势、移动、实物操作、抓握及视觉－运动整合等，共 249 项。测试结果最终以粗大运动、精细运动和总运动等的发育商来表示。

（5）**评价**　作为一种专门的运动发育量表，其评测项目的选择、方法的可操作性和易用性、评分标准的明晰性等方面都有独到的优点。其信效度均已得到验证。

六、PEP 发展测验

（1）**测验目的**　在于了解受测儿童各机能的发展水平，为自闭症及相关发育障碍儿童的个别化评估与矫治提供依据。

（2）**编制者**　E. Schopler 和 R. J. Reichler，1998 年修订。

（3）**适用对象**　自闭症儿童。

（4）**测验构成**　该测验由 6 大项目组成，分别为模仿、知觉、精细动作、粗大动作、手眼协调、语言理解与口语表达。具体内容包括：

模仿，10 题。包括：模仿语言（发音）（动物声音），模仿粗大动作（如举手、摸鼻、移动身体、模仿敲铃铛等）。

知觉，11 题。包括：视觉（追视泡沫球、注视书上图画、寻找杯中物、颜色形状的辨别等），听觉（寻找口哨声位置等）。

精细动作,10题。包括:剪纸、开瓶盖、用线穿珠等。

粗大动作,11题。包括:独自行走、上楼梯、单脚站立、踢球等。

手眼协调,14题。此领域与写字、绘画有关,如涂鸦、着色、仿写、画图形、堆积木等。

语言理解与口语表达,39题。语言理解主要在于评估问题解决能力。语言表达在于评估语言反应能力(大声数数等)。

(5) **评分方式** 通过(不需主试演示即可独立完成)、中间反应(看起来了解做法,实际上无法独立完成或需主试重复演示才可独立完成)、不通过(完全不知如何解决或主试重复演示后也无法完成)三种。记录:先记在记录纸上,通过1题得1分;中间反应不计分;再将各领域得分转记在侧面图上,然后通过的用实线连起来,即为该名儿童身心发展的实际状况图,中间反应用虚线连接起来,可作为训练的目标。

(6) **评价** PEP发展测验更能表现出儿童的实际能力。其临床效果在国外已得到充分证明,被视为是操作最简便、提供信息最多、能够完全反映患儿功能发展的使用量表。具有较高的信效度。

七、孤独症儿童发展评估表

(1) **测验目的** 对0~6岁的孤独症儿童及其他发展性障碍儿童的发展现状及康复需要进行评估,为开展针对性的教育康复提供依据。

(2) **编制者** 王辉等人与中国残疾人联合会康复部。

(3) **适用对象** 心理年龄0~6岁的孤独症儿童及其他发展性障碍儿童。

(4) **测验购成** 评估表由感知觉、粗大动作、精细动作、语言与沟通、认知、社会交往、生活自理以及情绪与行为八个评估领域493个项目组成,每个评估领域都是一个评估的独立体,评估时不受其他评估领域的影响。

① 感知觉领域评估项目共55项。主要评估儿童视觉、听觉、触觉、嗅觉和味觉五个范围在注意、反应、辨别和记忆等方面的能力现状、优劣与需求。

② 粗大动作领域评估项目共72项。分为姿势、移动与操作三部分,主要评估儿童坐姿、站姿以及爬、坐、站立、行走、跑、跳、推、端、抛、接、踢、击、拍等动作的平衡性、协调性等。

③ 精细动作领域评估项目共66项。主要评估儿童摆弄物品、基本操作能力、双手配合、手眼协调、握笔写画以及工具使用的能力现状和需求。

④ 语言与沟通领域项目共79项。分为语言与沟通前能力、语言模仿、语言理解和表达四部分,主要评估儿童非语言沟通能力、分辨声音、口腔器官的运动、模仿单音、模仿叠音词、模仿表示物品的词、模仿动词、模仿方位词、名称指令、指认、动作指令、理解形容词的含义、理解事物关系、表达要求与回答问题、说短语、说句子、主动提问、复述与主动描述等方面的基本能力与需求。

⑤ 认知领域评估项目共55项。分为经验与表征、因果关系、概念三部分,主要评估儿童简单推理、分类、配对、排序以及时间概念、空间概念、颜色概念、数前概念和数概念等方面的能力优劣与需求。

⑥ 社会交往领域评估项目共47项。分为社交前基本能力、社交技巧与社交礼仪三

部分,主要评估儿童社交中非口语能力、认识自己、评价自己、控制自己、与照顾者的互动、与陌生人互动、近距离打招呼、远距离打招呼、自我介绍、近距离的告别、电话告别、表示感谢、表示抱歉与表示称赞等方面的能力现状与需求。

⑦ 生活自理领域评估项目共 67 项。分为进食、如厕、穿衣、梳洗、睡眠以及其他日常家居自理能力六部分,主要评估儿童吸吮、合唇、喝、咀嚼、进食方式、表示如厕需要、如厕技能、脱衣、穿衣、擦、刷、洗、梳头发、睡眠、物品归位、开关、收拾餐具等方面的能力优劣及训练需求。

⑧ 情绪与行为领域评估项目共 52 项。分为依附情绪行为、情绪理解、情绪表达与调节、关系与情感、对物品的兴趣、感觉偏好及特殊行为七部分,一方面要评估孤独症及其他广泛发育障碍儿童回应行为反应、情绪理解、依恋情绪行为、表达情绪、调节情绪、物品运用、接纳亲近、引发社交沟通、社交反应、适应转变、运用物品及身体等方面所表现出来的行为模式的异常与否;另一方面还要评估他们的视觉、听觉、触觉、味觉和嗅觉等感官是否具有典型的特殊偏好和局限,是否具有孤独症儿童的一些特殊行为等,以便真实了解他们在情绪和行为方面的特殊需求。

(5) **评分方式**　感知觉、粗大动作、精细动作、语言与沟通、认知、社会交往以及生活自理七个领域的评分有:"通过(P)"、"中间反应(E)不计分,表示儿童虽然未能完成某项目,但具有所要求动作的意识;或在协助、重复指示和示范后,能尝试完成某项目。中间反应项可以直接转化为个别化训练目标,但不作为统计项。"、"不通过(F)"、"X(不计分,表示某个项目不适合所测试的儿童)"4 个级别。

情绪与行为领域的评分采用临床判断,使用的是"与年龄相适应的"、"在正常范围内"等相关术语,评分分为没有(A)、轻度(M)、重度(S)3 个级别。

没有(A)——表示儿童的情绪行为恰当,并符合其年龄的发展。

轻度(M)——表示儿童的情绪行为有较轻微的异常;或较同龄儿童迟缓;或异常的情绪行为发生次数不多。

重度(S)——表示与同龄的儿童相比,其情绪行为在强烈程度、性质、特点上极度异常,而且发生次数很频繁。

八、年龄与发育进程问卷(ASQ-3TM)

(1) **目的**　评估儿童发展水平,进而决定是否需要转介干预服务的筛查工具。

(2) **编制/修订者**　美国俄勒冈大学人类发育中心、早期干预研究所

(3) **适用范围**　为儿童发育提供了一个评估系统,包括 6 个月、12 个月、18 个月、24 个月、30 个月、36 个月、48 个月和 60 个月共八套问卷。

(4) **量表内容**　主要测试 1～66 个月婴幼儿的身体发育、沟通、肢体运动、解决问题、个人与社会交往等能力。

(5) **量表实施**　家长根据儿童年龄选择适用的问卷,根据儿童情况回答问卷。

(6) **分数解释**　将所有题目的得分相加,就是量表的总分。高分说明有问题,而低分则表明父母认为孩子的发展是有能力的。量表中给出评分标准,以及临界值,对于分数超出临界值的儿童需要进一步持续观察或诊断。

（7）**评价** 该问卷使用方便、简单，而且具有良好的心理测量学特性，得到美国儿科学会的推荐，广泛应用于 0～5 岁儿童发育迟滞的早期识别。我国大陆和台湾地区分别对 ASQ 进行了研究和应用，均显示 ASQ 适合应用于中国儿童的发育评估。

第三节　实施案例

一、个案基本情况

小米，女，2008 年 11 月 7 日出生，7 岁 0 个月 10 天，在 N 市某普通小学就读。其母亲 30 岁时受孕，孕期情绪较好，偶有波动，营养良好。小米是足月顺产且产程较长，出生时状况正常，体重正常。出生后母乳奶粉混合喂养。3 岁内没有严重的疾病。小米 2.8～3.6 岁入托，3.8～6.6 岁入幼儿园（课余时间去机构康复训练）。

其父母皆为大专以上文化，身心健康，关系和谐，没有血缘关系，与孩子关系亲热。无家族病史。

在养育方面，家长对孩子非常重视，过分保护，比较溺爱。上小学后母亲部分时间在学校陪读，经常辅导其做作业。每月会带小米外出 2～5 次，经常去公园、动物园、影剧院和商场。

目前，小米营养状况良好。具有基本的生活自理能力，如穿衣、吃饭，知道温暖饥饱，大小便能自控；说话、发音清晰。在学校，不能严格遵守班级常规，缺乏规则意识和是非判断能力；课堂上不能控制自己，多动，随便讲话。无法做好值日工作；缺乏社交技能，与老师相处较好，与同学关系一般，对班级发生的事情从来不管不问；愿意参加集体活动，但主动性不足；情绪自控力差；动作缓慢且准确性差。

二、工具与方法

工具：运用王辉教授主编的《孤独症儿童发展评估表》对小米的"感知觉、粗大动作、精细动作、语言与沟通、认知、社会交往与生活自理、情绪行为"八个领域的能力进行评估。

方法：采用观察法结合小米母亲对小米情况的认定，对个案的发展水平进行评估。

三、评估结果

评估结果显示：

"感知觉"领域（共 55 项），全部通过，已经达到 6 岁水平；

"粗大动作"领域（共 72 项）：通过项 64 题，中间项 8 题，所得中间项集中在粗大动作的平衡与协调性方面；

"精细动作"领域（共 66 项）：通过 63 题，中间项 3 题，所得中间项多集中手眼协调和工具使用方面；

"语言与沟通"领域（共 79 项）：通过 78 题，中间项 1 题，所得中间项为复述完整的故事能力；

　　"认知"领域(共 55 项):通过 48 题,中间项 6 题,所得中间项主要集中在事物的因果关系、数学概念。

　　"社会交往"领域(共 47 项):通过 44 题,中间项 3 题,所得中间项主要集中社交礼仪方面的问好和告别方面;

　　"生活自理"领域(共 67 项):通过 60 题,中间项 7 题,所得中间项主要集中在如厕、梳洗和简单家务方面。

　　总体通过了 412 项,其综合能力相当于 5 岁左右儿童的水平。(见图 12-1)

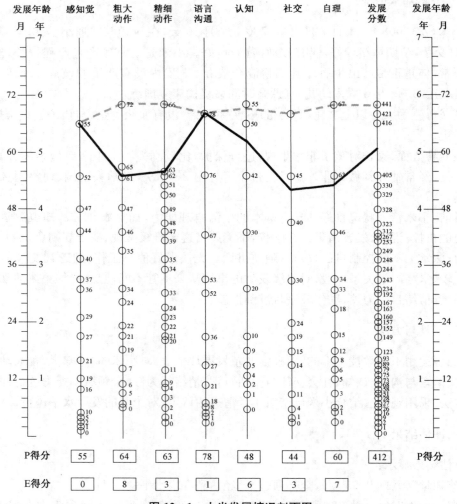

图 12-1　小米发展情况剖面图

　　由剖面图可知,小米的各领域能力发展不均衡。感知觉、语言沟通和认知能力发展最好;精细动作和粗大动作次之,精细动作优于粗大动作;社会交往和生活自理能力最弱。社会交往、生活自理、粗大动作和粗大动作能力发展空间较大。

　　在情绪行为方面,评估结果反映小米的依附情绪、关系与情感方面发展较好;没有攻击、破坏、刻板、重复等特殊行为问题,偶有不服从或不合作的行为。在情绪理解、情绪表达与调节、适应转变、对物品的兴趣方面有 9 项存在轻度异常。需要对这 9 项做进一步的功能性行为评估,方能找到针对性的解决对策。见图 12-2。

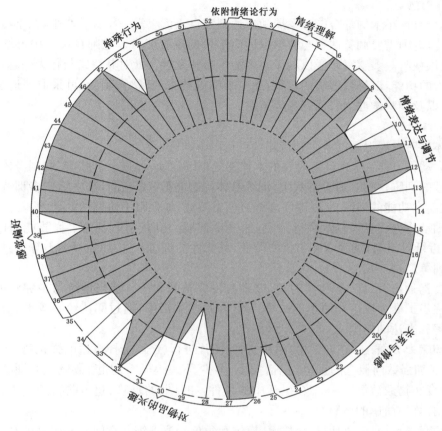

图 12-2 小米情绪行为表现图

四、结论与建议

(一) 结论

依据上述评估、家长访谈和对小米观察的结果,综合判断小米的能力现状是:其综合能力相当于 5 岁左右儿童的水平,发展迟缓。存在情绪行为问题。感知觉、语言沟通和认知能力发展最好;精细动作和粗大动作次之,精细动作优于粗大动作;社会交往和生活自理能力最弱。社会交往、生活自理、粗大动作和粗大动作能力发展空间较大。具体表现如下:

感知觉能力发展趋于正常,已达到 6 岁儿童的水平;语言沟通达到 5 岁 4 个月左右的水平,语言发展也处于简单句阶段和简单对话阶段,语言理解能力尚未达到 6 岁水平,词汇量不足;其精细动作和粗大动作仅相当于 4 岁 6~8 个月儿童的水平,精细动作优于粗大动作,本体感中度失调,手眼协调性差;社会交往能力是其最弱的一个方面,仅相当于 4

岁 5 个月左右儿童的水平,缺乏社交知识与技能;生活自理能力也仅相当于 4 岁 6 个月左右儿童的水平,与粗大动作、精细动作及养育方式有很大关系。

存在情绪与行为问题,同时在情绪理解和表达及情绪调节方面存在问题,偶有不服从或不合作行为。

综上分析,小米的综合能力发展尚未达到独自入读小学一年级的水平,在学习中需要给予支持,老师需要调整课程与教学以适应小米的现有能力。老师在教学中可增加操作活动、提供视听等多感官刺激以利于小米的学习和发展。针对其情绪与行为问题,需要分析其行为的功能,以寻找解决的对策,如要求明确的东西、感官刺激,可采取消退法、区别强化法,以及调整学习内容或任务等策略。

（二）建议

具体针对发展迟缓的各个领域建议进行以下训练:

粗大动作方面:① 设计针对性的本体感觉训练活动,加强上下肢、左右侧身体协调性和平衡性的训练;在跑、追等游戏中,训练身体控制能力。② 在日常生活中多训练跳跃活动,加强前庭功能的训练。③ 课间多练习球类游戏,加强眼手协调性的训练。

精细动作方面:① 多做手指游戏,加强手部肌力和拧、扭、抓握、释放能力的训练。② 通过折纸等活动,加强双侧手指协调性、灵活性的训练。③ 加强对剪刀等工具的使用能力的训练。

语言沟通方面:① 常和其沟通,鼓励其说完整的句子。适当地练习说完整的句子。由句子逐步扩展为段落和简单的故事。② 在日常生活中,通过阅读绘本等形式,加强其语言理解和表达的能力。

认知能力方面:① 在教学中,运用实物、图片进行教学,选择合适的强化物,吸引其注意力。② 加强数前概念的训练,包括大小、多少、长短等。③ 加强数概念的训练,点数、唱数,结合实物数数等。④ 结合生活中的事件,如日期的推算、超市购物的找零、市场买菜等活动,练习简单的运算。

社会交往方面:① 阅读社交故事,模仿和角色扮演训练儿童问好和告别的社交技能。② 设计情境游戏训练社交技能。③ 创造条件,让儿童与成人和同龄儿童之间多互动。

生活自理方面:① 加强其精细动作能力训练,帮助自理能力的提高。② 在日常生活中,提供儿童自己进行自理和做家务的机会,不要包办代替。③ 如任务比较复杂则可以分解任务,进行技能训练。

情绪行为方面:① 阅读社交故事和运用模仿法,教给儿童情绪表达的方式方法,训练其情绪表达能力。② 运用代币制方法,训练儿童对负面情绪的调节能力,如在一张白纸上划出 5 个圆形,当她出现负面情绪时,她能用语言表达出来或用语言发泄出来,就可以在圆形上面画笑脸,累计 3～5 个可以给予一定的兑换奖励。如果不能用语言表达,而是扔东西等方式表达,则对她进行惩罚。③ 对多动-冲动、违纪行为做功能性评估。

【本章小结】

1. 本章首先阐述发展性评估的重要性、发展的含义及人类的两种发展模式(即正常模式和不正常模式),在此基础上,论述了发展性评估的含义。

2. 然后,探讨了发展性评估的四种类型,即发展性筛选、发展性诊断、发展性先备测验和发展性特殊评估;介绍了发展性评估的两类方法,即多种方式结合、多学科多领域合作;同时介绍了在编制和执行发展性评估工具时需遵循的七个原则。

3. 最后,介绍了发展性评估的几种经典测验工具,并将发展性评估的方法、测验工具的选用等贯穿到实际案例中进行讲解和示范。

【思考·练习·实践】

1. 什么是发展性评估?

2. 发展性评估有哪几种类型?

3. 发展性评估的原则有哪些?

4. 对重度障碍儿童的评估有哪些范围?其评估工具有哪些特色?

5. 请你根据下述情况思考:

如果一名儿童怀疑有发展障碍,那么应该为其进行哪种评估?如果儿童具有很明显的障碍,那么如何为其进行评估?需要注意哪些问题?

6. 案例分析:

(1) 毛毛,女,2岁3个月,毛毛在1岁半会自己独立行走,但胆子比较小,目前在玩儿童游乐设施时仍然需要家长拉着手陪伴,不肯松手。2周岁时毛毛会讲"爸爸"、"妈妈"和一些简单的发音表示自己的需求,但其他单词和句子都不会说。她能听懂家里人讲的简单指令,如"过来"、"坐下"、"躺下"等。你认为毛毛可能存在什么问题?需要进行哪方面的评估?

(2) 小宇,男,3岁3个月。进入幼儿园以后,班主任老师反映小宇在幼儿园里从不和其他小朋友一起玩,总是自己一个人游戏。小宇能够用语言和老师进行简单的对话,但对话时不看老师和同学的眼睛。别的小朋友找他玩他也不理人。只有老师上课时他能和小朋友们坐在一起,但也总是沉浸在自己的世界里。老师喊他名字请他回答问题时他好像没有听到。你认为小宇可能有什么问题?需要进行哪方面的评估?

【参考文献】

[1] 车文博. 当代西方心理学新词典[M]. 长春:吉林人民出版社,2001.

[2] R. L. Taylor. *Assessment of Exceptional Students：Educational and psychological procedures* (7*th ed*). Boston：Pearson Education, 2006.

[3] G. H. Roid & R. A. Barram. *Essentials of Stanford — Binet Intelligence Scales（SB5）assessment.* New Jersey：John Wiley & Sons, Inc. 2004.

[4] A. S. Kaufman & N. L. Kaufman. *Essentials of KABC-Ⅱ assessment.* New Jersey：John Wiley & Sons, Inc. 2005.

[5] 韦小满. 特殊儿童心理评估[M]. 北京:华夏出版社,2006.

[6] 张世彗,等. 特殊学生鉴定与评估[M]. 中国台北:心理出版社,2003.

[7] 陈丽如. 特殊儿童鉴定与评量[M]. 中国台北:心理出版社,2001.

第十三章　成就评估

【内容摘要】　成就评估是特殊儿童教育评估的重点之一。本章主要介绍三部分内容。首先阐述成就的涵义、成就评估的涵义、类型、用途、方法以及根据课程标准编制成就评估工具的方法;其次介绍成就评估的相关工具;最后介绍成就评估的实施案例。

甜甜是一个女孩,今年 8 岁,目前在某市某普通小学二年级学习。数学老师最近向甜甜父母反映甜甜在学校里数学学习方面出现问题,数学成绩明显落后。数学老师发现甜甜在平时的小测验以及期中期末考试时都存在无法按时写完所有题目的情况。仔细观察甜甜的解题过程发现甜甜不仅读题目很慢,在计算时所用时间也比其他同学要长。数学老师对甜甜考试试卷进行分析发现,甜甜目前对二年级所学习的知识点的理解和运用都有困难,对之前一年级学习的内容掌握程度大约能达到 80%。老师认为要针对甜甜的情况进行困难分析,然后进行针对性的教学。

第一节　成就评估概述

一、成就评估的涵义

所谓"成就",是指一个人在接受教育或职业训练过程中所获得的成果,这些成果包括学识、技术、能力等。作为现代社会的一员,每个人从孩提时代到成人,都要接受各种各样正规、非正规教育及其他各种训练,在这些学习中,既可以学到一般的基础知识和技能,也可以获得各种特殊性和专门性的知识和技能,这些知识和技能就是获得的成就。这些成就是通过后天学习获得的,而不是先天的天赋。因此,成就评估就是对这种后天习得的知识、技术及能力等进行的评估。

目前,成就评估所采取的主要手段是成就测验。所谓"成就测验",就是指测量人们经由后天学习而获得某些知识或技能的程度。它在成就评估中占据着极其重要的地位。

在教育领域里成就测验是使用最频繁的一类测验,学校里的各科考试就是最常见的成就测验。和智力测验相比,成就测验具有以下几方面的特点[①]:

首先,成就测验侧重于测量个体通过系统的学习而获得的某种专门的知识和技能,包

---

①　韦小满编著:《特殊儿童心理评估》,北京:华夏出版社,2006 年,第 186 - 187 页。

括阅读技能、书写技能、计算技能、科学和文化知识等。智力测验则侧重于测量个体通过系统和非系统的学习而发展的一般能力,包括感知、注意、记忆、空间想象力、分析、综合、判断和推理能力等。

其次,成就测验一般直接评估受测者对某些学业技能的掌握状况,例如,是否学会了两位数的加法,是否理解并会默写本学期所教的所有生词,等等。而智力测验往往是一种间接的评估,即通过分析受测者在某个与智力有内在联系的行为样本中的表现,推断他的智力发展状况。

第三,成就测验的内容通常要紧扣教学大纲,否则,用它来评估受测者对某种课程内容的掌握情况就失去了意义。由于不同地区、不同年级所教的课程或内容存在很大的差异,因此,从一个地区到另一个地区,从一个年级到另一个年级,成就测验的内容会有很大的差异。而与之相比,智力测验的内容比较具有跨地区、跨年级的广泛适用性。

第四,在效度检验方面,成就测验强调内容效度,而智力测验更强调构想效度。成就测验所测量的内容范围一般比较具体明确,而且这类测验强调尽可能地贴近所要测量的内容,因此,检验这类测验的内容效度是非常有必要的。智力测验所要测量的东西比较抽象模糊,不同的编制者往往根据不同的理论来编制测验,所以,在鉴定这类测验的质量时,检验它们的构想效度更为恰当。

第五,成就测验与教学实践的联系非常密切,评估人员一般要根据成就测验的结果制定个别化教育计划,调整原来的教学内容和进度,或改进已有的教学方法,等等。而智力测验对教育教学通常只发挥间接的作用。

对成就评估的理解不应局限于中小学对学科成就的评估,只要是对个体后天学习获得的知识、技术及能力的评估都属于成就评估的范畴。

二、成就测验的类型

成就评估的主要手段就是成就测验,成就测验根据施测目的、测量科目及编制程序来看,主要有下述各种类型,见表 13 - 1。

表 13 - 1 成就测验的类型

项　目	类　型	内　　涵
施测目的	一般性成就测验	旨在了解学生一般学习和学业成就的成就测验
	诊断性成就测验	旨在分析学生学习困难原因的成就测验
测量科目	综合成就测验	可同时测量多种科目学业成就的成就测验
	单科成就测验	仅能测量一种科目学习成果的成就测验
编制程序	标准化成就测验	依据心理测验原理与程序所编制的成就测验
	教师自编成就测验	为适应教学或教学评估上需要所编制的成就测验

事实上,三种不同的分类方法之间并非相互独立,而是存在着包含或从属的关系。一般来说,标准化成就测验大约包括了三大类,即综合成就测验、单科成就测验及诊断性成就测验;教师自编成就测验(也称非标准化成就测验)主要是指一般性的成就测验,既可以

是综合成就测验也可以是单科成就测验,有些时候教师自编测验也有诊断性成就测验的作用。

(一)标准化成就测验

标准化成就测验是指由心理和教育测量专家、学科专家以及有经验的教师根据测验的编制原理和方法共同编制而成的测验。这类测验的编制有比较固定的程序和方法。这类测验大致可分为三类。

1. 综合成就测验

综合成就测验是由多种个别学科测验所组成,可同时测量受测者不同科目的学业成就。这种测验的目的在于测量学生在团体中的一般学业成就水平,测量结果通常为学校编班或升学考试提供参考。此外,还可为评估教学或办学绩效提供参考。

综合成就测验的最大特点在于:可以直接比较学生各学科的成就水平,以确定学生各科学习的优缺点。例如,某生在语文和数学等科目的成就水平高过年级常模,但物理却低于常模平均数。一旦发现学生在某科目(如物理)的学习较差,就需要进一步运用该科目(如物理)的诊断性成就测验去分析其特殊的学习困难所在。

在实施综合成就测验时,须注意两个问题:① 这种测验的各分测验通常题数不多,信度可能较低,因而各分测验上的差异可能没有显著意义;② 各分测验所测量的目标和内容与特定学校的实际教学不一定相吻合。

2. 单科成就测验

单科成就测验是指测量学生在某一特定学科的成就水平,如语文成就测验、数学成就测验和生物成就测验等。这种测验的编制原理、程序与综合成就测验一样,但在涵盖范围的深度和广度上有所不同。通常,单科成就测验要比综合成就测验更具有深度。一般来说,都是先实施综合成就测验,若发现某些分测验的分数有问题时才实施单科成就测验或诊断性成就测验。

单科成就测验既有其优势也有其不足。其优势在于:① 分测验题数较多,可提供更适当的行为样本和可靠的分数,作为诊断的依据;② 较能适应某一特定学科的教学目标;③ 比较容易适应班级教学。它的不足在于:学生在不同学科的成就水平因标准化过程所依据的样本不同而无法相互比较。

虽有不足,但单科成就测验仍有很重要的作用,表现在四个方面:① 为学生升学考试提供参考资料;② 协助学生在学校中的选课;③ 有些特殊科目并未包含在综合成就测验中,必须使用单科成就测验来加以测量;④ 可应用单科成就测验了解在综合成就测验上某一特定分测验表现差的学生,以获得更加详细的资料。

3. 诊断性成就测验

用于评估学生在课程学习中存在哪些困难或存在哪些技能缺陷。诊断性成就测验可以对儿童学习的弱点作深入的评估,这类测验所注重的并非成就内容测量上的广度,而是其深度。有成套的测验,但多数是单学科的诊断测验,如阅读诊断测验、数学诊断测验。诊断测验也可按其主要用途分成差异诊断测验、技能掌握测验、错误分类诊断测验和课程必备能力测验等类别。

诊断性成就测验既有其优点也有其不足。其优点在于：① 有较多分测验和题目，能详细测量每项能力；② 测验难度较低，可以适当鉴别学习有困难的学生；③ 测验题目有难易程度之分。不过，诊断性成就测验也有其缺点：① 各分测验的题数太少而影响其信度；② 各分测验的题目彼此相关太高，而难以达到不同的诊断。

在具体运用诊断性成就测验时，教师必须注意下述几个问题。

（1）这种测验是专为低于常模平均数的学生（即某学科成绩不及格或有学习困难的学生）而设计的，比较容易发现低分者学习上的弱点。

（2）诊断性成就测验可确定学生的错误类型，但是无法指出其错误的理由。

（3）这种测验仅能提供学生学习困难的一部分资料，还需要考虑其他的因素（如学生身体状况、智力等）。

（4）在诊断性成就测验上所发现的学习症结应作为一种信号，还需要搜集其他证据来加以佐证。

（二）非标准化成就测验

非标准化成就测验是指没有经过预试的测验，也没有证明测验可靠性和有效性的资料，有少数是预试和效度尚未完成的测验。这类测验绝大多数是教师自己编制的，用于评价学生对所学课程内容的掌握程度，测量结果是否准确和可靠需要测验编制者和使用者凭经验来判断。教师自编测验的编制和实施过程带有比较大的随意性。所以，它们都是非标准化的效标参照测验。

由于标准化成就测验常须购买，而且为求测验的信效度，在使用上常有很大限制，再加上目前适合教师在教学情境中使用的标准化成就测验并不多，难以找到适合特定地区、特定学校、特定班级的标准化成就测验，因此，每位教师除了要了解标准化成就测验和教师自编成就测验的差异之外（见表13-2），还应该具备自编成就测验的专业技能，以适应实际教学上的需要。

表13-2 标准化成就测验和教师自编成就测验的差异

标准化成就测验	教师自编成就测验
依据全国或某地区多数学校共同的教育目标所编制	依据教师自己所认定的特定教学目标编制
依据测验理论及实务技术编制	教师自行选择题目，通常未经过测验编制的特定程序（如题目分析）
具有可供对照比较的常模	没有常模，只限于班级学生内的比较
有标准化的实施指导和计分方法	通常没有标准化的手续

相对于标准化成就测验，教师自编成就测验的范围虽然比较狭窄，不过这类测验的编制方法简单，编制周期短，使用方便灵活，与课程标准的内容一般都比较贴近，所以在学校里被频繁地使用。有学者认为教师自编成就测验有两大特点：① 通常属于单纯成就测验，是教师针对其任教科目而设计的；② 比较切合教学内容，因为教师自编成就测验的内容通常较窄，只针对教师所教过的单元拟题，取样具有代表性。然而，教师自编成就测验

也有其不足：编制过程不够严谨，试题的信效度不高（张景媛，1992）。

三、成就评估的用途

成就评估有很多用途，在不同的领域成就评估用途也不相同，在特殊教育领域成就评估的用途主要反映在四个方面。

（一）筛选和安置

几乎每一种类型的成就测验都可以作为选拔人才的工具。成就测验常被用来作为筛选、鉴定和安置的工具，一个初中学生若要进入高中就读，须先经过高中入学考试决定是否录取；一位高中毕业生若要进入大学就读，就必须通过高考或其他的考试。在各级学校里，成就测验用于此类用途的情况很多，例如普通教育中的能力分组或分班，学术性向优异学生或学习障碍学生的筛选，等等。

（二）诊断与补救

对于教育成就低劣或在学习上表现出特殊困难的学生，可使用成就测验对其困难加以诊断，并施以补救教学。诊断的焦点在于发现其某些学科内容学习上的优劣势。能够用作这种用途的成就测验有：综合成就测验、单科成就测验和诊断性成就测验。综合成就测验同时包含若干学科，除各科分数和教育成就的总分外，还有各科分数的侧面图，可以看出学生在各科学习上的优弱点。然后，再以适当的单科诊断性成就测验对学生作进一步的分析，以了解其特殊困难所在，为补救教学的设计提供依据。

（三）评估教育方案

成就测验也可以用来评估教学或训练成果，作为改进教材和教法的参考。方案评估可以是形成性评估，也可以是总结性评估。前者在教育方案过程中检查各阶段教学上的效果，以决定该方案的内容和实施是否需要改进；后者则在方案结束后实施，全面考核教学效果，通常这种评估结果被用来决定该教育方案是否应继续或修正。

（四）评估学习成就

事实上，成就测验最主要的功能在于评估学生在教育或训练上的学习成效。例如，教师自编测验，其使用相当方便，可以为学生提供经常性且连续性的回馈资料，增进其在课堂上或其他训练场所中的学习动机与效果。

四、成就评估的方法

成就评估的方法，通常可概括为：客观测验法、论文或讨论题式的考试法及作品样本分析法。

（一）客观测验法

客观测验是目前成就评估中最常用的方法，既包括标准化成就测验也包括教师自编成就测验。其具体形式是教师发放纸笔测验,学生完成测验,教师再进行评分。标准化成就测验虽然有较好的信效度,但由于使用过程比较复杂,而且与特定地区、特定学校、特定班级的教学情境难以吻合,因此,在学校里,教师自编成就测验是广泛采用的方法。

(二)论文或讨论题式的考试法

由于回答客观题式的问卷测验在对学业成就的测定上存在着一定的局限性,如多项选择测验一般不能测出学生产生适当假设及提供证据论证假设的能力等。所以在许多教育情境中,思考周密的教师有时会使用论文或讨论题式的考试来弥补问卷测验的不足。论文或讨论题是一种用于衡量较高级的思维过程的测试方法,如果命题得当,可以测量学生组织材料的能力、综合能力和文字表达能力,有时甚至可以测量评价能力和创造能力,而这些能力是客观测验难以测量的。另外,这种题目出起来比较容易,并且不允许被试通过随机猜测回答。考夫曼(W. E. Coffman)的研究结果表明,如果采用论文或讨论题形式,学生则会比较注意整体教材的综合和应用能力,对写作会有积极影响。但这种方法也存在缺点,第一是题量太少,取样不广且不均,不能代表全部教材,很容易影响分数的可靠性,也可能滋长学生投机取巧的心理。另一个缺点是没有固定答案,尽管采用各种评分技巧,评分还是难以客观。

总之,论文讨论题和客观题各有利弊,只要运用得当,两者都很有价值。

(三)作品样本分析法

作品样本分析法是指通过对作品的分析来评估被评估者掌握知识和技能的程度。在许多领域(如美术、音乐、舞蹈、体育、文学、技术等)中,借助直接鉴定表现技能的作业或活动产品,来判断一个人的知识、技术水平和技能的熟练程度是可能的。在这里,作品样本包括临床操作、现场表演、科研报告、科技成果、工具的使用、艺术作品或制作品、演奏表演等。这种方法与前两种方法相比,对于能力的测定,可能更为直接、更加有效,而且也有利于对受评者的机智、可塑性、坚持性和创造力等素质的直接评价。其缺陷是编制题目难度大,而且设置评分标准困难。

五、成就测验的编制方法

第一步,要根据已有的课程标准、教材和学生学习状态细化教学目标体系。教学目标的分解和确定要由相关领域的资深教师进行。教学目标可以设定为若干一级目标及二级子目标。

第二步,要编写测验初稿。需要根据分解好的教学目标体系,针对每一子目标编写测试题目。题目需要侧重考察基础知识、基本技能。制定测验的评分标准和统计方法。

第三步,进行预测试。根据测试题目多少合理制定测试时长,选择足够数量的被试进行测试。

第四步,项目分析。测试后对测验进行项目分析。采用统计软件分别估出各题的难度(得分率)和区分度.根据估出数据,再请几位专家会商,将难度系数过低和过高、区分度不足,以及内容类似的题目通通删除。修改后,确定测验的正式题目。

第五步，计算正式测试题目的信度和效度。可以检验重测信度（稳定性系数）。选择若干名被试进行施测，隔两个月（或其他适合的间隔时间）后重测，求得测验各分测验稳定性系数和总测验的稳定性系数。确定这一系数是否理想。

效度方面，可以检验内部一致性系数或者内容效度。内部一致性检验的做法是：分别求各分测验和总测验的内部一致性系数 α. 各分测验的系数 α。确定所测内容是否较为一致。内容效度的做法主要是专家判断法。由相关领域专家对测验范围和内容进行判断，使用双向细目表对题目和目标的一致性多少进行分析。

第六步，撰写诊断分析和教学指导报告。根据测验结果的统计数据对学生的学习情况进行诊断分析。对于目标学习掌握层次按特点采取不同的教学策略。

第二节　成就评估的工具

一、听觉障碍学生数学能力测验

（1）**测验目的**　旨在了解听觉障碍学生的数学能力，为招生、安置、编班、分组及设计补救教学方案及编辑教材提供参考。

（2）**编制者**　林宝贵，李如鹏；1996 年。

（3）**适用范围**　小学一年级至初中三年级听觉障碍学生。

（4）**实施时间**　无时间限制。

（5）**测验内容**　该测验包括四大领域：① 数与量：整数、小数、分数、百分数、比、比率及十进位法；② 测量：时间、面积、体积、重量、长度、容积、量具和单位；③ 几何：平面、立体、坐标；④ 统计图表：资料处理。

（6）**常模**　建有台湾地区小学一至六年级学生的百分等级和 T 分数常模。

二、听觉障碍学生语文能力测验

（1）**测验目的**　旨在了解听觉障碍学生语文能力，为招生、安置、编班、分组及设计补救教学方案及编辑教材提供参考。

（2）**编修者**　林宝贵，何东墀，锜宝香；1996 年。

（3）**适用范围**　小学至初中听觉障碍学生（8～15 岁）。

（4）**实施时间**　50 分钟。

（5）**测验内容**　该测验包含听、说、读、写四大领域，共分为图配字、注音、字形义辨别、选词、语法、阅读理解 6 个分测验。

（6）**常模**　建有台湾地区小学至初中学生（8～15 岁）的百分等级和 T 分数常模。

三、中文阅读理解测验

（1）**测验目的**　旨在筛选阅读理解上有困难的儿童或是用来探讨身心障碍儿童的阅读理解能力。

(2) **编制者** 林宝贵,锜宝香编于 2002 年。

(3) **适用范围** 小学 8～12 岁儿童。

(4) **实施时间** 约 45～65 分钟。

(5) **测验内容** 该测验包含 6 篇故事类的记叙文和 6 篇说明文。题目类型包括:音韵处理能力、语义能力、语法能力、文章基本事实的了解、抽取文章重点大意以及推论、分析和比较等能力的评估。

(6) **常模** 建有台湾地区 8～12 岁儿童的百分等级和 T 分数常模。

四、基础数学概念评量表

(1) **评量目的** 旨在找出数学能力有困难的学生。

(2) **修订者** 柯华葳,1999 年。

(3) **使用范围** 小学 2～6 年级学生。

(4) **实施时间** 约 10 分钟。

(5) **量表内容** 该量表共 12 个分测验,每个分测验题数有 5～16 题不等,包含:比大、比小、不进位加法、进位加法、不借位减法、借位减法 1、借位减法 2、借位减法 3、九九乘法、空格运算、三则运算、应用题等分测验。

(6) **常模** 建有各年级(2～6 年级)在各分测验上做对与做错的平均通过率。

五、斯坦福诊断性数学测验

(一)斯坦福诊断性数学测验第三版(SDMT - 3)

(1) **测验目的** 评估教学大纲的效果及诊断学生的数学学习困难。

(2) **编制者** Beatty,Gardner,Madden & Karlsen ;1985 年。

(3) **适用范围** 适用于 1～12 年级的学生。

(4) **施测时间** 大约 1.5～2 小时。

(5) **量表内容** SDMT - 3 共包括四级水平,分别用红、绿、棕、蓝四种不同的颜色标明。

红——适用于 1.5～4.5 年级和低成就的小学生。

绿——适用于 3.5～6.5 年级和低成就的小学生。

棕——适用于 5.5～8.5 年级和低成就的小学生。

蓝——适用于 7.5～13 年级和低成就的初中生。

每个水平都由以下三种分测验组成:① 数字系统与数数:具体内容包括认识数字、理解数字的性质等;② 计算:包括用加、减、乘、除法运算等;③ 应用:运用数学的基本原理解决实际问题。

(6) **测验信效度** 该测验具有一定的信度,其内容效度无法判断,有待探讨。建有美国常模。

(7) **评价** SDMT - 3 既可以个别施测,又可以团体施测;既是常模参照测验,又是标准参照测验。教师可以用这个测验来诊断学生的数学学习困难,学校行政人员可以用它来评估教学大纲的效果。但是,在测验使用手册中没有详细地描述常模样本的取样情况。

分测验的信度不高,整个测验的效度如何也要根据测验的内容与正在使用的教学大纲是否贴切来确定,因此,测验的信度和效度还有待于提高。

（二）斯坦福诊断性数学测验第四版（SDMT－4）

（1）**测验目的**　旨在诊断受测者在数字概念、计算和应用方面的强项和弱项。

（2）**编制/修订者**　Beatty,Gardner,Madden & Karlsen；1996 年。

（3）**适用范围**　适用于 1～12 年级的学生。

（4）**测验内容**　该测验共包括六级水平,分别用红、橙、绿、紫、棕、蓝六种不同的颜色标明。

红——适用于 1.5～2.5 年级。分为两部分:在概念与应用部分,共有 32 道多项选择题和 30 道自由应答题,主要测量受测者在数数、问题解决、图表、几何和测量等方面的知识;在计算部分,共有 20 道多项选择题和 20 道自由应答题,主要测量整数的加法和减法。

橙——适用于 2.5～3.5 年级。所包含的题目类型和数量与红色水平相同。

绿——适用于 3.5～4.5 年级。在概念与应用部分,所包含的题目类型和数量与红色水平相同;在计算部分,共有 20 道多项选择题和 2 道自由应答题,主要测量整数的加法、减法、乘法和除法。

紫——适用于 4.5～6.5 年级。所包含的题目类型和数量与绿色水平相同。不过,在概念与应用部分加入了概率和统计的内容。

棕——适用于 6.5～8.9 年级。所包含的题目类型和数量与紫色水平相同。

蓝——适用于 9.0～12.9 年级。所包含的题目类型和数量与紫色水平相同。

（5）**计分方法**　测试完毕,评估人员可以将各水平上的原始分数转换成量表分数、百分等级、标准九分数、年级当量及进步指数等。

（6）**测验信效度**　该测验具有良好的信度,但缺少有关效度检验的数据,建有美国常模。

（7）**评价**　SDMT－4 属于有良好结构设计的标准化测验,可用于诊断受测者在数字概念、计算和应用方面的强项和弱项。由于该测验目前还缺乏有关效度检验的数据,因此,它适于用来做团体之间的比较,而不适于用来确定个体的教学目标。

六、斯坦福诊断性阅读测验

（一）斯坦福诊断性阅读测验第三版（SDRT－3）

（1）**测验目的**　评估教学大纲的效果及诊断学生的阅读学习困难。

（2）**编制/修订者**　Karlsen,Madden & Gardner；1984 年。

（3）**适用范围**　适用于 1～12 年级的学生。

（4）**施测时间**　施测红色或绿色水平的时间最好不要超过 75 分钟。施测棕色水平的时间大约在 103～123 分钟之间。施测蓝色水平的时间大约在 96～116 分钟之间。

（5）**测验内容**　SDRT－3 有红、绿、棕和蓝四级水平。

红——适用于一年级末到二年级及三年级以上的低成就学生。

绿——适用于三年级末到四年级及五年级以上的低成就学生。

棕——适用于五年级末到八年级及九年级以上的低成就学生。

蓝——适用于九年级末到十二年级学生。

每个水平有测验 G 和测验 H 两个复本,每个测验都包括词汇听觉辨别、字音听觉辨别、语音分析、结构分析、字词阅读、阅读理解、速度共七项内容。

(6) **测验信效度** 该测验具有较佳的信度和一定的内容效度,建有学生常模。

(7) **评价** 该测验标准化程度很高,有很高的信度和一定的内容效度,是一个非常优良的诊断阅读问题的评估工具。然而,不足之处是受测者适用哪一个水平的测验比较难确定。

(二)斯坦福诊断性阅读测验第四版(SDRT-4)

(1) **测验目的** 旨在诊断受测者在阅读方面的强项和弱项。

(2) **编制/修订者** Karlsen,Madden & Gardner ;1996 年。

(3) **适用范围** 适用于 1~12 年级的学生。

(4) **测验内容** SDRT-4 测量阅读中的四种主要成分:词汇、语音分析、理解和浏览。有六级水平。

红色——适用于一年级中到二年级中。

橘黄色——适用于二年级中到三年级中。

绿色——适用于三年级中到四年级中及学业成就低的五年级以上学生。

紫色——适用于四年级中到六年级中。

棕色——适用于六年级中到八年级九个月。

蓝色——适用于九年级中到十二年级中。

每个水平都要实施若干测验,内容包括词汇听觉辨别、字音听觉辨别、理解、阅读速度、语音分析和结构分析。

前三个水平无复本,后三个水平才有复本。

(5) **测验信效度** 该测验的内部一致性信度系数一般在 0.80 以上,许多在 0.90 以上。复本信度系数分布在 0.62~0.88 之间。具有一定的效标关联效度。有全国常模。

七、书面语言测验第三版(TOWL-3)

(1) **测验目的** 确定受测者书面语言的强项和弱项,鉴别在书面表达方面所存在的问题。

(2) **修订者** 哈米尔和拉森(Hammill & Larsen),1996 年。

(3) **适用范围** 适用于 7~17 岁的学生。

(4) **施测时间** 大约 30~45 分钟。

(5) **测验内容** TOWL-3 共包括以下 8 个分测验:

① 词汇:共有 28 题。要求受测者用主试提供的字词(如夜晚)写句子。

② 拼写:共有 18 题。和第三个分测验一起施测和记分。

③ 表达方式:共有 18 题。检查受测者所写的一系列句子,看是否有拼写、标点符号、大小写错误等。

④ 逻辑性的句子:共有 22 题。给受测者一些无意义的句子,让他改写成有意义的句子。例如,让他把"艾比正在读收音机"改写成"艾比正在读书"或者"艾比正在听收音机"。

⑤ 合并句子:共有 25 题。给受测者几个简单的句子,让他合并成一个长句。

⑥ 上下文的惯用法:让受测者写一篇记叙文,然后从大小写、标点符号、拼写三个方面,根据 12 条标准(例如,在句子的开头是否用大写符号,引用某个人的话是否有引号等)来评分。

⑦ 上下文的语言:让受测者写一篇记叙文,然后从句子结构、语法和词汇四个方面,根据 14 条标准来评分。

⑧ 记叙文的结构:从受测者在记叙文中表现出的对叙述、情节、顺序、主题等写作手法的运用,根据 11 个标准来评分。

(6) **测验信效度** 修订者从内部一致性、复本信度、再测信度和评分者信度四个方面检验了该测验的可靠性,达到基本的信度要求;本测验的效度有待提高;建有全国常模。

(7) **评价** 该测验是一个为评估书面语言而专门设计的量具,其总分的信度基本符合心理测量学的要求,但分测验的信度不够理想。尤其是效度,还缺乏证明其有效性的证据,因此,该测验在使用时需谨慎。

八、皮博迪个人成就测验(修订本)(PIAT - R)

(1) **测验目的** 主要用于评估数学、阅读、拼写以及在学校里学到的一般知识。

(2) **编制/修订者** 邓恩和马克沃特(Dunn & Markwardt)编制,1998 年,马克沃特修订。

(3) **适用范围** 幼儿园至 22 岁。

(4) **施测时间** 大约 1.5 小时。

(5) **测验内容** PIAT - R 由一般知识、阅读材料识别、阅读理解、数学和拼写 5 个分测验构成,另外还有一个备用的分测验,即书面表达分测验。各分测验的题目数、测验方式及内容如下:

① 一般知识:共有 100 题。用口头提问的方式问一些有关科学、社会科学、美术和体育方面的问题,要求受测者口头回答。

② 阅读材料识别:共有 100 题。要求受测者识别 26 个字母,读出各种单词的读音。

③ 阅读理解:共有 82 题。要求受测者先默写在一页纸上的句子,然后从另一页纸上的四幅画中选一幅最能反映该句子意思的画。

④ 数学:共有 100 题。要求受测者匹配、区分和辨认数字,解几何题等。

⑤ 拼写:共有 100 题。要求受测者从四个选项中选择某个特定的字母或单词,或者从四个选项中把拼写正确的单词选出来。

⑥ 书面表达:共有两级水平。第一级水平适用于幼儿园儿童和一年级的学生,要求受测者仿写字母和单词,写自己的名字,听写字母和单词。第二级水平要求受测者看图写故事。

(6) **测验信效度** 该测验具有较好的信度,效度有待验证与提高,建有修订后的常模。

(7) **评价** PIAT－R 是一个有良好结构设计的标准化成就综合测验。大多数分测验具有很高的信度,不过,该测验的效度还需要检验,书面表达分测验的信度和效度也需要提高。该测验适用于学习障碍、行为障碍、轻度弱智、听觉障碍、语言障碍或运动障碍学生,不适于有视觉障碍的学生。

九、韦克斯勒个人成就测验(WIAT－III)

(1) **测验目的**:评估个体的听觉理解、口语表达、阅读能力、书写写作能力、数学运算方面的能力。

(2) **适用范围**:评估幼儿园至 12 年级的学生及 50 岁以内的成人(5～50 岁 11 个月)

(3) **施测时间**:大约需要 35～104 分钟。

(4) **测验内容**:2009 年发表的 WIAT－III 共包括 16 个分测验。具体为:听力理解、口语表达、早期阅读技能、读单词、假字解码、阅读理解、朗读流畅性、字母书写流畅性、拼写、句子写作、短文写作、数学问题解决、数字运算、数学流畅性(加法)、数学流畅性(减法)、数学流畅性(乘法)。

(5) **施测和计分方法**:对于不同水平的受测者,开始的题目不同,如果前 3 题有 1 题得 0 分就需要返回做前面的题目,连续 4 题 0 分则停止测验。每个分测验获得原始分数后,可转换为标准分数、百分等级、标准九分数、年龄当量、年级当量等。

(6) **测验信效度**:该测验的常模团体由 3 000 名学生和成人组成。不同年级水平,各分测验的分半信度系数分布在 0.58～0.90 之间;不同年龄水平,各分测验的分半信度系数分布在 0.58～0.88 之间。

(7) **评价**:WIAT－III 是常模参照测验,其内容覆盖了美国 2004 年《障碍者教育促进法案》中的 8 个成就领域,可用于评估个体学业成就上的优势与弱势;可以识别学习障碍,为教育服务和教育安置的决策提供依据;以及为制订个别化教育计划提供有效的依据。但编制者所提供的信度、效度的数据较少。

十、斯坦福系列成就测验(第十版)(SAT－10)

(1) **测验目的** 用于评估受测者在不同学业领域的发展水平。该系列还为全盲或只有部分光感的学生提供了盲文版测验,为视障学生提供了大字版测验,为听障学生提供了特殊版测验。

(2) **编制/修订者** 哈考特教育测量(Harcourt Educational Measurement)。

(3) **适用范围** 幼儿园儿童至 12 年级学生。

(4) **施测时间** 如果施测全套测验一般需要 2 小时 15 分～5 小时 30 分。

(5) **测验内容** 2004 年发表的第十版测验中包括 16 个分测验,具体是:声音和字母、单词学习技能、辨认单词、理解句子、阅读词汇、阅读理解、数学、数学应用、数学计算、语言、拼写、听力词汇、听力理解、环境、科学、社会科学。

(6) **测验信效度** 全套测验的内部一致性系数分布在 0.69～0.97 之间。复本信度系数分布在 0.63～0.93 之间。SAT－10 的题目由专家根据一定的课程标准进行制订和筛选,并在不同的文化群体中试测,具有一定的内容效度。该版本与此前第九版的相关系数分布在 0.60~0.90 之间。

（7）**评价**　该测验既是常模参照测验，又是标准参照测验。测验具有较好的信效度，可用于筛查性评估。该测验还为视障学生和听障学生制订了特殊版本和特殊常模，能够有效评估这些特殊学生的学业成就。但个别分测验信度较低，效度数据也有限。

十一、布里根斯诊断性检测表（BDI）

（1）**量表的构成**　该检测表由早期发展诊断性检测表、基本技能诊断性检测表、必要技能诊断性检测表和基本技能综合检测表组成。

（2）**发表日期与适用范围**　早期发展诊断性检测表发表于 1991 年，适合于 7 岁以下的儿童；基本技能诊断性检测表发表于 1977 年，适合于幼儿园儿童至六年级的学生；必要技能诊断性检测表发表于 1981 年，适用于四至十二年级的学生；基本技能综合检测表（修订本）发表于 1999 年，适用于幼儿园儿童至九年级的学生。

（3）**测验类别**　构成本量表的四套测验都属于个别施测的标准参照测验。

（4）**量表目的和内容**　早期发展诊断性检测表（Diagnostic Inventory of Early Development，DIED）由以下 11 个分测验组成：

① 前行走运动技能，共有 4 个技能系列，包括仰卧、俯卧、坐立和站立。

② 大动作，共有 10 个技能系列，包括行走、跑、跳等。

③ 精细动作，共有 6 个技能系列，包括眼部动作，手指和手的操作技能等。

④ 自理技能，共有 11 个技能系列，包括吃饭、穿衣服、脱衣服、大小便等。

⑤ 言语和语言技能，共有 11 个技能系列，包括听懂别人说的话、对别人说的话做出反应、认识图片词汇等。

⑥ 一般知识和理解，共有 9 个技能系列，包括了解身体各部位、知道不同的颜色和形状、会使用常用物品等。

⑦ 社会和情绪技能，共有 3 个技能系列，包括一般情绪发展、游戏等。

⑧ 准备度，共有 4 个技能系列，包括视觉辨别、背诵 26 个字母、认识大小写字母等。

⑨ 基本阅读技能，共有 10 个技能系列，包括听觉辨别、看懂数字和常用符号等。

⑩ 书写技能，共有 7 个技能系列，包括写字、写简单的句子等。

⑪ 数学能力，共有 12 个技能系列，包括数数、认识钱币等。

基本技能诊断性检测表（Diagnostic Inventory of Basic Skills，DIBS）主要用来确定受测者的教育目标，或者监控这些目标的完成情况。它由以下四部分组成：

① 准备度：包括辨别颜色、认识身体各部位、认识数字和大小写字母、会写字母、听懂指令等 24 项技能。

② 阅读：包括单词识别、字词结构分析、朗读和短文阅读等 33 项技能。

③ 语言艺术：包括书写草体的字、使用大小写和标点符号、查字典，以及听、说、读、写等 20 项技能。

④ 数学：包括数数，小数的加、减、乘、除运算，认识钱币，会看时间，会进行面积和体积的计算等 64 项技能。

必要技能诊断性检测表（Diagnostic Inventory of Essential Skills，DIES）用来评估受

测者在日常生活中必须掌握的技能。它由学业技能和实用技能两部分组成：

① 学业技能部分共包括 20 个分测验，即朗读、阅读理解、实用字词识别、识字年级水平、字词分析、查阅资料、看懂图表、书写、填表、拼写、数字、数学年级水平、整数计算、分数、小数、百分数、数字运算规则、测量、长度单位和数学词汇。

② 实用技能部分共包括 6 个分测验，即健康与安全、职业、钱币与金融、旅游与交通、食品和服装、沟通与电话。

基本技能综合检测表（Comprehensive Inventory of Basic Skills – Revised，CIBS – R）的题目主要来自 DIBS 和 DIES。共包括 154 个技能系列，组成以下 22 个分测验：准备度、言语、识字年级水平、朗读、阅读理解、听觉辨别、实用字词识别、字词分析、查阅资料、看懂图表和地图、拼写、书写、数学年级水平、数字、数字运算规则、整数计算、分数与混合运算、小数、百分数、文字题、长度单位和数学词汇。

（5）**评价** BDI 的内容十分丰富，它与其说是一组测验，不如说是一个跟中小学课程联系非常紧密的习题库。评估人员可以用它来检测受测者，尤其是有轻度或中度智力、学习和行为障碍的受测者的学业成就水平，发现他们学习中的困难和障碍，为制定补救计划提供依据。不过，由于在 BDI 的使用手册中编制者没有提供有关常模、信度和效度方面的数据，因此，它属于非标准化的测验，其可靠性和有效性还有待于证明。另外，BDI 的检测结果一般用"掌握"、"未掌握"表示，也不便于将受测者与其他人做比较。

十二、考夫曼教育成就测验（KTEA – III）

（1）**测验目的** 测验内容覆盖了美国《障碍者教育促进法案》（IDEIA）中的 8 个学业成就领域及 DSM – V 中的障碍领域，可用于诊断学习障碍学生。

（2）**编制/修订者** 考夫曼夫妇编制 KTEA – III 发表于 2014 年。

（3）**适用范围** 4 岁～25 岁 11 个月，适用于幼儿园到十二年级以上的学生。

（4）**测验内容** 包括 19 个分测验，有两个平行版本（A 和 B）。具体是：字母和单词识别、阅读理解、语音意识、快速自动化命名、流畅性－语义和语音、定时单词识别、无意义词汇解码、定时无意义单词解码、数学概念和应用、数学计算、书面表达、拼写、听力理解、口语表达、字母和单词识别、阅读理解、默读流畅性、阅读词汇、语音加工、物体命名灵活性、字母命名灵活性、联想流畅性、单词识别流畅性、无意义词汇解码、解码流畅性、数学概念和应用、数学计算、数学流畅性、书面表达、拼写、书写流畅性、听力理解、口头表达。这些分测验除了可组成阅读、阅读相关技能、数学、书面语言和口头语言五大领域，还可组成不同的领域。可根据需要单独选择某一领域或几个领域进行施测，以节省时间和精力。

（5）**测验信效度** KTEA – III 制订了新常模，分为年龄常模和年级常模。两个平行版本同时标准化，常模样本各占总数的一半。测验手册提供了有关信度和效度的信息。还提供了与其他测验的相关系数。

（6）**评价** 该测验容易施测和计分，题目新颖有趣，易吸引学生的兴趣。其内容紧扣现代课程标准，覆盖了 IDEIA 和 DSM – V 的成就领域，可用于诊断学习障碍儿童。测验的结构合理，可提供受测者的成就水平，分析各学业成就领域的强项和弱项，有助于为教师、家长和临床人员提供干预建议，并跟踪和评估干预效果。

<h2 style="text-align:center">第三节　实施案例</h2>

一、个案基本情况

杨××,女,7岁9个月,就读于某普通小学二年级。其数学学习很困难,考试成绩很差,总是不及格;语文成绩相对较好,考试基本能及格,但语文理解能力不佳。杨××与父母生活在一起,父母均为工厂工人,初中文化程度,对其学习辅导很少。

二、工具与方法

采用柯华葳的"基础数学概念评量表"对其数学能力进行评估,以鉴别其数学困难所在。

三、评估结果

测验结果表明:无论从得分和正确率来看,杨××的数学能力都明显较弱,是属于数学能力有困难的学生,见表13－3。

表 13－3　杨××基础数学概念评量结果

测验名称		分数/切截分数		解释	
	题型	做对/全部%	解释	做对/做完%	解释
基础数学概念评量表	比大	0.38	低分组	1.0	高分组
	比小	0.63	低分组	0.72	低分组
	不进位加法	0.22	低分组	0.68	低分组
	进位加法	0.12	低分组	1.00	高分组
	不借位减法	0.39	低分组	0.68	低分组
	借位减法(1)	0.34	低分组	0.76	低分组
	借位减法(2)	0.55	介于一般学生/高分组间	1.00	高分组
	借位减法(3)	0.46	介于一般学生/高分组间	1.00	高分组

四、结论与建议

（一）结论

杨××数学能力弱,是因其对语文的不熟练,进而影响到数学思考、理解。

（二）建议

要提高杨××的数学能力,首先要在其语文教学中进行改革,采取有针对性的教学,提高其语文理解、应用能力，进而提高其数学的基础概念能力。

在杨××的教学上应着重语文的灵活应用，借助造句、故事呈现、故事接龙等游戏引起其学习语文的兴趣；以童话故事光碟增进其对于语文的兴趣，加强其语言的基本理解及表达（如读、说、写等）能力的教学。

【本章小结】

1. 本章首先阐述了成就与成就测验的涵义、特征；在此基础上介绍从不同角度对成就测验进行分类，可以分为 6 类，即标准化与非标准化测验、一般性成就测验与诊断性成就测验、单科成就测验与综合成就测验，并对各类测验进行了比较和评述。

2. 然后，探讨了成就测验的用途以及成就评估的三种方法，即客观测验法、作品样本分析法和论文或讨论题式的考试法等。

3. 最后，介绍了成就评估的多种经典测验工具，并将成就评估的方法、测验工具的选用等贯穿到实际案例中进行讲解和示范。

【思考·练习·实践】

1. 什么是成就评估？

2. 成就评估有几种类型？常用的成就评估方法有哪些？

3. 什么是标准化成就测验？什么是教师自编成就测验？教师自编成就测验有什么特点？

4. 实践操作：

选用一种量表对 1 名以上的儿童作测量，并分析测量结果。

5. 案例分析：

(1) 小华，13 岁，有听觉障碍，目前在某市聋校学习。小华在班上学习成绩比较落后，尤其是语文成绩很差，在班上经常是最后一名。如果你是小华的语文老师，你打算对小华的语文能力如何评估？

(2) 图图，8 岁，在某市普通小学 2 年级学习。图图在班上的学习成绩比较落后，尤其是语文成绩很落后。图图特别不喜欢读课文，也不喜欢看图说话和看图写话。图图的数学成绩中等，但老师发现他考试中的应用题也经常丢分。请你分析图图可能存在什么问题？需要进行怎样的评估？可能的干预方向是什么？

【参考文献】

[1] 韦小满,蔡雅娟.特殊儿童心理评估(第 2 版)[M].北京:华夏出版社,2016.

[2] 张世彗,等.特殊学生鉴别与评估[M].中国台北:心理出版社,2003.

[3] 陈丽如.特殊学生鉴别与评估[M].中国台北:心理出版社,2001.

[4] 解亚宁,戴晓阳.实用心理测验[M].北京:中国医药科技出版社,2006.

[5] 金瑜.心理测量[M].上海:华东师范大学出版社,2001.

[6] 凌文辁,方俐洛.心理与行为测量[M].北京:机械工业出版社,2003.

第十四章 性向评估

【内容摘要】 性向评估是特殊儿童教育评估的一个重要内容。本章主要介绍三部分内容。首先阐述性向的涵义、性向评估的类型及性向评估常用的方法,接着介绍性向评估的相关工具,最后介绍性向评估的实际案例。

朵朵是一个漂亮的女孩,聪明伶俐,但全盲、无光感。在其父母的坚持和呵护下,朵朵一直在普通学校就读,学习成绩也是中上游。朵朵爱好文学,目前已经是高三的学生了,在填报高考志愿时却不知道该如何选择。可能是因为自己视觉障碍的原因,朵朵从小就比较内向,不太喜欢跟别人交流,情绪稳定、平和。由于班上的这么一位特殊的同学,班主任老师对她特别关注,希望她填报适合她的学校和专业,今后能够从事她感兴趣和擅长的职业,于是老师带她进行了相关的职业性向评估。

专业人员针对朵朵的情况,主要采用"一般能力倾向测验"和"卡特尔 16PF 人格测验"对其职业性向进行了评估。根据测验评估结果并结合对家长、教师和朵朵的访谈结果,发现朵朵适合从事的学习或工作领域有:艺术类、社会学、法律类等领域。

第一节 性向评估概述

一、性向的涵义

性向(aptitude)是指个人与生俱有的潜能。性向的含义,有广义和狭义之分。广义地说,包括身体条件、智能、性格、兴趣等是否适合于某个方面的作业领域。狭义地说,是为了有效地进行某种特定活动所必要的特殊能力。这种狭义的概念叫作特殊能力。换句话说,性向这种潜能可分为两种:一种是普通智力(性向),即一般智力;另一种为特殊能力(性向),指个人心理过程中表现在各种领域的特殊才能或倾向,如美术性向、舞蹈性向等。

性向具有自己的特征,主要反映在四个方面。

1. 稳定性

性向在某种程度上受遗传因素的影响。在幼儿期和儿童期,经验对性向的发展起着一定的作用。但是,性向在青年期和成人期具有比较稳定的倾向。

2. 可能性

性向是一种潜在的能力,是可能性的能力。

3. 独立性

性向是单一的、独立的某种潜在能力。但一种性向的测定，并不是没有其他因素的影响。例如，在测评抽象推理能力的时候，被检查者可以使用抽象的东西来解决问题，有时也可使用言语来进行。后者，由于受到言语因素的影响，所以就不能测定完全独立的抽象推理因素。

4. 多样性

随着测验的构成方法及分析方法的改善，以及实验的更加精密和大规模地进行，性向或心理因素的种类就具有多样性。

个体性向的评估主要是通过性向测验来进行。广义的性向测验包括体格及生理机能检查、运动机能和感官机能测定、智能测验、特殊能力测验、性格测验、兴趣测验等。因此，可以说特殊能力测验是广义的性向测验的一种。此外，性向测验和智力测验之间有所区别。智力测验所测量的能力是属于普通智力（性向），与测定智能的"一般因素"的智力测验相反，特殊能力测验是可以测定智能的特殊因素的一种测验。特殊能力测验有各种各样的种类，例如，音乐、美术、运动、体操、计算、外语、学习、汽车驾驶、飞机驾驶等。

性向测验和成就测验之间又有所区别。性向测验通常是用来测量多元性向或特殊能力（性向）的工具。成就测验所测量的能力不是先天的能力，而是后天习得的。性向测验和成就测验的区别，只是在于它的用途和目的不同，而不在于本质的差别。性向测验较着重于测量学习新工作的能力（即预测未来的学习情形），成就测验较为偏重于已学习过的经验（如知识和技能）。

由于性向是影响学生学习成败的要素，因此，特殊教育的教师必须对每位学生的性向了解清楚，才能达到因材施教的目的。

二、性向测验的类型

一般来说，性向测验可以分为三大类：一般性向测验、多元性向测验及特殊性向测验。

（一）一般性向测验

一般性向测验又称为一般能力倾向测验，通常情况下就是指智力测验。智力测验主要包括对空间能力、察觉能力、归纳能力和语文关系能力的综合测验，而一般性向测验的要素包括：知觉速度与准确度、言语表达与理解、数学运用、逻辑推理、综合分析等 5 项，是测量一个人多方面的特殊潜能的测验，它强调的是对能力的不同方面的测量，测量的结果不是得到单一的智商值（IQ）；该类测验的结果通常是教育咨询、分类和安置决策中最有效的信息。狭义的性向测验专指后两者。

（二）多元性向测验

多元性向测验可以说是多种性向测验的复合体，包含着几个不同性质的分测验，用以测量多种不同的性向，如创造力性向测验和区分多元性向测验。它在理论上是以多因论为依据，以因素分析为基础。这类测验发展较晚，大体上说都是 1945 年以后编制的。它具有以下几个特点：

1. 多元性

典型的多元性向测验,大约包含 4～9 种分测验,各分测验分别测不同的能力。测验结果除总分外还有各个分测验的分数,对一个人的能力可提供多方面的说明。

2. 标准化

多元性向测验的常模通常根据一个标准化的团体建立,因此测验结果的各分测验得分可以直接相互比较,以判定每个人在能力上的所长和所短。由于要在个人内部进行比较,此种测验必须有较高的信度和较小的标准误。

3. 经济性

多元性向测验在测验时间及材料上,都比特殊性向测验经济。因为特殊性向测验只能测量某一种能力,并且各个特殊性向测验都是各自独立编制的,各种不同测验的结果缺乏统一的统计学标准,不能直接比较和解释;相反,多元性向测验则在施测上可合可分,并可对各分测验成绩进行比较。

另外,多元性向测验主要是纸笔形式的测验,一般不使用仪器,因而可以同时施测大量的学生及各种申请者。在美国,通常在中学 8 或 9 年级实施这种测验,以便为选修何种职业课程的决策提供参考。在小学,心理能力没有特异化,由于小学生的成熟或经验可能造成的差异很大,因此没有必要实施这类测验。

(三)特殊性向测验

特殊性向测验是鉴别个体在某一方面是否具有特殊潜能的一种工具。这类测验最初是为了弥补智力测验的不足而编制和使用的,最早出现的特殊性向测验是机械性向测验。由于职业选拔与咨询的需要,各种机械、文书、音乐及艺术性向测验纷纷出现,同时视力、听力、运动灵敏度方面的测验也广泛应用于工业、军事上的人事选拔与分类。

特殊性向是相对于一般智力而言的,一些传统的特殊性向,如机械和文书,现在都已并入某些多元性向测验中。但特殊性向测验还是很有必要的,原因有两个:一是多元性向测验很少涉及视力、听力、运动技能及艺术才能等领域,因为它们的情况较特别,即使在多元性向测验中包含有特殊性向,如机械、文书等,有时也需要与学业性向测验、特殊性向测验结合使用,因为特殊性向测验有广泛的常模和效度资料;二是特殊性向测验具有很大的弹性,既可以结合使用,也可以单独使用。

三、性向评估的方法

长期以来,心理学家、教育工作者以及其他研究领域的专家学者们,对性向进行了大量的研究,伴随着这些研究而出现的各种对性向评估的手段也层出不穷。从方法上归类,性向评估的方法主要可分为两大类:一类为客观性较强的纸笔测验和操作测验,另一类则是客观性不太强的专家评估。

(一)纸笔测验和操作测验

纸笔测验所用的工具为各种量表,一般是经过标准化处理的测验量表。测验量表的结构明确,编制有严格的程序限制,有明确的目的任务,包括很多具体的问题,从不同的角度来了解受测者的情况。纸笔测验既可采用个别方式实施,也可采用集体方式实施。在集体测验的场合,被测者人数最好在 50 人以内。测验问卷每人一册,备停钟、铅笔。纸笔测验在施测前,主试宜先对受试说明一般指导语,使受试了解此测验之目的,再就测验程序作全面的说明。然后分发写上必要注意事项的测验问卷,要求受试仔细阅读测试方法和注意事项,以取得受试的合作。在受试理解了本测验的注意事项后,再讲解测验的例题,然后开始作答测验并计时。

一般来说,纸笔测验所用的是文字或图形材料,实施比较方便,但是文字材料容易受到被试文化程度的影响,因而对不同教育背景下的人使用时,其有效性将降低,甚至无法使用。为弥补这种缺陷,研究者们设计了操作测验,操作测验的项目多属于对图片、实物、工具、模型的辨认和操作,无需使用文字作答,不受被试文化程度的影响。如一般能力倾向成套测验中就包括纸笔测验和器具测验两部分,其中器具测验部分规定要做好以下几方面的工作:

(1) 实验用具:手作业测验盘和手指灵巧测验盘、桌椅、停钟、测验用纸。

(2) 事前应很好准备各测验器具,仔细留意被测者的身心状态。

(3) 检查盘的下端与桌子的边缘相合,被测者正面对着检查盘。手腕灵巧度测验,被测者站着进行;手指灵巧度测验,被测者坐在椅子上进行。注意哪个手是利手。

(4) 将被测者的成绩记录在测验记录单的各栏( )中。在集体实施时,可以用特别制成的记录用纸。

(二) 专家评估

行为评估法是性向评估中纸笔测验和操作测验的必要补充,比如说对那些在数学、音乐、绘画、舞蹈、体育等方面具有特殊倾向的人才,除进行必要的纸笔、操作测验外,专家对他们的鉴定是必不可少的。专家们在其从事的学科研究领域有很深的造诣,对该领域人才的识别有很强的敏感性,是任何测量工具都不能替代的。专家评估具有特殊倾向的人才一般按以下几个步骤进行:

一看——所谓看,也就是人才评估或选拔中常说的"面试",即从学科方面由浅入深地进行提问,了解受评者的学科知识水平和思维能力,面试不仅可进一步了解受评者的智能水平,而且对受评者的性格、气质、言谈、举止、体质等方面也一览无余。面试是一门艺术,不是任何人都能胜任的。

二评——心理学家认为,作品是反映作者各种才能最真实而具体的材料。通过分析代表作或自认为是最理想的作品,基本上可以判别受评对象某些才能的高低,以决定取舍。在作品分析中还可以依靠若干专家,发挥群体伯乐的功能。

三判——专家们根据自己长期工作中所总结出来的经验和才识对受评者进行综合评定。

第二节　性向评估的工具

一、一般能力倾向测验(中国城市版)

(1) **目的**　用于各类人员的选拔及评估中学生的职业能力倾向,以便进行升学指导和择业指导。

(2) **编制/修订者**　1934年,美国劳动部就业保险局专家编制;1989年至1993年,凌文轻、方俐洛修订中国城市版。

(3) **适用范围**　适用于中学以上所有人。

(4) **施测时间**　纸笔测验约需1小时,器械测验约需15分钟。

(5) **量表内容**　该测验包括15种测验,其中11种是纸笔测验,其余4种是器具测验,共测验人的9种一般能力倾向,这9种能力倾向都是各种职业领域中所必需的。各能力分别由1～3种测验所测定。

① 一般智力(G):一般的学习能力,指掌握基本原理、原则以及推理、判断的能力。把测量V、N、S(词汇、类比推理、三维空间)因素的三个测验的分数相加得到。

② 言语能力(V):对言语的相互关系及句子意义的理解能力并能有效使用文字表达信息和自己想法的能力。

③ 数学能力(N):正确而准确地进行数学运算和数字推理的能力。由计算和算术推理两个测验来加以测量。

④ 空间关系理解力(S):对立体图形以及平面图形与立体图形之间关系的理解能力。由三维空间测验来测量,包括理解三维物体的二维表示及想象三维运动的结果。

⑤ 形状知觉能力(P):能觉察到实物或图形的细微部分并进行辨别的能力。共有两个测验完成,一个是匹配同样的几何形状,一个是匹配画有同样工具的图画。

⑥ 书写的知觉能力(Q):能觉察文字、符号、票据上的细微差异以及能快速校对文字、数目、符号以及避免抄写或计算错误的能力。与形状知觉类似,但要求不是匹配图画或形状,而是匹配名称。

⑦ 运动协调能力(K):能使手指之间和手眼之间相互协调配合,能快速且精确地做出细微动作的能力。能使手指跟随着眼所看到的物体迅速移动,进行正确控制的能力。

⑧ 手指灵活度(F):能快速、准确地活动手指,能用手指很好地操作细小物体的能力。

⑨ 手腕灵巧度(M):能随心所欲、灵巧地活动手和腕的能力,即拿取、放置、调换、翻转物体时手的精巧运动和腕的自由运动能力。

(6) **评价**　这套测验适合中国的文化特点,既有科学性又有实践性,且易于操作。建有全国北京、华东、华北等六大地区13个城市初三至高三学生的年级常模,效度良好,但信度有待进一步提高。

二、霍兰德职业兴趣测验

(1) **目的**　教育、培训、企业管理领域确定各类人员的职业兴趣倾向,指导升学和就业。

(2) **编制/修订者**　美国著名职业指导专家霍兰德编制；1996 年，龙立荣首次对霍兰德职业兴趣量表 1985 年版进行了修订。

(3) **适用范围**　适用于高中毕业生、在读大中专生、应届大中专毕业生升学就业指导，以及已参加工作但渴望转行，需要发现和确定自己的职业兴趣和能力特长的人士自测使用，也适合职业指导、咨询以及培训机构应用于具体的服务中。

(4) **实测时间**　约 40 分钟。

(5) **量表内容**　1953 年，霍兰德编制完成了由 160 个职业名称构成的职业偏好量表（VPI）。1969 年，又对该量表进行了补充，推出了自我导向探查量表（SDS），目的是用于现实的职业指导。SDS 可供受测者自己管理、计分和解释结果，由四部分构成：第一部分是列出自己理想的职业；第二部分包括活动、潜能、爱好职业及能力自评四方面，每一方面都按霍兰德职业兴趣六种类型（社会型、经营型、常规型、艺术型、研究型、现实型）编制项目，每类题目数相等；第三部分按六种类型的四个方面得分高低由大到小取三类型构成"三字母职业码"；第四部分为职业寻找表，包括 1 335 种职业，每种职业都标有职业码和所要求的教育水平。受测者根据职业码可在四部分中寻找相应的职业。

三、中学学业性向测验

(1) **目的**　旨在测量学生数理和语文发展潜能，用以鉴定数理资赋优异学生及诊断中学生的数理和语文能力。

(2) **编制者**　林宝贵，郭静姿；2006 年。

(3) **适用范围**　初中 1～3 年级学生。

(4) **施测时间**　约 50 分钟。

(5) **量表内容**　该测验内容包括三大部分，即语文能力（类比推理、词意比较、阅读理解）、数学能力（数量关系、图形空间、推理能力）和自然科学能力（物理、化学、生物、地球科学、综合），总共有五套。

(6) **量表信效度**　该测验检验结果表明具有一定的信度，效度良好。建有台湾地区初中 1～3 年级学生"标准分数"常模。

四、初中学业性向测验

(1) **目的**　旨在测量与筛选特殊学生，协助初中编班作业。

(2) **编制者**　路君约，吴武典，简明建；2001 年。

(3) **适用范围**　初中 1～3 年级学生。

(4) **施测时间**　语文部分为 13 分钟，数学部分为 28 分钟。

(5) **量表内容**　该测验共有 100 题，包括语文类推、语文归纳、数学计算和数学应用 4 个分测验。

(6) **量表信效度**　本测验具有一定的信效度，建有台湾地区初中 1～3 年级男女学生的百分等级和标准分数常模。

五、中小学美术性向测验

（1）**目的**　旨在测量学生美术的潜能，可提供甄选美术资优学生，早期发掘美术潜能的学生。

（2）**修订者**　陈淑美，2002年。

（3）**适用范围**　小学和初中学生（9～15岁）。

（4）**施测时间**　约35分钟。

（5）**量表内容**　该测验内容主要依据点、线、面造型要素、形式原理与视觉效果、美术作品美感判断及色彩感觉等顺序编排，同类试题则由易而难排列。甲乙两套测验前三类试题形式接近，内容对应，而色彩感觉测验则甲乙两套全同。每套测验的点、线、面造型测验、形式原理与视觉效果测验以黑白印制，而美术作品美感判断测验及色彩感觉测验则以彩色印制。

（6）**量表常模**　建有全台湾地区9至15岁儿童和青少年的"百分等级"和"标准分数"常模。

六、多元性向测验

（1）**目的**　旨在测量学生的各种性向，提供数据，对于受试者的性向组型作综合的和分别的分析，借以帮助受试者了解自己的性向，进而对于职业、学业及专业机会能作最明智的抉择。

（2）**修订者**　胡秉正，1986年。

（3）**适用范围**　初中学生。

（4）**施测时间**　各分测验测验时间不尽相同，其所需时间如下：字义测验，需6分钟；段落意义测验，需8分钟；语文测验，需8分钟；文书测验，需10分钟；数字理解测验，需20分钟；算术计算测验，需10分钟；应用科学和机械测验，需20分钟；空间关系测验——平面，需6分钟；空间关系测验——立体，需6分钟。

八个分测验共需94分钟，由于测验时间较长，如全部测验时，可分两次实施。而本测验是根据各因素予以排列，故同一因素的测验，合并实施较适宜。

（5）**量表内容**　新修订的多元性向测验，内容包括八个分测验：

① 文字理解测验，第一部分，字义测验，32题，第二部分，段落意义测验，22题；

② 语文测验，33题；

③ 文书测验，89题；

④ 数字理解测验，33题；

⑤ 算术计算测验，32题；

⑥ 应用科学和机械测验，49题；

⑦ 空间关系测验——平面，24题；

⑧ 空间关系测验——立体，23题；总计为327题。

由8个分测验的得分，可了解受试者在8种性向的相对性；由8个分测验可组成5个因素分数：语文理解（测验一），知觉速度（测验二、三），数字理解（测验四、五），机械理解

(测验六),空间形象(测验七、八)。又可由因素一、三语文理解及数字理解合成学业潜在分数,作为学习中学业潜在能力的指数。

(6) **量表常模** 建立台湾地区初中 1~3 年级男女学生各分测验及因素的百分位数常模。

七、多向度性向测验

(1) **目的** 旨在评估 8 种不同能力的相对优势和计算机、电学方面的能力,弥补传统性向测验的不足,可作为升学、就业辅导及公司人才甄选的依据。

(2) **编制者** 欧沧和、路君约,2003 年。

(3) **适用范围** 初中二年级至高二年级学生。

(4) **施测时间** 94 分钟。

(5) **量表内容** 该测验包括 8 个分测验,即语文类推:包含了字汇能力、概念关系、快速联想以及逻辑推理能力;机械推理:包含杠杆、弹簧、摩擦、音波、齿轮、力、加速度等与机械有关的能力;计算机能力:可看出受测者对于整个计算机相关的基础知识是否坚实;数学推理:与记忆容量、专注力、逻辑推理、心算速度等能力有关;抽象推理:此测验可排除语文的影响,看出一个人抽象思考的能力;电学知识:包括用电常识及初中阶段物理课程相关的基本能力;文句重组:测量记忆单位容量、词汇、文法知识、逻辑思考、阅读理解的能力;数据检验:偏重视知觉的区辨能力、手部精细动作的敏捷度与个人专注力和成就动机。

(6) **量表常模** 建立台湾地区初中二年级至高二年级学生常模。

八、威廉斯创造力测验

(1) **目的** 旨在测量学生认知与情意的创造力,为教学、辅导提供参考。其功能有三个方面:

① 筛选具有特殊才能与创造能力的儿童。

② 甄选参加发展创造力方案或资赋优异教育方案的儿童。

③ 对于学业成就或智力测验表现较差而被忽略的儿童,可给予再评估及确认使学生得到适当发展。

(2) **修订者** 林幸台,王木荣;1994 年。

(3) **适应范围** 6~18 岁(小学一年级至高中三年级)男女生。

(4) **施测时间** 20~30 分钟。(创造性思考活动须在 20 分钟内完成;创造性倾向量表填答时间则不限但须提醒学生不要想太久;创造性思考与倾向评定量表评定的时间要在学生受测前后这段时间完成,避免相隔太久)

(5) **量表内容** 包含三种工具:

① 创造性思考活动 本测验一共有 12 幅未完成的图形,受试者需利用题本上已有的线条在规定的时间内完成有意义的图画,并为画好的图取个名字。所得分数可代表基尔智力结构中的扩散式思考的因素(流畅、变通、独创、精进),属于认知层面的评量。

② 创造性倾向量表 本量表共 50 题,为四选一的陈述句,由受试者自己在冒险、好奇、想象、挑战四方面行为特质的程度勾选,属于情意方面的评量,所得分数可说明左脑语

文分析与右脑情绪处理的交互结果。

③ 创造性思考与倾向评定量表　此观察评定量表共 52 题,其中 48 题是三选一的题目,另有 4 道开放式题目,需用文字来描述。由受试者教师与家长依据其观察结果评定儿童八种创造行为,所得分数即代表受试者在每一个创造力因素上所具有的程度,以及教师或家长对其创造力的态度。

（6）**量表常模**　本测验依年段、性别分别编制百分等级对照表,供测验结果解释之用。

第三节　实施案例

一、个案基本资料

林××,男,19 岁,高中即将毕业,面临着高考志愿、专业的选择以及对今后自己合适的职业方向的定位。在做决定之前,他希望了解自己的一般能力倾向如何,以便自己在正式做决定时可以提供一个科学的参考。

二、工具与方法

工具:考虑到其对职业、对专业的选择,因此,评估时采用了"一般能力倾向测验"和"16PF 人格测验"。

方法:采用测测验法对其进行综合评估,以帮助其做最后的抉择。

三、评估结果

1. 一般能力倾向测验

林××一般能力倾向测验结果见表 14-1。

表 14-1　林××一般能力倾向测验结果

	数学运用	言语理解	判断推理	资料分析	总分
原始分数	13.00	17.50	32.00	15.00	77.50
小组平均值	12.11	20.83	30.50	11.10	71.40
小组标准差	2.20	20.98	4.92	2.91	12.95

百分等级:68.08%　标准 Z 分数:0.4675　T 分数:54.68

（1）数学运用能力　一般。对数字规律和数学现象不够敏感,解决问题时通常方法单一,缺乏灵活性,但有一定的数学基础,面对实际问题时,经过考虑通常能够找到解决办法。

（2）言语理解能力　一般。基本能够应付日常的交流和沟通,但不能胜任对语言文字能力有较高要求的工作。

（3）逻辑推理能力　一般。对事物内在规律的敏感性属一般水平。能通过一定的分析发现事件发生的逻辑顺序;对于自然常识、物理现象有一定的认识;能够对图形符号进行表象加工、旋转,并能根据一定的前提进行推断。

(4)资料分析能力 好。头脑清晰,才思敏捷。具有准确的数字估算能力和快速的综合分析能力。能够迅速捕捉图表、文字中蕴含的大量信息,通过有效缜密的认知加工,出色地解决生产生活中面临的实际问题。

2. 人格测验(16PF)

林××在人格测验(16PF)上的得分情况以及他在人格上的一些基本的特征见图14-1。

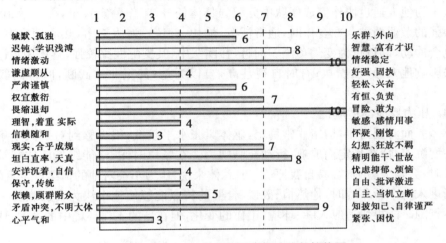

图 14-1 林××16 种人格因素标准分数柱状图

林××情绪通常能够保持在稳定、平和的状态,不因压力或挫折气馁。面对困难仍有足够的热情,不轻易放弃。能准确认知他人、控制自我,独立好强、勇于创新、不愿服输的个性使他很有可能实现自己的目标,有所成就。严谨自律,即使进入新环境后仍可以保持原有的认真负责的学习、工作态度,在新环境中能够很快得到成长、获得成功。

然而,在想象力或创新能力方面表现不够突出,可能跟他将更多的兴趣放在社会交往和日常事务方面有关,对具体某些事物缺少创造力和敏感性。

四、结论与建议

(一)结论

对林××进行综合分析,主要表现在思维风格、沟通与社交、工作风格、压力反应与适应性、成就潜能等方面。

(1)思维风格

总的来说,综合推断能力是林××的优势能力,逻辑推理能力和数学能力次之,相对较逊色的是他的言语理解能力。他非常善于从抽象的资料(例如图、表、数字等)中提取有用的信息,而对于大段的文字,表现不够优秀。

对事物进行判断比较容易受自己的情感和价值观影响。勤于思考,不拘泥事件本身的细节信息,倾向于思索有限事实之外的东西。有很好的想象力,但创造力一般。

（2）沟通与社交

林××善于交际，开朗，不拘小节，和蔼可亲，合作能力非常强。喜欢和别人共同工作，经常参加或组织各种社团活动，不斤斤计较，容易接受别人的批评，乐于合作，体贴他人。同时，对自己认为有把握的判断或决策，比较坚持，愿意去影响他人，但有时会固执。

（3）工作风格

在工作方面，林××比较喜欢与人合作，团队的归属感会给他带来更大的工作动力。在团队中与他人通过协作完成团队中分配的具体任务，工作踏实肯干，勇于承担责任，并且有很强的敬业精神。在合作时，通常活泼、愉快、健谈。对人对事，热心而富有感情；但有时也会冲动，以致行为变幻莫测。而且，在团队中，其支配性比较强，喜欢用自己的思想方法去影响他人，好强固执；有时自视甚高，自以为是；甚至非常武断，时常驾驭不及他的人。

（4）压力反应与适应性

林××面对压力时，情绪非常稳定，躯体紧张水平较低，很少感到对别人不耐烦和不满。态度沉着，情绪稳定而成熟，行动充满魄力。在紧急时候，常能维持团体精神。在压力过大时，会稍欠毅力，容易自我原谅。但总体来说，压力不会对他的情绪产生大的影响。

当进入一个新环境时，他热情、健谈、合群的特点能够使他很快为自己赢得一个和谐的人际氛围。能很快适应人际、环境、工作的变化，但在新的工作环境中的学习、成长能力一般。

（5）成就潜能

心态健康，在人际交往方面，适应能力很强，善于和不同的人打交道，负责任，深受同学、同事喜爱。喜欢与人合作。但有时会依赖性过强，稍缺独立精神。创造能力一般。会是一个很好的合作者，可以在小范围里担任领导职务。

（二）建议

根据综合测验结果，建议林××在高考专业、志愿的选择中，尽可能选择可以发挥自己优势能力的专业，避免选择和自己的弱势能力相关度很高的专业。这样，今后的学习、工作才能得心应手。

林××比较适合从事的学习或工作领域有：企业管理、经济学、历史研究、法律类、统计类、哲学类、心理学、政治和国际关系、社会学等领域。

【本章小结】

1. 本章首先阐述了性向与性向测验的涵义、特征，并将性向测验、智力测验及成就测验三者之间进行了比较；在此基础上介绍性向测验的三种类型，即一般性向测验、多元性向测验及特殊性向测验。

2. 然后，探讨了性向评估的两种方法，一是客观性较强的纸笔测验和操作测验，另一个则是客观性不太强的专家评估。

3. 最后，介绍了性向评估的多种经典测验工具，并将性向评估的方法、测验工具的选用等贯穿到实际案例中进行讲解和示范。

【思考·练习·实践】

1. 什么是性向? 性向有哪些特征?
2. 性向测验的类型有哪些?
3. 为什么要评估儿童的能力倾向?
4. 评估性向的方法有哪些?
5. 案例分析:

李某,男,听力障碍,佩戴助听器,有语言但沟通不太流畅,主要用手语交流,目前就读于某聋校九年级。学习成绩一般,但兴趣广泛,外向活泼。李某马上面临初中毕业,父母想让其选择合适的职高学习一门手艺,以后能够自食其力,但不太清楚什么样的职业更适合李某。针对李某的情况,请你分析可以使用哪些评估方法? 选用哪几种评估量表比较合适?

【参考文献】

[1] 韦小满. 特殊儿童心理评估[M]. 北京:华夏出版社,2006.

[2] 张世彗,等. 特殊学生鉴别与评估[M]. 中国台北:心理出版社,2003.

[3] 陈丽如. 特殊学生鉴别与评估[M]. 中国台北:心理出版社,2001.

[4] 解亚宁,戴晓阳. 实用心理测验[M]. 北京:中国医药科技出版社,2006.

[5] 金瑜. 心理测量[M]. 上海:华东师范大学出版社,2001.

[6] 凌文辁,方俐洛. 心理与行为测量[M]. 北京:机械工业出版社,2003.

第三篇

生态行为取向评估方法

第十五章　生态评估

【内容摘要】　生态评估在特殊教育中的作用尤为明显,近年逐步成为特殊教育关注的一个焦点。本章首先介绍生态评估的发展历程、涵义、搜集资料的方式、评估的内容及应用原则;接着介绍生态评估的实施步骤;最后,对生态评估的特征进行概括、总结,并对生态评估方法进行客观的评析。

小羽,男,12岁3个月,全盲兼重度智力障碍,是盲校多重障碍班的一名学生。小羽是早产儿,且出生时缺氧短暂窒息,体重为2.5千克。双眼均无光感,左眼视网膜脱落。小羽出生后发育缓慢,2岁才能喊爸妈,2岁半才能走。他能自己控制大小便,但不能单独如厕,上厕所时需旁人辅助。不会自己洗脸刷牙、穿脱衣服、吃面条。有基本的口语能力,会重复别人说的语句、问题,但发音不准。注意力不集中,非常胆小,会莫名其妙地笑和大叫。喜欢玩粘扣,摸自己的屁股,喜欢咬自己左手的大拇指,经常用左手食指按压眼睛。小羽是家中的独子,父母都很疼爱他,他非常依恋妈妈。老师很苦恼,教他盲文学不会,教他语文、数学他没反应。通过评估发现,其综合能力发展仅相当于2岁儿童的水平。怎么办? 小羽能学什么? 老师能教什么?

传统的评估方法难以解决小羽"学什么?"的问题,迫使我们思变。近年来,学术界对人类的智力观及学习观有了极大的转变。对智力或学习能力的看法,由单一普通能力转向多元能力,从不可改变的静态观转为可促进的动态观。关于学习的观点,从过去行为学派强调的行为习得,到认知学派重早期知识的习得,再到近来的知识建构。在教学方面,从过去重学科知识内容的传递,到重指导学生能够面对挑战、适应变迁的问题解决及创造思考。凡此种种,都促使现今的评估模式由过去传统的心理计量评估向新的替代性评估(alternative assessment)拓展,生态评估就是其中之一。

第一节　生态评估概述

随着人们对特殊需要群体研究的逐步深入及认识的逐步提高,越来越多的研究者及特殊教育人士认识到对特殊儿童、少年的教育教学离不开评估。而且,如今对特殊儿童、少年的评估不只是传统意义上的类别、程度诊断,而是要对他们的学习能力、现有水平、障碍所在、特殊需求以及适应社会的需要等做全面的评估。因此,我们除了要评估他们是否有参与计划性活动的能力以外,还要关心如何通过评估来协助他们能够成功地生活在最少限制的环境中。因而,生态评估便成为近年特殊教育关注的一个焦点。

一、生态评估的涵义

生态学认为个体的行为是个体与其所处环境因素互动作用的产物,所以,生态学的评估就是对个体与其所处环境中各项因素进行评估的过程。由于一般标准化测验测量的结果无法满足评估与教学之间差距,导致评估工作对教学没有太大帮助,这种现象在中、重度障碍学生学习上尤为明显。因此,生态评估(ecological assessment)应运而生。20 世纪70 年代,特殊教育教师们开始用生态评估策略决定障碍学生的学习需求。[①]

何谓生态评估? 它是一种通过观察与其他搜集资料的方式,直接对个体在其所属的各项环境(家庭、学校及社区等)中所表现出来的各种能力进行评估分析,以利于设计教学目标及教学内容的过程。

生态评估的目的是什么? 它不仅要提供可能的教学目标或教学方法,更重要的是如何通过评估去发掘更多的环境,以利于学生更积极、有意义地参与。换句话说,就是教给个体适当的社会性行为,协助个体社会化,以实现教育机会均等的理想。

生态评估适用的对象是谁? 由于生态评估不仅强调学生适应某一环境所需具备的能力,而且更强调如何通过各种形式的辅助,帮助学生成功地适应与参与。而特殊儿童往往因身心障碍而无法参与或融入社区一般人的活动中,需要协助他们自在而尊严地生活在每个环境中。因此,如何运用生态评估的观念与策略,对特殊儿童在各项环境中表现出来的各种能力进行分析,进而提供有利于其行为改善的环境和活动,协助儿童有机会、有能力参与学校、家庭或社区中的任何活动,对于中、重度障碍的儿童尤为重要。此外,提供对不同能力儿童的个别化协助,发展属于孩子的天空,一直是特殊教育工作者、家长及社会人士所关注的焦点。

二、生态评估搜集资料的方式

生态评估主要是搜集、诊断、评估及建立学生适应所处的周围环境的过程。其搜集资料的方式主要有四种,见表 15 - 1。

表 15 - 1　搜集资料所采用的方式

项　　目	内　　涵
直接观察	有计划地观察特定学生,并将观察结果记录下来
记录分析	依照原有的记录表或是其他现存资料加以分析汇总整理
晤谈	与学生本人、同伴、家长、教师或其他关键人物进行晤谈
心理的教育测量	采用正式的或非正式的测量工具

由上可知,生态评估的方式是以学生为中心,强调对学生与其周围环境互动关系的了解,通过观察、记录、晤谈及正式的或非正式的测量工具,搜集学生在环境中的发展情况,

---

①　陈丽如:《特殊儿童鉴定与评量》,中国台北:心理出版社,2001 年,第 119 页。

以便为教师设计教学方案提供参照。

三、生态评估的内容

生态评估的内容随特殊儿童生活的时代与环境的改变而改变。例如：在南京市乘坐公交车可能是甲学生必备的生活能力，而乙学生就居住在就读学校附近，因此，乙学生就不需要具备此能力，因而就不需给乙学生进行此方面的教学。所以，生态评估是一个个别化的评估，由于每位学生所生活的时间、空间不同，评估的内容也有所不同。概括地说，大概涵盖以下 7 个方面。

（1）家务技能（domestic skills）　例如打扫卫生、整理房间、烧饭等，具体包括扫地、拖地、抹桌子、擦窗户、淘米、择菜、洗菜、洗衣、做饭、刷锅、洗碗等目前和将来生活中实际需要的技能。

（2）沟通技能（communication skills）　例如做、看、听、说、非口语互动、模仿、组织技能等。

（3）小区生活技能（community living skills）　例如小区环境的辨认，小区公共设施的使用，小区超市、银行、邮局等服务机构的辨认、运用以及买菜、购物等技能。

（4）娱乐休闲技能（leisure and recreational skills）　例如旅游、唱歌、跳舞、玩游戏、打牌、看电影、下棋、打球、唱卡拉 OK 等技能。

（5）职业技能（vocational skills）　例如扫地、擦地、择菜、洗菜、烧菜、煮饭、洗衣服、熨衣服等技能以及职前专业训练等。

（6）社交/人际关系（social life skills）　例如与人交往、交流和与人相处的技能技巧等。

（7）功能性课程（functional curriculum）　例如语文、数学、计算机、感知训练、认知训练、感觉统合训练、常识、康复等课程。

上述七个方面的具体内容因人而异，随特殊儿童生活的时代与环境的改变而改变。

四、生态评估的运用原则

生态评估在使用过程中应遵循下列原则，以保证运用的正确性及有效性。

1. 着重功能性

运用生态评估设计课程时应以个案为中心，内容必须从个案的实际需求为出发。因此，生态评估非常适合于中、重度障碍学生的评估。

2. 兼顾生理与心理年龄

通过生态评估设计的教学，目标在于协助个案在其生态环境中表现应有的适当行为，因此，课程内容应同时符合个案的生理年龄与心理年龄。

3. 依据评估结果进行教学

生态评估的目的在于评估学生的学习需求，教学应与生态评估的结果紧密结合，才能最大限度地发挥生态评估的效果。

4. 着重在自然情境中进行教学

由于中、重度障碍儿童的类化能力较弱，因此，依据生态评估结果所做的教学，应该尽可能在自然情境中进行，培养他们在自然环境中的行为能力，正因如此，还需提高障碍儿童与一般人互动的能力,以提高其在未来环境中的适应能力。

5. 辅助需求的评估

一般障碍者若有他人的适时帮助及辅具的支持,那么其生活适应能力将大大提高。因此辅助器具及辅助程度的评估,更容易帮助个案成功地参与生态环境中的活动。

6. 职业能力的评估

身心障碍者在工作场所常有不适应的现象,如果能用生态评估去了解其能力与工作条件的吻合情况,就可以适当地培养他们的工作能力。[①]

第二节　生态评估的实施步骤

一、生态评估的实施步骤

一个实用的生态评估过程应包括对教学的分析与设计,通常可分为五个步骤进行。

(一)搜集资料

包括晤谈、观察、测量、记录等。例如:直接观察、学生记录、教师自编测验、审阅学生作品或作业表现等。其中晤谈的对象包括学生、家长或雇主等关键人物。

(二)进行生态分析

通过实地进入个案现在及未来可能的生活环境,进行田野评估(field trips),以了解个案的生活问题与需求。在评估过程中,可根据个案具体情况设计生态评估内容,以方便整个评估过程的进行与记录。具体的分析内容包括:

(1)领域(domain)　也就是确认学生所处的各项环境,即个体所处的生态环境,包括居家生活、学校生活、社区生活及职业生活等,见表 15-2。

表 15-2　生态评估表

主要领域	主要环境	常常/喜欢去的地方	常常/喜欢做的活动	目前表现	应备技能	所需的协助训练及辅具
学校生活	学校					
居家生活	家庭					

---

① 陈丽如:《特殊儿童鉴定与评量》,中国台北:心理出版社,2001年,第119-121页。

续　表

主要 领域	主要 环境	常常/喜欢 去的地方	常常/喜欢 做的活动	目前表现	应备技能	所需的协助 训练及辅具
社区 生活	社区					
职业 生活	工作 场所					

（2）主要环境（environment）　找出选定的领域中，个案的主要生活环境，例如学校、居家环境、小区、工作场所等。包含目前和未来的环境。见表 15-2。

（3）次要环境（sub-environment）　找出主要环境中个案常常去或喜欢去的地方，例如学校里的音乐教室、家里的厨房、小区里的公园等。见表 15-2。

（4）活动（activity）　分析在次要环境中个案常常做或喜欢做的各种活动，例如音乐教室内的歌唱活动，见表 15-2。当然，我们并不需要针对每一环境中的每项活动进行分析，而是选择与未来教学最具关联的项目进行分析。

（5）技能（skill）　首先评估个案目前各方面的表现、进行活动中所需具备的技能；再评估进行活动时所需要的辅助，包括个案需要的协助训练及辅具，并将其纳入教学设计中，见表 15-2。然后以工作分析的方式将活动分成小步骤。工作分析通常包括两个步骤：① 根据个案的家人、同伴在完成这些工作过程中所表现的各种行为进行工作分析；② 让个案实际操作各项工作，再将其表现情况与前一项步骤的工作分析记录做比较，来进行差异分析。

（三）细列教学目标

根据生态分析的结果将儿童的表现、需求，用教学目标一一列出。为了符合个案需求，制订教学目标时可遵循下列原则。

（1）在不同领域都重复出现的技能；

（2）目前环境所必需的技能；

（3）未来环境所必需的技能；

（4）可应用在多种场合的技能；

（5）有与一般儿童互动的机会；

（6）可增进儿童独立生活能力；

（7）可增进儿童迈进最少限制的环境——可扩大儿童参与生活的能力；

（8）符合儿童生理年龄、心理年龄与目前能力；

（9）儿童对该活动有反应；

（10）教师以外，生活周围的人也可以参与的项目。

（四）设计教学内容

根据前一项教学目标，设计教学内容。

（五）实施教学

根据设计的教学内容进行逐一教学，在进行教学时可采用以下策略。

（1）拟定正强化系统；

（2）运用刺激提示（如口语、动作提示和身体协助）；

（3）运用渐隐策略，使学生产生自发行为；

（4）运用链锁策略（如正向链锁、逆向链锁）；

（5）遵循循序渐进的原则；

（6）遵循部分参与的原则；

（7）遵循最少帮助的原则；

（8）善用团体、分组、一对一教学；

（9）提供与一般儿童互动的机会，使其在互动中模仿、学习到适当的行为。

二、生态评估的实施案例

（一）搜集资料

小丽，女，12岁，脑瘫兼重度智力障碍，是一所特殊学校六年级学生。王老师决定用生态评估的方法为其设计教学内容，为其 IEP 的制定提供依据。通过观察、家庭访问、社区调查及访谈重要人物（包括其五年级教师、学校生活辅导员等），了解了小丽目前生活中的问题及其在实际生活中的需求。

（二）进行生态分析

本例在此仅摘出其生态分析的一个部分（家庭环境部分），见表 15-3。

表 15-3　小丽的生态分析表（家庭环境部分）

主要领域	主要环境	常常/喜欢去的地方	常常/喜欢做的活动	目前表现	应备技能	所需的协助训练及辅具
居家生活	家庭	厨房	吃饭	还不知道家庭成员的人数	摆餐具	
				可自己吃饭，但大多使用汤匙，菜肴会掉落桌面	自己吃饭	设计易舀起的汤匙
				没有任何收拾餐具的习惯	收拾餐具	
				会自己拿抹布抹桌面，但杂乱无序	收拾桌面	特制手套抹布

（三）细列教学目标

根据生态分析的结果，将小丽的表现、需求用下列教学目标列出，本例仅摘录其中的一部分（家庭部分），见表 15 - 4。

（四）设计教学内容

根据上述生态分析和教学目标为小丽编订了一份生态评估的教学内容设计表，见表 15 - 4。本表为其中的一部分（家庭环境部分）。该内容也是制订小丽 IEP 的依据之一。

表 15 - 4　小丽的生态教学内容设计（家庭环境部分）

主要环境	次要环境	活动	教学目标	目前表现	教学重点	教学领域	辅具
家庭	厨房	吃饭	1. 帮忙摆餐具	还不知道家庭成员的人数	家庭人数的认识，食用者与餐具数量的配对	实用数学	
			2. 自己吃饭	可自己吃饭，但大多使用汤匙，菜肴会掉落桌面	饭前洗手，吃饭时维持桌面的清洁	生活教育、社会适应	设计易舀起的汤匙
			3. 收拾餐具	没有任何收拾餐具的习惯	用餐后会自己将餐具放至洗碗槽	生活教育	
			4. 收拾桌面	会自己拿抹布抹桌面，但杂乱无序	抹布的清洁维护与正确使用	职业教育	特制手套抹布

（五）实施教学

根据前面设计的教学内容对小丽进行分步教学。在实际教学中应注意正确运用相应的教学策略以取得事半功倍的教学效果。

第三节　生态评估的特征与评析

一、生态评估的特征

国外学者研究认为生态评估主要具有以下三项特征。[①]

---

① 张世彗等：《特殊学生鉴定与评量》，中国台北：心理出版社，2003 年，第 185 - 186 页。

（一）以学生目前及未来可能接触的环境为评估重点

这些环境包括学校、家庭、小区、工作场所和休闲娱乐设施。生态评估的目的除了提供可能的教学目标或教学方向之外，更强调如何通过评估发掘更多的环境及活动，以便特殊儿童更积极、更有意义地参与。

（二）生态评估是一个个别化的评估过程

由于每位特殊儿童所处的环境不尽相同，因而专家学者和老师会个别地评估儿童的各项环境，以了解和决定个别儿童的教育需求。

（三）特别强调协助儿童成功地适应与参与

事实上，生态评估不仅强调儿童应具备适应某一环境所需的能力，而且更强调如何通过各种形式或程度的辅助，帮助学生成功地适应与参与这一环境。

正因为生态评估具有这三项特征，使得生态评估策略与传统评估策略在特殊儿童的教学上存在着较大的差异，见表 15 - 5。

表 15 - 5　生态评估策略与传统评估策略的差异

传统评估策略	生态评估策略
只反映出儿童的困境	能反映出儿童在教室情境适应行为
以特定的评估工具评估儿童	以理解式的评估及适应性评估工具评估儿童
评估及介入方式须受社会系统的认同	评估方式参与儿童的社会系统
只评估儿童在教室内的情形	评估也包括儿童所有的自然情境
评估资料只供短程教室内教学计划参考	评估资料可供长期社区教育计划参考
将儿童与社会辅助性的评估分开	将儿童与父母的评估统合进行

二、生态评估的评析

生态评估既有其生态观点上的优势，但在实际情境的使用中也有其不足，需一分为二地看待。

（一）优点

1. 具有功能性

生态评估完全以学生的实际生活环境为评估的重点，因此，其评估的结果具有较强的功能性。

2. 强调个别化

生态评估没有学生障碍程度之分，强调不同学生的个别需求。

3. 提供学生潜能的评估

生态评估重视挖掘更有利于学生参与环境的条件，其目的在于发现学生的学习潜能，以帮助学生适应最少限制的环境。

4. 评估与教学密切相关

生态评估的目的在于为教学铺路,因此评估的结果与教学之间的关系非常密切,评估结果可作为教学内容的一部分。

(二)缺点

1. 评估耗时费力

生态评估是一种个别化评估,需亲自在学生所处的各种生活环境中进行,而且需要与许多人进行面谈,工程浩大,费时费力。

2. 生态环境难以成为教学情境

由于行政协调或情境限制,学生的生态环境往往难以成为适当的教学情境。

3. 个别化教学难以完全掌握

每个个案的行为表现不同,适合的教学模式也不尽相同,而特殊教育老师往往一堂课要面对多位学生,这使得个别化教育难以进行。

4. 辅具的设计问题

辅具的设计往往并不是特殊教育老师的专长,因此常常需要求助其他的专业人员。但目前国内专业人员不足,常常难以取得适当的配合。

【本章小结】

1. 生态评估是近年国外兴起的另类评估中的一种评估方法。为了让同学们能真正掌握并学会运用这种方法,惠及特殊儿童,本章对生态评估的发展历程、涵义及应用原则等逐一进行了介绍,而对搜集资料的方式、评估的内容则进行了详细阐述。

2. 生态评估的实施步骤的掌握是具体运用这种评估方法的根本,因此,在介绍时结合具体的案例逐步讲解该步骤在实际操作中的应用方法。

3. 在前面内容学习的基础上,对生态评估的特征进行概括、总结;同时,要认识到任何一种方法都有它的优势和不足,生态评估也不例外,对生态评估方法要进行一分为二的、客观的评析。

【思考·练习·实践】

1. 什么是生态评估? 试简述之。

2. 生态评估中搜集资料的方式有哪些?

3. 生态评估的内容包括哪些? 请举例说明。

4. 生态评估的实施步骤是什么? 如何进行生态分析?

5. 生态评估有何特征? 有哪些优势和不足? 请简述之。

6. 案例分析:

明明,男,7 岁 1 个月,就读于培智学校一年级,重度智力障碍,综合发展水平仅 1 岁 10 个月左右。生活自理能力缺乏,常常流口水,不喜欢运动,口齿不清,仅能模仿个别词语。不会与同学老师交往,经常发脾气。老师要给明明制定个别化教育方案,需要对其进行哪些方面的评估? 可用什么方法和工具进行评估?

【参考文献】

［1］张世彗,等.特殊学生鉴定与评估［M］.中国台北:心理出版社,2003.

［2］陈丽如.特殊儿童鉴定与评量［M］.中国台北:心理出版社,2001.

［3］李翠玲.特殊教育教学设计［M］.中国台北:心理出版社,2001.

［4］李淑贞.中、重度障碍者有效教学法［M］.中国台北:心理出版社,1998.

［5］李淑贞.生态课程活动目录汇编.教育部奖助研究论著［M］.中国台北:台北市立师范学院特教系印行,1999.

［6］杞昭安.生态评量模式探究［J］.特教园丁季刊,1993,8(4).

［7］林秀玲.生态评量在特殊教育上的应用［J］.国民教育,1994,34(11/12).

［8］钱文,刘明.特殊需要婴幼儿评估的实践指导［M］.上海:华东师范大学出版社,2005.

附表一：

<h2 style="text-align:center">生态评估表</h2>

受评者姓名：_____　评估者：_____（与受评者间的关系：

_____）

评估日期：_____

● 填答说明

下面从受评者的生态环境中找出居家生活和社区生活两个重要的领域；然后，从中分析主要环境、次级环境和活动；接着，请您用1～5等级方式在表格相应位置中打"√"，表示出该受评者在这些活动上的表现情况。如果，您对受评者在本项活动上的表现了解不多或他（她）没有机会从事此活动，则可以填写为"不知道"。1～5等级所代表的意义为：1——在身体提示下才能完成；2——在视觉提示或手势提示下才能完成；3——在示范动作下才能完成；4——在口语提示下才能完成；5——能独立完成。

接下来请用1～3等级，也是以打"√"的方式，勾选出您对该项活动重要性的看法。1～3等级所代表的意义为：1——不重要，表示该项活动在受评者所处的目前或未来环境中不需要或是不重要；2——一般，表示该项活动在受评者所处的目前或未来环境中的重要性一般；3——重要，表示该项活动在受评者所处的目前或未来环境中有需要或是很重要。

您要是有其他补充意见，例如受评者在此项活动上还有哪些有待加强的地方，请在"备注栏"说明。另外，在这些主要环境和次要环境中，若有其他您认为重要而没有被列出的活动，请在空白栏内列出，并评估其表现情况。

领域一：居家生活

主要环境	次要环境	活　　动	表现情况						重要程度			备注
			1	2	3	4	5	不知道	1	2	3	
A 家庭	1. 客厅	A1－1 操作电风扇										
		A1－2 使用空调										
		A1－3 操作电视机，选择频道，观赏节目										
		A1－4 使用 CD 音响听音乐										
		A1－5 使用录像机观赏录像带										
		A1－6 开关电灯										
		A1－7 阅读书报杂志										
		A1－8 拨打电话										
		A1－9 接听电话										
		A1－10 接待客人										
		A1－11 拨打对讲机										

续　表

主要环境	次要环境	活　动	表现情况						重要程度			备注
			1	2	3	4	5	不知道	1	2	3	
		A1—12 接听对讲机										
		A1—13 使用水果餐点										
		A1—14 使用饮水机喝水										
	2.餐厅	A2—1 使用开水冲泡牛奶/茶										
		A2—2 餐前准备										
		A2—3 进餐										
		A2—4 餐后餐桌清理										
		A2—5 餐后桌椅整理										
	3.厨房	A3—1 使用烤箱烤面包										
		A3—2 使用微波炉热饭菜										
		A3—3 使用电饭锅煮饭										
		A3—4 使用电饭锅熬粥										
		A3—5 使用水果刀削水果										
		A3—6 使用刨子刨瓜果皮										
		A3—7 泡/煮面										
		A3—8 使用榨汁机榨果菜汁										
		A3—9 使用煤气烧、烹、煮简单食物										
		A3—10 清洗餐具										
		A3—11 橱具处理										
		A3—12 擦洗厨房灶台										
		A3—13 清理厨房地面										
	4.浴室	A4—1 如厕										
		A4—2 刷牙										
		A4—3 洗脸										
		A4—4 刮胡子										

续 表

主要环境	次要环境		活 动	表现情况						重要程度			备注
				1	2	3	4	5	不知道	1	2	3	
			A4－5 梳理头发										
			A4－6 洗头发										
			A4－7 洗澡										
			A4－8 倒垃圾										
			A4－9 清洗浴室										
			A4－10 处理月历										
			A4－11 擦拭镜子										
			A4－12 整理洗漱用具										
5.卧室		穿衣服	A5－1 穿有拉链的衣服										
			A5－2 穿扣纽扣的衣服										
			A5－3 穿套头衣服										
		脱衣服	A5－4 脱有拉链的衣服										
			A5－5 脱扣纽扣的衣服										
			A5－6 脱套头衣服										
		穿裤子	A5－7 穿有松紧带的裤子										
			A5－8 穿有拉链和扣纽扣的裤子										
			A5－9 穿需系皮带的裤子										
		脱裤子	A5－10 脱有松紧带的裤子										
			A5－11 脱有拉链和扣纽扣的裤子										
			A5－12 脱需系皮带的裤子										
		穿裙子	A5－13 穿有松紧带的裙子										
			A5－14 穿有拉链或暗扣的裙子										
		脱裙子	A5－15 脱有松紧带的裙子										
			A5－16 脱有拉链或暗扣的裙子										
		整理衣服	A5－17 折叠裙子										
			A5－18 折叠裤子										
			A5－19 折叠衣服										
			A5－20 挂衣服										

续 表

主要环境	次要环境	活 动	表现情况					不知道	重要程度			备注
			1	2	3	4	5		1	2	3	
		A5—21 整理头发										
		A5—22 使用吹风机吹头发										
		A5—23 整理床铺										
		A5—24 修剪指甲										
		A5—25 缝补纽扣										
		A5—26 从事美劳活动(如剪贴、手工艺、绘画、雕塑等)										
		A5—27 从事韵律活动										
	6. 阳台	A6—1 穿鞋										
		A6—2 脱鞋										
		A6—3 穿袜										
		A6—4 脱袜										
		A6—5 戴帽子										
		A6—6 脱帽子										
		A6—7 使用洗衣机清洗衣服和甩干衣服										
		A6—8 晾晒衣物										
		A6—9 乘电梯										
	7. 庭院	A7—1 种植花木										
		A7—2 浇花										
		A7—3 饲养家禽、家畜类动物										
		A7—4 饲养水族类生物										

续　表

主要环境	次要环境	活　动	表现情况						重要程度			备注
			1	2	3	4	5	不知道	1	2	3	
8.跨次要环境		A8－1 扫地										
		A8－2 拖地										
		A8－3 擦拭桌椅										
		A8－4 将物品整理归位										
		A8－5 分类和处理垃圾										
		A8－6 擦拭玻璃										
		A8－7 使用吸尘器										

领域二：社区生活

主要环境	次要环境	活　动	表现情况						重要程度			备注
			1	2	3	4	5	不知道	1	2	3	
A 市区	1.街道	A1－1 遵守交通信号穿越马路										
		A1－2 使用天桥/地下通道穿过马路										
	2.站台	A2－1 搭乘公共汽车										
		A2－1 搭乘出租车										
B 医院	1.挂号区	B1－1 预约挂号										
		B1－2 现场挂号										
	2.就诊区	B2－1 分诊处										
		B2－2 就诊										
	3.检查室	B3－1 验血										
		B3－2 验尿										
		B3－3 胸透/B超等										
	4.缴费区	B4－1 治疗费/检查费等										
		B4－2 药费										
	5.领药区	B5－1 西药										
		B5－2 中药/中成药										

主要环境	次要环境	活　动	表现情况						重要程度			备注
			1	2	3	4	5	不知道	1	2	3	
C 快餐店、自助餐厅、小吃店	1. 点餐区	C1－1 点餐										
		C1－2 结账										
	2. 用餐区	C2－1 用餐										
D 超市、大商场、百货公司	1. 商品区	D1－1 选购物品										
		D1－2 使用自动售货机										
		D1－3 清点选购物品										
	2. 付款区	D2－1 结账										
		D2－2 核对账单										
		D2－3 整理所购物品										
E 美容院	理发厅	E1－1 梳剪头发										
		E1－2 烫发										
F 邮局	大厅	F1－1 存款										
		F1－2 提款										
		F1－3 寄信/包裹										
G 电影院	1. 购票区	G1－1 购票										
		G1－2 查看座位号										
	2. 观赏区	G2－1 查找座位										
		G2－2 观赏										

续　表

主要环境	次要环境	活　动	表现情况						重要程度			备注
			1	2	3	4	5	不知道	1	2	3	
H 火车站、客运站	1. 买票区	H1－1 售票窗口购票										
		H1－2 网上购票										
	2. 检票区	H2－1 检票										
	3. 候车区	H3－1 寻找候车室										
		H3－2 乘车										
	4. 出口区	H4－1 验票										
		H4－2 出站										
I 文化中心、社区活动中心	1. 购票区	I1－1 购票										
		I1－2 服务台询问										
		I1－3 索取活动宣传册										
	2. 展览室	I2－1 欣赏作品										
	3. 音乐厅	I3－1 欣赏表演										
	4. 图书室	I4－1 阅览书报										
		I4－2 借阅图书										
	5. 活动室	I5－1 唱卡拉 OK										
		I5－2 使用健身器材健身										
		I5－3 下棋										
		I5－4 使用自动售货机										
J 公园	1. 步行区	J1－1 散步										
	2. 游乐区	J2－1 使用游乐设施										
	3. 野炊区	J3－1 野餐、烧烤										
	4. 溜冰区	J4－1 溜直排轮										
	5. 球场	J5－1 玩户外球类活动										

续 表

主要环境	次要环境	活 动	表现情况					不知道	重要程度			备注
			1	2	3	4	5		1	2	3	
	6. 空旷场地	J6－1 进行户外活动(如放风筝、跳绳、踢毽子等)										
		J6－2 慢跑										
		J6－3 骑自行车										
		J6－4 做健身操										
K 夜市/市场	各摊位	K1－1 逛街购物										
L 风景区	各景点	L1－1 爬山										
		L1－2 郊游										
M 游泳池	1. 更衣间	M1－1 更换泳衣										
		M1－2 穿戴泳具										
	2. 泳池	M2－1 做暖身操										
		M2－2 戏水/做水疗										
		M2－3 游泳										
N 跨主要环境	1. 公厕	N1－1 使用公厕如厕										
	2. 化妆室	N2－1 化妆品的使用										
		N2－2 化妆品的整理										

第十六章　功能性评估

【内容摘要】　由于特殊儿童的行为问题日益增多,因此,功能性评估也越来越受到特殊教育界的重视。本章将首先介绍功能性评估的涵义、作用、重要性及功能性评估资料的收集方法;接着介绍功能性评估的实施步骤;最后对功能性评估方法的特征进行总结、概括,并对功能性评估方法进行评析。

晶晶,女,10岁,在普通小学三年级就读,其身高、体重、语言、动作、智力发育正常。但是老师反映:晶晶上课多动,注意力不集中,不能安静坐在座位上,一会儿离开座位在教室随意走动,一会儿骚扰座位前后的同学,一会儿钻到课桌下面……但是,在课堂上不管老师提出什么问题,她都能正确回答,语文、数学每次考试都是满分,是班上考试成绩最好的同学。当有外校老师来听课时,她又能整节课都安静地坐在座位上听课,但表示自己自我控制得很辛苦。由于她在课堂上动个不停,所以老师很头疼,认为她是多动症,不知道怎么办。晶晶真的是多动症吗?她在课堂上为什么会多动?那些多动行为的功能是什么?

身心障碍儿童常因为生理及心理的因素而产生种种行为问题,例如多动行为、自伤行为、攻击性行为、刻板行为及特殊情绪困扰等。这些行为问题在他人眼中看来或许并无意义,但其实却常常表达了儿童想通过行为问题与人沟通等目的。这些行为问题不仅影响儿童本身的学习和生活适应,也会干扰到其他儿童或父母、老师,给父母及老师带来很大的困扰。因此,运用何种策略来改善特殊儿童的行为问题,一直受到人们的关注与重视。然而,行为问题的功能性评估就在于找出潜藏在行为背后的意义及目的,并设计出改善儿童行为问题的介入措施。上例中晶晶的多动行为必须通过功能性评估才能找到针对性的解决对策。

根据美国特殊教育法 IDEA 的规定,假如学生因为行为问题必须转变安置环境,那么学校必须执行功能性评估。

第一节　功能性评估概述

一、功能性评估的涵义

每一个儿童的行为问题情况都不相同,因而,每个儿童所适合的介入策略也不相同。为了有效处理每一个儿童的行为问题,只能一一评估,然后再计划一个适当的介入措施。

因此,以功能性评估进行问题行为的评估分析,就成为根据个别差异来处理儿童问题行为的适当方法。功能性评估分析早在行为心理学派盛行时就产生了,但在理论及实践上得到推广运用却是 20 世纪 90 年代的事情。

在功能性评估中涉及功能性分析(functional analysis)。主张功能性分析的学者认为行为是由环境中的刺激所控制,这些刺激成为行为事件发生的线索。因此,功能性分析便以实验设计的方式来探讨可能的问题行为功能以及环境与问题行为之间的功能性关系,这就是所谓的系统化操作。进行功能性分析主要的目标在于几个相关的变项,包括后果(consequences,简称 C)、前因(antecedent,简称 A)及行为(behavior,简称 B)。①

何谓功能性评估(functional assessment)? 它是一种搜集行为资料并分析其行为功能的过程。它运用各种方式找出行为的前因与后果,以确定问题行为对行为者个人所产生的影响,从而增进行为支持或介入的效果效率。其主要的方式之一便是利用功能性分析对个案进行评估,系统地操作环境事件,以实验证实这些事件是控制特定行为的前因,或维持特定行为的后果。也就是说,评估控制目标行为可能存在的变项就是功能性评估,而为了更明确地了解问题行为的影响因素,常依靠操作变项的功能性分析方法进行。

二、功能性评估的重要性

功能性评估是一种收集问题行为数据并分析其功能的过程,主要包括行为评估与介入两部分。它的目的在于通过有效数据的收集与分析以增进行为介入的效果效率。奥尼尔等(O'neil et al.,1997)指出,实施功能性评估有两个理由。首先,在建立有效的行为支持时,问题行为发生的时间、地点及原因具有相当大的价值,有关何时、何地及为什么发生行为问题的信息对建立有效的介入计划非常重要,功能性评估不仅有助于发展有效的计划,而且可以避免错误策略或技巧的介入。其次,采用功能性评估处理严重行为问题是一种专业的标准,国外已制定法律或相关规定,明确规定在显著的行为介入之前实施功能性评估。因此,功能性评估是提供障碍儿童行为支持方案的一种专业标准。

功能性评估的结果主要在于获得以下数据(O'neil et al.,1997):

(1) 确认行为问题会发生或不会发生的事件、时间及情境等。

(2) 清楚地描述行为问题、行为的种类及定义、发生频率、关联性等。

(3) 确认维持问题行为的结果(即问题行为的功能)。

(4) 发展出能描述特定行为、行为发生的特定情境及维持行为的结果或正强化物的总结性叙述或假设。

(5) 收集直接观察资料以支持总结性叙述。

概括地说,就是要预测问题行为何时会出现,何时不会出现;了解维持问题行为的原因;找出预防问题行为出现的方法;设计问题行为出现时的解决对策。

三、功能性评估资料搜集的方法

搜集评估资料是功能性评估中最关键的问题之一。通常用来搜集功能性评估资料的

---

① 陈丽如:《特殊儿童鉴定与评量》,台北:心理出版社,2001 年,第 142 - 144 页。

方法主要有三种,即询问法、直接观察与功能性分析。

(一)询问法

询问法是指与个案或者是了解个案者直接接触和交谈,这是实施功能性评估的首要策略。个案本身可能有条件提供问题行为发生的有关信息资料,或从其他相关人(如父母、教师)那里寻求此类信息资料。面谈与其他询问方法(问卷和评定量表)有助于界定和缩小变量范围。

面谈的主要目标在于确定环境中哪些事件与个人特定的问题行为有关联。面谈时,首先要考虑个人所表现的日常例行事件。不同环境中的例行事件也不同。如果是学校中的儿童,那么要考虑他(她)在班级中的例行事件是什么,如儿童进教室的情况、课间和午餐时发生了哪些事情。运用面谈来了解儿童在显著例行事件中的特征,这些特征发生了什么改变,它们与问题行为的增加或减少是否有关?

良好功能性评估的关键在于将问题行为置于环境条件中去分析。行为分析者认为,如果我们视行为发生于个人,就会试着去改变个人;如果我们视行为发生于环境,就会试着去改变环境。事实上,功能性评估就是一种了解问题行为与有关环境条件(前提事件和行为后果)关系的过程,而询问法则是确认个体问题行为与有关环境条件的关系的一种重要工具。

奥尼尔等人指出功能性评估中的面谈和问卷大都是为了获得以下几项资料。

(1)引起关心的问题行为是什么?

(2)问题行为之前,发生的何种事件、情境或身体条件,可以准确地预测问题行为会发生?发生何种事件、情境或身体条件,可以准确地预测问题行为不会发生?

(3)了解问题行为发生时的特定情境,什么行为后果在维持着问题行为?

(4)何种适当行为所产生的行为后果与维持问题行为的行为后果相同?

(5)从先前无效、部分有效或短暂有效的行为支持策略中,可以获得哪些启示?

(二)直接观察

直接观察是指在日常生活中系统性地观察问题行为者。这种搜集行为资料的方法通常由教师或父母来负责直接观察的工作。最常见的是 A-B-C 行为分析法(见表 16-1)与功能性评估观察表(Functional Assessment Observation,FAO)(见表 16-2)。观察者可以直接记录问题行为所发生的时间、前提事件及行为后果,并推测问题行为的功能。例如,运用 A-B-C 的行为分析法重复搜集 10~15 次问题行为资料后,观察者可能就有机会发现下列问题:① 问题行为最可能发生于什么时间、地点及人物? ② 什么后果在维持问题行为? ③ 伴随问题行为一起发生的是什么?

表 16 - 1 A-B-C 行为分析法的格式

观察者：   个案姓名：
目标行为：

日　期	地　点	前提事件 （A）	目前的行为表现 （B）	行为后果 （C）	备　注

结论性陈述：

表 16 - 2 功能性评估观察表的格式

个案姓名：_____ 记录时间：_____月_____日至_____月_____日
观察行为：甲：_____ 乙：_____ 丙：_____

日期	出现时间 开始	停止	观察行为	行为出现的地点	行为出现的情境	行为出现的后果	对该行为的处理	行为处理的结果	记录人

　　直接观察法是直接获得行为资料的有效方法，但往往需要花费大量时间来搜集和分析行为资料。

（三）功能性分析

　　功能性分析也是一种搜集功能性评估资料的重要策略，它是系统化地实验操作与问题行为有关或无关的特定变项，以便找出问题行为的真正功能。实施时，有两种具体的功能性分析方法,一种是操作目标行为发生的行为后果,此法使用频率较高;另一种则是操作结构性变项,例如任务的难度、任务长度、活动中所提供的注意水平及活动上的选择或缺席等。

在功能性评估中,功能性分析法则是一种最为精确而且严谨的方法,它是唯一明确要求显示环境事件和问题行为之间功能性关系的方法。由于功能性分析需要相关的研究能力,因此,只有受过训练的人员才能实施功能性分析。这种方法的优点在于可直接操作变项来验证假设。但是,行为与环境间的关系相当复杂,有时很难明确地认定维持行为的功能。此外,它的实施难度较高,必须受过专业训练的人才能进行,因此难以推广。

第二节　功能性评估的实施步骤

一、功能性评估的实施步骤

一般来说,功能性评估可以分为三个步骤,步骤之间层层递进。首先是开始询问,然后是直接观察行为,最后再完成系统化的功能性分析。在许多日常生活情境中,询问和系统化地直接观察就能描述不适当行为,并确认维持不适当行为的后果。因此,这两种方法也就成为功能性评估的主要方法。下面我们将对功能性评估的三大步骤逐一进行介绍。

（一）询问相关个人

1. 选择询问对象,安排询问时间

询问是功能性评估过程的第一步。个体行为非常复杂,研究人员、老师及家长在个人学习史上,可以确认出许多影响其行为的事情。功能性评估面谈的目的主要在于搜集影响问题行为事件的相关资料,从而缩小这些事件的范围。因此,在询问之初,必须要选择多位询问对象,安排恰当的询问时间,以便获得更多准确而有价值的行为资料。

2. 设计功能性评估面谈表,准确记录询问结果

为了保证面谈资料搜集的全面性、准确性,可以事先设计一份功能性评估面谈表来记录面谈的结果,同时,也可以根据面谈表上的项目全面而有序地访谈,以便节约时间,提高效率。在设计面谈表时可涵盖以下项目:

（1）行为描述;

（2）潜在的生态/情境事件;

（3）问题行为发生或未发生的立即前提事件;

（4）维持不适当行为的行为后果;

（5）不受欢迎行为的效能;

（6）个体已经知道功能性替代性行为;

（7）个体与他人沟通的主要方法;

（8）应该做或应该避免的事;

（9）个体喜欢的对其具有强化作用的事情;

（10）已用策略及效果；

（11）发展结论性陈述。

面谈表的设计应遵循方便、简洁、全面、科学的原则，以便在面谈时能更好地操作、记录，防止遗漏。同时，在记录时要做到全面、清晰、准确无误，为后续的资料分析提供保障。

3. 分析询问结果，发展结论性陈述

面谈后必须对面谈获得的记录资料进行统整分析，并将分析得到的结果发展为对问题行为的结论性陈述。这些结论性陈述有利于其他诊断活动和发展行为支持策略。结论性陈述主要包含三个要素：

（1）情境——发生问题行为的立即前提事件；

（2）正在发生的行为；

（3）行为的功能或行为所产生的强化结果。

结论性陈述统合了所搜集的行为、前提事件及维持行为的后果的资料。以下则是一些结论性陈述的假设性例子，见表 16-3。

表 16-3　结论性陈述的假设性例子

1. 在家里小华被停止玩电脑或手机时，他就会躺在地板上尖叫，并要求持续玩电脑或手机。
2. 在家里活动较少或不受到注意时，小杰会在地上翻滚并开始咬手以产生自我刺激。
3. 课堂上对阅读或数学作业有困难时，小英就会低头、拒绝回应及合上书本，试着逃避完成作业。

（二）直接观察

直接观察是功能性评估过程的关键。这个过程的目的在于搜集直接观察的资料，来验证和澄清有关预测和维持问题行为的结论性陈述。在询问无法提供有用资料的情况下，直接观察资料就可以作为结论性陈述或假设的基础，来引导发展行为支持策略。因此，在直接观察这一步骤中，首先要确定观察者、观察的时间与地点，然后还要选择观察记录的方法，最后对观察资料作分析。下面将逐一介绍直接观察的几个过程。

1. 明确观察者

谁可以作为直接观察的观察者？作为观察者应是与个案有着密切关系的人，如教师、父母、同学或同伴等。作为观察者还应掌握一定的观察记录方法与技巧，因此，在直接观察之前还需对缺乏专业技巧的观察者进行培训，以提高观察记录的准确性、可靠性。

2. 确定观察的时间、地点

在直接观察阶段，不仅要选择观察者，还要明确观察的时间和地点。观察者需在一个具体的时间段中对问题行为进行观察、记录。如何来选择这个时间段？通常是根据问题行为可能发生的时间来选择，这一点可以根据面谈中搜集到的信息资料进行确定。而且目标行为至少需要发生 15 至 20 次，至少搜集 2 至 5 天的资料。同时，还要根据面谈获得的信息资料，了解个案的问题行为常常在哪些地点、场合下发生，进而可以在这些地点中选择确定观察地点。

3. 选择观察记录的方法

记录直接观察资料的方法有很多，如轶事、书面描述、事件报告、发生次数记录、持续性记录、时间取样记录、时距记录等，而在功能性评估中最适用的方法主要有两种，即 A-B-C 行为分析法及功能性评估观察表。

（1）A-B-C 行为分析法。

运用 A-B-C 行为分析法记录表（见表 16-1）来记录观察到的问题行为资料，有助于我们有效地探究问题行为的前因后果，并分析问题行为与情境或前情及后果间的关系。A-B-C 行为分析法认为，行为的发生发展取决于下述三个条件：

第一，前提事件（A），它是引发行为的有效原因，包括发生的情况（when，where，who，what）、前事（即行为发生前发生的事）、先兆（即行为发生前的征兆，如脸红，气呼呼等）三个方面。

第二，行为反应（B），即在前提事件的作用下个体做出的反应，同时也包括个体自身的机体变量。

第三，行为后果（C），它是随着行为反应而发生的后果事件，包括沟通/要求、引起注意、获得具体事物、获得感官刺激、逃避事情、发泄情绪及多重功能等方面。

例如，表 16-4 就是一例运用 A-B-C 行为分析法进行记录的观察表。

表 16-4　小丽的行为观察记录表

观察者：王老师　　　　　　　　　　个案姓名：小丽
目标行为：吃食异物

日　期	地　点	前提事件 （A）	目前的行为表现 （B）	行为后果 （C）	备　注
2/3	家里	没人注意她	吃纽扣	引起注意	
2/3	院子里	看见了石子	吃石子	很开心	
3/3	家里	看见铁钉，没人注意	吃铁钉	引起注意	

结论性陈述：小丽在没人注意她及看见纽扣、石子、铁钉等异物时，会快速吃食异物，以引起他人注意或自我刺激。

所谓分析探究问题行为的前因后果，就是要对 A、B、C 三个条件进行系统的辩证的分析，借此帮助我们透过行为反应（B）这一表面现象，一方面深入探究是什么原因、什么前提事件（A）诱发了行为的产生；另一方面还要仔细考察行为反应（B）导致了什么样的行为后果（C），该后果事件反过来对行为反应本身又是如何发挥着强化作用。这样，方能对行为发生发展的来龙去脉有个清楚的认识和理解。

此外，在探究问题行为时，对个体自身的机体变量的作用也不容忽视。机体变量通常泛指个体的年龄、性别、生理状况、个性特征以及学业成绩等身心条件。它的主要作用在于，它可能随时配合着"前提事件"或承受着"行为后果"的作用，而对行为反应产生影响。

（2）功能性评估观察表。

在直接观察中，运用功能性评估观察表（见表 16-2）进行记录，可以使搜集的资料更全面、更详细，也更有利于我们对问题行为与环境的关系作深入、准确的分析。一个功能性评估观察表通常要包括以下几个项目：

① 个案姓名；

② 记录时间：填写观察记录的期限，从某月某日到某月某日；

③ 观察行为（甲、乙、丙、丁等）：可同时记录观察的多种行为；

④ 观察日期：填入搜集资料的日期；

⑤ 出现时间：记录行为开始的时间和停止的时间；

⑥ 观察行为：填写实际观察到的行为甲或乙等；

⑦ 行为出现的地点：填写行为发生的地点、场所；

⑧ 行为出现的情境：填写行为发生的前情、前事等；

⑨ 行为出现的后果：填写行为出现后的结果；

⑩ 对该行为的处理：填写该行为发生时采取的措施、策略；

⑪ 行为处理的结果：填写对发生的行为的处理结果；

⑫ 记录人：填写直接观察记录者的姓名。

除了可以运用以上介绍的功能性评估观察表外，我们还可以根据需要自行设计一些功能性评估观察表，在设计时可以根据面谈获得的信息资料确定该观察表所要包含的项目和方法。如表 16 - 5。

表 16 - 5　小美的基本资料及每一行为事件描述

基本资料

　　小美，8 岁。目前就读于三年级，具有行为异常。她可以学习语文，但是数学和其他学科很差。她想要与班上多数同学互动，但是有两三位同学拒绝她。近几个月来，小美出现更多的分裂性行为，包括要求时会口头拒绝、学习时会扰乱同学、大叫、破坏东西、企图撞或踢老师和其他同学。这些行为引起父母和老师的关切。观察小美三天。基于功能性评估面谈，小美首要关心的行为包括大叫、破坏东西、企图撞或踢老师和其他同学。真正的行为后果包括口头重建和隔离到角落。

行为事件

事件	日期	时间	行为	行为功能	策略
事件一	1/30	上午 8:34	小美大叫；没有人与她交谈	获得注意	口头重建
事件二	1/30	上午 9:25	小美大叫、踢同学大腿（生活适应课）	功能不是很明确	隔离至角落
事件三	1/30	上午 11:15	撕本子和拍打老师的肩膀（数学课）	逃避任务	口头重建
事件四	1/30	下午 2:15	大叫	获得注意	忽视
事件五	1/31	上午 8:40	大叫和撞同学；没有人与她交谈	获得注意	口头重建和隔离至角落
事件六	1/31	上午 10:48	大叫和从桌上把书本扫到地上（数学课）	逃避任务	口头重建
事件七	1/31	中午 12:45	踩老师的脚（语文课）	获得注意	口头重建
事件八	1/31	下午 1:42	大叫	获得注意	口头重建

续　表

事件	日期	时间	行为	行为功能	策略
事件九	2/1	上午 11:40	撕作业本（数学课）	获得注意	口头重建
事件十	2/1	中午 12:15	大叫，单独游戏时	获得注意	口头重建
事件十一	2/1	下午 2:45	大叫，美工课	获得注意	口头重建

引自　张世彗等：《特殊学生鉴定与评量》，中国台北：心理出版社，2003 年，第 226 页。

4. 分析观察记录的资料

根据观察记录的资料进行分析、探究先前有关资料的问题。同时，观察资料还可以告诉我们已发生的行为和发生频率。例如，表 16-5 中，小美的资料显示，三天中，她大叫 6次，破坏东西 3 次，对老师和同学表现出攻击行为 5 次。这些资料也显露出行为间重要的关系。事实上，一个人很少仅从事一种形式的问题行为，常常是多种问题行为并存。这些行为可能与类似的前提或情境事件有关，并且可能对个人担负类似的功能。例如，当小美试着获得注意或者是逃避不喜欢的任务和活动时，有时就会同时发生大叫和破坏东西及大叫和攻击的情况。

5. 肯定、修订先前的结论性陈述

我们应整体性来看所观察的资料。搜集观察资料的主要目的就在于，通过与面谈和询问的资料作比较，来肯定、否定、修订或添加先前已发展的结论性陈述。只要搜集和分析了足够的资料，就可以决定先前有关不同情境、行为和维持行为的强化物是否正确，是否需要加以修订。在选择和实施行为支持策略中，这种澄清过程是一个非常重要的步骤。

6. 依照直接观察资料作决定

一旦有了充足的资料，我们就可以做如下决定：

（1）问题形式和关系是否变得更加清楚；

（2）是否需要实施系统性的功能性分析操作，来澄清特别的行为形式；

（3）根据面谈和直接观察所搜集的资料，发展和实施行为支持方案。

（三）功能性分析实验操作

其实，大多数功能性评估运用面谈和直接观察就可以形成结论性陈述，确认问题行为的前情或情境以及维持其行为功能的后果。如果运用面谈和直接观察无法达到这个目标，下一步策略就是实施系统性的功能性分析实验操作。此法主要是通过直接观察法或数据收集的过程，对问题行为的功能提出假设，再通过实验程序验证此假设是否成立。由于行为和环境间的关系错综复杂，有时并不容易理清维持行为的强化物是什么，因此需要进行更多的实验操作，才能辨认行为的真实功能，它的优点在于可直接操作变项以验证假设，直接发现问题的前因后果。

功能性分析的核心在于确认环境事件和问题行为的关系。其过程可能包括比较不同

情境,以验证结论性假设,但真正的目的在于验证预测问题行为发生的情境是否真的与问题行为有关,以及预测问题行为未发生的情境是否与低水平的问题行为有关。因此,功能性分析的唯一要求就是证实真正功能性关系,并揭示最可能导致问题行为发生的时间、地点和原因。

虽然功能性分析程序可以用于学校或社区情境,但真正用得较多的还是科学研究。在实施功能性分析程序之前,我们还应考虑下列几个问题。

1. 实施时机

通常功能性分析仅在使用询问法和直接观察法所搜集的资料不太明确时,才加以考虑。

2. 参与人员

事实上,功能性分析需要团队合作,由有经验者来引导整个过程。至于其他参与人则是出于潜在的安全考虑。由于功能性分析可能会涉及严重问题行为的发生,需要若干人来维持安全与适当控制潜在的困难情境。如果没有适当的保护措施,就不能实施功能性分析实验操作。

3. 实施功能性分析的过程

(1) 基本方法

功能性分析的基本过程包括提出不同的环境事件或情境,以及观察它们对个人行为的影响情况。主要有两种方法,即操作结构的或前提的事件与操作问题行为的行为后果(针对特定的问题行为,安排不同的情境和特定的行为后果)。

(2) 决定评估的行为

根据面谈和直接观察的结果,对于所关注的行为会有一些观念或假设性看法,称为结论性陈述。为了直接验证这些结论性陈述,必须观察个人特定的相关前提事件和行为后果出现及未出现的情境。借由这些操作,观察问题行为在不同情境上的改变,就可以决定哪一种变项会真正影响到问题行为。

(3) 不同功能性分析设计的策略

常被用来实施功能性分析的设计策略有两种,即倒返实验设计(ABAB)和多元素实验设计(multi-element design),它们都是典型的单一被试实验设计。

倒返实验设计包括:① 实施处理或操作(B);② 搜集基线资料(A);③ 重复这些基线和处理或操作情境,来建立问题行为改变情况与变项操作间的关系。

多元素或变通性处理设计则包括在短时间内提出几种不同的情境。例如,提供会导致问题行为发生的困难教学、社会性注意及具体东西(如玩具)等情境,配合提供不会导致问题行为发生的控制情境(如非要求的社会性游戏)。这样,观察者就可以决定在没有提供外在刺激时,问题行为是否会发生。这种方法的目的在于鉴定对问题行为具有实质性和一致性效果的变项。而且,每种情境至少要重复几次,才能了解不同情境间的差异。

二、功能性评估的实施案例

小丽,24 岁,无口语能力兼重度智能障碍。她对一般食物的进食情况及食欲是正常的。在幼儿时期她就有吃小石子的习惯。几年来,她喜欢拆下家具的螺丝钉、铁钉等,并食入。此外,她偶尔也吃一些碎布及纽扣。在 17 岁那年,她做了一个下腹部手术,清出许多异物,其中包括助听器的电池。她的动作相当敏捷,所以在吃这些异物时常常无法被其他人发现并阻止。最近以 X 光检查又发现在她的肠胃中有许多金属,其中包括一根 2 英寸长的螺丝钉(Bluestone,1986)。

(一)正确地描述问题行为(B)

(1)异食行为的主要现象:小丽目前食异物的种类为螺丝钉、铁钉、碎布及纽扣,其中以前两种更为小丽所喜欢。

(2)食异物行为的经验:喜欢拆下家具的螺丝钉、铁钉食入。

(3)食异物行为发生的频率:平均每天至少有三次食异物行为,尤其没有人注意她的时候会更频繁。

(二)探讨问题行为所带来的后果(C)

小丽在吃下螺丝钉后总是可以很快地引起他人的注意。

(三)探讨形成问题行为的前因(A)

小丽在没有人注意她的时候,及有随手可得的金属物品时,吃食异物的情况会明显增加;又配合医学家发现当小丽在血液里锌浓度降低时,小丽食异物的情况特别严重。

(四)找出适当的对策

经过实验发现束缚、过度矫正法或差别强化法等策略都无法有效预防不当行为的出现。而有三个主要处方可以有效控制小丽的不当行为表现,包括:

(1)维持清除金属物的环境。

(2)安排小丽持续有目的地活动(如操作作业、与他人互动等)。

(3)维持小丽血液锌的浓度在一定值以上。

第三节 功能性评估的特征与评析

一、功能性评估的特征

功能性评估的目的在于发现个案出现问题行为的前因后果,其主要特征可以从评估的过程、评估的目的及评估的功能加以探讨。

1. 具有充分的客观性、科学性

从评估的过程来看,功能性评估常从操作变项对问题行为造成的影响进行分析,其过程相当客观,具有充分的科学性。因而,功能性评估具有充分的研究功能。主张功能性评估的学者认为问题行为的出现与环境有关,其评估过程便是依靠探讨使问题行为存在的相关变项的方法进行评估。

2. 发现问题,重新安排适当的环境

从评估的目的来看,功能性评估的目的在于发现问题后重新安排适当的环境。由于环境因素对行为十分重要,在提供介入方法时,重点不是控制或管理个案,而在于重新安排环境,让个案学习不呈现问题行为,而是表现新学成的技能。

3. 设法提出有益于个案的信息

从评估的功能来看,功能性评估的目的在于设法提供对个案有益的信息。其主要功能有四个方面:了解问题行为出现及维持的原因,预测在何种情境下问题行为会或不会出现,找出问题行为出现的方法,设计问题行为出现时的对策。

二、功能性评估的评析

目前,在教育中评估问题行为最主要、最有效的方法就是功能性评估,其运用价值不可否认,然而,其自身的限制,使得其大规模推广应用很困难。

（一）优点

1. 功能性评估可以提供客观正确的资料

由于功能性分析具有实验研究的功能,可以较准确地探讨问题行为的原因及探讨改变行为的策略,因此,其结果常常可以发展出一个有效的、完整的、治本的行为介入计划,增加个人对环境的适应能力。

2. 可以减少处罚的使用频率

一般对不当行为的处理多以处罚的形式进行,若使用功能性评估就会以支持性的态度应对,而较少使用处罚。因此,功能性评估多被鼓励应用于问题行为的处理。

（二）缺点

1. 功能性评估耗时费力

功能性评估需要花相当长的时间进行观察和记录,因此,是一个相当耗费时间和精力的过程,使得功能性评估的应用受到相当大的限制。

2. 观察和功能性分析技术不易掌握

功能性评估需要依赖适当的观察过程甚至需要进行功能性分析,然而,一般未经过适当的观察技术和功能性分析方法培训者,往往无法掌握适当的功能性评估过程,因而,其评估结果容易受到质疑。

【本章小结】

1. 功能性评估是一种收集问题行为数据并分析其功能的过程,主要包括行为评估与介入两部分。面对特殊儿童越来越多的行为问题,功能性评估在特殊教育中的地位日益凸显。本章首先阐述了功能性评估的涵义、重要性及功能性评估资料的三种搜集方法,即询问、直接观察与功能性分析。

2. 功能性评估的实施步骤的掌握是具体运用这种评估方法的根本所在,因此,在介绍时结合具体的案例逐步讲解该步骤在实际操作中的应用方法。

3. 在前面内容学习的基础上,对功能性评估的特征进行概括、总结;同时,要认识到任何一种方法都有它的优势和不足,功能性评估也不例外,对功能性评估方法要进行一分为二的、客观的评析。

【思考·练习·实践】

1. 什么是功能性评估?试简述之。

2. 为什么要进行功能性评估?试举例说明。

3. 功能评估中可以通过哪些方法来搜集资料?如何搜集?试简述之。

4. 功能性评估在实施中有哪些步骤?这些步骤之间有何关系?

5. 功能性评估有何特征?试简述之。

6. 功能性评估有何优势与不足?何种情况下需要运用功能性评估?

7. 案例分析:

明明,男,8岁,自闭症,独生子,就读于培智学校二年级。明明身高、体重发育正常,但没有语言,感知、认知能力低下,多动、冲动,脾气急躁。其在课堂上很少能自己主动坐在座位上,喜欢一边拍手一边在教室里走来走去,即使被要求坐在座位上,他也不得安宁,要么拍手,要么跷腿、翘桌子或者翘椅子。走在马路上,会横冲直撞,没有交通安全的意识。

针对明明的多动、冲动行为问题,老师想先对他进行评估,然后干预。那么需要从哪些方面对明明进行评估?运用什么方法进行评估?如何去评估?根据评估结果如何进行干预?

【参考文献】

[1] 韦小满.特殊儿童心理评估[M].北京:华夏出版社,2006.

[2] 王辉.行为改变技术[M].南京:南京大学出版社,2006.

[3] 张世彗,等.特殊学生鉴别与评估[M].中国台北:心理出版社,2003.

[4] 陈丽如.特殊学生鉴别与评估[M].中国台北:心理出版社,2001.

[5] 关丹丹,张宏,等.学生行为管理[M].北京:轻工业出版社,2004.

[6] 孟宪璋,冼漪涟.儿童行为障碍个案集[M].广州:暨南大学出版社,2004.

[7] 钱文,刘明.特殊需要婴幼儿评估的实践指导[M].上海:华东师范大学出版社,2005.

第四篇

质性取向评估方法

第十七章 实作评估

【内容摘要】 近年来,实作评估在特殊教育界引起广泛的关注,其对特殊教育的重要性已不容置疑。本章将首先阐述实作评估的涵义、类型及实作评估中资料的收集方法;接着介绍实作评估的实施步骤;最后总结、概括实作评估的特征,并对其进行客观的评价、分析。

成成,男,7岁5个月,培智学校一年级学生。出生时状况正常,在10个月时,发高烧、拉肚子、抽筋、昏迷了四天。成成出生后发育缓慢,3岁后能喊爸妈,5岁才能走,才会说完整的一句话。父母是私营业主,关系融洽,对他的康复非常重视,曾带其到南京、上海、北京等各大医院进行治疗,也到康复中心进行康复训练。成成至今没有基本的生活自理能力,每天的起居生活都要家人照料,不会自己吃饭、穿脱衣服鞋袜,不能够控制大小便。语言能力弱,发音不清楚,只会用简单字词。评估结果显示其综合能力仅有1岁6个月左右的水平,语言与沟通能力仅相当于1岁儿童的水平。成成能学什么?老师能教什么?他无法完成普通的纸笔测验,那如何评估其学习效果?针对成成的情况,实作评估可以解决其学习什么和学习效果的评估问题。

第一节 实作评估概述

实作评估并不是新的评估方式,近来之所以受到关注,是因为美国教育界将这种评估方法广泛运用在学科领域中,并且作为评估学校教学绩效和了解学生成就表现的策略,这在美国教育界和测验界已是一个非常显明的趋势。期望通过评估的革新来提高教师教学品质与学生学习的成就,这正是实作评估所要反映的教育理念。

一、实作评估的涵义

实作评估兴起于20世纪90年代早期,其崛起的原因有三个方面。首先是教育界和测验界对选择式反应测验(selected-response tests)的不满,他们认为选择式的测验只能测出学生在认知部分的所学,无法测出学生较高的思考能力,如问题解决能力和综合、分析、归纳等能力;其次是受到认知心理学的影响,认知心理学家认为学生应该兼顾内容知识和过程知识,而过程知识的获得,需要经过实作的表现,才能够达成;再次是传统测验对教学的不良影响,古今中外,考试领导教学,传统的纸笔测验会导致教师教学偏重于学生记忆的学习,若采用实作评估,就可以改变教师教学活动的方式。

那么,何谓实作评估(performance assessment)？学者们对其界定很多,至今还没有一个清楚、一致的定义。从各类文献的讨论中,我们可以概括出以下四项判断的基本要素。

(1) 实作的表现　学生要应用他们所习得的知识和技巧,表现出认知复杂度。

(2) 真实的情境　实作评估是在实际的情境中或仿真的评估作业中完成一个特定的工作,呈现给学生在真实生活中所需要面临与解决问题的情境。

(3) 结构的特征　为了提供适度的挑战性与真实性,评估的题目须有一些模糊不清,学生的解题方式才能有弹性,结果才能多元化。

(4) 过程性　问题解决的表现不仅限于解题的结果,更重解题的过程。

综上所述,实作评估就是以观察和专业判断来评估学生学习成就的评估方式(Stiggins,1987)。它与实际制作、运用和行为有关,着重于将所学所知表现在具体的成果以及应用过程上,除了制作与应用外,实作评估也着重高层次能力的启发以及思考过程和逻辑推理程序的考虑,如思考、分析、组合、判断以及表达(彭森明,1996)。其形式非常多元化,包括建构反应题、书面报告、作文、演说、操作、实验、资料搜集、作品展示等,档案评估也是实作评估的一种形式。

实作评估的适用范围如何？实作评估重视个别差异,考虑学生本身的学习特征与能力、现有的想法与技能,重视诱发动机与兴趣、激励其主动表现。实作评估强调教学与评估的统合,尤其适用于年幼、发展较迟缓的学生,适用于运用纸笔难以反映出真正学习成果的学科。事实上,实作评估适用的范围相当广泛,大凡评估个体在语文方面(听、说、读、写等)、科学方面(实验的操作、科学精神、科学态度等)、体育方面(游泳、打网球的动作等)、道德方面(诚实、友爱等)或者是其他学科领域,都可以采用实作评估方式来评估。

此外,实作评估的内容要与教学目标一致,并用于评估学生行为表现过程或较复杂的学习结果。但由于实施实作评估必须耗费大量的时间、金钱及人力资源。因此,在实施评估之前,评估者应先权衡评估的内容及目的,若以纸笔测验方式可以达到评估目的的,就不必采用较费时间的实作评估。

二、实作评估的类型

虽然实施实作评估的情境越接近真实情境越好,但是,有时学习的真实情境无法完全复制,因此,只好使用模拟的情境。当然,模拟的情境越真实,则实作评估的结果越能符合教师期望的学生真正学会的教学目标和内容。

根据施测情境的真实性程度来划分,在教学情境下教师常用的实作评估类型主要有以下五种。

(一) 纸笔成就表现

纸笔成就表现(paper-and-pencil performance)与传统教学所使用的纸笔测验不同,它是一种比较强调在模拟或真实情境中对于应用知识和技能的评估方式。在纸笔成就表现评估中,教师通常使用类似"设计"、"创造"、"撰写"等术语。例如,学期结束,每位学生要交下列作业,包括设计一个特殊教育教学设计流程图、撰写功能性诊断报告或撰写一篇论文等。

（二）确认测验

确认测验（identification test）是指由各种不同真实程度的测验情境所组合而成的一种评估方式。例如，要求学生确认一套测验工具，并说明其功能，或者是要学生去确认正确的语音。

（三）结构化成就表现测验

结构化成就表现测验（structured performance test）是一种可以作为在标准且控制的情境下进行评估的工具。这种工具测验表现的情境非常有结构性，它要求每位学生都能表现出相同的反应动作。因此，判断表现优劣的标准都使用操作性定义，以求评估结果的客观性、公平性。如听老师口令做舞蹈或健身动作等。

（四）模拟成就表现

这是一种为了配合或替代在真实情境中的表现，部分或全部模拟真实情境而建立的一种评估方式。例如，在学校实验超市购物等。

（五）工作样本

在各种实作评估类型中，工作样本（work sample）是真实程度最高的一种评估方式。它需要学生在实际作业中，表现出所要测量的全部真实技巧。工作样本要包括表现中的全部要素，而且是在控制情境下进行表现。例如，手工作品、绘画作品、陶艺作品、泥塑等。

以上这五种评估类型之间有部分重叠。所以，老师在实际使用时应根据评估的需要和特征，决定采用上述某一种或多种实作评估类型。

三、实作评估搜集资料的方法

实作评估不论是针对过程，还是成果或两者的组合来进行判断或评分，都需要使用某种有系统的方法。实作评估所采用的计分方法主要有两种，即整体计分法和分析计分法，不管采用哪种计分法都要根据需要而定。

实作评估中用以搜集和记录学生实际表现行为的方法，通常有四种，即检核表、评定量表、轶事记录及作品评估。

（一）检核表

依据教学目标或评估目标将学生应有、可观察的具体特征、行为或技能，依照先后发生顺序或其他逻辑规则逐一详细分项，以简短、明确的行为或技能叙述语句逐条列出行为或技能标准，检验受试者是否表现出某种行为。

1. 检核表的编制步骤

① 确定评估的目的（教学目标）；

② 逐条列出行为或技能标准；

③ 决定检核者；

④ 拟定指导语；

⑤ 编辑检核表。

2. 检核表的计分

（1）呈现总分——行为标准数目量化。呈现总分是使行为标准数目量化。该计分法有两种形式，即基本分和无基本分。基本分——规定每项标准得分，无基本分——用符合标准的项目数除以项目总数再乘以百分之一百。

（2）呈现整体等级。此方法是依据一套代表不同表现等级的叙述，将学生作业排列等级。教师先要制作代表不同等级表现的叙述，这些叙述可以是逐级累加式的，也可以是各自独立的。教师还需要按照顺序，将每一等级的叙述和建议的给分相互连接。例如：优、良、中、劣，见表 17 - 1。

表 17 - 1　一般常见的多感官评估项目（节选部分）

评估项目	评估程度	补充及建议
1. 肌能	1. □ 2. □ 3. □ 4. □	
肌肉张力（高/低）	1. □ 2. □ 3. □ 4. □	
关节活动能力提高	1. □ 2. □ 3. □ 4. □	
技能活动增加	1. □ 2. □ 3. □ 4. □	
2. 感官功能	1. □ 2. □ 3. □ 4. □	
视觉专注	1. □ 2. □ 3. □ 4. □	
视觉追踪	1. □ 2. □ 3. □ 4. □	
视觉扫描	1. □ 2. □ 3. □ 4. □	
视觉辨认	1. □ 2. □ 3. □ 4. □	
听觉专注	1. □ 2. □ 3. □ 4. □	

注　1. 高　2. 中　3. 低　4. 缺乏

（3）呈现各个检核项目对错。检核项目对错形式不呈现总分及等级，见表 17 - 2。

表 17 - 2　小学数学"三位数加法"观察检核表

姓名：　　　　　小组长：　　　　　总分：

说明：请在每一个项目右边对、错其中一个□内打"✓"，以评估三位数加法的计算能力

检核表内容：	对	错
一、抄写对位		
1. 正确抄写横式题目	□	□
2. 被加数、加数的个位数对齐	□	□
3. 被加数、加数的十位数对齐	□	□

续　表

4. 被加数、加数的千位数对齐	☐	☐
5. 正确写出"＋"	☐	☐
6. 在加数下加一横线	☐	☐
7. 横线下留有足够的空间作答	☐	☐
二、演算过程		
1. 由个位数加起	☐	☐
2. 正确写下个位数相加结果的个位,置于横线下个位位置	☐	☐
3. 结果超过十,在被加数十位数附近标示记号	☐	☐
4. 将十位数的数相加	☐	☐
5. 正确写下十位数相加结果的个位,置于横线下的十位数位置	☐	☐
6. 结果超过十,在被加数百位附近标示记号		
三、抄写答案		
1. 将答案写在横线"＝"右边	☐	☐
2. 正确抄写直式运算结果	☐	☐

（二）评定量表

评定量表是观察学生行为反应或特质品质并能指出学生在每种属性中不同程度的量表,可用来评估学生学习态度、策略与兴趣,或人格、情意发展状况。它除了评定受试者是否表现出某种行为外,还对不同程度的行为表现给予不同的成绩。

评定量表的类型主要有三种,即数字评定量表、图示评定量表与描述图表评定量表。

1. 数字评定量表

数字评定量表是用圈画数字的形式来确定所列行为特征的等级。行为特性一般分3~5 个等级,用数字 1、2、3、4、5 来表示,并对数字等级作简单的文字说明。例如,在评价学生在课堂讨论中所表现出的积极程度,以及学生所谈内容与课堂讨论主题联系的密切程度等项目时,可以用"5—4—3—2—1"分别表示行为特征的"很高—较高——一般—较低—很低"这五个等级程度。见例1。

例1 "数字评定量表"实例

说明:请依据每位学生参与实验讨论的情形,逐项评分。评分方式是圈选适当的数值,每个数字所代表的程度或意义如下:

5 ——优异,4 ——中上,3 ——普通,2 —— 中下,1 ——很差。

（1）参与实验讨论的程度如何?

1　　2　　3　　4　　5

（2）提出的问题切合实验内容的程度如何?

1　　2　　3　　4　　5

2. 图示评定量表

图示评定量表是在每个行为特性项目的上边或右边给出水平横线图尺的等级刻度。图示评定量表和数字评定量表之间有许多相同的地方。但数字或词语等级评定量表只限于整数等级,而图尺等级评定量表可以在连续的水平图尺线上,任意取值。如例2。

例2 "图示评定量表"实例

说明:请在以下各题的横线上作"√"号,以表示学生对班级讨论贡献的程度。

(1) 参与实验讨论的程度如何?

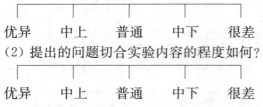

优异   中上   普通   中下   很差

(2) 提出的问题切合实验内容的程度如何?

优异   中上   普通   中下   很差

3. 描述图表评定量表

描述图表评定量表是在提出的问题之后,用一组序列化的形容词或修饰短语的方式提供各种不同的答案,回答者在每个形容词及短语上画圈或做上记号,以表示自己的评定。如例3。

例3 "描述图表评定量表"实例

说明:请在以下各类的横线上作"√"号,以表示每位同学在各项特征上显现的程度。备注右边的空白处,请填上任何可以帮助你理清评定依据的数据。

(1) 纽扣排列的质量如何?

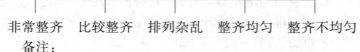

非常整齐 比较整齐 排列杂乱 整齐均匀 整齐不均匀
备注:

(三) 轶事记录

轶事记录是教师观察学生日常生活表现,详细写下重要而有意义的偶发个人事件和行为的记录。它以文字对于受试者的行为进行描述,并加以解释。

轶事记录通常作为评估佐证数据,而不是评估的唯一依据。

轶事记录的内容包括:进行轶事记录前,教师宜准备一张张个别的卡片,教师可以在卡片的左上角写下学生姓名、观察地点,右上角写下观察日期与时间、观察者,再者是卡片内容——详细记录事件的发生过程,并尽可能记下语言、非语言信息,最后写下教师对此事件的解释。如例4。

例4 小明的创意词记录

姓名:李明   时间:2006年4月1日10时
地点:教室   观察者:王老师
事件:

上课时,我出了一题"□天□地"的填字游戏,同学都兴高采烈地念出自己的答案,小林念出"谢天谢地",小华念着"惊天动地",小亮大叫"欢天喜地",而小明相当小声地说"天天扫地"。小明念完后,其他同学捧腹大笑,他露出相当尴尬的表情。此时,我引导学生思考"天天扫地"是否通顺、是否合理,学生发现小明的答案相当有创意,于是,全班给予掌声鼓励,小明露出自信的笑容。

解释:

小明平时语文成绩不佳,使得他在造词上显得没有信心,念出造的词时相当小声,而且面对同学大笑更显退缩,当澄清后,才重拾信心,这个事件说明小明语词颇有创意。

(四)作品评估

作品评估类似于评定量表,包括一系列足以反映各种不同品质程度的样本作品,然后将每位学生的作品与这些样本作品作对照,即得该样本代表的分数。

第二节　实作评估的实施步骤与实施案例

一、设计实作评估需考虑的问题

在实作评估的设计中主要包含五个要素,即学习结果(outcomes)、结果指标(outcome indicators)、学习机会(learning opportunities)、评估作业(assessment tasks)、评分标准与规则(scoring criteria and rubrics)。学习结果,是指学生在经过教学之后,应知道什么、能做什么或看重什么。结果指标则是指那些可用来证明学习结果的学生成就,如明确知识、特征和表现等,某些情况下便是指内容标准;而指标就是将广泛的学习结果转换成明确的目标,这些具体明确的目标会随着学生水平的不同而改变。学习机会则产生于课程视野、顺序及教学经验之中,教师需提供真实的学习情境让学生有多元化和持续的学习机会。评估作业是学生学习结果的一种成就表现形式。而评分标准和规则则反映了教学的目标、要求及老师的期望,它可以协助学生自我督促,并修正和改善工作表现。因此,要想在评估设计中把这五个要素有机地结合起来,落实于各个评估环节,在设计实作评估时必须注意、考虑下列问题。

(一)拟定计划时需考虑问题

1. 评估的目的是什么

必须先确定目的,才可以开始设计评估。

2. 要评估的行为表现是什么

要评估的行为表现可以从以下三部分进行界定:

(1)重要的学习内容和技能。

(2)行为表现的性质　观察重点在于过程,还是作品,或者是二者兼顾。

(3)判断的规则和标准　明确列出行为表现的重要层面和各层面表现的评分标准。例如怎样的表现是优异的、一般的或是不佳的。这是保证实作评估质量的关键所在,教师要事先和学生就此进行沟通,给学生反馈时也是从这里入手。

3. 设计作业——如何搜集资料或学生表现的凭据

（1）选择数据搜集的形式　要设计特定的作业来引起学生表现行为，或者以观察教室中自然发生的事件作为评估的依据。如果能够有系统和客观地观察和记录学生的表现，教室观察是一种经济且有效的评估方法。决定要搜集资料的数量，一次搜集一个行为样本、一次搜集多个行为样本或者多次搜集多个样本。

（2）设计评分计划。

（3）计分的形式　采用整体性计分或分析性计分。

（4）评分者人选　由教师或专业人士来评分，或者由学生自评或同伴互评。无论评分者人选是谁，都应接受过评分训练。

（5）记录方式　采用检核表、评定量表，还是轶事记录、作品集。

（二）设计或选择实作评估作业时，需考虑的问题

1. 类推性

学生在这个作业项目上的表现能不能类推到其他相似项目中，相似项目的相似程度如何？

2. 真实性

这个作业项目是否和学生在真实生活中遇到的情境相类似？

3. 多元焦点

这个作业项目测量的应是多元的教学结果，而不是单一的教学结果，这一点能确定吗？

4. 可授性

学生在这个作业项目中能力的提升是不是教学所导致的？

5. 公平性

这个作业项目对所有学生都公平吗？

6. 可行性

从费用、空间、时间和设备上来考虑，这个作业项目的可行性如何？

7. 可评性

学生在这个作业项目中反应的评定结果，其可信度和准确度如何？

（三）建构实作评估的建议

（1）重点在于评定学生学习结果中有关复杂认知技巧的部分。

（2）评估的工作项目应同时包括知识及技能两部分。

（3）将与评估本身目的无关的技能表现等降到最低程度。

（4）提供必要的鹰架支持（scaffolding），让学生能够了解评估的内容，以及评估所期望的行为表现。

（5）建构一个有关评估内容的说明，明确指出学生应表现的行为。

（6）在评估中，用评定学生表现的评估标准与学生进行沟通，期望学生表现所期望的行为。

二、实作评估的实施步骤

实作评估重视的是学生应用知识和技能在实际活动中的表现,以及在接近真实的施测情境中产生出作品。它是一项关于教学的科学技术,其中评分者的专业素养、评估的时间、作业性质、教学情境会影响整个评估结果的信度;而评估内容、结构与结果的推论更会影响评估结果的效度。因此,为确保评估活动的质量,实施实作评估时可依下列步骤来进行。

(一)决定评估的目标

实作评估需要教师在教学前就能够明确说明教学目标与实作表现(学习结果),即通过教学期望学生达到的实际表现成果是什么。这样有助于教师挑选适当的评估方法,进行客观公正的评估。如果预期的表现成果还无法详细说明,那么教师就有必要先辨别和定义所要评估的表现成果到底是什么。同时注意,评估目标依据教育教学目标而定。

(二)设计评估活动

实作评估的目标确定后,便要详细说明行为表现的项目,即设计相应的评估活动。评估活动的形式有很多,如,纸笔成就表现、实物辨认、结构化成就表现、模拟成就表现、工作样本及实习等,所有这些活动都应根据实际需要来选择,可以单选,也可多选。

(三)确定实作评估的标准

确立了教学目标、学习结果和评估活动之后,便要明确订立教师期望学生达到的成就表现标准。也就是说,教师必须先决定实作评估的重点是在过程,还是在作品,或者二者兼顾。同时要明确列出行为表现的重要层面和各层面表现的评分标准。

(四)提供适当的表现情境

界定了成就表现标准和设计了评估活动后,教师便要准备提供可以观察表现成果的施测情境,这些情境可以是班级内自然发生的情境,也可以是教师特别设计模拟的真实情境。至于要挑选何种施测情境则由所要评估的表现或成果特征来决定。一般而言,可根据三个原则来判断决定使用何种施测情境,即:① 班级中自然发生行为表现的频率;② 做决定的重要程度;③ 到底需要多少信息才能做决定。教师若要获得一个比较可靠的学生表现评估结果,就必须进行多次观察。

(五)设计评估方式和评分计划

实作评估不论是针对过程、成果或这两者的组合来进行判断或评分,都需要使用某种有系统的方法。在实作评估中,用来搜集和记录学生实际表现行为的方法,主要有四种,即检核表、评定量表、轶事记录及作品评估等,在设计时可以根据需要来选择其中的一种或多种。

实作评估可采用的计分方法主要有整体计分法和分析计分法两种,究竟选用哪一种,应根据实际需要即教师的决定而定。如果教师所做的决定只是一般性质的话（如评定成绩），则使用整体计分法最佳，因为这类决定只需要教师提供单一的整体分数就行了；如果教师所做的决定是具有诊断问题和为了了解学生熟练表现水平的话，那么使用分析计分法为最佳。

（六）进行实作评估与教学

在前述各项步骤都完成之后，教师就可以开始进行实作评估与教学活动。

三、实作评估的实施案例

案例 1：《有爱无碍》单元教学评估

（一）决定评估目标

1. 明确要达到的能力指标

（1）关怀世人与照顾弱势团体。

（2）体验弱势团体的生活，分享、亲身经历其生活的经验与感受。

2. 单元活动目标

（1）通过分步活动，体验各种障碍对人造成的不便。

（2）分享活动后内心的感触并检核自己观念的改变。

（3）能表现助人的行为，并且培养助人的习惯。

3. 明确评估目标

具体评估目标见表 17 - 4。

（二）设计评估活动

采用模拟和实习的方式进行一系列的体验活动。具体略。

（三）确定评估标准和规则

老师从"能力"、"努力"两个向度在学习单的"评估"栏内进行评估，"能力"分为五级，用符号 A、B、C、D、E 表示，分别代表很好、不错、加油、改进、补做（交）。"努力"分为两级，用符号＋、－表示，分别代表进步、退步。各项符号与评估标准如表 17 - 3，评估前必须告知学生符号所代表的意义。

表 17 - 3　《友爱无碍》单元评估标准

符号	评语	评估标准
能力——答案的正确或内容的完整		
A	很好	答案完全正确或完全符合老师的要求，而且比其他同学更有创意或做得更好
B	不错	答案完全正确或完全符合老师的要求
C	加油	答案部分正确或有一部分没有符合老师的要求
D	改进	答案内容完全错误或完全不符合老师的要求

续　表

符号	评语	评估标准
E	补做(交)	未作答或未交

努力的程度

＋	进步	代表你比以前用心或进步 （"＋"越多表示越用心、进步越大）
－	退步	代表你比以前不用心或退步 （"－"越多代表越不用心、退步越大）

（四）提供适当的表现情境

略。

（五）设计评分计划和评估方式

本学习领域以"不呈现分数"为原则，老师可依据教学目标、工作负担、学生或家长需要，采用评定等级、文字叙述的方式。老师评定等级后，应根据需要在"分享"栏，以文字进行补充说明，并给予学生适当的强化。

评估记录采用检核表的方式进行。表 17 - 4 是由单元活动目标发展出行为检核表。

表 17 - 4 《友爱无碍》单元活动检核表

活动目标	评估项目	A	B	C	D	E
通过分步活动，体验各种障碍对人的不方便	体验行动不便者在空间移动的感受，进而认知无障碍环境对于行动不便者的重要性	完全体会并充分表达	大致体会但表达不够充分	仅小部分体会	完全无法体会	未做
	体验嘴巴或脚的功能及失去双手的不便，能以感谢的心善待自己的肢体					
	能体会视觉障碍者的不方便与需要					
	能够体会语障者与人沟通词不达意的心情					
能实践助人的行为，并且培养助人的习惯	能了解如何协助视觉障碍者及与其相处之道	完整表达具体方式	表达具体方式	稍能表达	完全无法了解	未做
	在和障碍者相处时能知道如何从旁协助					
	态度上能尊重身旁身心障碍者					
	能试着去了解听障者并尊重他们					
	能够了解语障者无法用口语清晰表达的不方便，并给予协助					
	能够学会尊重语障者，并能耐心地倾听并协助他们					

续　表

活动目标	评估项目	A	B	C	D	E
活动后分享内心的感触与检核自己观念的改变	能体验肢体健康的可贵,懂得小心谨慎珍惜自己	能完整表达感受及有具体做法	能表达感受及做法	稍能表达感受及做法	完全无法表达或无法体会	未做
	发挥生命的潜能及创意,更能认识及肯定自己生命的价值					

（六）进行实作评估与教学（略）

（七）评估方法说明

（1）本实作评估用以配合自编教材的学习评估。

（2）教师先讲解评估重点与注意事项,适时提供必要的协助,或提供范例供学生参考。

（3）本评估作为单元教学后的总结性评估或诊断学生错误的依据,教师应根据教学目标与需要来衡量。

（4）教师直接在学习评估单的"评估"部分评定等级或打分数,本说明的评估项目、标准、计分方式仅提供参考,教师可根据教学需要进行调整。

（5）教师评估后可在"分享"栏写下"老师的话",再由学生带回家让家长签名,家长也可以在"分享"栏写下"家长的话",最后由学生送交给教师。

案例2:《我上学了》单元教学评估

（一）确立评估目标

分析单元教材《我上学了》,找出适用于实作评估的能力指标。

（1）根据特征或属性,将属性归类（如大小、明暗等）。（过程技能）

（2）体验各种色彩、图像、声音、旋律、姿态、表情动作的美感,并表达出自己的感受。（情意）

（3）运用感官分辨物体的特征（如颜色、敲击声、气味、轻重）。（过程技能）

（4）运用视觉、听觉、动觉的艺术创作形式,表达自己的感受和想法。（情意技能）

（5）欣赏生活周围与不同族群的艺术创作,感受多样文化的特征,并尊重艺术创作者的表达方式。（情意）

确立与能力指标对应的教学目标及评估目标,见表17-5、表17-6、表17-7、表17-8。

表 17 - 5　评估一——环保小尖兵和小乐兵

能力指标	教学目标	评估目标
（1）根据特征或属性，将属性归类（如大小、明暗等） （2）体验各种色彩、图像、声音、旋律、姿态、表情动作的美感，并表达出自己的感受	1. 通过帮垃圾找家的活动，进行"垃圾分类"，并能废物利用，制作环保乐器 2. 从日常垃圾逐渐增加的危机中，探讨如何制定共同规范，以保护生活环境	1. 能正确进行垃圾分类 2. 能利用环保乐器看谱打出正确的节奏

表 17 - 6　评估二——表演高手

能力指标	教学目标	评估目标
（4）运用视觉、听觉、动觉的艺术创作形式，表达自己的感受和想法	1. 喊出班级口号并做动作 2. 表演各种风吹在小草、小花、小树上的样子 3. 表演校园中的一棵大树并说出大树的名称 4. 表演校园中一种会叫、飞、跳、爬的动物并说出动物的名称	能运用肢体表演出指定的造型

表 17 - 7　评估三——听力高手

能力指标	教学目标	评估目标
（3）运用五官观察物体的特征（如颜色、敲击声、气味、轻重） （1）根据特征或属性，将事物归类（如大小、明暗）	通过帮垃圾找家的活动，进行"垃圾分类"，并能废物利用，制作环保乐器	能辨认不同环保乐器的声音特色并正确打出不同环保乐器的声音

表 17 - 8　评估四——遇到你真好

能力指标	教学目标	评估目标
（4）运用视觉、听觉、动觉的艺术创作形式，表达自己的感受和想法 （5）欣赏生活周围与不同族群的艺术创作，感受多样文化的特色，并尊重艺术创作者的表达方式	1. 结合音乐节奏游戏，引导儿童运用各种方式向同学打招呼 2. 通过音乐律动、玩游戏、绘画等方式认识新朋友	1. 能找不同的朋友打招呼 2. 能做出不同的打招呼动作

（二）根据评估目标设计评估活动

以"评估三——听力高手"为例。见表 17 - 9。

表 17 - 9　听力高手活动设计

评估目标	评估活动
能辨认不同环保乐器的声音特征并正确打出不同环保乐器的声音	1. 准备可回收垃圾及不可回收垃圾共四样,摆放于桌面,让小朋友根据其属性,分别放在可回收或不可回收的标示卡处 2. 利用环保乐器,看谱打出正确的节奏

（三）根据评估内容拟定评估标准与规则

见表 17 - 10。

表 17 - 10　评估标准与评分等级

等级	评估标准
优	1. 能根据现场敲击的声音选择正确的环保乐器并敲出声音
良好	2. 经过一次提示后,能选择正确的环保乐器并敲击出声音
一般	3. 经过两次提示后,能选择正确的环保乐器并敲击出声音
加油	4. 无法依据现场敲击的声音选择正确的环保乐器,但是能自行选择其中一种环保乐器敲击并说出环保乐器名称
再加油	5. 未能正确分辨及说出环保乐器的名称

（四）提供适当的表现情境

略。

（五）设计评分计划和评估方式

本学习领域以"不呈现分数"为原则,老师可依据教学目标、学生或家长的需要,采用评定等级的方式进行评估。评估记录采用检核表的方式进行。此检核表请同学们自行设计。

（六）进行实作评估与教学

略。

第三节　实作评估的特征与评析

一、实作评估的特征

实作评估方式不同于传统教室评估中的纸笔测验评估,详细分析,它具有以下特征。

（一）强调与真实情境结合

实作评估的取材大都与实际生活经验有关，以真实或虚拟的实际生活问题来评估学生，评估强调实际操作与解决问题，促进学生运用所学所知解决真实生活问题，强调学以致用。

（二）重视学生的个别差异

传统纸笔测验强调一致性、公平性，未顾及学生的个别差异，实作评估则考虑学生本身的学习特征、学习能力、现有的想法及技能等，重视引发其动机及兴趣，激励其主动表现，更强调因个别差异造成的表现差异。

（三）着重较高层次思考或问题解决技巧

事实上，许多学者认为大部分的纸笔测验题目只能让老师观察出学生的智力过程的结果，而很少能测量出学生获得答案的思考过程。因此，实作评估强调让学生建构答案，而不像传统客观纸笔测验着重于事实的确认与回忆，实作评估所测量的认知领域为较高层次的思考与解决问题的技巧。

（四）适用年龄较小、发展较迟缓的学生

实作评估横跨各学科领域和各年龄层，而且更适用于年龄幼小或阅读能力较差的学生。幼儿、低年级小学生常受沟通能力限制，必须通过观察其行为来评估，因此，若用实作评估更适合他们的特点。阅读能力较差的学生、发展迟缓学生因受种种限制，运用纸笔测验难以反映出他们真正的学习结果，而采用实作评估，则更能评估出他们的实际水平。

（五）促进学生自我决定与负责

实作评估要求学生将某项学习结果运用于日常生活情境中，再观察与评估其应用的好坏。学生能自由选择应用于某种日常生活，能自由决定完成时间，能自行选取呈现成果方式，这样可以培养学生对知识的自我决定、自我组织、自我评鉴及自我修改的能力，提高学生更高层次认知思考的能力，更可培养其对学习的责任感。

（六）评估方式多元化

多元的评估方式包括评估方式、评估方法和评估标准三个方面。在评估方式上，可进行学生自评、同学互评、小组评估、家长评分、师生共同评分或师生与家长共同评分的方式，以提供学生批判思考的机会及家长参与评估与了解班级学习状况的机会；至于评估方法则包含观察、口试、档案等；而评估标准则是师生共同认定答案与评分标准。评估标准不再追求客观的标准答案和做法，而采用师生共同研讨决议、共同评估的方法。评估不限于提供分数，也可以提供等级或评语等方式。

（七）强化沟通与合作学习能力

实作评估不仅重视思考、解决问题能力，更重视沟通与学习合作能力。实作评估时，可以要求学生就解决问题的想法或观点、就自己的概念架构和知识体系,进行说明与沟通,也可以请学生分组完成某项评分作业,让学生在分组过程中体验合作学习的重要性,并强化其合作沟通的能力。

(八) 评估兼顾过程和结果

实作评估可同时评估过程和结果两个方面。如有些学校评估学生阅读过程时,同时兼顾:朗读时,正确读字的百分比和读出故事中具有代表性而有意义的句子(过程);读完后,能用自己的话说出句子含义的多少等(结果),来综合判定学生成绩。评估过程的方式有临床晤谈、记录观察、学生学习记载、学生口头或书面自我评估、学生对其计划成果和表现的口头报告、行为检核等。评估结果的方式可采用论文式测验、评估学生作品集、评估学生表现或实验的说明等。

(九) 实作评估可同时评估情感和社会技巧

使用实作评估不仅可评估高层次认知技巧,而且也可以评估非认知性结果,如自我管理、群体合作能力、社会知觉等。情感学习领域所反映出来的是那些需要专门实作表现的复杂工作,包括资料信息回忆、形成概念、概括推广及问题解决能力等,其中也包含了习惯、态度及社会技能。如果实作评估建构适宜,那么实作评估比纸笔测验更能评估出复杂思考过程、态度及社会技能;相反,就会如传统测验一样,在真实成绩评定、信效度方面受到他人质疑。

(十) 强调教学与评估相结合

针对表现不佳的学生,实作评估结果可以提供适当的诊断及补救功能,监控学生在实际应用中的困难与进步情况。教学重在让学生将学习结果应用到日常生活中,而评估则重在评估学生在实际生活的表现,两者互相呼应。实作评估与传统的纸笔测验相比,更能落实教学与评估的结合。

二、实作评估的评析

(一) 实作评估的优点

近年来美国和国内教育界将这种评估方法广泛运用在学科领域,来评估学校教学绩效或了解学生的学习效果,那么实作评估到底有哪些吸引力或者优点呢? 仔细分析主要在于以下几个方面。

(1) 实作评估不仅考虑学生"知"多少,而且还考虑学生能"用"多少,同时还关注运用的程度与技巧。

(2) 实作评估不仅能有效评估学生思考分析、研究、判断等高层次能力,而且能对学生思考过程与学习方式等做深入分析,寻求学生学习差异的症结,以供改进教学。

(3) 实作评估由于出题多与实际生活相关,使学生更能体会学习的重要性与实用性。

(4) 实作评估可以促进课程与教学策略的改进,增进师生关系。通过评估,可以加强应用与思考能力的训练,引起老师对学生的考核、诊断与判断的重视,增进老师与学生之间的融洽关系。

（5）实作评估常由学生自己选择研究题材，自己支配时间，因而能够增进学生学习的兴趣，提高学生参与和投入程度，帮助学生参与建构有意义的学习情境，提高问题解决能力、批判性思考和表达自我的能力，甚至学生因此对学习工作更加积极与主动。

（6）实作评估对于教和学都能提供较完整的反馈信息，有助于提高教师的教学质量和学生的学习成就。

（二）实作评估的缺点

虽然实作评估有诸多优点，但是在实际的实施中也有不少问题和不足。以下是实施实作评估时最常遇见的问题。

1. 时间方面

实作评估在实施上及评估计分上所需要花费的时间比较多。它所需的时间比较长，一方面制作时需要费神去思考与设计，另一方面实施也需较长时间。

2. 经费及仪器设备方面

基本上，实作评估的花费也比较多，它比传统性评估需要更多的经费；有时需要购置一些仪器设备，在保管维护上也可能会遇到问题。

3. 评分方面

实作评估除了需要花费时间和人力去计分外，它在评分规范方面也常有问题，它往往有不同层次的答案、不同的逻辑过程，但对这些不同的答案如何给予评分标准，如何达到客观、公平与一致，都是很难解决的问题，假如没有很明确的评分规范，往往会受到一些主观思想的影响。评估和观察重点的掌握和评分标准的制定有时候也是一个问题。

4. 信度和效度方面

就技术品质来说，最主要的是评估结果的信度和效度，而这也是评估最受争议的地方。通常评分者间的一致性信度不高，由于实作评估的实施通常需较多的时间，因此作业项目通常很少，以极少数的行为样本是否能适当推论学生的学习成就表现的全貌，其效度令人疑虑。而且不同的取材内容，也可能会影响学生不同的表现。

5. 试题制作方面

实作评估的试题很难制作，它不仅要能引发不同的思路，而且也能确切评估所要鉴定的知识或能力。因此试题内容、教材与评估目的，必须慎重考虑，必须很明确。

6. 实作评估的推广和团体比较方面

实作评估的推广难度较大，因为，教师需要重新接受在职培训，职前教师也应加强这方面的学习与训练，而在教师做好准备之前，推广实作评估有很大困难。另外，实作评估较难进行团体间学习结果的比较。

【本章小结】

1. 实作评估是近年国外兴起的另类评估中的一种评估方法。为了让同学们能真正掌握并学会运用这种方法，惠及特殊儿童，本章对实作评估的涵义、应用范围等进行了逐一介绍，而对实作评估的类型、搜集资料的方法则进行了详细讲解。

2. 实作评估的实施步骤的掌握是具体运用这种评估方法的关键,因此,在介绍时结合具体的案例逐步讲解该步骤在实际操作中的应用方法。

3. 在前面内容学习的基础上,对实作评估的特征进行概括、总结;同时,要认识到任何一种方法都有它的优势和不足,实作评估也不例外,对实作评估方法要进行客观的评价、分析。

【思考·练习·实践】

1. 什么是实作评估? 试简述之。
2. 实作评估中搜集资料的方法有哪些? 请简述之。
3. 实作评估有哪些类型? 请描述并比较它们的异同。
4. 实作评估的实施步骤有哪些? 请设计一个实作评估的案例。
5. 实作评估有何特征? 有哪些优势和不足? 请简述之。
6. 案例分析:

文文,男,8岁,就读于普通小学二年级。文文是足月剖腹产,出生时状况正常。其智力、动作发育基本正常,但有言语障碍,发音含混不清,回答问题时常常用手势、表情或简单的书面语回答。老师想用实作评估了解文文的语文学习进步情况,可以怎样设计该评估程序?

【参考文献】

[1] 张世彗,等.特殊学生鉴定与评估[M].中国台北:心理出版社,2003.
[2] 陈丽如.特殊儿童鉴定与评量[M].中国台北:心理出版社,2001.
[3] 李翠玲.特殊教育教学设计[M].中国台北:心理出版社,2001.
[4] 李淑贞.中、重度障碍者有效教学法[M].中国台北:心理出版社,1998.
[5] 钱文,刘明.特殊需要婴幼儿评估的实践指导[M].上海:华东师范大学出版社,2005.

第十八章 动态评估

【内容摘要】 为了弥补传统静态评估方式的不足,动态评估应运而生,并且在特殊教育界已日益引起人们的关注。本章将首先阐述动态评估的涵义、类型及其运用原则;接着介绍动态评估的实施步骤;最后总结、概括实动态评估的特征,并对其进行客观的分析、评价。

笑笑,女,7岁,在一所普通小学就读。笑笑是足月顺产,但产程较长,出生时状况正常。3岁内没有严重的疾病。笑笑出生后主要由外公外婆照护,他们对笑笑非常重视,过分保护、溺爱。笑笑动作发育迟缓,2岁半经医院检查发现有感觉统合失调问题,后一边上幼儿园,一边利用课余时间去机构做康复训练。上小学后,不能严格遵守班级常规,缺乏规则意识和是非判断能力;课堂上不能控制自己,多动、随便讲话,需要其母亲部分时间在校陪读。其语文学习能跟上班级老师的教学进度,但数学学习困难,作业总是出错,需要家长辅导。笑笑的数学学习困难在哪里?如何来解决呢?动态评估可以了解其问题所在并找出解决对策。

第一节 动态评估概述

由于传统的静态评估方式受到相当多的批评,它重视成果导向而非过程导向,容易忽略知识的组织性及统整性。其评估结果只提供一种量化的数据,容易引发"标记"问题,而且对于身心障碍和文化不利儿童的学习潜能会有低估的现象;同时,评估结果与教学间也缺乏直接的关系等。因此,为了弥补传统静态评估方式的不足,动态评估应运而生。

一、动态评估的涵义

动态评估(dynamic assessment)一词最早是由以色列教育心学家费尔斯坦(Feuerstein)于1979提出,他根据维果斯基(Vygosky)的观点提出了属于认知心理学派的动态评估观点。

何谓动态评估? 它是指教师以"测验—介入—再测验"的形式,对儿童的一般认知能力或特定学科领域进行持续性学习过程的评估;借此了解教师介入与儿童认知之间的关系,以及儿童认知发展的可修正程度,确认儿童所能发展的最大学习潜能;并诊断学生学习错误原因,提供处方性信息,来进行适当的补救教学。概括地说,在教学前、教学中及教学后及时调整评估情境,对学习者的认知能力进行持续性的评估,借此了解教学与认知改变的关系,并确认通过教学后学习者所能达到的最大可能的潜能表现。

在评估过程中,动态评估特别强调评估学生如何产生学习及学习如何发生变化的心理过程,并试图评估学习者是否有改变的潜能。此外,它也是一种评估与教学的过程,在学习过程中评估者对学生提出各种形式的协助、诱导或中介,以帮助学生表现出最大可能的潜能。

因此,相较于传统的、静态的评估,动态评估最主要的涵义在于三个方面,即着重学习过程或认知改变的评估;在评估中评估者与被评估者的关系是互动的;通过评估发掘学生最大的学习潜能。

二、动态评估的类型

动态评估发展至今,研究者基于研究取向的不同,纷纷提出各种研究模式。近二十年来,陆续出现的动态评估类型(模式)主要有以下六种。

(一)学习潜能评估模式

"学习潜能评估模式"(learning potential assessment,LPA)由布道夫(Budoff)于1974年提出。

这种评估模式的目的在于鉴别被错误分类的智能障碍儿童。以非语言作业为题材,运用"前测—训练—后测"的程序,来评估学生从训练中所获得的能力。其教学介入方式是采用"标准化教学",首先协助学生了解学习的要求,同时给予鼓励和称赞,然后引导学生检查解题策略。

学习潜能评估模式因为采用了"标准化教学",所以容易施行,但学生前测能力差异很大时,会有区分上的困难。

(二)学习潜能评估计划模式

"学习潜能评估计划模式"(learning potential assessment device,LPAD)由费尔斯坦(Feuerstein,1979)所发展。

这种模式的评估目的有两个,即:找出个体的认知功能缺陷;评估学生对教学的反应程度、所需训练的类型及数量,以求改进。采取"前测—中介—后测"(或教学—后测)的程序,来评估学生经过中介训练后的表现。其教学介入方式与LPA不同,它是采用"非标准化临床介入"训练一般技巧,同时给予特定反馈,以了解学生认知功能的缺陷或可塑性。

学习潜能评估计划模式的优点在于可提高学生的认知和迁移能力,但因采用"非标准化临床介入",使得不易实施;另外,因计分不容易客观,而使得评分者间的信度较低。

(三)极限评估模式

"极限评估模式"(testing-the-limits)由卡尔森(Carlson)和威特(Wiedl)于1978年提出。

这种模式的评估目的有两个,即:找出估计个体能力上限的最佳方式,提供对一般智力较敏感的指标。采取"测验中训练"的标准化介入模式,来了解学生实际智力,分析学生人格因素和测验情境的互动关系,以评析不同施测情境介入的最佳表现及介入策略的有效程度。

极限评估模式因无前后过程,所以难以评估标准化介入的协助效益。

(四) 心理计量取向评估模式

"心理计量取向评估模式"(psychometric approach assessment,PAA)是由恩柏里特逊(Embretson,1987)所发展的。

这种模式的评估目的在于评估学生训练后学习能力(前后测分数的差异)改变的情况。它以空间推理为材料,采取"前测—训练—后测"的程序,来评估学生的能力,运用标准化介入来协助学生,提高其学习能力。

心理计量取向评估模式可以克服传统评估中改变分数(前后测分数)未必等距、解释改变本质不易以及评估误差未必相等缺点。不过,这种评估模式在学科上的运用仍显不足,有待发展。

(五) 连续评估模式

"连续评估模式"(continuous assessment)是伯恩斯、维耶及布朗斯福德(Burns & Vye & Bransford,1987)所提出的。

这种模式的评估目的主要在于检查不同教学介入的效果,确认有效介入成分。它认为认知发展的增进在于有效的中介学习,以教学、阅读等领域为材料,采取"前测—训练—再测—训练—后测"的程序,分两大阶段评估学生的认知能力和缺陷。第一阶段又分为两个步骤,先使用"静态评估"评估学生的一般能力;再实施"渐次提示",并测量未经协助的"独立表现"水平。若第一阶段未达到预定的标准,就进入第二阶段的训练或渐次提示;然后给予静态评估,以评估学生的学习保留和迁移能力。

连续评估模式虽有其优点,但程序稍嫌复杂,设计较为困难,影响其实施与推广。

(六) 渐进提示评估模式

"渐进提示评估模式"(graduated prompting assessment,GPA),或称支持性学习或迁移动态评估,是由坎佩恩和布朗(Campione & Brown,1987)提出的。

这种模式的评估目的主要在于两方面,即了解学生的最初能力及实施动态评估后所能表现的最高水平;了解学生的学习能力和迁移效果,同时观察学生认知功能的运作过程。该模式深受俄国心理学家维果茨基的"最近发展区"概念的影响。他们将学习视为社会化中介过程,认为认知能力的发展是通过他人支持的人际互动学习而渐渐内化形成的。

在渐进提示评估模式中,"教学提示量"是用来评估学生学习能力的指标。这个模式以学科作业为材料,事先建构一套标准化提示系统(提示系统的编拟是按照由一般、抽象的思考提示,然后逐渐趋向详细且明确的提示);接着再采取"前测—训练—迁移—后测"等四个阶段的程序依序进行。

前后测实施静态评估,用以了解学生的最初能力及实施动态评估后所能表现的最高水平;训练迁移阶段则实施动态评估,给予学生一系列协助(而迁移阶段则依据题型难易程度,分成保持、近迁移、中迁移及远迁移四个层次),来了解学生的学习能力和迁移效果,同时也可观察学生认知功能的运作过程(如思考速度、思考方式、学习态度等)。

在评估时,渐进提示评估模式主要评估学生的学习量数(在教学阶段时,所需的提示量)和迁移量数(在迁移阶段时,所需的提示量);而计分时,是以提示量的多少来核算,每提示一次计点一次,提示量愈多表示能力愈低。这种评估模式的优点在于:评分客观,容易施行和推广,迁移能力能精确评估,强调与学科领域结合。主要的限制在于针对复杂度高的学科,不容易建立提示系统。

综上所述,各种动态评估模式各有其优缺点,不过到目前为止,渐进提示评估模式因其提供较为客观的评分,而且能对学习迁移过程进行质的分析,故而常被用于班级教学中评估或协助学习障碍或困难的学生。

三、动态评估的运用原则

动态评估的形式与传统的评估有很大的差异,因此,评估者在运用动态评估时应掌握以下几个重要的原则。

(一)掌握评估的目的

动态评估的目的主要有三个,即:为了评估学生的学习潜能范围,发掘学生未来的潜在表现水平;为了分析学生的认知过程,通过学生在答题中的表现,分析其对问题的认知水平;为了分析适当的介入策略,在评估者与学生不断的互动过程中,发现适当的教学介入策略。

(二)以一对一方式进行

动态评估全部以个别施测、评估为主,只有一对一的方式,才能分析学生的表现过程。

(三)以自我参照为评估方式

动态评估将学生个人在不同时间的表现进行比较,如比较所需要的协助是否减少,因此,动态评估是一种以自我为参照标准的评估方式。其计分目的在于了解学生答题所获得的协助是否减少,以此了解其学习表现的进步情况。

(四)动态评估的评估者应善于分析、引导

在动态评估中,评估者要根据学生的反应,不断地进行评估,以了解学生的反应如何,思考问题的错误症结所在,并做学生错误反应形式的分析等。因此,在整个评估过程中,评估者的思路应当非常清晰,敏锐地察觉被评估者的表现,以便针对其反应给予适当的提问、分析、引导等。

(五)善用后设认知晤谈及放声思考

动态评估通过晤谈和放声思考的方式,了解学生的思考模式,并同时协助学生了解他

自己的思考模式,借此引导学生思考正确的解题方向。放声思考就是学生一边思考一边将其认知过程表达出来,可通过此种方式明确地掌握学生的思考方式,了解其问题所在。

(六)对学习障碍学生的鉴定应用

学习障碍学生的鉴定标准之一,在于了解个人内在潜能与外在表现间的差异,而动态评估就在于发掘学生的潜能所在。因此,有些学者主张通过动态评估了解学生的潜能,才能真正鉴定出学习障碍者。

(七)电脑化动态评估的应用

通过电脑可以建立针对被评估者反应类型的题库、答题情况的计分模式以及结合教学的评估模式。电脑的应用可以使动态评估收到很好的应用效果,并可以克服动态评估所存在的局限,如计分、耗时及效度等问题。但其程序不容易设计,并非一般的教师所能做到的,这也是动态评估的另一个限制。

第二节　动态评估的实施步骤

一、动态评估的实施步骤

(一)依据教学目标,确定评估目标

在动态评估中,首先要明确教学目标与评估的主题,根据教学目标和评估的主题来确定评估的目标。

(二)依据评估目标,确定评估标准

评估目标确定后,接下来就要确定评估的标准。评估标准的确定应依据评估目标和教学目标。然而,动态评估是要评估学习中的知觉、思考、问题解决等过程,目的在于评估学生的潜能与介入程度而不是目前的表现,因此,评估标准的确定还要结合学生的认知过程与介入程度的多少来考虑。同时,结合评估标准、介入程度的多少来设计评分标准和评分方法。

(三)选择、确认评估方式

一旦确定了评估目标和评估标准后,下一步工作就是确认评估方式。动态评估的方式多种多样,目前常用的主要有六种,即学习潜能评估、学习潜能评估计划、极限评估、心理计量取向评估、连续评估及渐进提示评估模式。究竟选择使用哪一种评估方式,要根据教学目标、评估目标、评估标准以及其他支持性的条件而定。

(四)搜集资料,准备评估试题

动态评估是将教学与评估相结合,直接检查学生对教学的反应,评估学生的学习潜

能。因此,在决定采用动态评估方式进行教学与评估,并做好前述准备工作后,下一步就是要搜集教学评估中需要运用的相关资料,准备形式多样的评估试题。搜集的资料越多,准备得越充分,实际教学与评估工作就会越顺利。

（五）实施教学与评估

上述准备工作完成后,就可以进入实际的教学与评估阶段,在此阶段可以依据下列步骤进行评估教学。

1. 呈现问题

将事先设计、准备好的题目呈现在学生面前,待其思考解答。

2. 学生解题

请学生进行解题,最好以放声思考的方式表现,以了解学生的思路。

3. 评估者分析学生可能的思考问题

评估者根据学生的反应,分析学生的思考模式,来了解学生如何进行学习,同时试图评估学习者是否有改变的潜能。

4. 评估者诱导学生解答问题

评估者根据观察及分析所得到的信息,提出另一个相似的问题,以刺激学生思考自己解题方向的正确性,并诱导学生往正确的方向思考。也就是说,评估者提供各种形式的诱导、协助或中介,以帮助学生表现出最高的成就水平。

5. 计分

评估者设计计分标准,常见的方式是依据学生正确答题所需要的协助的多少,计算得分。所给予的提示越少,得分越高;给予的提示越多,得分越低。

二、动态评估的实施案例[①]

案例 1：叙述式评估

评估主题：几点钟（自编教材）。

（一）呈现问题

几点钟?

（呈现实物或图）

---

① 陈丽如:《特殊儿童鉴定与评量》,中国台北:心理出版社,2001 年,第 130－132 页。

（二）学生解题

1. 6 点钟   2. 12 点钟   3. 9 点钟

3. 5 点钟   5. 10 点钟

（三）教师评估

1. 6 点钟→答对了。

2. 12 点钟→不会分长短针。

3. 9 点钟→6 与 9 辨别错误。

4. 5 点钟、10 点钟→无章法可言，对认识时钟无概念，或不认识数字。

（四）评估者诱导学生解答问题

1. 6 点钟→教师给予强化。

2. 12 点钟→钟面上的长针指多少，短针指多少，要看几点，应该看长针还是短针？所以那是几点？

3. 9 点钟→提示"大头 9，大肚子 6"；（钟面上短针指的数字是多少呢？）请你写个 6，再写个 9，看看哪里不一样？

4. 5 点钟、10 点钟→重新教学生如何看时间：认识长短针，认识钟面上的刻度，认识数字。

（五）计分（满分 4 分）

4 分："完全不需要"老师指导或提示即可回答正确的答案。

3 分：老师提醒学生答错，学生再检查一次而答对。

2 分：老师给予学生"少量口头提示"才答对。

1 分：老师必须给予学生"大量口头提示"才答对。

0 分：学生解答时，需老师协助认知每个步骤。

案例 2：列表式评估

评估主题：植物的根、茎、叶、花、果（自编教材）。

（一）呈现问题

观察植物身体有哪些部分？

（二）过程的分析与评估

本例方式是针对问题，将学生所有可能的答案先逐一列出，并分析学生可能的思考问题。见表 18 - 1。

（三）本例根据前项过程的分析与评估设计计分表

计分表见表 18 - 1、表 18 - 2。

表 18 - 1 动态评估实例分析

学生解题	评估者分析学生解答	评估者诱导学生解答问题
1. 没有答案	1. 对植物完全无概念 2. 不知道自己的答案是否正确,所以不回答(可能缺乏信心)	1. 引导发现植物的特征(如不会动,需要浇水) 2. 鼓励学生想到什么就回答什么
2. 高高的	认知不完全(可能只认为树才是植物)	评估者举例教导学生分辨植物(如:老师问:草是不是植物,葡萄是不是植物等问题)
3. 树干	不知道一般植物部位的正确名称(如:树干→茎)	利用图卡,请孩子挑选图卡,以学会正确的名称
4. 种子	回答不完全	老师多提问(如:除了种子,还有什么?),引导学生多联想多回答
5. 花和叶子	1. 回答不完全。 2. 只看到花和叶,不知道植物还有其他部分(如:根、茎)	拿出实物给学生观察(此植物需有根、茎、叶、花、果实。如花生)
6. 根、茎、叶、花	先备经验中缺乏果实的认知	学生可能不具备果实的认知,老师须直接教授
7. 根、茎、叶、花、果实	正确答案	老师可询问其知识的获得,并增强其观念

表 18 - 2 动态评估计分表

基本分数:根据答对数量(根、茎、叶、花、果实)勾选。		加权分数:根据老师引导学生解答问题程度勾选。	
数量	勾选	提示程度	勾选
5		0分:经提示仍然不知	
4		1分:实物提示	
3		2分:图卡提示	
2		3分:多量提示	
1		4分:少量提示	
0		5分:完全不提示	

总分:基本分+加权分数(满分 10 分)

案例 3:数学文字题解过程的动态评估

(一)对象

小学五年级在高年级学术性向测验中的焦点题成绩未达熟练水平者。

(二)评估内容

数学文字题。

（三）提示系统

提供对错的反馈、解题的逻辑、平行题目教学、原题目教学。

（四）解题及介入过程

试题 1：

4 公升高级汽油的价钱和 10 公升柴油的价钱相等，如果高级汽油 1 公升 15 元，那么柴油 1 公升多少元？

说明：小朋友，你把题目看完后，就在第一题的下边作答！

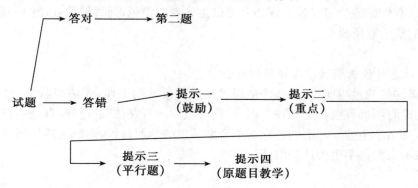

试题 2（平行题）：

2 公升高级汽油的价钱和 5 公升柴油的价钱相等，如果高级汽油 1 公升 10 元，那么柴油 1 公升多少元？

解答：先要知道 1 公升高级汽油 10 元，第二个步骤算出 2 公升高级汽油的价钱是 20 元，第三个步骤要了解 2 公升高级汽油的价钱＝5 公升柴油的价钱，再来可推出 5 公升柴油的价钱＝20 元，然后就算出 1 公升柴油的价格为 4 元。

原题目教学：

第一步：要知道 1 公升高级汽油 20 元。

第二步：算出 4 公升高级汽油的价钱是：15×4＝60 元。

第三步：了解 4 公升高级汽油的价钱＝10 公升柴油的价钱。

第四步：推出 10 公升柴油的价钱＝60 元。

第五步：算出 1 公升柴油的价格是 60÷10＝6 元。

第三节　动态评估的特征与评析

一、动态评估的特征

动态评估是一个在不断地流动的评估过程，其特征可以分别从以下几个方面进行探讨。

（一）动态评估强调学生认知过程、学习潜能的评估

就动态评估的目标而言，动态评估强调学生在学习中的知觉、思考、问题解决等过程的评估，目的在评估学生的潜能而非目前的表现。又因为动态评估重视对个别学生学习过程的确认和评估，而不是与同伴间进行能力比较，因此，其计分最重要的目的在于了解学生个人学习表现的进步情况。

（二）动态评估着重于改变学生能力

动态评估认为学生的认知是可以改变的，智力是可以增长的。只要经过适当的引导，学生就可以有较好的学习成就。评估者要以主导者的角色，通过彼此互动的关系，尽可能使受试者的能力有所改变。

（三）动态评估强调教学与评估相结合

就动态评估的过程而言，动态评估同时在进行教学的工作，评估即教学，教学也即评估，两者间没有明确界线。动态评估以"评估—教学—再评估"的过程，直接检查学生对教学的反应，评估学生的学习潜能。它着重个别学生的学习过程，而非与同伴间进行能力的比较，比较不会低估学生的认知潜能。

（四）动态评估重视发现恰当有效的介入方式

个体认知改变所需介入的程度与方式是动态评估的重要任务之一。在评估过程中，评估者要同时探索恰当、有效的介入方法及介入程度，并将它们应用于平时的教学活动中，以促进个体认知的改变与提高。

（五）动态评估关心学生的学习效能

动态评估将教学与评估相结合，不仅关心评估过程，更关心被评估者在教学中获益的情况，关心评估对教学的调整、促进作用。虽然动态评估强调对学生学习中的认知过程进行评估，但评估真正的功能还在于通过适当的介入引发学生认知过程的改变，从而达到提高教学效能的目的。

二、动态评估的评析

动态评估与传统评估相比，具有较多的优势，更能适应目前课程改革的需要。虽如此，其在实际使用过程中还是存在较多的限制，下面分别就其使用中的优点和不足进行概括和介绍。

（一）动态评估的优点

1. 不会低估文化或身心条件不利儿童的认知潜能

由于文化不利和身心障碍儿童往往缺乏先备知识与学习经验，需要在评估时给予较多的协助与详细指导。教师若仅使用传统评估方式，对学生进行分类和预测未来学习成就，将会有潜伏的危机存在。因此使用动态评估能比较有效地预估学习的成就，弥补传统

评估的不足。因而,动态评估又被称为无歧视性的认知评估方法。

2. 评估与教学密切结合

动态评估的目的并不是要对学生进行鉴别或分类,给学生贴上不当的标签。相反的,这种评估的目的是要了解学生的学习潜能,是要确定在什么情况下,学生能够获得最大可能的改变。因此,教师要能够在教学与评估中做适当的调整,并且详细分析与研究教材,以适应学生学习上的需求。

3. 重视学生的潜能表现和认知过程

动态评估的主要目标在于确定学习者的思考或问题解决过程及其错误形式,以提供教学提示或课程设计的信息;同时也可观察学生认知功能的运作过程与运作方式。因此该评估不仅重视学生最大的潜能表现,也重视学生的认知过程。

4. 是连续过程的评估模式

动态评估的模式主要是为了了解学生通过教学后的认知改变,以及其需要的中介指导的形式与层次。因此,动态评估是一种连续的过程,而非仅仅一次评估即可。

5. 对学生的学习提供实质性帮助

动态评估重视学生的学习过程,直接针对学生的学习内容进行诊断,能取得较精确的诊断结果,并且能较准确地找出学习真正的困难所在,而后提供有意义的教学信息。

6. 以成功为导向的学习过程

动态评估主张者认为,只有少部分学生对某些题目完全不了解,大部分学生对大部分题目都多多少少有某些程度的认知。动态评估就是以答题者对题目的认知为基础,发现适当的教学策略,进而引导其成功地教学。因而,动态评估是一个以成功为导向的评估过程,这可以使学习者减少因挫败而导致学习动机丧失的情况发生。

7. 可使受试者的焦虑降到最低程度

动态评估是一种互动性程度相当高的评估过程,学生在接受评估的过程中往往可以忽略教师正在为其进行评估,因而能减弱抗拒心理,使受试者的焦虑程度降到最低水平,因此能较准确地评估学生的学习潜能。

(二) 动态评估的缺点

1. 个别评估成本太高

动态评估大多以个别评估为主,但个别评估必须投入大量时间、经费和人力,因此,成本太高。

2. 评估过程之间的互动不易掌握

动态评估过程中,需要与学生作充分的互动,评估者要时刻保持高度的警觉性,随时准备做适当的介入。然而评估者与学习者之间的互动不容易掌握,也往往成为评估者很大的负担。

3. 信度与效度有待努力

在动态评估过程中,评估者常常介入学生的表现过程;同时每一个受试者往往会有不同的反应,所需介入的程度和方向也因人而异。因此,其过程常常无法标准化,而使评估的信度和效度受到质疑。

4. 计分不易

动态评估的计分较一般客观测验的计分要复杂得多,因此常常造成不同的评估者得到不同的评定分数。同时,计分是在评估者和学生互动过程中同时进行,因此,评估者常会有分心的现象,而使计分容易出错。

5. 过于耗费时间与精力

动态评估是一种一对一的评估过程,是一种相当耗费时间的评估方法。它注重互动与教学介入过程,不仅评估过程费时,而且评估结果难以适当解释。同时,不同的评估对象在时间掌控上难以事先计划。

【本章小结】

1. 动态评估是近年国外兴起的另类评估中的一种评估方法。为了让同学们能真正掌握并学会运用这种方法,并能将之运用于实践,本章对动态评估的涵义、运用原则进行了阐述,而对动态评估的类型则进行了详细解释。

2. 掌握动态评估的实施步骤是具体运用这种评估方法的关键,因此,在介绍时结合具体的案例逐步讲解该步骤在实际操作中的应用方法。

3. 在前面内容学习的基础上,对动态评估的特征进行概括、总结;同时,也要认识到任何一种方法都有它的优势和不足,动态评估也一样,对动态评估方法要进行客观的评价、分析。

【思考·练习·实践】

1. 什么是动态评估? 试简述之。

2. 动态评估有哪些类型? 请描述并比较它们的异同。

3. 动态评估的实施步骤有哪些? 请设计一个实作评估的案例。

4. 动态评估有何特征? 有哪些优势和不足? 请简述之。

5. 案例分析:

小刚,男,8 岁,是普通学校二年级学生。他出生时状况正常,身高、体重、认知、动作发育正常,在学校语文成绩较好,数学成绩较差,加减法和四则混合运算总是出错。针对小刚的数学学习情况可以用何种评估方法进行评估以找出其学习中的问题? 如何评估?

【参考文献】

[1] 张世彗,等. 特殊学生鉴定与评估[M]. 中国台北:心理出版社,2003.

[2] 陈丽如. 特殊儿童鉴定与评量[M]. 中国台北:心理出版社,2001.

[3] 李翠玲. 特殊教育教学设计[M]. 中国台北:心理出版社,2001.

[4] 李淑贞. 中、重度障碍者有效教学法[M]. 中国台北:心理出版社,1998.

[5] 钱文,刘明. 特殊需要婴幼儿评估的实践指导[M]. 上海:华东师范大学出版社,2005.

第十九章　档案评估

【内容摘要】　档案评估有目的地搜集学生学习表现的各类信息,以此评估学生的学习成就,在特殊教育界已引起广泛的关注,其对特殊教育的重要性已不容置疑。本章将首先阐述档案评估的涵义,学习过程档案的内容、档案评估的层次及原则;接着介绍档案评估的实施步骤;最后总结、概括档案评估的特征,并对其进行客观的评价、分析。

奇奇,男,7岁7个月,是自闭症儿童,在特殊学校读一年级。他出生时状况正常,母孕期间健康、情绪较好,无家族病史,父母关系融洽。奇奇还有个姐姐,父母都很疼爱他们。奇奇出生 10 个月时发高烧,治疗半个月才痊愈,随后出现拍打头部、吸吮手指的行为。32 个月时癫痫发作,后依靠药物控制。他能用羹匙自己吃饭,但挑食;能控制大小便,但如厕后需要他人处理;不会自己洗脸、刷牙、穿衣服。其口语能力较差,只会仿说个别的字,不能说一句完整的话。注意力不集中,害怕陌生环境,在陌生环境中会出现拍打头部和吸吮手指行为。喜欢吃,喜欢看挖土机的视频,喜欢画画。其综合能力发展接近 2 岁 8 个月左右儿童的水平。针对奇奇的情况,学校为他调整了绘画与手工课程的学习目标,但是,如何来评估他这门课程的学习效果呢? 档案评估就是一种有效的评估方法。

第一节　档案评估概述

20 世纪 90 年代初,美国教育界有感于各州多以标准化测验来评估中小学的教学效能,造成许多教师在教学中过于侧重测验的内容,而忽视学生心理能力的培养,因而尝试其他的评估方式,档案评估(portfolio assessment)就是其中之一。

一、档案评估的涵义

何谓档案? 档案(Portfolio)原意为卷宗、档案或是纸夹,最早是艺术家用以向人介绍其个人艺术创作的过程,这一类的档案强调的是个人在某个时期的作品或表现。用在教育上,则强调档案评估是有目的地搜集学生学习表现的各类信息,因此,有些学者强调那是一种"过程档案"(Process-folio),并以此强调信息搜集的过程。从这些信息中,老师可以知道学生在学习过程中所付出的努力、获得的进步以及达到学习目标的情况,因而,这也是一个以作品为中心的记录学习过程的学习过程档案。

　　何谓档案评估？是指教师与学生一同有目的地、系统地搜集学生的作品,用以描述学生在学科领域内的努力和成就情况。所搜集的作品可以真实反映学生的表现,记录学生的学习过程,帮助学生进行有意义的学习。因此,只要与学生学习过程和成果有关的作品都可以列入档案评估中。这些作品包括前后作业、报告、图片、测验结果、笔记、作文、实验、自我省思、照片、研究计划、杂志、检核表、轶事观察、录影带等。其目的在于搜集学生学习结果的具体信息,根据个别学生的需要进行评估,使学生能有机会参与自我评量,获得学生个人特征的信息及对学校教育的质量提供说明。

　　档案评估用于教育,意义非凡,它是对学生学习成就进行有计划的资料收集,这样的资料收集表现了教师与学生的共同努力情况;老师与学生共同决定档案的目的、内容及评估标准,反映了师生间良好的合作与互动。档案评估不仅呈现了学生成长的故事、长期的成就,以及在某一学习领域重要的成就,而且还充当了老师与家长及其他老师之间沟通的桥梁。

二、学习过程档案的内容

　　在教育中的档案,主要是记录学生学习情况的学习过程档案,它是档案评估的核心,作为一份学习档案通常应包含下列八个要素。

(一)学习者目标

　　学习过程档案强调学生自我导向的学习过程,因此必须在档案中明确陈述其预设目标以作为评估学习成果或进步的根据。

(二)选择内容的准则

　　教师与学生必须讨论档案内容选择的一些准则或要求,帮助学生选择具有代表性意义的数据,以展现真正的学习成果。

(三)学生或教师选出的工作样品

　　工作样品包括学生修改完成的或最佳的成品,可以展现学生的实力与成就。并借此说明进行过程以帮助学生了解相关的学习过程及学习策略。

(四)学生的自我反省记录

　　通过记录及反省,有助于学生更加了解自我学习的过程及相关学习与认知策略,以达到后设认知的目的。

(五)优秀作品的标准及范例

　　在学习过程档案中,优秀作品的标准或范例不可缺少,它可以为学生确定目标时提供参考或指导。

（六）清楚且适当的评估规范

学习过程档案强调学习者的学习主控权，包括自我评估的能力，因此必须有一个明确的评估规范，使其能据此衡量自己的学习成果。

（七）教师的反馈或评估记录

在学习中，教师的指导、反馈与辅导对学生学习相当重要，通过反馈可以使学生明确自己的问题和不足，通过辅导可以使学生尽快正确掌握所学内容，从而使学生取得更大的进步。

（八）其他同伴或家长的建议

在学习中，同伴和家长的建议可以使学生根据多方面信息来了解自己的学习过程或成就，以便及时调整、改进自己的学习。

三、档案评估的形式与层次[①]

有学者研究指出，档案评估具有以下四种特定档案形式，同时这四种档案形式又具有顺序性，呈现出特定的层次。

（一）层次一：发展性档案

发展性档案（developmental portfolio）就是搜集各学科、各学期或各学年的作品或成果。教师可以使用这种档案评估学生进步情况，故名为发展性。事实上，这种档案形式的评估过程是总结性的。也就是说，评估档案中的材料可作为学生在不同阶段中完成的作品实例。发展性档案很容易给予成绩，如完成或已熟知讲授的概念。以语文为例，发展性档案可能就是要搜集学期间所有已完成的写作计划，来评估学生对新技巧的掌握应用情况。

（二）层次二：成果档案

成果档案（product portfolio）就是教师提供给学生所要搜集主题或产品的内容表格，学生根据内容表格搜集对应的作品。例如，针对职业教育专业来讲，教师可以要求学生展示特定的能力，如编织的毛衣、设计的平面图。由学生提出工作样本，并召开有关这些产品的搭配标准或品质的师生会议。在用法上，这种档案与行为或能力检核表最相似，由教师描述已经学过的重要主题与学生完成任务的熟练标准。在成果档案评估中，教师检查档案中的材料以确认每个标准最佳的部分。这种评估是在师生会议之后进行的。再次召开会议时，教师选择出最佳的部分并解释这个部分最佳的理由。

（三）层次三：展示档案

展示档案（show portfolio）又称为范例档案，即教师提供学生所需主题的内容表格，

---

① 张世彗等：《特殊学生鉴定与评估》，中国台北：心理出版社，2003年，第199 - 200页。

由学生提供档案的评估要素和特定的选择原则。提醒学生不仅搜集获得高分的作品,在决定放入档案里的项目之前,还需要考虑每项选择的观众目的。在评估过程中,召开师生会议,由教师提供有关作品的总结性反馈以及在作品选择过程中运用有关原则的形成性反馈。这种选择优劣的反馈对学生非常重要,它可以提高学生自我反思与自我评估的能力与信心。与成果档案相类似,展示档案也是由教师提出内容表格,由学生根据要求选出最佳的作品。事实上,展示档案中最关键性的要素就是项目选择的原则。选择原则应该反映出如何使选择的成果符合评估标准或作业标准。

(四)层次四:目标档案

目标档案(objective portfolio)是由教师提出有关成就表现的行为目标或陈述目标。由学生从其作品中选择最具代表性的作品,以符合成就表现标准或陈述的目标。目标档案需要学生的参与性最高,它需要学生分析任务的要求、浏览所有可能的作品、选择最佳的代表作品并提供选择原则。而教师的角色则在于认可目标的成熟性,针对每项已成熟的目标,教师要给学生提供质性的反馈。

四、档案评估的原则

(一)尽可能增加学生的自主性

档案评估一般由学生自己搜集相关资料呈现给老师进行评估,学生可借此学习如何管理自己。但用在智力障碍儿童身上,则应由老师或家长帮助搜集资料,以了解学生的表现,作为鉴定、诊断及教学设计的参照。即使如此,在可能的范围内仍可尝试鼓励学生参与。

(二)档案评估搜集资料应多样化

档案评估虽然是通过搜集学生的实际作品以了解学生的表现,但仍然要加入其他的相关信息,如学生的自我反思、家长的评价等,以便能全面而多元地评估学生的能力。

(三)配合教学目标或学习目的

档案评估不是随心所欲进行的,应配合教学目标或学习目的进行,根据需来确定是否选用档案评估形式,不能为了采用档案评估而采用。

(四)与学生共同商讨、制定

档案评估的内容、格式等需老师与学生共同商定。通常老师出一个大的框架思路,学生自主考虑一些细节,与老师讨论后最后定稿。这体现了老师与学生的双向互动。

第二节　档案评估的实施步骤

一、档案评估的实施步骤

档案评估的实施过程、步骤,不同的研究者在实施的细节上有些差异,但总的来说,主要依照下列步骤进行。

（一）为每位学生准备一份档案夹

作为档案评估，必须为每个学生准备一个档案夹或档案盒，档案夹形式以方便存取作品和编排顺序为佳。

（二）确立评估目的

不管是哪一种形式的评估，其评估的目的是什么，这在评估之前就应该非常明确。因此，档案评估也不例外，准备和实施评估前首先要确认实施档案评估的目的，评估目的主要依据教学目的而定。

（三）讨论和决定档案内容与类型

档案评估的目的一旦确定后，接着就应该由师生共同讨论决定档案的内容和类型。一开始，可由教师规划出档案内容与格式的大架构，然后细节由学生自主考虑。档案的内容可根据个别化教学目标、课程领域、主题等来确定搜集资料的类别、数量等。档案的类型主要有发展性档案、成果档案、展示档案、目标档案及保存记录档案（搜集未被学生选取的部分）等，可根据评估目的来选择其中的一种或多种。同时，还要决定搜集资料的工具，如相机、摄影机、扫描仪或电脑记录等。

（四）确定评估的评分标准

在档案评估中，应根据作品的类型及教学与评估目标，事先确定评估时采用的评分标准。

（五）组织作品

1. 选择作品

选择一系列与档案评估目的相关的作品，如学习单元作业、随堂测验、绘画作品、重要活动时的照片、讲话的录音、轶事记录、录像带等。学生在了解做法之后，便可开始搜集自己得意的作品或成就表现记录，放入档案中，他们可随时放入新作品或抽换旧作品。

2. 师生一起检查档案内的作品

教师可以以个别谈话的方式，与学生共同探讨每件作品的优点及改进的方法，并做简要记录，放入学生的档案中。

3. 学生自评，同学间彼此分享档案内容

鼓励学生针对自己的档案内容进行自评，既可以加强学生对档案内容品质的重视，又可以培养其内省能力。此外，教师还可以让学生相互观摩，促进学生之间的互动学习。

（六）定期检查与评估

一旦学生个别档案累积了一些成品后，教师便可以开始检查并给予评估。可以尝试使用检核表，根据事先拟定的问题或事先拟定的评分标准，从档案中得到信息以检查学生的学习表现，并给予评分。在评估时应注意，成绩的评定应兼顾成果表现与学生学习过程中的成长。

在档案中还可以记录其他重要的相关资料。可以使用开放问卷或自陈量表等相关资料，来了解学生的学习成果、改变情况、使用的策略或其他学习的信息。

二、档案评估的实施案例

小明写作档案评估

小明是个有写作障碍的小学五年级学生，2001 学年转入了王老师任教的资源班内接受该方面的补救教学。

（一）决定评估目的

王老师参考小明过去接受过的相关测验后发现，他在该方面的能力确实较一般人差。因此，决定本学期以档案评估方式作为课程设计的依据，并借以评估小明该方面能力的改变情况。

（二）决定档案内容及档案评估类型

由于小明是属于资源班的学生，王老师在小明的 IEP 中制订了具体的学习目标，在整个档案中将以该目标作为资料搜集的方向，以了解小明在写作表现上的改变情况。王老师还准备了一个资料夹准备将资料整理于其中。其整个档案的目录如表 19－1。根据小明的情况，王老师决定以发展性档案进行资料的搜集。

表 19－1　小明的档案目录

小明的写作档案目标	
Ⅰ	基本资料
Ⅱ	档案检核表
Ⅲ	表格
Ⅳ	小明的个人目标
Ⅴ	IEP 目标：长期目标
Ⅵ	IEP 目标：短期目标
Ⅶ	反映个人目标的写作实例
Ⅷ	反映 IEP 目标的写作实例
Ⅸ	个人目标和 IEP 目标的更新
Ⅹ	小明父母的意见资料
Ⅺ	代表作
Ⅻ	写作的过程、作品或实例
ⅩⅢ	结语：老师、学生和家长
ⅩⅣ	检核表及观察记录

（三）确定评估的评分标准

表 19 - 2 小明写作的评分标准

	低于一般能力	一般能力	高于一般能力
内容	能以画图表达出意思，可以撰写某些字词	可以用一些字词来表达意思，其中包括一些细节	可使用三个以上的句子，文章已切题并能表达细节部分
组织能力：起、承、转、合	没什么逻辑顺序可言，只能表达一些简单的事情	文章出现一些起、承、转、合的结构。读者可以了解其中的顺序	文章中有明确的起、承、转、合结构，读者可以清楚地知道每一个部分的先后次序
运用技巧	了解发音和字之间的关系，但大、小写字母随意出现	能利用音标及发音的相配合来拼写出字词，并开始适当地使用标点符号及大写字母	大部分的字可以用传统拼字法拼出，包括标点符号及大写字母的正确使用，且有恰当的格局及篇幅。读者很容易了解其所表达的意境

（四）选择作品

将小明日常活动如学习单元的实作、书写的作文、随堂测验、日记片断、留言条、重要活动时的照片、阅读心得、说话课中的故事、叙述录音带等资料都收集在小明的档案中。

（五）在档案中记录重要的相关资料

通过表 19 - 3 提问几个有关学习过程的问题，试图从小明的角度了解其学习成果、改变情况、使用的策略或其他学习的信息。

表 19 - 3 小明写作检查表

1. 你觉得你在写作的态度上有些什么改变？
2. 你觉得你的写作作品有什么特色？
3. 你觉得在写作目标上哪个目标是你最难以达到的？
4. 你觉得你的写作作品中哪一个最好？为什么？
5. 你觉得哪一个写作目标对你成为一个作家是最重要的？
6. 你在这段时间内学了些什么？
7. 你有没有发现经过这些时间，你的哪些有关写作的技巧有了改变？

（六）定期地检查及评估

根据档案内容检查学生以下几个向度的表现，并给予评分。

（1）该档案显示小明在课堂、行为、社会情绪及技能上的表现如何？
（2）在为小明拟定 IEP 时，该档案能够提供哪些信息？
（3）小明在写作上的表现如何（参见表 19 - 2 评分标准）？
（4）哪些是小明目前在写作上的教学要求？

第三节　档案评估的特征与评析

一、档案评估的特征

学生在建立档案的过程中要参与制作、评估、选择和改良各项成品的工作。档案评估是以学生持续地搜集作品、资料和反思的档案来评估学生的学习成果表现,它具有下列几项特征。

（一）评估目的具有反省性和双向价值性

档案评估不仅了解学生通过学习已形成了哪些能力,而且还可以从学生的真实表现中了解学生还有哪些能力需要加强。同时,档案内的资料能够立即反映教室内的教学活动,以便及时发现问题,调整教学。这也说明档案评估的教学以学生为中心,使评估与教学活动紧密相连。因此,档案评估的目的具有明确的反省性和双向价值性。

（二）评估重点具有真实性、组织性及整合性

档案可以反映学生真正的学习过程及学习能力。有意义的教学活动,学生的学习成果,可以作为教学内容改进的参考资料,同时,评估还强调在真实情境中进行,其重点在于以质性分析了解学生表现的情况,而不在于评价学生。因而,档案评估具有客观的真实性。此外,档案评估的内容需经过事先组织、计划,事后整合评估。因此,档案评估还具有组织性及整合性。

（三）评估内容具有多元性、目标性和个别性

从评估内容来说,一般标准化测验所获得的资料是学生在考试情境中的表现,而档案评估所获得的资料是其日常生活中的事件及各种实作成品,在档案内记录了认知、情意、技能及各科的进步情况,可以包括写作、心得报告、检核表、制作成品、学生的自我评估等,因此,这些内容具有多元性,足以了解学生整体的发展。同时,档案评估内容的选择是依据事先拟定的目标进行搜集的,因而,它又具有目标性特征。另外,档案评估的内容是因个别学生的不同情况而有不同的内容形式,每个学生因为有不同的表现而可能有不同评分向度,整个内容突出了个别性的特点。

（四）评估过程具有过程性、互动性和自主性

档案评估通常是检验学生经过一段时间学习后的改变情况,因此,其评估也是一种持续性的过程,具有过程性。在过程中,教师和学生共同讨论搜集资料的类别、形式、方法等,而最终资料选择的决定权却在学生,因此,这样的评估过程又显示了师生的互动性和学生的自主性。

二、档案评估的评析

（一）档案评估的优点

1. 不仅评估过程，而且评估结果

档案是以动态方式记录长时间的学习情况，因而，可供教师对学生学习的过程与结果进行评估，提高学习效果。

2. 是一种真实、动态与整体的评估

档案包含学生在不同阶段与不同情境中的资料，所以，可以真实且完整地呈现学生长时间的学习情况。

3. 学生掌握评估的主导权

在资料选取与反思的过程中，学生学习主动地分析自己的长处与不足，成为一位不断改进的自我学习者及评估者。

4. 学生学会以整体观点看待自己的学习与成长

由于学生必须选取跨时间、各类别的作品放入档案中，因此，他们应学习以更宽广、整体与发展的角度看待自己的学习与成长。

5. 教学与评估密切结合

学生必须在学习过程中选取最能代表其学习过程与结果的作品，评估不再是来自几次考试的片面评估，因此，档案评估能真正将教学与评估密切结合。这样可增进师生沟通及学生对于目前及未来目标的反思。

6. 具有诊断与评估的双重功能

档案评估除了能鼓励学生进行自我诊断外，也给教师提供了对学生的学习进行诊断与评估的机会。除此之外，学生档案还具有评估教师教学的功能。

7. 尊重学生个别差异

档案评估很重要的一个目的就是培养积极、主动的自我评估者，每位学生都必须与他自己先前的表现进行比较，学生的个别差异便因此受到充分的尊重。

8. 结合多种评估方法，资料来源多种多样

档案评估可以通过不同方法、不同来源取得资料。资料的来源包含学生本人、教师、同学、家长及学校等；资料搜集的方法包括纸笔、报告、观察、实作、示范、展示等。由于评估不再是根据单一的资料与来源，因此，评估的质量得到提高。

9. 教师、学生与家长能更有效地沟通

学生档案为教师、学生及家长提供了一个绝佳的沟通工具，他们可以就学生的学习进行更有效的沟通。

10. 可增加学生成就动机和自我效能

研究报告指出，档案评估提供学生多种选择与做选择的机会，可以增进其成就感。此外，借助参与个人档案的建设，学生变为主动的学习者，可增进其自我效能感受。

（二）档案评估的不足

1. 评分方面

由于缺乏一致的评分标准、评语描述不够精确以及学生彼此间互评的能力薄弱等因素，使档案评估的信度很容易受到质疑。此外，档案评估的效度也受到质疑。

2. 时间方面

实施档案评估需要花费很多时间。从档案夹的选取、评估目的的确定、师生共同讨论决定档案内容与类型、选择作品、检查学生作品、指导学生自评与互评、学习单的制作等工作都很花费时间。

3. 教师负担与学生作业量方面

对教师而言，实施档案评估无形中加重了教师的负担；此外，档案评估的内容常常是课本与习作之外的活动或作业，应考虑作业量的问题，避免造成家长和学生的额外负担。

【本章小结】

1. 档案评估是近年国外兴起的另类评估中的一种评估方法。为了让同学们能真正掌握这种方法，并能正确运用于实践，本章对档案评估的含义、学习档案的内容、运用原则等进行了逐一介绍，而对档案评估的四个层次（形式）则进行了详细解释。

2. 掌握档案评估的实施步骤是具体运用这种评估方法的关键，因此，在介绍时结合具体的案例逐步讲解该步骤在实际操作中的应用方法。

3. 在前面内容学习的基础上，对档案评估的特征进行概括、总结；同时，也要认识到任何一种方法都有它的优势和不足，档案评估也不例外，对档案评估方法要进行客观的评价、分析。

【思考·练习·实践】

1. 什么是档案评估？试简述之。

2. 学习档案中应搜集哪些内容？请简述之。

3. 档案评估有哪几种形式（层次）？请描述并比较它们的异同。

4. 档案评估的实施步骤是怎样的？请设计一个档案评估的案例。

5. 档案评估有何特征？有哪些优势和不足？请简述之。

6. 案例分析：

圆圆，女，9岁，重度智力障碍，就读于培智学校3年级。圆圆出生时脐带绕颈，产程过长，短暂窒息。出生后语言、动作发育迟缓。不会说话，只能发个别音节，动作缓慢、不协调，社交、沟通困难。老师需要跟进评估其在校学习情况，请问：老师可以用何种评估方法对圆圆进行评估与教学？如何设计评估程序？

【参考文献】

[1] 张世彗,等. 特殊学生鉴定与评估[M]. 中国台北:心理出版社,2003.

[2] 陈丽如. 特殊儿童鉴定与评量[M]. 中国台北:心理出版社,2001.

[3] 李翠玲. 特殊教育教学设计[M]. 中国台北:心理出版社,2001.

[4] 李淑贞. 中、重度障碍者有效教学法[M]. 中国台北:心理出版社,1998.

[5] 钱文,刘明. 特殊需要婴幼儿评估的实践指导[M]. 上海:华东师范大学出版社,2005.

第二十章 课程本位评估

【内容摘要】 课程本位评估是直接使用学校所教的课程进行评估,为发展有效教学提供最丰富的资料,近年在特殊教育界已引起广泛的关注。本章将首先阐述课程本位评估的涵义、类型、评估的方法及使用原则;接着介绍课程本位评估的实施步骤;最后总结、概括课程本位评估的特征,并对其进行客观的评价、分析。

旻旻,女,10 岁 9 个月,普通小学四年级学生。旻旻出生时状况正常,8 个月能坐,25 个月时才能走。其 3 岁半时高烧、惊厥,后反复感染,严重营养不良,头形偏小,有点斜视。其 3.5～4.5 岁在特殊教育机构康复训练,4.5～6 岁入幼儿园(课余时间去机构康复训练)。旻旻有基本的生活自理能力,如穿衣、吃饭、如厕等;说话、发音清晰。在学校,她不能严格遵守班级常规,缺乏规则意识和是非判断能力;情绪自控力差;动作缓慢、不准确,且多动;语文、数学等课业学习跟不上班级进度。评估结果显示,其智商是 51 分,在观察、知觉、语言理解、思考、判断、概念获得、记忆、想象、辨别、推理、计算等方面能力欠缺,综合能力发展接近 4 岁 5 个月左右儿童的水平。那么,针对旻旻的能力现状,如何来制定、调整他的语文、数学课程的学习目标? 又如何来评估她的学习效果呢? 课程本位评估是了解旻旻学什么、学得如何的方法。

第一节 课程本位评估概述

课程本位评估(curriculum-based assessment,CBA)并不是崭新的理论,也不是创新的设计,很早就有学者提出相关的问题。它是直接使用学校所教的课程进行评估,为发展有效教学提供比较丰富的资料,并改善标准化测验与教学评估无法连接的缺点。因此,课程本位评估为教师的教学与学生的学习提供了最适当的方向。

一、课程本位评估的涵义

标准化成就测验不是来自学校课程,它对有特殊需要的学生而言,主要在于执行鉴定的功能,对于学习方案的拟定没有太大的帮助。而且一般标准化成就测验测非所学,所学未测,使得所谓测量学生的成就未必真实。因此,为了真正了解并对教学提供实质性的帮助,来自学生学习内容的评估方式便逐渐成为研究的焦点。于是课程本位评估便应运而生。奎克林(Gickling,E. E)于1981年首次提出课程本位评估一词,20世纪80年代中期便在特殊教育界盛行。

何谓课程本位评估? 近二十多年来,随着课程本位评估的发展、完善,人们对课程本位评估的界定也越来越明确,虽然在表述上不尽相同,但在含义上却已形成共识。如塔克(Tucker,1987)认为,任何以实际上课的课程内容为依据,来评估学生技能发展的程序,都可称为课程本位评估。同时还指出课程本位评估具有三个基本条件,即测验材料选自学生的课程、必须经常性且重复地施测以及测验的结果要用来作教育上的决定。塞尔维亚和塞蒂克(Salvia & Yssedyke,1990)也认为,课程本位评估是以学生在现有课程内容中的持续表现来决定其教学需求的一种程序。

由上述可知,课程本位评估是整合课程、教学与测验的一种教学评估模式,是一种非正式的评估技术。它根据学生目前的课程表现来决定他们的教学需要,给施教者提供快速而有效的信息,强调教学与评估并重。它重点在于将测量所获得的资料直接运用于教学中。

课程本位评估可以应用于哪些方面? 特殊教育方案开始于特殊儿童的筛选、鉴定与分类,随后是安置,接着是安排课程、编选教材与实施个别化教学活动。教学时,特殊教育教师还需要不断地评估学习成果,配合学生需求,改变教学策略,以达到特殊教育的教学目标。而课程本位评估在这一连串的特殊教育活动中,扮演着重要角色。从整体来说,课程本位评估在特殊教育中承担着两项最重要的功能,即鉴定安置与诊疗教学。

在鉴定安置方面,课程本位评估可以有效地甄别、筛选资料,并做出正确的推荐,同时提供系统的观察资料,来协助矫正主观推荐的不足;在诊疗教学方面,特殊教育教师在日常教学中,可以运用课程本位评估的方法进行经常性的观察和持续性的评估。从直接、重复的评估中获得有关学生学习的成就表现资料,用于设计、改变课程与教学,以提高有特殊需要的学生的学习效能。

二、课程本位评估的类型

马斯顿(Marston,1989)认为,目前常见的课程本位评估主要有以下三种。

(一)着重流畅性的课程本位评估模式

着重流畅性的课程本位评估模式(fluency-based CBA model)旨在直接测量学生的进步情况,作为教师长期观察与修正教学的依据。在这一模式中,课程本位测量(curriculum-based measurement,CBM)最具有代表性。这种测量着重于评估速率,测量结果显示出个人在单位时间内正确反应的次数,如某位学生在一分钟时间内答对了二十题数学计算题。许多研究结果认为,这是一种操作简单、信效度令人满意且能够灵敏地反映出学生在短期内进步情况的评估模式。

教师如果能系统性地实施课程本位测量,不但可以有效提高轻度障碍学生的学习成就,而且也能提高教师的教学效能。

(二)着重正确性的课程本位评估模式

着重正确性的课程本位评估模式(accuracy-based CBA model)目的在于检查教材内

容相对于个别学生的难易程度,作为挑选教材和分组教学的依据。这一模式着重于计算比例,例如答对题数相对于答错题数的比例、答对题数相对于总题数的百分比(如,小明在数学测验中答对了50%的题目)。

这种模式是学校教师最常使用、最熟悉的方法。然而,这种评估模式目前除了内容效度外,有关其技术性的资料不多,同时还没有建立标准化的实施程序。不过有研究资料显示(叶靖云,1996),着重正确性的课程本位评估模式较容易在一般学校中推行。

(三) 标准参照的课程本位评估的模式

标准参照的课程本位评估的模式(criterion-reference CBA model)目的是以学生在具有顺序性的课程目标上的表现作为教师设计教学的参照。这种模式是先将课程中所要教的技能,按照难易程度或教学的先后顺序进行排列,然后给每一项技能写出相对应的行为目标,接着再根据行为目标来编选试题,同时拟定可以接受的成就表现标准。这样,教师就可以根据学生在试题上的表现,来判断其是否熟练掌握每项学习技能,以此进行种种与教学有关的决策(如设计教学的内容和预估教学所需的时间)。

不过,这种评估模式与着重正确性的课程本位评估模式一样,虽然评估系统的内容效度很好,但有关的技术性的资料并不多,标准化的方法也还没有建立。

总而言之,这三种课程本位评估模式都是以学生在课程中的表现作为决策的依据,并且经常被学校教师非正式地混合使用。有学者研究认为,目前运用最为普遍的是着重流畅性的课程本位评估模式。

三、课程本位评估的方法

在课程本位评估中,常用的方法主要有三种,即观察法、测验法与主观印象。

(一) 观察法

观察是一种获得社会行为资料的好方法,当然也可以运用在学科上。观察法可分为两种:有系统地观察和无系统地观察,两者各有优劣。有系统地观察是对预定行为的观察,是依照已经设计好的严谨程序去观察目标行为的次数、持续时间等状况,优点是能够精确评估,但比较费时。而无系统地观察法则没有依据严谨的程序去观察行为,其优点是可以帮助系统性地观察产生一个行为目标;其缺点则是:可能观察到不具有代表性的行为,观察者对于个人行为的定义可能不够正确精细,可能会流于主观或个人偏见。理想上最好是两种观察方法相结合,互相参照,以取得精确的观察结果。

(二) 测验法

通常,测验的来源有两种,即商业出版物和教师自编测验。使用商业出版物,最基本的问题在于测试内容与上课内容未必完全相吻合;而教师自编测验则可以弥补商业出版物的不足,这种测验不仅能够与教学内容相吻合,而且教师还可以提供多样复合并可互换的测验形式,并且教师可以通过观察学生学习上小小的改变而调整评估。当然,教师自编测验的质量还有待提高,信度要比商业出版物低。

（三）主观印象

主观印象是指基于非系统化的搜集资料（或全然无资料）或未经界定的标准，来对个人下结论，主要包括评定量表、面谈及临床的主观印象。在评估的最初阶段可以使用主观印象。专业人员对于个人或情境可以有试验性的结论，这些结论可以作为搜集更多系统资料的起点，但不能仅使用主观印象，而不用其他形式的资料。

许多研究指出，主观印象和判断会受到不相关资料（如学生父母的社会地位、学生的长相等）的扭曲。

概括地说，上述三种方法各有优缺点。但系统性的观察法和教师自编测验却最具有潜在效用，因为这两种方式的限制都可以克服。

四、课程本位评估的原则

（一）要推广用于轻度智力障碍儿童的补救教学

课程本位评估的评估范围为学生已经学习的部分，评估系统可以推广用于轻度智力障碍儿童的教学评估，以进行教育及补救教学。

（二）在学习期间要坚持持续性地评估

课程本位评估应在教学期间不间断地评估学生的学习情况，配合学生的学习需求及问题，来计划和调整合适的教学策略。在学期初，它的目的在于了解学生的掌握程度，以便增减教学内容及调整教学策略；在学期末，再评估学生的学习成果，总结学生的学习成就。

（三）应尽可能应用电脑进行课程本位评估

今天，科技的快速发使得以电脑为媒介进行课程本位评估，将成为未来发展的趋势。教师如果熟悉电脑功能，也可以以电脑为工具，来建立题库，使行为目标细化，并制作学生成绩统计图，进行学习成绩的分析等，将会更好地发挥课程本位评估的功能。

（四）应尽可能将课程本位评估用于职业教育的评估

目前，根据障碍者在现有课程学习中的持续表现，来决定其职业教育与训练方面的需求；并且把与职业训练有关的授课内容与材料作为教师评估教学训练成效的依据，已经成为对身心障碍者进行职业教育的一种重要形式。将评估和训练内容做充分的配合，成为课程本位评估在身心障碍者职业教育中最常应用的方法之一。

第二节　课程本位评估的方法与实施步骤

一、课程本位评估的实施步骤

一般来说，课程本位评估可以分为以下八个步骤进行。

（一）分析课程，决定评估的主题与范围

分析学生的学业困难应从分析学生的课程着手。根据课程本位评估的目的，分析课程包括探究课程中知识和能力的安排、评估课程中知识和能力间的逻辑关系、检查课程中的教学活动以及评估学生在课程学习中所需成就表现或能力。并根据课程选择教材，清楚界定将要进行评估的课程主题与范围。

（二）以行为目标陈列学习内容

分析学习所需要的技能，以行为目标叙述学习内容，以便掌握未来将对学生施教的教学内容。

（三）按顺序陈列学习目标

根据难易程度确定逻辑顺序，陈列学生的学习目标，并依此决定教学的次序，以方便评估学生的能力表现。

（四）评估学生目前的表现水平，确定起点行为

评估学生目前的表现水平是一项从各方面综合资料的过程，包括：教师对学生的经验和观察，学生的特性（如被动、分心、推论有困难），成就表现的资料（个别学生的个别特性）。

为了搜集适合对个别学生作教学决定的资料，可从四方面着手。

（1）查看记录和文件（如永久性的记录、个别化教育计划）。

（2）咨询了解学生状况的教师。

（3）直接评估学生。

（4）与其他学生做成就表现的比较。

最后，将学生的表现直接与学习目标做比较，评估学生在课程内容中的学习起点能力，以准备教学。

（五）决定适当的达标标准

在评估学生学习成就水平是否达到标准时，必须事先确定达标的标准。这些标准的确定非常重要。通常可根据下列三种方法来决定。

（1）考虑布鲁姆的认知分类，它包括记忆、理解、应用、分析、综合及评价六个层次。这项分类系统可用于决定学生获得、同化、应用资料和概念到内容资料中。

（2）考虑所需操作内容的层次。例如，数学的任务层次可以依据学生必须用来解决问题的各类资料。在最低层次，通过身体操作来完成问题解决；至于较高层次，则要求学生使用数学关系和抽象的表征来解决问题。

（3）考虑期望学生的学习层次。不仅要考虑课程阶层，还要考虑学习阶层，即获得、流畅、保留、类化及顺应五个层次。

（六）进行教学设计及实施教学

根据学习目标进行教学设计，并对学生进行教学。

（七）评估学习状况，并整理成绩

编写与学习目标和达标标准相对应的试题，进行评估，搜集资料以了解学生的学习状况，并作为调整、改变教学的参考。将经常性的评估成绩进行整理，以了解学生个人内在学习状况的变化。

（八）作教育性决定

一旦资料搜集、分析完成后，教师必须使用资料作有关学生教学成效的决定。根据学生成就表现资料的形式和教学时学生成就表现的实质，教师可以合理地选择介入措施。有学者列出了下列四项决定教学介入的规则。

（1）不要改变介入：如果资料显示学生有适当的进展且达到标准，就不需要改变介入措施。

（2）改变教学：如果学生进展缓慢或错误率增加，那么应该考虑四种改变教学的选择（回到较容易的技巧，回到较容易的任务形式，尝试不同的教学程序或者是提供更多学习的机会）。

（3）提高教学目标：如果学生表现出高的成功率，那么教师应该考虑改变教学目标。依据任务和真实世界的要求，教师应该考虑三种可能的选择之一（进入新的学习阶段、增加任务的难度或提供新的技巧）。

（4）传授顺从训练：当学生的成就表现资料出现高度的变化，而且平均成就表现低于标准时，建议考虑顺从的问题。如果教师提供给学生的诱因、成就表现标准、教学条件及教学质量发生改变时，就可能会产生顺从上的困难，有必要给予调整。

二、课程本位评估的实施案例

教学来源：《我想上学去》（江苏教育出版社，《健康与体育》第一册，第二单元）。

（一）主题范围

上学途中要注意些什么？

上学路线概述：家→左转→第一个红绿灯右转→经过警察局→第二个红绿灯左转→直走→十字路口→直走→校园门口。

（二）学习内容

（1）能够分清楚方向。

（2）能够注意交通规则。

（3）认识警察局的标志。

（4）知道迷路了该怎么办。

（三）行为目标

（1）能分辨前、后、左、右四个方向。

（2）a. 能够分辨红灯、绿灯、黄灯三种信号灯。

　　　b. 能够了解"红灯停、绿灯行、黄灯等一等"的意义。

（3）能够指认警察局标志。

（4）迷路了会问人、找警察、打电话（寻求帮助）。

（四）起点行为的评估

（1）会辨认红、黄、绿三种颜色。

（2）了解次序的意义。

（五）达标标准

达标及评估标准共分为十个等级，10分一个等级，最高等级是100分，最低等级是10分，未达到10分等级标准的为零分。见表20-1。

表 20-1 《我想上学去》成就水平达标及评估标准（节选部分）

序号	行为目标	达标及评估标准									
		100	90	80	70	60	50	40	30	20	10
1	能分辨前、后、左、右四个方向	能正确说和指出四个方向	能正确说和指出三个方向	能正确说和指出两个方向	能正确说和指出一个方向	能正确说出四个方向	能正确说出三个方向	能正确说出两个方向	能正确说出一个方向	在提示下能指出一个方向	在提示下能说出一个方向
2-1	能够分辨红灯、绿灯、黄灯三种信号灯	能正确说和指认三种信号灯	能正确说和指认两种信号灯	能正确说和指认一种信号灯	能正确说和指认三种颜色	能正确说和指认两种颜色	能正确说和指认一种颜色	在提示下能指认三种颜色	在提示下能指认两种颜色	在提示下能指认一种颜色	在提示下能说出三种颜色

（六）进行教学

（1）前、后、左、右方位的认知。（现场表现教学，由老师带领分辨四个方位）

（2）红绿灯教学。（课堂上使用照片，再以录像带教学及实际引导）

（3）警察局。（图片、警察局的建筑、标志的图样是什么？像什么？）

（4）假设迷路的各种情境，启发学生认知可运用的资源。

（七）评估学习状况，整理成绩

本例以列表呈现学生的评估结果，如表20-2，并以图20-1整理学生成绩。

表 20-2   课程本位评估记录范例

评估内容 \ 评估日期/成绩	第一次 3月14日	第二次 3月17日	第三次 3月21日	备注
1. 前后左右方位的分辨	40	70	90	
2. 认出红黄绿三色	45	70	90	
3. 认知沿途的明显标志	35	40	70	
4. 知道迷路时的应对方法	25	45	60	

注   每项每次评估均以 100 分为满分。

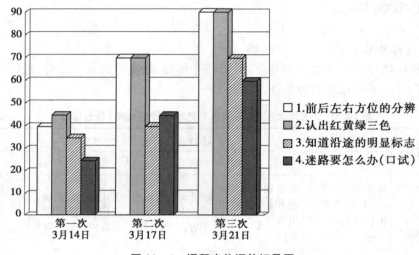

图 20-1   课程本位评估记录图

第三节   课程本位评估的特征与评析

一、课程本位评估的特征

课程本位评估以教学内容为出发点,其特征表现在以下三方面。

(一)随时监控学生的学习,反思教学的不足

一般标准化测验无法填补评估与教学之间的差距,而课程本位评估的测验材料来自学生的学习经验,教师可以借助评估,随时监控学生的学习,反省自己教学中的不足。

(二)可以进行相同内容范围的重复施测

从测验的进行过程角度来说,一般标准化测验通常只能施测一次,第二次施测的结果通常会被质疑,认为有练习作用而不被接受。而课程本位评估可以跨时间,以相同的内容范围(题目可能相同或不同)对学生重复施测,了解学生在补救教学后,是否已经掌握前一

次评估结果显示不会的问题,其目的之一就在于监控学生在短期内是否达到了学习目标。

（三）评估结果成为教师教学决策的依据

从课程本位评估目的来讲,评估所获得的资料常作为教师教学决策的依据。例如,决定继续教,进行到下一个学习阶段的课程,或进行补救教学。

二、课程本位评估的评析

课程本位评估由来已久,受到的肯定不容置疑,然而仍有其不足之处。

（一）课程本位评估的优点

1. 评估与教学能够紧密结合

运用课程本位评估可以随时了解学生的学业进步情况,掌握学生的学习状况,并配合其需要,随时调整教学、改变教学策略。学生测验的分数,能够反映短期内学生技能水平改变的情况,对教学工作具有很高的灵敏度,是一种能与教学工作紧密结合的评估程序。

2. 编制过程简单易行

一般标准化测验编制过程相当复杂,非常耗费时间和人力、物力与财力。课程本位评估以教师的教学内容为出发点,教师只要了解测验编制的基本概念,就可以掌握编制工作,其编制工作简单易行。

3. 评估结果简单明白,易于沟通

标准化测验常以标准差、百分等级、常模、侧面图等字词表达一部分测验结果。这些字词往往给未学过标准化测验课程的老师、家长带来理解困难。而课程本位评估通常以一个分数在班上或全校的排名来表示。其结果让一般人很容易了解,评估者与看评估结果者之间能够进行很好的沟通。

4. 评估结果不容易产生负面标记

一般标准参照测验的结果,对学生容易产生标记作用。课程本位评估以促使学生完成学习为原则,可减少对学生的标记作用。

5. 能针对个别差异进行评估

常模参照测验以标准化的程序进行测验,测验内容固定,往往不能反映学生的个别需求。课程本位评估则可以根据学生的状况和能力,适时调整评估的内容和范围及评估的形式,能反映出明显的个别差异。

（二）课程本位评估的缺点

1. 信度和效度通常不是很理想

课程本位评估的测验材料必须来自学生的学习内容,其测验取材相当明确具体,应该是一种具有很高内容效度的评估。然而,由于课程本位评估的编制过程不太严谨,且没有经过试测的过程,因此,信效度往往不够理想,其结果也不能像标准化测验那样受到重视。

2. 测验质量良莠不齐

课程本位评估要进行经常性的评估工作,容易被误认为只要有文字编写能力,就可以编制测验,因此,教师常忽视编制测验的严谨性,而使测验质量不尽如人意。

【本章小结】

1. 课程本位评估是近年国外兴起的另类评估中的一种评估方法。为了让同学们能真正掌握并学会运用这种方法,造福于特殊儿童,本章对课程本位评估的含义、应用范围、应用原则等进行了逐一介绍,而对课程本位评估的类型、课程本位评估的方法则进行了更为详细的阐述。

2. 掌握课程本位评估的实施步骤是具体运用这种评估方法的关键,因此,在介绍时结合具体的案例逐步讲解该步骤在实际操作中的具体应用。

3. 在前面内容学习的基础上,对课程本位评估的特征进行概括、总结;同时,要认识到任何一种方法都有它的优势和不足,课程本位评估也不例外,对课程本位评估方法要进行客观的评价、分析。

【思考·练习·实践】

1. 什么是课程本位评估? 试简述之。
2. 课程本位评估常用的方法有哪些? 请简述之。
3. 课程本位评估有哪些类型? 请描述并比较它们的异同。
4. 课程本位评估的实施步骤有哪些? 请设计一个课程本位评估的案例。
5. 课程本位评估有何特征? 有哪些优势和不足? 请简述之。
6. 案例分析:

因因,女,8岁,重度智力障碍,就读于培智学校3年级。因因出生时状况正常,一岁半时检查发现其发育迟缓,后经干预语言、认知、动作能力发展有较大进步,但仍落后于同龄儿童。为了提高教学效能,老师怎样才能为因因制定针对性的语文、数学课程的教学目标? 又如何来评估她的学习效果呢?

【参考文献】

[1] 张世彗,等. 特殊学生鉴定与评估[M]. 中国台北:心理出版社,2003.
[2] 陈丽如. 特殊儿童鉴定与评量[M]. 中国台北:心理出版社,2001.
[3] 李翠玲. 特殊教育教学设计[M]. 中国台北:心理出版社,2001.
[4] 李淑贞. 中、重度障碍者有效教学法[M]. 中国台北:心理出版社,1998.
[5] 钱文,刘明. 特殊需要婴幼儿评估的实践指导[M]. 上海:华东师范大学出版社,2005.